MOEWIG
SCIENCE FICTION

Zum Buch

Es scheint, als seien die letzten Tage der Menschheit gezählt, die vor Jahrhunderten voller Hoffnung den Weg zu den Sternen antrat. In diesen Jahrhunderten splitterte sich die menschliche Rasse auf in drei große Kulturen – die Dorsai als Kriegerkaste; die Friendlies, Männer und Frauen von tiefem Glauben; die Exotiker, Philosophen und Wissenschaftler auf der Suche nach den letzten Wahrheiten.

Doch nun taucht wie aus dem Nichts eine neue Macht auf: die Anderen. Obwohl körperlich und in ihren Fähigkeiten abweichend, sind sie menschlich. Innerhalb weniger Jahre haben sie die Kontrolle über die meisten besiedelten Welten erlangt. Sie glauben, der Höhepunkt aller menschlichen Entwicklung zu sein. Ihr Ziel ist die absolute Herrschaft über alle Menschheitsplaneten. Doch ihr Sieg würde den völligen Stillstand und unweigerlich die Degeneration des Menschen bedeuten.

In dieser apokalyptischen Zeit erscheint ein junger Mann auf der Bildfläche. Sein Name ist Hal Mayne. Auf ihm ruhen die letzten Hoffnungen der traditionellen Kulturen. Im Kampf gegen die Anderen soll er die Entscheidung herbeiführen, geschult von den Großen Frauen. Er muß tief in sich selbst hineintauchen, um die Kraft für die große Auseinandersetzung gegen seinen Erzfeind zu finden – Bleys Ahrens, den schattenhaften, mächtigen Anführer der Anderen . . .

Zum Autor

Gordon R. Dickson gehört zu den bekanntesten und beliebtesten SF-Autoren, ist mehrfacher HUGO- und NEBULA-Preisträger und wurde außerdem mit dem „E. E. Smith Memorial Award" sowie dem „August Derleth Award" ausgezeichnet. Der Dorsai-Zyklus zählt zu seinen berühmtesten Werken.

Dickson, 1923 in Edmonton/Alberta geboren, begann 1950 nach Abschluß seines Studiums seine schriftstellerische Karriere und konnte auch als Anthologist glänzen. Inzwischen liegen weit über 150 Erzählungen und fast 40 Romane von ihm vor.

GORDON R. DICKSON

Die letzte Enzyklopädie

Das dritte Leben

MOEWIG

MOEWIG Band Nr. 3782
Verlag Arthur Moewig GmbH, Rastatt

Deutsche Erstausgabe
Titel der Originalausgabe: THE FINAL ENCYCLOPEDIA
Aus dem Amerikanischen von Andreas Brandhorst

Umschlagentwurf und -gestaltung: Franz Wölzenmüller, München
Umschlagillustration: Carl Lundgren/Agentur Schlück
Verkaufspreis inkl. gesetzl. Mehrwertsteuer
Auslieferung in Österreich:
Pressegroßvertrieb Salzburg, Niederalm 300, A-5081 Anif
Printed in Germany 1987
Druck und Bindung: Elsnerdruck, Berlin
ISBN 3-8118-3782-6

1

„Sagen Sie ihnen", meinte Hal, „daß ich keine Aufenthaltsgenehmigung habe. Aber bitten Sie sie darum, sich mit Ajela in Verbindung zu setzen und ihr meinen Namen zu nennen: Hal Mayne."

Er befand sich in der Ausschiffungshalle des Liners, der ihn von Freiland nach der Erde gebracht hatte und der nun in einer Entfernung von zehn Kilometern neben der Letzten Enzyklopädie im Orbit schwebte. Er sprach mit dem Ausschiffungsbeamten, einem schlanken und grauhaarigen Mann. Die anderen hundertdreiundfünfzig Passagiere waren bereits in einen Orbitalbus umgestiegen und schon auf dem Weg zur Erde.

An den beiden Enden der langgestreckten Räumlichkeit hatte sich die Glanzintensität der Leuchtsensoren erheblich verringert, und Hal fröstelte infolge der Kühle: Es wäre in ökonomischer Hinsicht einer Verschwendung gleichgekommen, die Heizelemente einzuschalten, um die Temperatur wieder auf das Maß vor dem Umsteigen der vielen anderen Passagiere in den Orbitalbus zu bringen, denn in wenigen Minuten würden sich die großen Außenluken öffnen. Die Kälte erinnerte Hal plötzlich an den Traum, aus dem er in den Bergen Harmonies erwacht war – und festgestellt hatte, seinen Kameraden Jason Rowe beinah erwürgt zu haben. Diese Traumvision war erneut in ihm entstanden, vor nur zehn Stunden, während der letzten Nacht in seiner Kabine. Erneut war er vom Pferd abgestiegen, hatte seine Begleiter verlassen und sich allein auf den Weg über die öde Felsenebene gemacht, in Richtung des fernen Turmes. Diesmal jedoch war er weiter vorangekommen als jemals zuvor.

Vom Rand her wirkte die Ebene bis hin zum Turm recht flach. Doch unterwegs stellte er fest, daß der aus vereinzelten Grasbüscheln und Geröll bestehende Untergrund sich nach und nach zu verändern begann. Zum einen nahm er eine deutliche Neigung wahr: Das Land stieg zum Turm hin an, und bei dem Eindruck, der sich ihm aus der Ferne dargeboten hatte, mußte es sich um irgendeine Art von optischer Täuschung handeln.

Aber was noch wichtiger war: Je weiter er vorankam, desto mehr erwies sich der flache und ebene Aspekt des Geländes als eine Illusion. Immer öfter stieß er auf große Felsblöcke, auf kleinere Hänge, auf Schluchten und Klüfte, und was zuvor noch harter Erdboden gewesen war, wurde zu Granit. Deshalb reduzierte sich die Geschwindigkeit seines Vorankommens immer mehr . . .

Jetzt aber, als er fröstelnd neben dem Beamten stand, der inzwischen Verbindung mit der Letzten Enzyklopädie aufgenommen hatte, erinnerte er sich nicht in erster Linie an die Hindernisse, die sich ihm während seines Bemühens, den Turm zu erreichen, immer wieder in den Weg gestellt hatten. Statt dessen versuchte er sich auf etwas zu konzentrieren, das zu Beginn des Traumes seine Aufmerksamkeit erweckt hatte: das Knacken des Sattelleders, als er sich von dem Rücken des Pferdes schwang, die entschiedene Aufgabe der Wärme und Kraft des Pferdekörpers, das allgemeine Gefühl, sich von all denen zu verabschieden, die ihm vertraut waren, um eine lange und beschwerliche Reise zu beginnen, die ihn schließlich an das angestrebte Ziel bringen sollte. Das gegenwärtige Warten darauf, Zugang in die Letzte Enzyklopädie zu finden, hatte diese besondere Erinnerung in ihm wachgerufen . . .

Der Ausschiffungsbeamte sprach nun mit jemandem in der Enzyklopädie, der die Botschaft weiterleiten konnte, die Hal an Ajela richtete.

„Bleiben Sie auf Empfang“, lautete die Antwort.

Für eine Weile war es ganz still.

„Wer ist diese Ajela denn?“ fragte der Beamte.

„Die persönliche Assistentin Tam Olyns“, antwortete Hal.

„Oh.“ Der Beamte senkte den Blick, nahm einen Lichtgriffel zur Hand und berührte damit die Darstellung auf dem in die Schreibtischfläche vor ihm integrierten Schirm. Hal brauchte nur eine knappe Minute zu warten, bis erneut die vorherige Stimme aus dem Lautsprecher drang.

„Es ist nicht erforderlich, die Anfrage weiterzuleiten“, hieß es. „Der Name erschien mir vertraut, und deshalb nahm ich eine kurze Überprüfung vor. Hal Mayne ist in der Liste derjenigen Leute eingetragen, die eine permanente Aufenthaltserlaubnis besitzen.“

„Vielen Dank“, antwortete der Beamte. „Wir schicken ihn Ihnen sofort rüber.“

Er unterbrach die Verbindung und wandte sich an Hal.

„Wußten Sie denn nicht, daß Sie eine dauernde Aufenthaltsgenehmigung haben?"

Hal deutete ein Lächeln an und schüttelte den Kopf. „Nein."

„Na schön", sagte der Beamte und griff erneut nach dem Mikrofon. „Startdeck: Ist die Wartungsschaluppe einsatzbereit?"

„Schon auf dem Weg zu Ihnen."

„Danke."

Tatsächlich hatte der Ausschiffungsbeamte die Verbindung gerade zum zweitenmal unterbrochen, als über der Luftschleuse eine Sensorfläche aufglühte und bestätigte, daß draußen ein kleines Raumschiff angedockt hatte. Hal drehte sich um und trat in die Schleuse. Der Beamte folgte ihm.

Sie warteten einige Sekunden und vernahmen das Surren der Pumpen. Schließlich schwang das Innenschott auf, und Hals Blick fiel auf das Innere der Wartungsschaluppe, in dem sich Dutzende von Geräten, Instrumenten und elektronischen Werkzeugen zeigten.

„Gute Reise", sagte der Mann neben Hal.

„Danke", erwiderte er.

Er schob sich die Tasche mit den persönlichen Habseligkeiten unter den einen Arm, duckte sich durch das offenstehende Schott und kletterte in das kleine Raumschiff.

„Hier entlang", sagte eine rund vierzig Jahre alte und kräftig gebaute Frau, die einen weißen Overall trug. „Ich fürchte, infolge der vielen Geräte bleibt Ihnen hier kaum Platz, um richtig Luft zu holen."

„Das macht nichts", erwiderte Hal und folgte der Frau durch den Irrgarten aus aufeinandergestapelten Ersatzteilen und Instrumentenblöcken in die bugwärtige Kontrollkanzel der Schaluppe.

„Wissen Sie, die gewöhnlichen Orbitalbusse, mit denen die Passagiere auf der Erde landen, sind zu groß für die Zugangszapfen der Enzyklopädie", erklärte sie ihm über die Schulter hinweg. „Immerhin bieten die Busse Platz genug für rund zweihundert Fluggäste und die Besatzung."

„Aha", machte Hal nur.

„Fühlen Sie sich also bitte nicht schlecht behandelt." Sie lachte. „So, da wären wir . . ."

Sie schoben sich in die Kanzel, und Hal sah sich in einem Raum um, dessen Einrichtung aus Kontrollkonsolen und Bildschirmen bestand. Drei Sessel waren vor dem in einzelne Segmente unterteilten

Beobachtungsschirm im Boden verankert. In dem ganz links hatte es sich bereits jemand gemütlich gemacht.

„Wenn Sie nichts dagegen haben: Nehmen Sie den Platz in der Mitte", sagte die Frau.

Hal kam der Aufforderung nach. Seine Begleiterin nahm neben ihm Platz und beugte sich zu der Konsole vor. Hinter ihnen schloß sich die Luftschleuse mit einem gedämpften Zischen, und Hal verspürte einen kurzen Ruck, mehr nicht.

„Dort ist sie, direkt vor uns", sagte der Mann links neben Hal. Er mochte rund fünfundvierzig Jahre alt sein, war recht drahtig und ein wenig kleiner als seine Kollegin.

Hal sah auf den großen Schirm. Derzeit waren die einzelnen Segmente synchronisiert, so daß sie ein einheitliches Bild zeigten. In der Mitte schwebte eine dunstig aussehende Kugel – ihr Ziel.

Die Letzte Enzyklopädie schien völlig unbewegt in der Leere zu schweben, und aus dieser Entfernung betrachtet wirkte sie nicht größer als ein Ball, der von der Hand eines Kindes umfaßt zu werden vermochte. Während Hal aber noch die Darstellung beobachtete, wurde dieser Ball größer. Er blähte sich auf, bis er den ganzen Schirm ausfüllte und wie ein kleiner Planet war, auf den die Schaluppe nun zufiel.

Eine Irisblende öffnete sich, und helles und gelbes Licht glänzte ihnen entgegen. Kurz darauf befanden sie sich in einer ebenso lauten und geschäftigen Metallhöhle wie der, an die sich Hal vom ersten Besuch her erinnerte.

Die Frau stand mit ihm zusammen auf und führte ihn durch das Ersatzteillabyrinth zurück und schließlich in die bereits geöffnete Luftschleuse.

Hal schritt die Landerampe hinunter, und das Lärmen der Maschinen, die sich über einen nackten Metallboden bewegten, dröhnte ihm in den Ohren. Voraus erkannte er den etwas verschwommenen Kreis, durch den man ins Innere der Letzten Enzyklopädie gelangte. Als er durch ihn hindurchging, verstummte das akustische Chaos hinter ihm abrupt. Er blieb stehen und ließ sich vom Gleitband des Korridors weitertragen, in Richtung einer Schirmfläche in der Wand weiter vorn. Als er sie erreichte, erhellte sie sich, und das Gesicht Ajelas blickte ihn an.

„Hal?" fragte sie. „Nehmen Sie die erste Tür rechts."

Er ließ sich zehn Meter weitertragen, fand die genannte Tür und gelangte durch sie in einen zweiten und etwas kürzeren Korridor, in dem sich der Boden nicht bewegte. Am Ende dieses Flurs erblickte er eine weitere Tür. Er hielt auf sie zu, öffnete sie und betrat die sich daran anschließende Räumlichkeit.

Es war ein Zimmer, das einerseits als eine Art Büro und andererseits als so etwas wie ein Aufenthaltsraum diente. Die gegenüberliegende Wand stellte praktisch eine Kopie derjenigen dar, die Hal im Quartier Tam Olyns gesehen hatte, und sie vermittelte einem Beobachter die Illusion, in einen sommerlichen Wald zu blicken. In diesem Fall aber war das Licht das des frühen Morgens. Ajela saß hinter einem langen Schreibtisch und stand nun auf. Ihr rosafarbenes Gewand raschelte leise, als sie auf ihn zueilte, ihn küßte und dann zurücktrat.

„Sehen Sie sich einmal sebst an!“ entfuhr es ihr.

Tatsächlich hatte er sie unverhohlen gemustert. Nach Amanda und den anderen Frauen, denen er auf Dorsai begegnet war, wirkte Ajela fast winzig und fragil – nicht nur, was die Statur anging, sondern auch, was den Knochenbau betraf. Andererseits wußte Hal aber, daß sie, verglich man sie mit den Menschen etwa der Erde, keineswegs außergewöhnlich klein oder zart war.

„Ich soll mich selbst ansehen?“ fragte er, und ihr herzliches Lächeln veranlaßte ihn dazu, ebenfalls zu lächeln – wenn auch nur deshalb, weil sie solche Freude ausstrahlte. „Warum?“

„Sie sind ja ein Riese, ein Gigant!“ erwiderte Ajela staunend. „Mindestens doppelt so groß und breit wie damals, als ich Sie zum erstenmal sah. Und Sie sehen so wild aus, daß Sie anderen Leuten einen gehörigen Schrecken einjagen können.“

Hal mußte unwillkürlich lachen.

„Wild?“ wiederholte er.

„Ja.“ Sie drehte ihn so um, daß sein Gesicht der linken Wand zugewandt war, und anschließend betätigte sie irgendeinen verborgenen Sensor. Aus der hellblauen Tönung wurde ein silbriger Glanz, in dem Hal sein Spiegelbild erkennen konnte.

Und er starrte sich überrascht an. Natürlich war er an sich selbst gewöhnt, denn schließlich rasierte er sich jeden Morgen. Aber er hatte sich bisher noch nicht auf die Weise betrachtet, die Ajela ihm nun nahelegte. Darüberhinaus wurde diese Art der Wahrnehmung von der intensiven Reaktion Ajelas auf ihn noch weiter sensibilisiert.

Der Fremde, den er in der Spiegelwand beobachtete, ragte ein ganzes Stück über die schlanke und blonde Frau an seiner Seite hinaus. Ein schlanker Mann war es, mit so breiten Schultern, daß sie in einem auffallenden Kontrast zu seiner recht schmalen Taille standen. Er beobachtete ein grobknochiges Gesicht, einen schmallippigen Mund und eine gerade Nase. Die Augen glänzten in zwei leicht unterschiedlichen Grautönen, und darüber erstreckten sich buschige und schwarze Brauen. Die Stirn war hoch, das Haar dicht und ebenfalls schwarz. Aber diese einzelnen Aspekte seines Äußeren schienen nicht auszureichen, um den allgemeinen Eindruck zu erklären, den Ajela „wild" genannt hatte. Der Haltung und dem Gesicht des Mannes hafteten etwas an, das man als „beherrschte Gewalt" bezeichnen mochte – wenn nicht das beseelte Schimmern in den Augen gewesen wäre, das ersteren Eindruck erheblich abschwächte.

Hal wandte sich von der Spiegelwand ab und sah Ajela an.

„Nun", sagte sie , „sind Sie zurückgekommen, um hierzubleiben? Oder ist es nur ein Besuch?"

Er zögerte.

„Beides", erwiderte er. „Ich werde Ihnen erklären, was ich damit meine . . ."

„Oh, ja, dazu haben Sie noch genug Zeit." Plötzlich umarmte Ajela ihn erneut. „Ach, Tam wird sich ja so freuen!"

Sie ergriff seine Hand, zog ihn in Richtung Schreibtisch und veranlaßte ihn dazu, auf einem daneben schwebenden und gepolsterten Ergsessel Platz zu nehmen.

„Wie geht es Ihnen?" fragte sie. „Haben Sie Hunger? Kann ich Ihnen irgend etwas bringen lassen?"

Hal lachte.

„Mein Appetit ist noch immer ziemlich groß", antwortete er. „Aber im Augenblick steht mir nur der Sinn nach einem Gespräch. Setzen Sie sich."

Sie hockte sich ihm gegenüber auf die Kante des Schreibtisches.

„Ich möchte Ihnen erklären, was ich eben meinte", sagte er und zögerte erneut.

Ajela nickte. „Schießen Sie los."

„Ich habe darüber nachgedacht, wie ich es Ihnen klarmachen soll", sagte Hal langsam. „Ich wollte Sie damals darum bitten, mir zu glauben, daß ich nichts lieber täte, als das Angebot Tams wahrzunehmen und hier in der Enzyklopädie zu arbeiten . . ."

„Und dann stellten Sie fest, daß das nicht der Wahrheit entsprach, oder?“ Ajela beobachtete ihn aufmerksam. „Stimmt das?“

„Ja und nein.“ Hal runzelte die Stirn. „Die Enzyklopädie zieht mich wie ein Magnet an. Ich habe hier einiges zu erledigen. Diese Institution . . . sie stellt im wahrsten Sinne des Wortes ein Werkzeug dar, das Instrument, nach dem ich mein Leben lang gesucht habe. Und ich weiß jetzt, daß ich hier mit genügend Zeit Dinge vollbringen könnte, von denen andere bisher noch nicht einmal zu träumen wagten. Bei meinem ersten Aufenthalt hier wünschte ich mir wirklich, bleiben zu können. Aber wie Sie wissen, kam ich zu dem Schluß, fortgehen zu müssen. Es gab noch andere Dinge für mich zu tun. Nun, und die meisten dieser Aufgaben habe ich noch nicht bewältigt.“

„Und das ist der ganze Grund, warum Sie uns damals wieder verließen?“ Ajela musterte ihn eingehend.

Hal deutete ein trauriges Lächeln an.

„Der unmittelbare zumindest“, erwiderte er. „Aber Sie haben recht. Um ganz ehrlich zu sein: Es ist noch nicht die ganze Wahrheit. Wissen Sie, in den vergangenen Jahren habe ich mit Leuten zusammengelebt . . .“

Ein weiteres Mal zögerte er, um dann fortzufahren:

„Es ist nicht leicht, es zu erklären“, sagte er. „Lassen Sie es mich so formulieren: Ich habe herausgefunden, daß das Kennenlernen bestimmter Menschen für mich von großer Bedeutung war und noch ist. Derzeit allerdings gibt es wichtigere Dinge zu tun. Ich würde gern mit Ihnen und Tam gleichzeitig darüber sprechen. Läßt sich das machen?“

„Selbstverständlich“, sagte Ajela. „Ich habe ihm noch nicht gesagt, daß Sie hier sind – ganz einfach, weil ich ihm gegebenenfalls eine Enttäuschung ersparen wollte. Tatsächlich schläft er gerade. Aber er wird mir böse sein, wenn ich noch länger damit warte, ihm von Ihrer Anwesenheit zu berichten. Ich rufe ihn am besten sofort an . . .“

Sie drehte sich um und griff nach dem Kommunikator.

„Nein, warten Sie noch“, warf Hal ein. „Zuerst möchte ich Ihnen eine ungefähre Vorstellung von dem vermitteln, was mich hierhergeführt hat. Lassen Sie ihn schlafen. Es gibt einige Dinge, die Sie verstehen sollten, und es wird sicher einige Stunden dauern, um Ihnen alles zu schildern.“

„Na schön." Ajela ließ den Arm sinken und wandte sich wieder Hal zu. „Nun, möchten Sie jetzt vielleicht etwas zu essen haben?"

Er lachte.

„Keine schlechte Idee", sagte er.

Daraufhin begaben sie sich in einen der Speisesäle und nahmen an einem Tisch Platz. Ajela berührte die entsprechenden Sensorkontrollen und schirmte ihren Platz ab: Vier illusionäre Steinwände wuchsen um den Tisch herum in die Höhe.

„Könnten wir uns nicht für die Sterne entscheiden?" bat Hal. „So wie damals in der Lesenische?"

Ajela lächelte und strich mit den Fingerkuppen erneut über die kleine Sensorfläche des Tisches. Von einem Augenblick zum anderen schienen sie mitten im All zu schweben. Der große und blauweiß gemusterte Ball der Erde drehte sich unter ihnen, und hinter dem Planeten ging gerade der terranische Mond auf.

In allen anderen Richtungen dehnte sich die Unendlichkeit des Universums aus. Hal drehte den Kopf und genoß den Anblick. Nach einer Weile gelang es ihm, Mars und Venus zu erkennen und schließlich auch die Gestirne auszumachen, auf deren Welten die Menschheit gesiedelt hatte: Sirius, Alpha Centauri, Tau Ceti, Prokyon, Epsilon, Fomalhaut und Altair. Und in seiner Vorstellung beobachtete Hal auch das, was er mit dem bloßen Auge nicht sehen konnte, die dreizehn anderen Planeten der Menschheit: Freiland und Neuerde, Newton und Cassida, Ceta, Coby, Santa Maria, Mara und Kultis, Dorsai, Harmonie und Eintracht und schließlich Dunnins Welt.

Nicht nur an diese Planeten dachte Hal, sondern auch an die auf ihnen lebenden Menschen. Er holte tief Luft: Die Leere, die er zuvor bei der Vorstellung ihrer Anzahl empfunden hatte, kehrte in ihn zurück.

„Um was geht es denn?" fragte Ajela, und ihre Stimme klang nun wesentlich sanfter. Aus ihren moosgrünen Augen sah sie ihn aufmerksam an.

„Nun, es ist eine lange Geschichte", erwiderte Hal und fand langsam in die Wirklichkeit zurück. Er rang sich ein Lächeln ab. „Lassen Sie uns eine Mahlzeit bestellen, und ich schildere Ihnen, was sich in den vergangenen Jahren zutrug."

Sie saßen inmitten der Sternenpracht, und während sie aßen, erzählte Hal. Er berichtete Ajela von den Bergwerken Cobys, von Sost, Tonina und John. Er schilderte seinen Aufenthalt auf Harmonie und beschrieb ihr Jason, Rukh und James Gotteskind. Er erläuterte ihr seinen Überlebenskampf in der Gefängniszelle, die höhere Erkenntnisstufe, auf die er mit Hilfe fiebriger Überlegungen gelangt war. Er ließ nichts aus.

Als er fertig war, fragte Ajela: „Und welche Art von Waffe glauben Sie hier gegen die Anderen finden zu können?“

„Sie meinen etwas, mit dem sich das Problem der gegenwärtigen historischen Situation lösen läßt“, verbesserte er. „Ich bin mir nicht ganz sicher. Aber die Antwort befindet sich entweder hier oder nirgends. Es geht nicht nur einfach darum, daß ich eine Möglichkeit finden muß, die Anderen aufzuhalten. Diese Möglichkeit muß außerdem so beschaffen sein, daß ich sowohl die Exoten als auch die Dorsai und alle anderen zu überzeugen vermag.“

„Und Sie glauben wirklich, Sie könnten hier das finden, was Sie suchen?“

„Dieses Etwas muß hier sein“, antwortete er. „Sagte Mark Torre damals nicht, der Letzten Enzyklopädie werde eines Tages eine wichtigere Funktion zukommen als nur die, als Informationsarchiv zu dienen? Und Tam hat sie doch all die vielen Jahre lang geleitet, um sie irgendwann diesem größeren Zweck zuführen zu können. Nun, wenn nur ich eine entsprechende Vorstellung hätte, würde ich vielleicht zweifeln. Aber Mark und Tam haben sich bestimmt nicht geirrt. Sowohl sie als auch ich sind zu dem gleichen Schluß gelangt – jeder von ganz allein.“

„Aber wenn es wirklich stimmt, daß die letztendliche Bedeutung der Enzyklopädie mehr ist als . . .“ Ajela unterbrach sich wieder und wirkte sehr nachdenklich.

„Sie haben recht“, sagte Hal. „Wenn das stimmt, dann ergeben viele Dinge plötzlich einen neuen Sinn. Dann geht die historische Gleichung auf. Sonst hätte die Rassenentität die Anderen mit zu vielen Vorteilen versehen, und das halte ich eigentlich für unmöglich. Denn diese Rassenentität ist objektiv; es geht ihr nicht darum, einen von zwei internen Kontrahenten zu bevorzugen. Die Ursachen, die zum Entstehen der Anderen führten, reichen weit in die Geschichte zurück, und das trifft ebenfalls auf den Bau der Letzten Enzyklopädie zu.“

„Wie können Sie sich in diesem Punkt so sicher sein?“ fragte Ajela.

Hal blickte sie über den Tisch hinweg an.

„Haben Sie jemals etwas von Guido Camillo Delminio und dem ‚Theater der Erinnerung' gehört?"

„Dem Theater der Erinnerung?" Ajela runzelte die Stirn. „Ich glaube, ich habe irgendwann einmal etwas darüber gelesen . . ."

„Mark Torre erwähnt es in seinen *Memoiren der Konstruktion*", erklärte Hal. „Dadurch bin ich selbst darauf aufmerksam geworden, als ich noch ein Junge war, in der Bibliothek meines Heimes. Nun, es war eine sehr große Bibliothek, und in meinen jungen Jahren damals verspürte ich den Wunsch, all das zu verwirklichen, was ich während des Lesens besonders interessant fand. Als ich mich mit den *Memoiren* beschäftigte und vom ‚Theater der Erinnerungen' hörte, faßte ich sofort den Entschluß, selbst eins zu bauen. Ich ging zu Walter dem Unterweiser und bat ihn darum, mir zu zeigen, wie ich dabei zu Werke gehen sollte, und er half mir, den entsprechenden historischen Artikel zu finden."

Ajela musterte ihn erstaunt.

„Dann wurde also tatsächlich einmal etwas gebaut, das man Theater der Erinnerung nannte?"

„Wenigstens zum Teil. Zuerst in Bologna und später in Paris, mit der finanziellen Unterstützung von Franz I. von Frankreich. Der Guido Camillo, den ich eben erwähnte, widmete sein ganzes Leben der Verwirklichung dieser Idee. Er lebte im sechzehnten Jahrhundert, und sein Ziel bestand darin, ein Theater zu bauen, in dem jedermann auf die Bühne treten und Kunstobjekte betrachten konnte, die in mehreren Ebenen und mit einer bestimmten Systematik angeordnet waren. Sein Bestreben war es, Ansprachen der Betreffenden zu ermöglichen, bei denen sie sich auf das ganze Wissen der Welt beziehen konnten und während der Vorträge in gewisser Weise eine Erleuchtung durch die sie umgebenden Kunstobjekte erfuhren."

Ajela starrte Hal groß an.

„Woher nahm er eine solche Idee?" fragte sie leise. „Im sechzehnten Jahrhundert . . ." Sie war noch nachdenklicher als zuvor.

„Er wurde um das Jahr 1480 geboren", fuhr Hal fort. „Er hatte eine Professur an der Universität von Bologna, doch es fiel ihm immer schwer, finanzielle Mittel für seine Pläne aufzutreiben. Aus diesem Grund kam es später zu der Verbindung seiner Idee von dem Theater mit Franz I. In der Renaissance war der Wunsch sehr verbreitet, alles Wissen zu vereinen und auf diese Weise den Weg für eine spezielle Kreativität freizumachen. Die Vorstellung, Kunstobjekte als mnemotechnische Initialzünder zu verwenden, geht bis auf die alten Griechen zurück. Die frühen Geistlichen und Gelehrten machten daraus eine moralische Praxis, und der Mystizimus der Renaissance sah darin einen Rahmen für esoterische Erleuchtung. Diese Einstellung veranlaßte Guido Camillo zur Planung seines Theaters der Erinnerung, und im dreizehnten Jahrhundert brachte es Ramon Lull bereits zur Erfindung einer Vorrichtung, die aus vielen Rädern bestand, die zu verschiedenen Kombinationen angeordnet werden konnten – was also praktisch so etwas wie ein primitiver Computer war. Der gleiche Antrieb beeinflußte Leute von Bacon bis Leibniz, der im siebzehnten Jahrhundert eine funktionsfähige Rechenmaschine entwickelte. Tatsächlich könnte man das Theater der Erinnerung als eine der Grundlagen bezeichnen, die später das Entstehen von Technologie und schließlich den Bau der Enzyklopädie selbst ermöglichten."

„Ich verstehe", sagte Ajela.

„Ich wußte, daß ich mich Ihnen würde verständlich machen können", erwiderte Hal. „Nun, ich will auf folgendes hinaus: Die ganze Ereigniskette vom Theater bis zur Letzten Enzyklopädie repräsentiert das Bemühen der Rassenentität, in sich selbst größere Potentiale zu entdecken. Das ist die wichtige Tatsache, die die Konfrontation zwischen den Anderen und der restlichen Menschheit erklärt; hier erstreckt sich das eigentliche Schlachtfeld, und daran dürfte sich eine Zeitlang auch nichts ändern. Und deshalb zieht es auch mich dorthin."

„Ja", sagte Ajela. „Ich glaube, ich kann Ihre Gedanken nachvollziehen."

Sie nickte langsam, und ihr Blick ging in die Ferne.

„Ja", wiederholte sie. „Ja. Und ich nehme an, je eher Sie mit Tam sprechen, desto besser. Wenn Sie mit dem Essen fertig sind, sage ich ihm Bescheid, und dann gehen wir zu ihm."

„Ich bin bereits fertig", erwiderte Hal und lächelte. „Mein Magen knurrt nicht mehr."

Sie machten sich auf den Weg.

Hal gewann den Eindruck, als habe sich Tam Olyn in den vergangenen fünf Jahren überhaupt nicht verändert, und das traf ebenso auf das Quartier des Greises zu, auf die Wand, die einen illusionären Ausblick auf einen Wald mit einem Bach gewährte, auf die Ergmöbel, auf jedes einzelne Detail der Einrichtung. Es überraschte Hal auch nicht, daß Tam ihn mit dem gleichen Gesichtsausdruck wie damals musterte.

Seine Stimme jedoch war anders.

„Hallo, Hal Mayne“, sagte er, und er reichte seinem Besucher die Hand.

Der Unterschied war nicht sonderlich groß. Doch Hal bemerkte, daß sie nicht mehr ganz so volltönend war wie damals, daß Tam in kürzeren Abständen Luft holen mußte und sein Atmen ein wenig mühsam klang.

„Setzen Sie sich, Hal“, sagte Ajela und deutete auf einen gepolsterten Ergsessel, der nur eine Armeslänge neben dem schwebte, auf dem Tam Platz genommen hatte.

„Sie sind also zurückgekehrt“, stellte Tam fest.

„Ja“, sagte Hal. „Aber ich bin zurückgekommen, weil ich hier etwas zu tun habe, das nicht nur die Enzyklopädie selbst betrifft, sondern auch alles andere. Um es kurz zu machen: Ich möchte die Enzyklopädie ihrer letztendlichen Bestimmung zuführen.“

„Erzählen Sie mir mehr davon“, bat Tam Olyn.

„Während meines ersten Aufenthalts hier hatten Sie recht, als Sie vom bevorstehenden Harmagedon sprachen“, begann Hal. „Ich habe fast sechs Jahre gebraucht, um zu verstehen, was Sie meinten. Als ich von hier fortging und mich auf den Weg nach Coby machte, hatte ich noch keine Vorstellung von der Richtung, in die ich meine Schritte lenken sollte. Ich wußte nur, daß ich fliehen und eine Zuflucht für mich finden mußte, weil eine Aufgabe auf mich wartete. Über die Art dieser Aufgabe war ich mir damals noch nicht im klaren. Das hat sich inzwischen geändert.“

„Ja“, erwiderte Tam. Das hohe Alter verlieh seiner Stimme einen heiseren und hohlen Klang, und es war fast, als unterhielte sich Hal einmal mehr mit einem Phantom aus der Vergangenheit. „Sie mußten es selbst herausfinden. Das begriff ich schon damals.“

„Ich verstand die Menschen nicht“, sagte Hal. „Ich wuchs sehr isoliert auf. Und das war auch der Grund, warum meine Mentoren wollten, daß ich mich nach Coby begab. Auf Coby begann ich erwachsen zu werden . . .“

Er erzählte von Walter, Malachi und Obadiah, von Coby, Harmonie und seinem Überlebenskampf in der Gefängniszelle, der ihm schließlich die notwendigen Einsichten ermöglicht und ihn hierher zurückgebracht hatte. Tam saß die ganze Zeit schweigend neben ihm und hörte ihm ruhig zu. In der Reglosigkeit seines Alters sah er aus wie eine Skulptur. Als Hal seinen Vortrag beendete, dauerte es eine Weile, bis Tam Olyn reagierte.

„Und dieser Entwicklungsprozeß lenkte Ihre Schritte schließlich erneut hierher", sagte er.

„Zunächst einmal", bestätigte Hal.

Tam musterte ihn.

„All das", fügte Hal hinzu, „war nur der Anfang. Ich verstehe die Situation jetzt. Ich sehe über den Horizont der Anderen hinweg und weiß, daß sie nur ein Teil des eigentlichen Problems sind – ein Symptom, nicht aber die Ursache. Und bei dem eigentlichen Problem handelt es sich um folgendes: Wir alle haben inzwischen einen Punkt erreicht, an dem uns keine Wahl mehr bleibt. Wir müssen nun – und zwar ganz bewußt – das in Angriff nehmen, was die Zukunft uns bringt. Wir können nicht mehr länger einfach mit halbgeschlossenen Augen vorwärtsstolpern, so wie es immer der Fall war, seit unsere Vorstellungskraft über die nächste Mahlzeit oder den nächsten warmen Schlafplatz hinausgeht. Die Letzte Enzyklopädie stellt die einzige echte Leistung dar, zu der die Bemühungen der vielen Jahrhunderte der Barbarei und der vergleichsweise wenigen Jahre der Zivilisation geführt haben. Und bisher bringt sie uns noch keinen echten Nutzen; statt dessen sehen wir uns einer Lage gegenüber, die es einigen wenigen Menschen ermöglicht, den Rest der Rassenentität dem Untergang preiszugeben."

„Ja", sagte Tam. Für einige lange Sekunden schwieg er. Sein Blick reichte sowohl an Hal als auch an Ajela vorbei. Und als er wieder sprach, klang seine Stimme sehr nachdenklich.

„Wissen Sie, was es bedeutet, die Geschichte zu kontrollieren zu versuchen?" fragte er leise, und sein Blick richtete sich wieder auf Hal. „Kennen Sie die Masse und das Bewegungsmoment der Kräfte, denen Sie sich stellen wollen? Ich habe einen ähnlichen Versuch gewagt – und ich hatte Macht. Ich sorgte dafür, daß ein sozialer Sturm losbrach, der sich gegen ein ganzes Volk richtete – ein Sturm, der den Quäkern eigentlich für immer den Garaus hätte machen müssen. Und es war nur ein einzelner Mann nötig, um die Katastrophe zu verhindern, ein Mann namens Jamethon Black, jemand, der fest im Glauben und nicht dazu bereit war, mir aus dem Weg zu gehen. An ihm verausgabte sich der Zorn des von mir entfesselten Orkans, und die Kraft wehte in tausend verschiedene Richtungen davon, ohne irgendwelchen Schaden anrichten zu können."

Ajela beugte sich vor und griff nach der Hand des alten Mannes. Tam starrte auf die glatte Haut, die sich über den Fingern Ajelas spannte.

„Fast neunzig Jahre lang haben Sie dafür gebüßt", sagte sie sanft.

„Tatsächlich? Und doch war ich die ganze Zeit über nichts weiter als ein Hüter, der auf seinen Nachfolger wartet . . ." Ganz langsam schüttelte er den Kopf. „Nun, wie dem auch sei: Ich weiß, wie gewaltig die historischen Kräfte sind, wenn sie in Bewegung geraten."

Er richtete seine Aufmerksamkeit wieder auf Hal.

„Und Sie wollen es mit einer solchen Macht aufnehmen", fügte Tam Olyn hinzu. „Selbst wenn Sie in Hinsicht auf die letztendliche Bestimmung der Enzyklopädie recht haben, selbst wenn sich all die Helfer, auf deren Unterstützung Sie hoffen, zu Ihnen gesellen – Sie werden doch nur eine Mücke sein, die sich bemüht, einen Orkan zu beherrschen. Sind Sie sich darüber klar?"

„Ich glaube schon", erwiderte Hal ernst.

„Ach", sagte Tam, „ich würde es gern miterleben, wenn Sie das versuchen. Es gäbe meinem Leben nachträglich einen Sinn, ebenso dem Mark Torres und der anderen Leute, die hierherkamen, um zu arbeiten. Aber überlegen Sie gut. Sie könnten Ihre Augen auch einfach vor der Zukunft verschließen. Sie könnten Ihre individuellen Fähigkeiten dazu einsetzen, sich und den Menschen, an denen Ihnen etwas liegt, ein angenehmes Leben zu machen, für die Jahre, die Ihnen noch bleiben. Ja, Sie könnten die Augen vor all den Konsequenzen verschließen, vor all dem, was schließlich mit den anderen Leuten geschehen wird, die nicht einmal Ihren Namen kennen und nicht ahnen, was es für Sie bedeutet zu versuchen, eine derartig schwierige Aufgabe zu bewältigen. Noch können Sie zurück."

„Nein", sagte Hal. „Jetzt nicht mehr."

Tam holte tief Luft und richtete sich in seinem Sessel auf.

„Na schön", erwiderte er. „Dann sollten Sie wissen, daß sich bereits die Streitmacht Ihrer Gegner zu formieren beginnt. Bleys Ahrens hat mit der Verwirklichung eines Planes begonnen, der den Anderen die finanziellen Mittel und die physische Macht geben soll, um all das zu übernehmen, was sie noch nicht kontrollieren – wenn es sein muß, auch mit militärischer Gewalt."

Einige Augenblicke lang war es still.

„Bleys?" fragte Hal. „Was ist mit Danno?"

„Er starb ganz überraschend vor vier Standardmonaten", erklärte

Tam. „Jetzt ist Bleys der Anführer der Anderen. Nun, vielleicht war er schon vorher der eigentliche Leiter ihrer Organisation. Und ganz offensichtlich ist er der Meinung, nicht noch mehr Zeit verlieren zu können und handeln zu müssen."

Hal musterte den alten Mann fasziniert.

„Woher wissen Sie das?" fragte er. „Woher wissen Sie von dem Plan der Anderen, davon, daß Bleys damit begonnen hat, ihn in die Tat umzusetzen?"

„Wenn man zwischen den Zeilen zu lesen vermag, so findet man in Hunderten und Tausenden von Nachrichten entsprechende Hinweise", erwiderte Tam. „Anschließend braucht man sie nur noch zu einem einheitlichen Bild zusammenzufügen und die richtigen Schlußfolgerungen daraus zu ziehen. Außerdem: Wenn Gelehrte und Wissenschaftler von Außenwelt hierherkommen, so spiegeln ihre Fragen und Nachforschungen die jeweiligen Situationen auf ihren Heimatplaneten wider."

„Zwischen den Zeilen?" Hal sah Ajela an.

„Ich höre davon zum erstenmal." Ihr Gesicht war blaß. „Aber Tam Olyn war Journalist, und er weiß, wovon er spricht."

„Die Zeit", sagte Tam, „ist der beste Lehrmeister überhaupt. Glauben Sie mir."

In diesen wenigen Worten kam die ganze Überzeugungskraft Tam Olyns zum Ausdruck, und Hal hatte nicht den geringsten Grund, an seiner Feststellung zu zweifeln. Er musterte diesen alten Mann, der über viele Jahrzehnte hinweg bestrebt gewesen war, aus der Letzten Enzyklopädie das zu machen, was sich Mark Torre von ihr erträumt hatte, und zum erstenmal begriff er, daß Tam seine Aufgabe nicht einfach als die eines Schutzpatrons erachtet hatte. Für ihn mußte es vielmehr so gewesen sein, als sähe er zu, wie ein lebendes Wesen zu einem Erwachsenen würde, und dieses Geschöpf hatte er ebenso verteidigt wie ein Vater sein Kind. Es war nicht etwa eine große Maschinerie, der er sein Leben gewidmet hatte, sondern eine Seele.

„Dann wird die Zeit knapp", sagte Hal schließlich.

„Sehr knapp sogar", bestätigte Tam. „Was haben Sie vor?"

„Zuerst", sagte Hal, „muß ich mit Hilfe der Enzyklopädie die historischen Wurzeln aufspüren, die zum Entstehen der Anderen führten – und sicher auch zu einer Gegenkraft. Wenn diese Institution ihrer wirklichen Bestimmung zugänglich gemacht werden soll, so durch einen Vorgang, der sich mit dem Prozeß vergleichen läßt, der aus Wissen eine Idee formt – und aus der Idee Kunst. Zuerst aber ist es nötig, die Wissensgrundlage zu bilden. Solange ich keine detaillierte Vorstellung davon habe, wie die gegenwärtige Situation entstand, bin ich nicht dazu in der Lage, die menschlichen Elemente zu identifizieren, die hier miteinander konfrontiert werden. Während sich Bleys also darauf vorbereitet, endgültig die Macht an sich zu reißen, werde ich Menschen und ihre Handlungen bis in das Grau der Vergangenheit zurückverfolgen. Nur dieser Weg kann mich schließlich ans Ziel bringen."

2

Fast ein Standardjahr war seit der Rückkehr Hals in die Letzte Enzyklopädie vergangen. Und das Wissen, das er in dieser Zeit aufgenommen und zu neuen Werkzeugen für seinen Verstand geformt hatte, bildete ein schwereres mentales Gewicht, als es seinen Ahnungen vor rund zwölf Monaten entsprach. Es versetzte ihn dazu in die Lage, in tiefere Bereiche seines Ichs vorzustoßen – aber es hatte in ihm schlafende Götter und Teufel geweckt. Er verstand nun nicht nur, wer er war, sondern er wußte auch, was er nun tun mußte. Und jede dieser beiden Einsichten stellte eine ganz besondere Bürde dar.

Hal saß in einem Ergsessel und schwebte im All, über der östlichen Hemisphäre Dorsais. Bei der sich ihm darbietenden Darstellung handelte es sich natürlich um eine Simulation. Er machte keine Wolken aus, aber über den vielen Inseln, aus denen sich die Landmasse dieser von Ozeanen bedeckten Welt zusammensetzte, erkannte er viele kleine weiße Lichter. Und über diese Glanzpunkte dachte er nach.

Jedes Licht repräsentierte eine Betonfläche, auf der ein Raumschiff landen oder von der es starten konnte – immer vorausgesetzt, im Innern des entsprechenden Kreuzers hielt sich ein Pilot auf, der geschickt genug war, um ein großes Schiff in unmittelbare Nähe einer planetaren Oberfläche manövrieren zu können. Natürlich gab es auch noch andere Männer und Frauen, die dazu imstande sein mochten, doch die meisten von ihnen waren Dorsai.

Und da es sich bei der Welt um Dorsai handelte, war die große Anzahl der Start- und Landeflächen nicht weiter überraschend. Auf

Harmonie hingegen gab es nur zwei Werften – von denen eine durch den Anschlag Rukhs nicht mehr funktionsfähig war – und noch zwei weitere Raumhäfen, auf denen große Liner niedergehen konnten, und jener Planet mochte in dieser Beziehung typisch sein für die anderen dreizehn bewohnten Welten. Hal veränderte die Projektion, so daß sein Blick auf die westliche Hemisphäre fiel. Auch hier schimmerten viele Lichter.

Die einzigen beiden anderen Planeten, die es in Hinsicht auf die Anzahl der Start- und Landeflächen auch nur annähernd mit Dorsai aufnehmen konnten, waren die exotischen Welten Mara und Kultis. Doch selbst beide zusammen wiesen nicht so viele größere und kleinere Räumhäfen auf wie die Heimat Amandas. Die entsprechend große Anzahl auf Dorsai ging natürlich auf die besondere dreihundertjährige Geschichte dieses Planeten zurück: Er hatte den anderen Welten nicht nur Söldner zur Verfügung gestellt, sondern auch all die Dinge, die zu ihrer Ausbildung gebraucht wurden. Expeditionskorps stellte man für gewöhnlich in der Nähe des Einsatzortes zusammen und rüstete sie auch dort aus.

Hal forderte eine Liste der gerade beobachteten Start- und Landeflächen an, zusammen mit den entsprechenden Koordinaten und Entfernungsangaben in Hinblick auf die nächsten Städte Dorsais. Kurz darauf vernahm er ein sanftes Läuten, und inmitten der illusionären Sternenpracht ertönte eine Stimme.

„Hal? Jeamus Walters. Wenn Sie bereit sind, könnte ich jetzt zu Ihnen kommen."

„Bitte", erwiderte Hal.

Mit den Fingerspitzen berührte Hal die unsichtbare Konsole vor ihm, unterbrach die elektronische Listenausgabe und stellte seine normale Arbeitsumgebung wieder her. Das Bild Dorsais verflüchtigte sich, und sein Blick fiel wieder auf die Wände seines Büros in der Letzten Enzyklopädie. Es war recht klein – eigentlich bot es ihm gerade Platz genug, sich darin umdrehen zu können –, und das sich daran anschließende Hauptzimmer war nicht viel größer. Obgleich das Bett tagsüber in der Wand verschwand, konnte er dort nicht mehr als fünf oder sechs Personen zu einem Gespräch empfangen.

Nach einigen Sekunden ertönte ein dumpfes Läuten von der Tür her.

„Treten Sie ein", sagte Hal. Die Tür öffnete sich, und ein kleiner und breitschultriger Mann mit rundlichem Kopf und blondem Haar kam auf Hal zu. Jeamus Walters mochte gut vierzig Jahre alt sein.

„Setzen Sie sich“, sagte Hal. „Wieviel Zeit haben Sie?“

„Soviel Sie wollen“, erwiderte Jeamus. „Als Sie anriefen, führten wir gerade eine routinemäßige Überprüfung durch.“

Hal berührte die Sensoren der Konsole, und die eine Seitenwand des Zimmers wurde schwarz und zeigte die Letzte Enzyklopädie von außen. Das Bild reichte vom Boden bis zur Decke empor, und das dunstige Wallen des Schutzfelds wirkte so nah, daß man das Gefühl haben konnte, nur die Hand ausstrecken zu müssen, um es zu berühren.

„Ich hatte bisher noch keine Gelegenheit, mich ausführlich damit zu befassen“, sagte Hal und betrachtete das Schutzfeld. „Eine routinemäßige Überprüfung? Ich dachte, das Feld stabilisiere sich selbst.“

„Das stimmt auch“, erwiderte Jeamus. „Nach der Aktivierung existiert es unabhängig von allen anderen Dingen im Universum. Ebenso wie das Phasenverschiebungsfeld – das andernfalls kein Raumschiff über lichtjahrweite Entfernungen transferieren könnte. Doch wenn wir es nur einfach entstehen ließen und sonst nichts weiter unternähmen, würde die Enzyklopädie sofort Anstalten machen, es von innen her zu durchdringen, denn wir sind ja nicht stationär: Wir befinden uns in einer Umlaufbahn um die Erde, und die Erde wiederum umkreist die Sonne. Deshalb müssen wir dafür sorgen, daß sich das Schutzfeld mit uns bewegt, denn sonst würde die Enzyklopädie zerstört, wenn sie es zu durchdringen versuchte – so wie auch alles andere mit der Elimination rechnen müßte, was uns von außen her zu erreichen trachtet. Nun, wie ich schon sagte: Wir müssen also dafür sorgen, daß dem Feld das gleiche Bewegungsmoment wie uns selbst zukommt, und dazu wie auch für die Ergschleusen sind gewisse Kontrollen notwendig . . .“

Er unterbrach sich und sah Hal an.

„Sie haben mich doch nicht hierher gebeten, um von mir einen Vortrag über das Schutzfeld zu hören, oder?“

„Doch, in gewisser Weise“, erwiderte Hal. „Ich möchte Ihnen einige Fragen darüber stellen. Wie groß können Sie es gestalten? Ich meine: Was ist die maximale Größe des Bereichs, der sich davon umfassen und schützen läßt?“

Jeamus zuckte mit den Schultern.

„Theoretisch gibt es keine Beschränkung", erwiderte er. „Nun, natürlich ist die Größe abhängig von der Energie, die man einsetzt, um die Schutzsphäre entstehen zu lassen und sie zu kontrollieren. Und diese Kontrolle muß permanent sein, selbst dann, wenn man der Sphäre einen anfänglichen Bewegungsimpuls verleiht. Denn früher oder später kommt es zu entropischen Kollabierungseffekten durch die Anomalien, die in der Natur der Sache begründet sind: Schließlich haben wir es mit einer zeitlosen Erscheinung in einem temporalen Universum zu tun."

„Auf welche praktisch maximale Größe kann also das Schutzfeld ausgedehnt werden?" fragte Hal. „Angenommen, wir wollten die Sphäre vergrößern und weiter wachsen lassen . . ."

Jeamus kratzte sich nachdenklich an der Schläfe.

„Nun", antwortete er, „angesichts des Energiepotentials Sols könnten wir es rein theoretisch auf eine Größe ausdehnen, die dem Mehrfachen des Sonnensystems entspricht. Aber andererseits: Sobald das Schutzfeld die Größe des irdischen Orbits erreichte, befände sich die Sonne in seinem Innern, und deshalb . . ." Er zögerte kurz. „Ich muß das erst genauer berechnen."

„Worauf es mir in erster Linie ankommt", sagte Hal, „ist folgendes: Wir könnten es doch groß genug werden lassen, um einen ganzen Planeten damit einzuhüllen, nicht wahr?"

„Äh, ganz so einfach ist das nicht", hielt ihm Jeamus entgegen. „In einem solchen Fall ergäben sich einige erhebliche Kontrollprobleme. Bisher hat man so etwas noch nie versucht. Schon in Hinblick auf die Enzyklopädie stehen wir vor nicht unbeträchtlichen Schwierigkeiten, insbesondere in Hinblick auf die energetischen Schleusensysteme. Darüber hinaus müssen wir in regelmäßigen Abständen Strukturlücken im Schutzfeld entstehen lassen, um solare Energie aufzunehmen . . . Ich will damit folgendes zu bedenken geben: Die Kontrollen für ein größeres Schutzfeld müßten notwendigerweise sehr komplex sein – nicht nur für die Sicherheit des Objektes im Innern der Sphäre, sondern insbesondere für die Bildung von Schleusen und Abzapfsystemen. Ich nehme an, Sie gehen bei Ihren Überlegungen von einem Pendelverkehr aus, der ebenso dicht ist wie derzeit. Sollte er noch stärker werden, so . . ."

„Erachten Sie den Verkehr in diesem Sinn einmal nicht als eine Variable", erwiderte Hal. „Könnten Sie für mich eine genaue Berechnung durchführen, für eine Welt, die ein wenig größer ist als die Erde?"

„Selbstverständlich“, sagte Jeamus. Er blickte Hal nachdenklich an. „Ich sollte Sie wohl besser nicht fragen, was Sie im Sinn haben, wie?“

„Nein, besser nicht.“

„Der Mensch ist von Natur aus neugierig.“ Erneut kratzte sich Jeamus an der Schläfe. „Aber wie dem auch sei: Geben Sie mir eine Woche Zeit.“

„Danke“, sagte Hal.

„Nichts zu danken. Es ist ein sehr interessantes Problem. Haben Sie sonst noch etwas auf dem Herzen?“

„Nein“, erwiderte Hal. „Es freut mich sehr, daß Sie Zeit für mich erübrigen konnten.“

„Es war mir eine Ehre.“ Jeamus stand auf. „Wenn Sie innerhalb einer Woche nichts von mir hören, dann vermutlich deshalb, weil ich auf gravierende Kontrollprobleme gestoßen bin. Wenn ich mich also nicht bei Ihnen melde, so rufen Sie mich einfach an. Ich sage Ihnen dann, wie weit ich mit den Berechnungen gekommen bin. Ich nehme an, Sie sind sich darüber klar, daß Sie mir dann, wenn all dies nicht mehr nur rein theoretischer Natur bleiben soll, genau sagen müssen, was Sie beabsichtigen, wenn Sie exakte Antworten von mir haben wollen.“

„Das weiß ich natürlich“, entgegnete Hal. „Noch einmal vielen Dank.“ Und Jeamus ging.

Als sich die Tür hinter ihm schloß, löschte Hal die Darstellung im Projektionsfeld und setzte sich mit Ajela in Verbindung.

„Wie läuft's?“ fragte er, als sich ihr Abbild auf dem Komschirm zeigte. „Haben Sie Zeit für mich, damit ich Ihnen sagen kann, worum es geht?“

„Ja“, erwiderte Ajela. „Sie finden mich in der Unterkunft Tams.“

„Ich bin gleich da.“

Als er die Zimmerflucht Tams betrat, saß Ajela neben dem alten Direktor der Enzyklopädie, und man hatte bereits einen dritten Ergsessel für ihn bereitgestellt. Er nahm Platz und lächelte Tam an.

„Wie geht's?“ fragte er.

„Gut“, erwiderte Tam. „Verlieren Sie keine Zeit mit Höflichkeitsfloskeln. Haben Sie jetzt einen genauen Überblick über die logische Entwicklungskette?“

Hal nickte.

„Ich konnte sie bis ins vierzehnte Jahrhundert zurückverfolgen“, erklärte er. „Zu jener Zeit nahm die gegenwärtige historische Phase mit einer Schlüsselfigur namens John Hawkwood ihren Anfang."

„Ajela erzählte mir davon, daß Sie sich während Ihres ersten Besuchs hier mit einem Romanhelden Conan Doyles befaßten, einem gewissen Nigel Loring." Tam musterte ihn aufmerksam. „Aber Loring lebte wirklich. Er war einer der Ritter des Hosenbandordens, dem der Schwarze Prinz vorstand, nicht wahr? Und meines Wissens erwähnt Froissart Hawkwood nur am Rande."

„Nachdem der Schwarze Prinz König John bei Poitiers gefangengenommen hatte und zwischen England und Frankreich der Frieden von Bretigny geschlossen wurde, war Hawkwood einer der Führer der Weißen Gesellschaft, die über die Alpen nach Italien zog", sagte Hal. „Zwei Jahrzehnte später war er ein hoher Offizier der Streitkräfte von Florenz. Und er muß mindestens vierzig Jahre alt gewesen sein, als er sich auf die Reise nach Italien machte."

„Wie Ajela mir erklärte", sagte Tam, „gilt er als der erste moderne General. Aber warum halten Sie ihn für so wichtig? Und warum haben Sie bisher über die Ergebnisse Ihrer Forschungsarbeiten geschwiegen?"

„Nun, ich konnte Ihnen deshalb bisher nichts mitteilen, weil ich erst alle Mosaiksteine finden mußte, um das vollständige Bild erkennen und verstehen zu können", erwiderte Hal. „Noch vor einer Woche ging ich größtenteils rein intuitiv vor. Und erst jetzt bin ich dazu in der Lage, Ihnen Einzelheiten zu erläutern."

„Nur zu", murmelte Ajela.

„Nun gut", sagte Tam und sah erneut Hal an. „Erklären Sie uns alles. Ich werde Sie nicht unterbrechen."

„Wie Sie wissen, begann ich mit meinen Nachforschungen in der Gegenwart und konzentrierte mich dann immer mehr auf die Vergangenheit", sagte Hal. „Bei den Anderen handelt es sich um genetische Kreuzungen, die von Personen gezeugt wurden, die verschiedenen Splitterkulturen angehörten. Damit sind sie ebenfalls Produkte gewisser Aspekte dieser speziellen Zivilisationen. Der Ursprung der Splitterkulturen wiederum liegt in der Gesellschaft von Alterde begründet, damals, als gerade die Phasenverschiebung entwickelt worden war und es im Verlauf von knapp hundert Jahren zu einer enormen Auswanderungswelle kam. Die Exoten gingen zum Beispiel aus einer Organisation hervor, die während des einundzwanzigsten Jahrhunderts gegründet wurde und sich als ‚Stiftungsgilde' bezeichnete.

Diejenigen Männer und Frauen, die sich später auf Harmonie und Eintracht niederließen und den Verbund der Quäkerwelten schufen, lebten damals als isolierte Ordensgruppen auf der Erde. Und so weiter. Nun, die Entstehungsgeschichte der unterschiedlichen Subkulturen reicht zurück bis ins Jahrhundert des Umbruchs. Die Stiftungsgilde zum Beispiel bildete sich auf der Grundlage des während des zwanzigsten Jahrhunderts geradezu explodierenden Interesses an fernöstlichen Religionen, dem Okkulten und paranormalen Phänomenen. Und die Ordensgruppen entstanden infolge der Rückbesinnung auf religiösen Fundamentalismus."

„Es war damals wirklich eine Zeit des Umbruchs", warf Tam ein. „Immer dann, wenn es zu sozialen Krisen kommt, entsteht in Gruppen mit religiös orientierten Kulturen diese Art von Hysterie. Das betrifft nicht nur die Christen der westlichen Welt, sondern auch Juden und Moslems – vorausgesetzt, die Voraussetzungen begünstigen so etwas. Es gibt viele historische Beispiele dafür, die weit in die Vergangenheit zurückreichen . . ."

„Aber die entsprechenden Ereignisse im zwanzigsten Jahrhundert haben sich in diesem Zusammenhang als besonders wichtig erwiesen", fuhr Hal fort. „Damals nahm die Raumfahrt ihren Anfang. Bis dahin hatte die große Masse der Bevölkerung die Tatsache ignoriert, daß ihr Planet im Vergleich zum Universum nichts weiter ist als nur ein Staubkorn. Und dann, gewissermaßen von einem Augenblick zum andern, konnten sie die Augen nicht mehr einfach verschließen, und der damit einhergehende psychische Schock war enorm. Plötzlich war die Erde keine sichere und vom Kosmos isolierte Heimstatt mehr. Die Menschheit sah sich jäh den Sternen gegenüber, nackt und hilflos. Dieser Schock macht das zwanzigste Jahrhundert einzigartig in der gesamten Geschichte des Homo sapiens, und es blieb den damaligen Bewohnern der Erde nichts anderes übrig, als irgendwie mit dieser Tatsache fertig zu werden. Die schlagartig erweiterte Vorstellung vom Weltraum brachte alte Ideengebäude zum Einsturz, und sie erschütterte die Menschen bis in die Bereiche des Unterbewußtseins. Dieser Schock wirkte sich natürlich auch auf die damaligen Gesellschaften Alterdes aus. Jene Gesellschaften wiederum waren durch eine schon seit fünfhundert Jahren andauernde technologische Entwicklung geprägt worden, die sich in der Mitte des neunzehnten Jahrhunderts beschleunigte . . . und so weiter. Nun, vielleicht erkläre ich Ihnen das alles ein wenig zu schnell und in zu groben Zügen . . ."

„Habe ich mich beschwert?“ erwiderte Tam knurrend.

„Nein.“ Hal lächelte den alten Mann an. „Nein, das haben Sie nicht. Ich wollte nur sagen: Vielleicht versuche ich, mich selbst zu überholen. Nun, als ich mich im Verlauf meiner Nachforschungen immer mehr auf die Vergangenheit konzentrierte, ging es mir in erster Linie darum, historisch bedeutsame Wendepunkte zu lokalisieren und sie in Zusammenhang mit einzelnen Personen zu bringen. Ich möchte Ihnen nur ein Beispiel nennen: Einer der notwendigen Initiatoren für die gegenwärtige Situation und das Entstehen und die Machtergreifung der Anderen war Donal Graeme und seine historische Leistung, die vierzehn Welten unter einem Rechtssystem vereint zu haben. Dadurch wurde Ausbeutung im großen Maßstab unmöglich, und aus diesem Grund gibt es heute keine interstellaren Fürsten wie etwa William von Ceta mehr . . .“

„Ich habe Graeme einmal gesehen“, sagte Tam, und die altmodische Art und Weise, eine bestimmte Person nur mit dem Nachnamen zu benennen, erschien Hal sonderbar. „Damals wurde auf Newton ein Empfang für ihn gegeben. Er erschien mir nicht sonderlich eindrucksvoll.“

„In jedem Fall“, sagte Hal, „wäre Donal nicht zu einer derartigen Leistung imstande gewesen, hätte die geschichtliche Entwicklung nicht zur Herausbildung einer so einzigartigen Kultur wie die der Dorsai geführt – deren Kämpfer während der planetaren und interplanetaren Kriege der ersten Jahrzehnte der interstellaren Expansion doch nichts weiter waren als Kanonenfutter. Und die Dorsai wiederum wären nicht das geworden, was sie sind, hätte Cletus Grahame nicht seine unorthodoxe militärische Wissenschaft entwickelt.“

„Scheint ein Familienphänomen zu sein, wie?“ meinte Tam und verzog das Gesicht.

„Die Dorsai legten immer großen Wert auf familiäre Traditionen“, sagte Hal. „In einer derartigen Kultur ist es weitaus weniger überraschend, daß Donal und Cletus Verwandte waren, als es vielleicht auf anderen Welten der Fall gewesen wäre. Nun, interessant ist aber insbesonders folgendes: Cletus hätte sein Werk über Strategie und Taktik selbst damals nicht ohne die Hilfe der Exoten schreiben können. Und die Exoten wurden deshalb zu Exoten, weil . . .“

„Weil es einen Mann namens Walter Blunt gab“, warf Tam ein.

„Das glaube ich eigentlich nicht“, erwiderte Hal gedehnt. „Walter Blunt war damals offenbar wirklich davon überzeugt, unbedingt die

Vernichtung eines Teils der Menschheit herbeiführen zu müssen, um auf diese Weise ein Übel zu heilen, an dem seiner Ansicht nach der Homo sapiens zu leiden begonnen hatte. Nein, während meiner Nachforschungen mußte ich mich sehr eingehend mit Walter Blunt und der Stiftungsgilde befassen. Seine Bestrebungen standen eigentlich in einem krassen Gegensatz zu der Suche nach der entwickelten Form des Menschen – und doch gingen schließlich die Exoten aus der Stiftungsgilde hervor. Nein, es gibt da noch einen anderen Mann, der plötzlich wie aus dem Nichts auf die historische Bühne trat, gegen Ende des einundzwanzigsten Jahrhunderts, einen Bergbau-Ingenieur mit nur einem Arm. Dieser Mann stieß auf die von Walter Blunt gegründete Stiftungsgilde und wurde innerhalb verblüffend kurzer Zeit zu einem Rivalen Blunts in Hinblick auf die Führerschaft der Organisation. Doch kurz darauf kenterte er mit einem Segelboot, mit dem er im Pazifischen Ozean kreuzte, und ertrank. Sein zeitlich sehr begrenzter Kontakt mit der Gilde reichte jedoch aus, um alles zu verändern. Nach der Einflußnahme dieses Mannes – Paul Formain – war Blunt eigentlich nichts weiter als eine Galionsfigur. Und Jason . . ."

Das sanfte Läuten des Komgerätes unterbrach ihn.

„Was soll das denn?" platzte es aus Tam heraus. „Ajela, ich dachte, Sie hätten die Anweisung gegeben . . ."

„Ich gab Order, wir dürften nicht gestört werden", erwiderte die junge Frau. „Es sei denn, es geschähe etwas von größter Wichtigkeit." Sie streckte die Hand in Richtung der Konsole aus, die in die eine Armlehne ihres Sessels integriert war. „Bestimmt behelligt man uns nicht mit irgendwelchen Trivialitäten . . . Chuni?"

„Ajela? Bleys Ahrens hat sich mit uns in Verbindung gesetzt und bittet um eine Unterredung mit Hal Mayne."

Ajela sah auf, und ihr Blick richtete sich ebenso auf Hal wie der Tams.

„Ja", sagte Hal nach kurzem Zögern. „Ich schätze, das mußte so kommen. Ich bin selbstverständlich dazu bereit, mit ihm zu sprechen."

Ajela wandte sich wieder dem Komgerät zu. „Sagen Sie Bleys, er hätte Zugangserlaubnis. Hal empfängt ihn."

„In Ordnung", lautete die Antwort Chunis. „Da ist noch etwas, Ajela . . ."

„Ja?"

„Es wurde noch eine andere Anfrage an uns gerichtet, die fast gleichzeitig mit der von Ahrens bei uns eintraf. Sie stammt von einem Exoten names Amid, der sich an Bord eines Orbitalbusses befindet, der gerade am B-Zapfen angelegt hat. Er verfügt über keine Aufenthaltsgenehmigung, möchte aber ebenfalls mit Hal Mayne sprechen. Der private Kreuzer Bleys Ahrens' ist in einen Warteorbit gegangen. Ich glaube nicht, daß sie voneinander wissen."

Ajelas Blick richtete sich erneut kurz auf Hal.

„Zuerst Amid", entschied Hal rasch. „Dann Bleys Ahrens. Vielleicht hat Amid Informationen für mich, die ich während des Gesprächs mit Ahrens gut gebrauchen kann. Ich habe Ihnen ja schon von Amid erzählt: Auf Harmonie habe ich ihm meine Papiere geschickt, kurz bevor mich die Miliz faßte. Und er wies das lokale Exoten-Konsulat an, mir behilflich zu sein, wenn ich dort eintreffen sollte. Er sorgte auch dafür, daß es mir gelang, nach Mara zu entkommen."

„Sie haben beide Zugangserlaubnis, Chuni", sagte Ajela. „Hal möchte zuerst mit Amid sprechen. Bringen Sie ihn in die Unterkunft Hals. Und wenn Sie glauben, daß die beiden Besucher nichts voneinander wissen, sollten Sie dafür sorgen, daß sie sich nicht begegnen."

Sie warf Hal einen kurzen Blick zu, und der nickte. Anschließend unterbrach sie die Verbindung.

„Nun", sagte Hal, „unter diesen Umständen sollte ich mich wohl möglichst kurz fassen. Es gibt zu viele Details, als daß ich sie Ihnen jetzt alle nennen könnte. Von zentraler Bedeutung ist nur eins: Die Entwicklungskette reicht bis ins vierzehnte Jahrhundert zurück, bis zu John Hawkwood. Es gibt auch einen anderen Namen für den Beginn: die Renaissance. Und wenn John Hawkwood nicht gewesen wäre, hätte es vielleicht gar keine Renaissance gegeben."

„Das ist eine Behauptung von ziemlicher Tragweite", kommentierte Tam. „Sind Sie etwa der Meinung, die Geschichte werde nicht nur von einer Aufeinanderfolge sozialer Entwicklungen bestimmt, sondern auch – und vielleicht gar in erster Linie – von ungewöhnlichen Einzelpersonen?"

„Nein", sagte Hal. „Hindernisse im Fluß der historischen Kräfte entscheiden über die Richtung, in die der Strom fließt. Und der geschichtliche Druck, der sich an den entsprechenden Wendepunkten ansammelt, läßt ungewöhnliche Einzelpersonen entstehen. Eine andere Flußbiegung würde andere Individuen hervorbringen. Zumindest war das in der Vergangenheit immer der Fall. Doch vor rund tausend Jahren erreichte die Menscheit als Ganzes einen Entwicklungsstand, der es gewissen Personen ermöglichte, den Fluß als solchen zu erkennen. Und in Abhängigkeit von dem Ausmaß ihres Erkennens und Verstehens waren diese Individuen in der Lage, den Fluß in eine neue Richtung zu zwingen, die ihren Wünschen entsprach. Das ist auch der Grund, warum jemand wie Bleys, der genau weiß, was gegenwärtig geschieht, heute die historische Entwicklung weitaus effektiver zu beeinflussen vermag, als es in der Vergangenheit der Fall gewesen wäre."

Er stand auf.

„Ich sollte jetzt besser gehen", sagte er. „Ich möchte genug Zeit haben, um mit Amid zu sprechen, ohne den Argwohn Bleys' zu erwecken, indem ich ihn zu lange warten lasse."

„Würde es denn einen Unterschied machen, wenn er Bescheid wüßte?" fragte Ajela.

„Ich weiß nicht", erwiderte Hal. „Hätte ich es mit jemand anderem zu tun, würde ich mir in diesem Punkt keine Sorgen machen. Aber ich werde mich hüten, ausgerechnet Bleys irgendwelche Hinweise zu geben, die sich für ihn als nützlich erweisen könnten. Sobald ich mit Amid und Ahrens gesprochen habe, komme ich wieder zu Ihnen."

Als Hal in seine Unterkunft trat, wartete Amid dort bereits auf ihn, und die silbergraue Robe des Exoten stellte einen eigentümlichen Kontrast zu der funktionalen Umgebung dar. Der kleine Mann stand neben dem Schreibtisch.

„Setzen Sie sich", sagte Hal und nahm ebenfalls Platz. „Es freut mich, Sie wiederzusehen."

Amid lächelte dünn. „Es freut mich, daß Sie das sagen", erwiderte er. „Meinen Sie es wirklich ehrlich?"

„Natürlich", bestätigte Hal. „Wie lange wollen Sie bleiben?"

Amid wurde wieder ernst. „Für immer", sagte er leise. Einige Sekunden lang fraßen sich die Falten tiefer in die Haut seines Gesichts, und er wirkte plötzlich sehr alt und müde. „Oder anders ausgedrückt: Solange ich Ihnen irgendwie behilflich sein kann."

Hal dachte einige Augenblicke lang darüber nach.

„Soll das heißen, daß die Exoten ihre Meinung über mich geändert haben?"

„In gewisser Weise", sagte Amid. „Wir haben . . . aufgegeben. Und das ermöglichte es mir, zu Ihnen zu kommen."

„Aufgegeben?“ Hal sah seinen Besucher groß an. „Das ist so, als wollten Sie behaupten, das ganze Universum stehe kurz vor dem Untergang. Sie meinen es doch sicher nicht so, oder?“

„Nun, nicht in *dem* Sinn“, entgegnete Amid. „Es hat weder etwas mit dem Ende des Kosmos oder dem Tod zu tun. Es geht nur darum: Wir haben Dutzende von neuen Berechnungen durchgeführt und konnten keinen Ausweg finden. Damit ist die Auseinandersetzung beendet. Die Anderen haben bereits gewonnen.“

„Das kann doch wohl ebensowenig Ihr Ernst sein“, hielt ihm Hal entgegen.

„Es ist eine Tatsache. Wieviel wissen Sie von den jüngsten Aktionen der Anderen?“

„Nicht viel“, erwiderte Hal. „Wir interpretieren die Informationen, die hier eintreffen, und mit seinem besonderen Verständnis der Leistungsfähigkeit der Enzyklopädie ist uns Tam dabei eine große Hilfe. Aus all diesen Hinweisen ergibt sich ein bestimmtes Bild: Unter der Leitung von Bleys Ahrens gewinnen die Anderen rasch an Einfluß. Doch es handelt sich dabei größtenteils um Schlußfolgerungen. Was reine Fakten angeht, sind wir hier nicht sonderlich auf dem laufenden.“

„Deshalb kam ich her. Um Ihnen solche Informationen zu bringen.“ Mit der für einen Exoten typischen Ruhe und Gelassenheit saß Amid in seinem Sessel, doch die Anspannung in ihm entging Hal nicht. „Um nur ein Beispiel zu nennen: Es ist nicht etwa so, daß die Anderen ihre Kräfte gegen Sie mobilisieren. Die Mobilisation ist bereits erfolgreich abgeschlossen und hat ein Ausmaß angenommen, das mich zu der Überzeugung bringt, daß man sie nicht mehr aufhalten kann. Nun, da wir auf Mara und Kultis zu dem Schluß gelangten, daß weitere Berechnungen ebensowenig einen Ausweg aufzeigen können, stellten wir die Arbeiten ein. Ich beschloß, meinen Neigungen nachzugehen und Ihnen meine Hilfe anzubieten, solange der Kampf gegen die Anderen überhaupt noch irgendeinen Sinn hat. Das meinte ich vorhin damit, als ich sagte, ich könne für immer bleiben, wenn Sie das wünschen. Wenn Sie einverstanden sind, bleibe ich hier – bis zum bitteren Ende.“

Hal lehnte sich nachdenklich in seinem Sessel zurück.

„Übrigens“, fügte Amid hinzu, „glauben wir inzwischen, daß Sie und die Dorsai recht hatten. Der Versuch, die Anderen als Einzelpersonen zu eliminieren, wäre sicher fehlgeschlagen. Jeder von ihnen verfügt nun über Tausende und Millionen von Leibwächtern, auf jedem Planeten, den sie kontrollieren. Selbst wenn es gelänge, die Anderen auszulöschen: Ihre vielen Anhänger würden anschließend einen Rachefeldzug gegen uns beginnen."

„Interessant", erwiderte Hal gedehnt. „Als ich vor rund zwölf Standardmonaten hierherkam, erfuhr ich von Tam Olyn nur davon, daß Danno den Tod fand und Bleys die Führung übernahm und mit der Mobilisation begann."

„Als Sie von Coby flohen und damit den Nachstellungen Bleys' entgingen", erklärte Amid, „unterschrieben Sie damit in gewisser Weise das Todesurteil Dannos. Wir wußten damals schon seit Jahren, daß Bleys und er verschiedene Vorstellungen von der Bestimmung der Anderen hatten. Danno wollte Frieden und ein angenehmes Leben, mehr nicht. Bleys hingegen verfolgte schon damals ein längerfristiges Ziel."

Hal musterte den Exoten aufmerksam.

„Das klingt so, als hielten Sie in gewisser Weise mich für den Auslöser. Und nach meinem Erlebnis auf Mara überrascht mich das ein wenig."

„Ich habe jetzt keine Verpflichtungen mehr und kann das sagen, was ich denke", erwiderte Amid.

„Wie kann Bleys die Mobilisation so rasch vorangetrieben haben, daß die Exoten der Meinung sind, er habe bereits gewonnen?"

„Ich muß mich verbessern", antwortete Amid. „Er hat *noch* nicht gewonnen, wird aber ganz sicher siegen – mit Hilfe der großen Masse der Anhänger. Tatsächlich haben die Anderen eine Bewegung initiiert, der Millionen und Abermillionen von Menschen angehören und die bereit ist, den Kampf gegen all diejenigen aufzunehmen, die sich als Gegner der Anderen erweisen könnten."

„Wie?" fragte Hal. „Und auf welcher Basis?"

Amid lächelte fast traurig.

„Bleys ist ein Genie", entgegnete er. „Er kehrte einfach alles um. Er stellte die Feinde der Anderen als Schurken dar, die die Zivilisation gefährden. Nach der jetzigen öffentlichen Meinung gibt es eine Verschwörung, die ihren Ursprung auf Alterde hat – eine Verschwörung von den Leuten, die schon in der Vergangenheit versuchten, die Jüngeren Welten und ihre Bevölkerungen zu kontrollieren. Angeblich wurde der Plan von den Männern und Frauen entwickelt, die hier in der Letzten Enzyklopädie tätig sind. Von Personen also, die sich schon seit zwei Jahrhunderten mit wissenschaftlicher Schwarzer Magie befassen, Leuten, die zum Beispiel das Prinzip der Phasenverschiebung nutzten, um sich in eine Schutzblase zu hüllen. Auf vielen Welten ist man inzwischen sicher, daß es den Wissenschaftlern in der Enzyklopädie hauptsächlich darum ging, in zweihundert Jahren immer neue und noch bessere Waffen zu entwickeln, mit denen alles menschliche Leben auf den Jüngeren Welten ausradiert werden kann – es sei denn, die entsprechenden Bevölkerungen unterwerfen sich. Nach dieser Einschätzung besteht die einzige Hoffnung für die Zivilisation darin, daß die Enzyklopädie noch nicht ganz zum Zuschlagen bereit ist. Und wenn man nur rasch genug handele, könne man dem Drachen noch den Kopf abschlagen, bevor er Feuer speit."

„Ich verstehe", murmelte Hal.

„Die Anderen präsentieren sich als Führer und Organisatoren aller Bestrebungen, die Jüngeren Welten zu retten. Sie behaupten, all die historischen Anhänger und Helfer der Enzyklopädie – die Dorsai, Exoten und Quäkerrebellen – unterstützten Alterde bei der Absicht, die gesamte Macht an sich zu reißen, und deshalb müsse man ihnen ebenfalls den Garaus machen."

Amid zögerte kurz.

„Sie bemerken sicher", fuhr er nach einer Weile fort, „wie problemlos diese Strategie später weitergeführt werden kann. Nach ihrem Sieg brauchen die Anderen die öffentliche Meinung nur noch geringfügig zu manipulieren, um dafür zu sorgen, daß Wissenschaft und Forschung und vergleichbare Teufelsdinge eliminiert werden müssen, um sicherzustellen, daß dem gewöhnlichen Menschen aus dieser Richtung nie wieder Gefahr drohe."

„Und wie groß ist der Anteil der auf den neun Welten lebenden Menschen, die sich diese Ansichten zu eigen gemacht haben?" fragte Hal.

„Ungefähr zwanzig Prozent", sagte Amid. „Und aus diesem Grund sind wir auf Mara und Kultis davon ausgegangen, daß keine Hoffnung mehr besteht. Zwanzig Prozent genügen völlig, um uns einfach zu überrollen, und in diesem Sinn würde es keine Rolle spielen, ob es den Anderen gelänge, auch die restlichen achtzig Prozent auf ihre Seite zu ziehen. Die Zahl unserer Gegner geht in die Milliarden. Und die Anderen könnten immer neue Kämpfer rekrutieren, wenn der Krieg gegen uns längere Zeit andauerte."

„Gut, die Anderen haben also eine riesige Armee", sagte Hal.

„Das genügt jedoch noch nicht, um einen interstellaren Krieg zu führen. Sie brauchen Transportmittel, Waffen, eine komplexe Logistik . . ."

„Stimmt", bestätigte Amid. „Wir haben also noch etwas Zeit. Doch nach den auf Mara und Kultis durchgeführten Berechnungen wird der Angriff schließlich erfolgen, und in einem solchen Fall ist unsere Niederlage sicher."

Er wandte den Blick nicht von Hal ab.

„Jetzt wissen Sie, wie es draußen aussieht", sprach er nach einigen Sekunden weiter. „Oh, ich weiß. Vor zehn Jahren wäre noch jeder für verrückt gehalten worden, der die Möglichkeit eines solchen Krieges angedeutet hätte. Aber damals ging man ganz allgemein davon aus, daß niemand einen derart immensen Verlust an Menschenleben und Material riskieren würde, um einen solchen Plan in die Tat umzusetzen. Für die Anderen jedoch haben die Kosten keine Bedeutung, solange sie nur ihr Ziel erreichen."

Hal nickte.

„Nun, da das der Fall zu sein scheint", erwiderte er, „und da ich annehme, daß Sie keinen Fehler in den exotischen Berechnungen gefunden haben . . ."

„Keinen einzigen", bestätigte Amid.

„Warum sind Sie dann zu mir gekommen?" fragte Hal. „Wenn Sie wirklich davon überzeugt sind, daß am endgültigen Sieg der Anderen nichts mehr zu ändern ist, dann spielt es doch keine Rolle, ob wir beide den Kampf gegen sie fortsetzen. Ich würde von einem erfahrenen Exoten eigentlich erwarten, in einem solchen Fall das philosophische Handtuch zu werfen."

„Dann bin ich vielleicht kein erfahrener Exote", meinte Amid trocken. „Trotz der Falten in meinem Gesicht. Wie ich vorhin schon sagte: Ich habe jetzt keine Verpflichtungen mehr, und ich kann tun und lassen, was ich will. Ich erlaube es mir daher, mich der irrationalen Hoffnung hinzugeben, daß Sie irgendeinen Trumpf in der Hand halten, mit dem es Ihnen gelingt, den Anderen noch rechtzeitig genug Einhalt zu gebieten. Ich wiederhole meine Bitte also noch einmal: Ich würde gern so lange bei Ihnen bleiben, wie ich Ihnen von Nutzen sein kann."

„Ich verstehe", sagte Hal. „In Ihren Adern fließt nicht zufälligerweise auch ein wenig Dorsai-Blut?"

Amid lachte.

„Ich wollte Ihnen nur meine Hilfe anbieten“, fuhr er fort. „Sie ziehen hier Ihre Schlußfolgerungen. Ich aber kann Ihnen ganz konkrete Informationen verschaffen, wobei ich dazu in der Lage bin, ein Kommunikationsnetz zu benutzen, daß wir Exoten im Verlauf der Jahrhunderte geschaffen und immer wieder verbessert haben. Wenn ich hier in der Enzyklopädie einen Informations-Knotenpunkt für Sie schaffen könnte, so wäre das recht vorteilhaft für Sie.“

„Das glaube ich auch“, gestand Hal ein. „Nun, besten Dank. Und herzlich willkommen.“

Er stand auf, und Amid erhob sich ebenfalls.

„Es tut mir leid, daß ich das Gespräch mit Ihnen jetzt abbrechen muß“, sagte Hal. „Später haben wir noch genug Zeit, um die Unterredung fortzusetzen. Jetzt aber muß ich mich noch um einen anderen Besucher kümmern.“

„Ganz wie Sie wünschen“, erwiderte Amid.

Hal schaltete die Konsole in der einen Armlehne des Sessels ein und setzte sich mit Ajela in Verbindung.

„Hal?“ ertönte ihre Stimme, doch die Schirmfläche blieb grau.

„Ich möchte, daß Amid bei uns bleibt“, sagte er. „Sind Sie so nett, ihm eine Unterkunft zur Verfügung zu stellen?“

„Wenn ein gewöhnliches Quartier für in der Enzyklopädie zu Besuch weilende Wissenschaftler ausreicht – kein Problem“, erwiderte Ajela. „Sagen Sie Amid bitte, er solle sich nach rechts wenden, wenn er Ihr Zimmer verläßt. Er findet mich im nächsten Raum.“

„Ich danke Ihnen beiden“, sagte Amid.

Er ging, und Hal nahm wieder Platz und gab einen anderen Code in das Komgerät. Diesmal leuchtete der kleine Bildschirm auf, und Chuni sah ihn an, der Empfangsleiter, mit dem sie in Tams Büro gesprochen hatten.

„Ja?“ fragte Chuni.

„Wo befindet sich Bleys jetzt?“

„Er wartet in der Aufenthaltshalle hier im Anlegezapfen.“

„Ist er allein?“

„Ja“, sagte Chuni.

„Schicken Sie ihn . . . Nein, tun Sie mir doch den Gefallen und bringen Sie ihn persönlich hierher.“

„Gern. Ist das alles?“ Chuni sah Hal aufmerksam an.

„Ja, das ist alles.“

Nach einigen Minuten öffnete sich die Tür, und Hal stand ein weiteres Mal auf.

„Da wären wir, Bleys Ahrens . . .“, erklang die Stimme Chunis. Die beiden Männer betraten Hals Unterkunft, und Bleys ging voraus. Chuni blieb auf der Schwelle stehen, nickte Hal kurz zu, kehrte auf den Korridor zurück und schloß die Tür.

Bleys verharrte nach einigen Schritten. Er war noch immer der große und schlanke Mann, an den Hal sich erinnerte, und er trug eine kurze schwarze Jacke und eine graue Hose samt Stiefeln. Der durchdringende Blick seiner braunen Augen musterte Hal aufmerksam.

„Sie sind erwachsen geworden“, stellte er fest.

„So etwas passiert eben“, erwiderte Hal.

Sie standen sich stumm gegenüber und sahen sich an. Seltsamerweise erinnerte sich Hal beim Anblick Bleys' an Amyth Barbage, und vor seinem inneren Auge beobachtete er, wie der Captain der Miliz im Nachtlager seinem Kollegen gegenüberstand, demjenigen, der die Verfolgung des Kommandos Rukhs hatte abbrechen wollen. Hal hatte plötzlich das Gefühl, daß das Zimmer geschrumpft war. Und er begriff, daß er Bleys nun zum erstenmal musterte, ohne dadurch die Erinnerung an die Ereignisse auf der Terrasse seines Heimes wachzurufen. Es überraschte ihn auch, zu erkennen, daß er ebenso groß war wie der Andere – obgleich sein Erstaunen nicht annähernd das Ausmaß erreichte wie in jenem Augenblick, als er in Greameheim auf der Meßschwelle gestanden und mit dem Kopf den Sturz der Tür berührt hatte. Irgend etwas in ihm begann auf eigentümliche Weise zu vibrieren. Dieser Mann vor ihm . . . in einem umgekehrten Sinn verkörperte er den Rest dessen, was von dem übriggeblieben war, was einst sein Leben ausgemacht hatte. Er war der einzige Mensch, zu dem er eine Verbindung fühlte, die bis in die Zeit vor dem Tod seiner drei Mentoren reichte.

Bleys wandte sich um, trat an den aus stabilisierter Energie bestehenden Schreibtisch Hals heran und nahm auf der Kante Platz – fast so, als sei nicht er der Besucher, sondern Hal.

„Eine erhebliche Veränderung, wenn man bedenkt, daß nur ein Jahr vergangen ist“, sagte Ahrens.

Hal nahm in seinem Sessel Platz. Der Kopf Bleys' ragte dadurch ein wenig über ihn hinaus, aber solche Dinge spielten jetzt keine Rolle mehr.

„Zu der größten Veränderung kam es in der Zelle im Gefängnis von Ahruma, in den beiden Tagen nach Ihrem Fortgehen", erwiderte Hal. „Ich hatte die Möglichkeit, gründlich nachzudenken."

„Und das unter sehr ungewöhnlichen Bedingungen", sagte Bleys. „Der Captain interpretierte meine Anweisungen in voller Absicht falsch."

„Amyth Barbage", sagte Hal. „Können Sie sich nicht mehr an seinen Namen erinnern? Was haben Sie nachher mit ihm gemacht?"

„Nichts." Bleys rührte sich nicht von der Stelle und beobachtete ihn. „Er handelte seinem Wesen entsprechend. Wenn irgend jemand eine Schuld trifft, dann mich, weil ich sein Wesen nicht in dem Ausmaß verstand, wie es eigentlich meine Pflicht gewesen wäre. Außerdem liegt es mir fern, Menschen irgend etwas anzutun. Ich befasse mich mit Ereignissen."

„Und was ist mit Danno?"

Bleys hob kurz die Augenbrauen und schüttelte dann den Kopf. „Danno hat sich selbst vernichtet – wie die meisten Menschen, die in die Macht verliebt sind. Ich gab den Anderen nur einen alternativen Plan, weiter nichts. Und indem Danno ihn ablehnte, schuf er selbst die Bedingungen, die zu seinem Tod führten. Wie ich sagte: Mir geht es um größere Dinge als nur Einzelpersonen."

„Warum sind Sie dann hierhergekommen?" Erneut offenbarte sich Hal die fast schmerzhafte Verstandesschärfe, die er in Foralie während des Gesprächs mit den Graucaptains zum erstenmal verspürt hatte.

„Weil Sie ein mögliches Problem darstellen", erwiderte Bleys und lächelte. „Weil ich die nutzlose Vergeudung eines hervorragenden Verstandes verabscheue – fragen Sie meine Kollegen, wenn Sie mir nicht glauben. Und weil ich mich Ihnen gegenüber in gewisser Weise verpflichtet fühle."

„Und weil Sie sonst niemanden haben, mit dem Sie sprechen können", fügte Hal hinzu.

Bleys' Lächeln wuchs kurz in die Breite, und nach einigen Sekunden des Zögerns entgegnete er:

„Sie sind ein guter Beobachter", sagte er höflich. „Aber wissen Sie: Ich hatte nie jemanden, mit dem ich sprechen konnte, und deshalb weiß ich auch nicht, was mir entgangen ist. Was den Grund für meinen Besuch angeht: Ich würde Sie gern retten, wenn ich das könnte. Im Gegensatz zu Danno wären Sie von großem Nutzen für die Menschheit."

„Das ist mir bewußt, und ich habe auch die Absicht, ihr zu helfen“, erwiderte Hal.

„Nein“, sagte Bleys. „Ihre Bestrebungen werden zur Selbstzerstörung führen – wie im Fall Dannos. Sind Sie sich denn nicht darüber klar, daß der Kampf, an dem Sie sich beteiligen wollen, bereits entschieden wurde? Ihre Sache ist nicht nur verloren, sondern gerät schon in Vergessenheit.“

„Und Sie wollen mich trotzdem retten?“ fragte Hal.

„Ich kann mir eine solche Großzügigkeit leisten“, meinte Bleys. „Aber in diesem Fall geht es eigentlich nicht darum, daß ich Sie rette. Ich will Ihnen vielmehr helfen, zu der Entscheidung zu gelangen, sich selbst zu retten. In einigen Jahren hat eine gewaltige Lawine all das fortgerissen, was Sie und Ihre Freunde jetzt noch verteidigen wollen. Was also macht es für einen Unterschied, schon jetzt die Konsequenzen daraus zu ziehen und den Kampf einzustellen?“

„Sie scheinen anzunehmen“, warf Hal ein, „daß ich eines Tages aufgebe.“

„Entweder das, oder man wird Sie dazu zwingen“, erklärte Bleys. „Der Ausgang der Schlacht, an der Sie teilnehmen wollen, wurde schon vor Ihrer Geburt entschieden.“

„Nein“, sagte Hal. „Das glaube ich nicht.“

„Soweit ich weiß, haben Sie dichterische Veranlagungen“, sagte Bleys. „Auch ich fühlte mich einmal zur Kunst hingezogen, bevor ich feststellte, daß mich eine andere Bestimmung erwartete. Aber man kann in der Poesie durchaus die Erfüllung seines Lebens finden. Seien Sie ein Dichter, Hal. Wenden Sie sich von allen anderen Verpflichtungen ab. Lassen Sie das, was geschehen muß, einfach geschehen. Ohne Ihr Leben zu vergeuden, indem Sie vergeblich versuchen, den Strom des Schicksals in eine andere Richtung zu lenken.“

Hal schüttelte den Kopf.

„Auch ich habe eine Bestimmung“, sagte er. „Und wurde mein ganzes Leben lang darauf vorbereitet.“

„Ich meine es wirklich ernst“, bekräftige Bleys seine Worte. „Denken Sie einmal gründlich nach. Welchen Sinn hat es denn, das eigene Leben auf solche Weise zu verschwenden? Wäre es nicht besser – für Sie selbst und alle von Menschen bewohnten Welten –, noch viele Jahre zu leben und die Dichtwerke zu schaffen, die Ihre Kreativität zu entwickeln vermag? Es könnte sogar etwas so Immaterielles sein wie Worte, die Sie an Ihre Mitmenschen richten, an die man sich auch nach Ihrem Tode noch erinnern wird. Ist das denn nicht besser als Selbstmord zu begehen, nur weil Sie Ihren Willen nicht durchsetzen können?"

„Ich glaube", sagte Hal, „wir vertreten zwei konträre Standpunkte. Was Sie als unvermeidlich erachten, sehe ich gar nicht als so unausweichlich an. Und was Ihrer Meinung nach nicht geschehen kann, halte ich durchaus für möglich."

Bleys schüttelte den Kopf.

„Sie klammern sich an eine gewisse Art von poetischer Lebensillusion", erwiderte er. „Und es ist wirklich eine Illusion, sogar in einem poetischen Sinn. Denn Dichter – vor allen gute – erkennen irgendwann die Grenzen der Realität. Das haben vor Ihnen die größten Genies der Menschheitsgeschichte erkannt, so auch Shakespeare."

Hal lächelte plötzlich.

„Kennen Sie Lowell?" fragte er.

„Lowell?" fragte Bleys. „Ich glaube nicht."

„James Russell Lowell", sagte Hal. „Ein amerikanischer Dichter des neunzehnten Jahrhunderts."

Und er zitierte.

„Als ich ein armer Bettlerjunge war
Und schlief unter einer dunklen Kellerrampe,
Weder einen Freund noch Spielzeug ich sah,
Aber freute mich an Aladins Wunderlampe . . ."

Er sah Bleys an.

„Bestimmt können Sie Gedichte weitaus besser zitieren als ich", sagte Ahrens. Er erhob sich, und Hal stand ebenfalls auf. „Und ich glaube darüberhinaus, ich muß mich mit der Tatsache abfinden, Sie nicht retten zu können. Ich mache mich jetzt besser auf den Rückweg. Wenn ich Sie nur noch etwas fragen dürfte: Warum ist für Sie der Aufenthalt hier in der Letzten Enzyklopädie so attraktiv?"

Hal hielt seinem forschenden Blick stand.

Und er erwiderte: „Wie einer meiner Mentoren, Walter der Unterweiser, gesagt hätte: Das ist eine dumme Frage."

„Aha", machte Bleys.

Er drehte sich zur Tür um, und er hatte sie fast erreicht, als Hal hinter ihm fragte:

„Wie ist es geschehen?“ Seine eigene Stimme klang ihm plötzlich fremd in den Ohren.

Bleys verharrte und wandte sich um.

„Das“, erwiderte er fast sanft, „können Sie natürlich nicht wissen. Ich hätte Sie schon längst davon in Kenntnis setzen sollen. Nun, dann erkläre ich es Ihnen eben jetzt. Die Männer, die wir für gewöhnlich für solche Aufträge einsetzen, stellten fest, daß sich zwei Ihrer Mentoren auf der Terrasse befanden, und kurz nachdem ich eintraf, begleiteten sie den dritten nach draußen: den Quäker. Der Dorsai und Walter der Unterweiser waren bereits anwesend. Nun, was Walter angeht: Wie Sie, schien er einen Hang zur Dichtkunst zu haben, und als ich auf die Terrasse trat, zitierte er aus einem Drama von Alfred Noyes, aus dem *Sherwood*. Die Zeilen, die er formulierte, bezogen sich auf Robin Hood, der gerade eine Fee gerettet hatte, aus einer Gefahr, die er das ‚dunkle Mysterium‘ nannte. Ich hingegen zitierte einige andere und meiner Ansicht nach aussagekräftigere Verse aus dem gleichen Werk. Anschließend fragte ich ihn, wo Sie sich befänden, und er antwortete mir, das wisse er nicht – was natürlich gelogen war. Sie wußten alle Bescheid, nicht wahr?“

„Ja“, sagte Hal. „Das wußten sie.“

„Dieser Umstand war es, der mein eigentliches Interesse an Ihnen weckte“, fuhr Bleys fort. „Er gab mir zu denken, und ich fragte mich, warum Ihren drei Mentoren so viel daran gelegen war, Sie zu verstecken. Ich sagte ihnen, niemand würde Ihnen etwas zuleide tun. Und sie müssen gewußt haben, daß ich das ernst meinte.“

Er zögerte kurz.

„Natürlich war es völlig richtig von ihnen, mir nichts zu verraten“, fügte er etwas leiser hinzu.

Hal gab keinen Laut von sich und wartete.

„Wie dem auch sei“, sagte Bleys. „Ich versuchte, in ihnen Sympathie für mich zu wecken, aber es waren Menschen der alten Art, und aus diesem Grund versagte ich. Ihr Widerstand mir gegenüber erstaunte mich sehr. Ich hatte gerade entschieden, weitere Anstrengungen zu unternehmen – womit ich vielleicht Erfolg gehabt hätte –, als Walter der Unterweiser mich angriff. Für einen Exoten eine ausgesprochen verblüffende Verhaltensweise ...“

„Nein“, hörte Hal seine Antwort. „Nicht unter den damaligen Umständen.“

„Durch diesen Angriff wurden natürlich auch der Dorsai und der

Quäker aktiv. Es gelang ihnen, bis auf einen, alle Männer außer Gefecht zu setzen, die ich zu ihrer Bewachung einsetzte. Andererseits – und das war nicht anders zu erwarten – fanden sie während der kurzen Auseinandersetzung selbst den Tod. Da ich somit keine Hoffnung mehr hatte, Antwort auf meine Fragen zu bekommen, kehrte ich ins Haus zurück. Danno war gerade eingetroffen. Und ich hatte nicht die Zeit, eine großangelegte Suche nach Ihnen durchzuführen."

„Ich befand mich damals auf dem See", sagte Hal. „Walter und Malachi Nasuno – der Dorsai – gaben mir ein Zeichen, als sie Ihre Anwesenheit vermuteten. Dadurch hatte ich die Möglichkeit, mich in einigen Büschen und Sträuchern am Ufer zu verbergen. Nachher . . . kletterte ich zur Terrasse hoch und beobachtete Sie und Danno durch das Fenster der Bibliothek."

„Tatsächlich?" fragte Bleys.

Einige Sekunden lang blickten sich die beiden Männer schweigend an, und Bleys schüttelte langsam den Kopf.

„Also hat die Sache zwischen uns schon damals begonnen, nicht wahr?" meinte er.

Er öffnete die Tür, trat auf den Flur und ging. Hal wandte sich dem nächsten Schwebesessel zu und schaltete das Komgerät ein.

„Chuni", sagte er. „Bleys Ahrens ist auf dem Rückweg. Stellen Sie bitte sicher, daß er ohne Umwege an Bord seines Schiffes gelangt."

3

Hal unterbrach die Verbindung mit Chuni und rief Ajela an.

„Ich würde jetzt gern das Gespräch mit Ihnen und Tam fortsetzen", sagte er. „Es hat sich etwas Neues ergeben. Und wenn Sie nichts dagegen haben, möchte ich Amid mitbringen."

„Ich frage Tam." Das auf der Schirmfläche abgebildete Gesicht Ajelas sah ihn neugierig an. „Ich kann mir allerdings nicht vorstellen, daß er irgendwelche Einwände hat. Sagen Sie ihm also einfach Bescheid und lassen Sie sich von ihm hierher begleiten. Sollte es wider Erwarten doch zu einigen Problemen kommen, werde ich sie dem Exoten vor der Tür erklären."

„Ich bin gleich bei Ihnen", erwiderte Hal.

Als sie die Unterkunft des Enzyklopädiedirektors erreichten, wartete Ajela bereits auf sie und hielt ihnen die Tür auf. Tam deutete einladend auf zwei leere Schwebesessel.

„Ich fürchte, die jüngsten Ereignisse zwingen mich dazu, einige Planungen zu verändern“, sagte Hal, als er Platz nahm. „Ich werde die Enzyklopädie für eine Weile verlassen müssen . . .“

Er warf dem Exoten einen kurzen Blick zu.

„Und ich würde Amid gern mitnehmen.“

Bisher hatte er dem kleinen Mann keine Einzelheiten mitgeteilt. Amid hob die Augenbrauen, schwieg aber.

„Darüberhinaus möchte ich vorschlagen, die Sicherheitsmaßnahmen zum Schutz der Enzyklopädie sofort zu verstärken. Und das sollte bedeuten, daß alle Besucher – auch die Wissenschaftler, die sich hier mit Forschungsarbeiten befassen – das Institut verlassen.“

Tam runzelte die Stirn.

„Die Enzyklopädie ist noch nie geschlossen worden“, sagte er. „Selbst damals, als sie sich noch auf Erde befand, in St. Louis, stand sie all den Leuten offen, die sie brauchten und zur Benutzung ihrer Einrichtung qualifiziert waren.“

„Ich glaube, unter den gegebenen Umständen bleibt uns keine andere Wahl“, erwiderte Hal. „Denn sonst müßten wir damit rechnen, daß recht bald eine menschliche Bombe sich durch eins der Schleusensysteme Zugang verschafft. Bleys dürfte es nicht schwerfallen, Personen zu finden, die bereit sind, für eine Vernichtung der Enzyklopädie ihr Leben zu lassen. Wenn wir aber alles schließen, sind wir unverwundbar. In einem solchen Fall müßten wir uns nur um die Versorgungsbelange kümmern.“

„Dieses Problem wurde bereits vor langer Zeit gelöst“, warf Ajela ein. „Schon Mark Torre hielt es für möglich, daß die Enzyklopädie irgendwann einmal isoliert werden könnte. Nun, in ökologischer Hinsicht sind wir hier fast ein geschlossenes System. Was Lebensmittel und andere Dinge angeht, könnten wir fünfzig Jahre aushalten. Allerdings reichen nach einer Isolierung unsere Energievorräte nur für sechs Monate bis ein Jahr. Danach wären wir dazu gezwungen, die Irisblenden zu öffnen, um neue solare Energie aufzunehmen. Ich werde mit Jeamus Walters sprechen und ihn bitten, eine Möglichkeit zu finden, auch durch die geschlossenen Schilde Energie anzuzapfen . . .“

„Ich glaube, mit einem direkten Angriff brauchen wir für eine gewisse Zeit noch nicht zu rechnen“, sagte Hal. „Aber was andere Aspekte der Auseinandersetzung mit den Anderen angeht, bleibt uns weniger Zeit, als ich bisher annahm.“

„Zu diesem Schluß sind Sie aufgrund des Besuchs Bleys’ gekommen, nicht wahr?“ fragte Tam. „Was hat er Ihnen gesagt?“

„Er versuchte, mich davon zu überzeugen, seine Organisation habe bereits gewonnen, und es sei besser, sich mit den Tatsachen abzufinden . . .“

„Gewonnen!“ entfuhr es Tam.

„Leider“, fuhr Hal fort, „entspricht das, was er mir sagte, auch dem, was Amid mir mitteilte. Amid, würden Sie Tam und Ajela bitte die Lage erklären?“

Der Exote kam der Aufforderung nach, und als er seinen Vortrag beendet hatte, gab Tam einen abfälligen Laut von sich.

„Ich will Sie nicht beleidigen“, wandte er sich an den Exoten. „Aber ich kenne Sie nicht. Wie kann ich sicher sein, daß Sie nicht zu Bleys’ Gefolgsleuten gehören?“

„Er ist kein Helfer der Anderen“, warf Ajela mit sanfter Stimme ein. „Davon bin ich überzeugt. Er gehört zu den Exoten, die von ihrem Wesen her gar nicht in der Lage wären, sich auf die Seite Bleys’ zu schlagen.“

„Vermutlich kennen die Exoten einander recht gut“, sagte Tam und musterte erst Ajela und dann wieder Amid. „Doch was die Behauptung Bleys’ angeht, die Anderen hätten bereits gesiegt . . . Nun, was haben Sie vor, Hal?“

„Ich muß nach Harmonie zurückkehren, nach Mara oder Kultis und auch nach Dorsai“, erwiderte der. „Es wird höchste Zeit, daß wir unsere Streitkräfte ebenfalls mobilisieren.“ Er wandte sich dem kleinen Exoten zu. „Amid, Sie wollten mir in Hinsicht auf ein Kommunikationsnetz helfen. Können Sie eine Nachricht nach Harmonie schicken, die dort vor uns eintrifft? Eine Botschaft, die mir ein Treffen mit Rukh Tamani ermöglicht, der Leiterin eines Kommandos des bewaffneten Widerstands?“

Amid runzelte die Stirn.

„Ich kann mich doch von hier aus mit der exotischen Botschaft auf der Erde in Verbindung setzen, oder?“

„Selbstverständlich“, bestätigte Ajela.

„Gut. Dann will ich sehen, ob ich Ihnen diesen Wunsch erfüllen kann, Hal. Wenn Sie mich bitte entschuldigen würden . . . Ich kehre in meine Unterkunft zurück und nehme von dort aus Kontakt mit meinen Kollegen auf."

„Vielen Dank", sagte Hal.

Amid lächelte schief und ging.

„Er ist sehr aufmerksam", sagte Hal, nachdem sich die Tür hinter dem Exoten geschlossen hatte. „Bestimmt spürte er, daß ich mit Ihnen beiden allein sprechen wollte."

„Da haben Sie vermutlich recht", entgegnete Ajela. „Aber was sollte er denn nicht hören?"

„Es geht mir eigenlich nicht darum, etwas vor ihm zu verbergen", erwiderte Hal. „Ich sehe nur keinen besonderen Grund dafür, ihn schon jetzt mit allen Einzelheiten zu behelligen. Und bis das der Fall ist . . ."

„Sehr gut", sagte Tam. „Sie haben völlig recht. Wir sollten ihn erst besser kennenlernen. Und bis dahin halte ich es für besser, das Wissen um die wichtigen Dinge auf uns drei zu beschränken. Was wollten Sie uns erklären, Hal?"

„Meine Schlußfolgerungen in Hinsicht auf den Besuch Bleys'", sagte Hal. „Bleys meinte, er sei allein aus dem Grund hierhergekommen, zu versuchen, mich davon zu überzeugen, seine Sache habe bereits begonnen, sich endgültig durchzusetzen. Ich glaube, das war tatsächlich eins seiner Motive, der Enzyklopädie einen Besuch abzustatten. Daraus schließe ich, er ist dazu bereit, gegen die Erde vorzugehen. Und das wiederum bedeutet Gefahr für diese Einrichtung."

„Warum?" hakte Tam nach. „Warum glauben Sie, er sei nun bereit dazu, eine Konfrontation mit der Erde herbeizuführen? Und warum sollte das die Enzyklopädie in Gefahr bringen?"

Hal musterte sowohl den alten Mann als auch Ajela.

„Ich dachte, das sei offensichtlich", erwiderte er ein wenig erstaunt. „Begreifen Sie denn nicht?" Die neben Tam sitzende Ajela schüttelte den Kopf. „Nun, zuerst einmal müssen Sie sich klarmachen, daß Bleys alle seine Worte völlig ernst meint. Er ist der Ansicht, er habe es nicht nötig, verbale Verschleierungstaktiken zu benutzen, geschweige denn bewußte Lügen. Er versicherte mir, er würde es sehr bedauern, wenn mein Potential für die Menschheit verlorenginge. Und offenbar empfindet er auch so."

„Woher wollen Sie wissen", unterbrach ihn Tam kurz, „daß er wirklich nicht schwindelt?"

Hal zögerte.

„In gewisser Weise“, antwortete er, „verstehe ich ihn instinktiv. Ich glaube sogar, daß Bleys und ich uns auf einer bestimmten Ebene sehr ähneln. Das ist eine der Erkenntnisse, zu denen ich während meines Aufenthalts im Gefängnis der Miliz gelangte. Ich kann Ihnen das nicht beweisen; es ist mehr eine emotionale Einsicht. Ich bitte Sie nur darum, mir zu glauben. Ich bin mir ganz sicher, daß Bleys die Achtung vor sich selber verlöre, sähe er sich dazu gezwungen, tatsächlich einmal bewußt zu lügen. Und gerade die eigene Würde ist ihm sehr wichtig.“

„Warum?“ fragte Tam.

„Verlöre er die Achtung vor sich selbst, wäre er nicht mehr Bleys Ahrens. Er gäbe sich damit selbst auf“, erklärte Hal.

„Ja“, sagte Ajela gedehnt. „Ich glaube, da haben Sie recht.“

„Nun“, fuhr Hal fort, „da er also nicht log und ganz offensichtlich echtes Interesse daran hatte, mich angeblich zu retten, müssen wir der Tatsache ins Auge sehen, daß diese Motivation ausreichte, um ihn dazu zu veranlassen, mich hier zu besuchen. Sein Hauptgrund – was immer der auch gewesen sein mag – betrifft vermutlich nicht in erster Linie die Enzyklopädie, vor der er zwar Achtung hat, die er aber nicht fürchtet. Hier kommt die Erde ins Spiel. Was die Bevölkerung des Mutterplaneten der Menschheit angeht, so schlugen bisher alle Versuche der Anderen fehl, ihr besonderes Charisma wirkungsvoll zum Einsatz zu bringen.“

„Sie meinen, im Gegensatz zu den Exoten, Quäkern und auch Dorsai?“ vergewisserte sich Ajela. „Ich verstehe: Auf den entsprechenden Welten sind die Gründe dafür, warum sich der Erfolg der Anderen in Grenzen hält, ganz offensichtlich.“

„Genau“, bestätigte Hal. „Die Menschen der Erde haben sich den Idealen ihrer Zivilisationen niemals in dem Maß verpflichtet gefühlt wie die Angehörigen der drei großen Splitterkulturen. Darüberhinaus scheint ein großer Prozentsatz der Bevölkerung in der Lage zu sein, das Charisma der Anderen einfach ignorieren zu können. Bleys hingegen weiß, daß seine Organisation irgendwann die Kontrolle auch über Alterde erringen muß. Aber obgleich die Anderen ihre Streitkräfte mobilisierten und offenbar einen militärischen Angriff auf ihre Gegner im Sinn haben, entspricht eine solche Vorgehensweise nicht ihrem eigentlichen Wesen. Weder Bleys noch seine Kollegen möchten einen Großteil ihres Lebens damit verbringen, General zu spielen. Tatsächlich würden sie sich viel lieber auf den von ihnen kontrollierten Welten zur Ruhe setzen und sich an ihrer Existenz erfreuen. Für den Besuch Bleys' in der Enzyklopädie gibt es also mindestens zwei Gründe. Erstens: Er plant, recht bald gegen die Erde vorzugehen, und er hat dabei keinen militärischen Angriff im Sinn – unter anderem deswegen, weil die Logistik der Anderen noch nicht dazu bereit ist. Und zweitens: Bleys wollte sich die hiesige Situation mit eigenen Augen ansehen, bevor seine Organisation einen ernsthaften Versuch unternimmt, die von der Erde ausgehende Gefahr zu eliminieren."

„Na schön", erwiderte Tam. „Ich verstehe allerdings noch immer nicht, wieso Sie es deswegen für nötig halten, nach Harmonie, Mara oder Kultis und Dorsai zu fliegen."

„Der Grund ist die Andersartigkeit Bleys'."

„Darum werden er und seine Freunde ja auch ‚Andere' genannt", warf Tam trocken ein.

„Ich meine", erklärte Hal, „er ist anders als die Anderen. Er leitet ihre Organisation aus einem persönlichen Grund, über den ich mir noch nicht im vollen Ausmaß klargeworden bin. Und solange ich ihn nicht ganz verstehe, muß ich weitere Informationen sammeln."

Er hielt inne und sah Tam an, der daraufhin langsam nickte.

„Und die gegenwärtige Situation erfordert ein derartiges Verstehen", fügte Hal hinzu. „Wenn wir eine Vorstellung davon bekommen wollen, was Bleys und die Anderen in Hinblick auf die Erde zu unternehmen gedenken."

„Na schön", sagte Tam. „Was planen sie Ihrer Meinung nach?"

„Nun", antwortete Hal, „die Anderen wissen, daß sie auf der Erde nicht so leicht und einfach Anhänger gewinnen können wie auf den Jüngeren Welten. Doch andererseits: Besonders in Zeiten des Umbruchs waren die Menschen von Alterde schon immer recht empfänglich für die emotionale Hysterie. Sie haben Amid gehört. Die Anderen haben die Bewohner der Jüngeren Welten damit gegen uns mobilisiert, indem sie behaupteten, einzelne Personen auf der Erde hielten nach wie vor an dem traditionellen Bestreben fest, die restlichen zivilisierten Planeten zu beherrschen, und sie hätten nunmehr die Absicht, mit in der Enzyklopädie entwickelten neuen Schrekkenswaffen einen umfassenden Eroberungsfeldzug zu beginnen. Interessant in diesem Zusammenhang ist der Umstand, daß die Anderen von ‚einzelnen Personen' sprechen."

„Warum halten Sie das für wichtig?" fragte Ajela.

„Weil es zunächst einmal einfacher ist, Individuen als Schurken darzustellen und nicht die Gesamtbevölkerung eines Planeten. Nun, daraus läßt sich der Schluß ziehen, daß Bleys' Agitatoren nach Alterde schicken will, um eine Art Kreuzzug zu initiieren, der einen großen Teil der Bevölkerung dazu bringen soll, gegen die Enzyklopädie und die angeblich verbrecherischen Einzelpersonen vorzugehen, die planen, die Jüngeren Welten zu unterwerfen. Wenn es ihnen gelingt, eine echte Massenbewegung entstehen zu lassen, so könnten sie dafür sorgen, daß die Jüngeren Welten zu Hilfe gerufen werden. In jedem Fall würde der Einfluß der Anderen auf der Erde dadurch erheblich zunehmen. Sie setzen dabei ihre besonderen Fähigkeiten nicht direkt und unmittelbar ein, hoffen aber auf die emotionale Beeinflußbarkeit der Menschen, die das ganze Eigenschaftsspektrum in sich vereinen. Und ich glaube, ihr Plan wird funktionieren."

Er hielt kurz inne.

„Verstehen Sie, was ich meine?" fragte er.

Tam nickte.

„Fahren Sie fort." Der Klang seiner dunklen und heiseren Stimme klang seltsam verzerrt von den Wänden wider.

„Aus diesem Grund ist es wichtig, daß ich den Exoten und Dorsai sowohl die neuesten Informationen als auch meine Schlußfolgerungen mitteile. Insbesondere den Exoten will ich klarmachen, daß der Sieg der Anderen keineswegs feststeht – daß man sie aufhalten kann, wenn sie das versuchen, was ich glaube. Man kann sie wirkungsvoll bekämpfen und die von ihnen ausgehende Gefahr beseitigen – gerade dort unten auf der Erde."

„Und wie wollen Sie sie bekämpfen, dort unten auf der Erde?" fragte Tam.

„Mit Anti-Agitatoren." Hal hielt dem Blick der alten und dunklen Augen mühelos stand. „In der Gefängniszelle auf Harmonie begriff ich unter anderem, daß die charismatischen Fähigkeiten der Anderen auf eine Eigenschaft der Quäker zurückzuführen sind. Auf Harmonie und Eintracht war der Bekehrungsdrang immer besonders ausgeprägt und wurde noch bestärkt von der Glaubenskraft. Wenn es mir gelingt, mich mit Rukh Tamani in Verbindung zu setzen, so kann sie mir sicher sagen, wer von den Quäkern, die sie kennt, sich in dieser Hinsicht besonders eignet, wer dazu bereit wäre, die Erde aufzusuchen und es mit denjenigen aufzunehmen, die die Doktrin der Anderen predigen. Wir brauchen Leute, die sich ihnen mit der gleichen Überzeugungskraft und charismatischen Eindringlichkeit entgegenstellen. Wenn die Exoten und Dorsai anschließend wieder einen Hoffungsschimmer sehen, so schaffen wir es möglicherweise, alle Gegner der Anderen zu einer Streitmacht zu vereinen – und das noch rechtzeitig genug, um Bleys' Pläne zu vereiteln."

Tam dachte einige Sekunden lang nach.

„Ich verstehe." Er warf Ajela einen kurzen Blick zu. „In dem Augenblick, in dem Sie Bleys auf der Erde erfolgreich bekämpfen, zwingen Sie ihn dazu, Gewalt einzusetzen, um sein Ziel doch noch zu erreichen. Und deshalb haben Sie vorhin den Vorschlag gemacht, die Enzyklopädie zu isolieren, nicht wahr?"

„Ja", bestätigte Hal.

Tam nickte.

„Na schön", sagte er, seufzte und wandte sich erneut Hal zu. „Ich nehme an, Sie haben schon an die Möglichkeit gedacht, daß Bleys hier bereits einen Saboteur eingeschleust hat."

„Ja", sagte Hal. „Aber darin sehe ich kein sonderliches Problem. Die derzeitigen Pläne der Anderen sind erst in jüngster Zeit entwickelt worden, und deshalb kommt niemand vom regulären Personal in Frage. Außerdem hat sich von diesen Männern und Frauen in den vergangenen Jahren niemand lange genug außerhalb der Enzyklopädie aufgehalten, um erfolgreich von den Anderen korrumpiert worden zu sein, nicht einmal von jemandem, der in dieser Beziehung so fähig ist wie Bleys selbst. Damit bleiben die hier auf Besuch weilenden Wissenschaftler und Gelehrten übrig, wie ich vorhin schon sagte. Ich halte es zwar für unwahrscheinlich, daß einer von ihnen als Agent der Anderen tätig ist – man denke nur an ihr Alter und die Reputation, die sie zu wahren haben –, aber wir sollten dennoch keine Risiken eingehen. Wenn wir sie alle fortschicken, haben wir nichts mehr zu befürchten. Wie dem auch sei: Ich sehe keine Möglichkeit, die derzeit anwesenden Besucher daraufhin zu überprüfen, ob sie potentielle Saboteure sind."

„Vielleicht gibt es eine", warf Tam ein. „Begleiten Sie mich in die Akademische Kontrollkammer. Sehen wir uns dort die Neuralkarte an, um festzustellen, woran unsere Gäste in den vergangenen zwölf Monaten gearbeitet haben."

Sie machten sich auf den Weg. Hal erinnerte sich von seinem ersten Aufenthalt in der Enzyklopädie her an die Kontrollkammer, und sie hatte sich nicht verändert. An den Wänden des großen Raumes zogen sich nach wie vor Schaltkonsolen entlang, und ein halbes Dutzend Techniker in weißen Overalls bedienten die Instrumente und zeichneten die Arbeiten auf, mit denen sich die Wissenschaftler befaßten. Insbesondere galt ihre Aufmerksamkeit den Daten, die in den zentralen Dateien noch nicht gespeichert waren.

Tam begleitete Ajela und Hal direkt auf die energetische Masse aus roten und seilartigen Strängen zu, die ungefähr in Taillenhöhe in der Mitte des Raumes schwebte. Der eine daneben stehende Techniker zog sich stillschweigend zurück, und der alte Direktor blieb stehen und betrachtete die glimmenden Knotenpunkte, die sich in der verwirrend komplexen Strangmasse immer wieder neu bildeten. Er beobachtete sie eine Zeitlang.

„Drehen Sie die gegenwärtige Darstellung um fünfundvierzig Grad", sagte er, und es klang fast geistesabwesend.

„Drehen . . ?" Der Techniker trat auf ihn zu. „Aber dadurch werden die derzeitigen Aufzeichnungsarbeiten zunichte gemacht, und . . ."

Er unterbrach sich jäh, als Tam den Kopf hob und ihn ansah. Der alte Mann öffnete den Mund, als wolle er etwas sagen, überlegte es sich dann jedoch anders und schwieg.

„Natürlich. Sofort . . ." Der Techniker eilte an eine Konsole, und Tam richtete seine Aufmerksamkeit wieder auf die Neuralkarte der Enzyklopädie. Das Stranggebilde schien sich nicht eigentlich zu drehen, sondern sich eher zu deformieren, um anschließend neue Muster zu bilden. Nach einigen Sekunden fand diese Veränderung ein Ende, und Tam betrachtete die neue Struktur.

Nach einigen Sekunden seufzte er, sah erst Ajela an und dann an ihr vorbei. Der Techniker stand nach wie vor an der Konsole, mit deren Hilfe er die Neuralkarte gedreht hatte.

„Kommen Sie", sagte der alte Mann.

Der Techniker eilte herbei. Seine Kollegen sahen nicht in ihre Richtung, aber sie verhielten sich ganz still, und Hal konnte fast sehen, wie sie die Ohren spitzten.

„Ich gebe mir selbst heute noch große Mühe", wandte sich Tam ruhig an den Techniker, „nicht die Beherrschung zu verlieren, aber manchmal gelingt mir das nicht. Versuchen Sie sich bitte klarzumachen, daß Sie und Ihre Kollegen nicht das wissen, was ich im Verlauf des vergangenen Jahrhunderts in Erfahrung gebracht habe. Und ich bin es leid, jedesmal umfassende Erklärungen abzugeben, wenn ich mich mit einer Anweisung an Leute wie Sie wende."

„Natürlich, Tam", erwiderte der Techniker hastig. „Ich hätte nicht widersprechen sollen . . ."

„Nein, das hätten Sie wirklich nicht", bestätigte Tam. „Aber es sollte Ihnen auch klar sein, warum es besser gewesen wäre, zu schweigen. Machen Sie das bitte auch Ihren Kollegen begreiflich, ja?"

„Selbstverständlich, Tam."

„Gut." Tam wandte sich wieder Hal und Ajela zu. „Jaime Gluck und Eu San Loy. Ich glaube, diese beiden Besucher haben unsere Gastfreundschaft lange genug in Anspruch genommen."

„Tam . . .", setzte Ajela an.

„Oh, ganz sicher bin ich mir nicht", erwiderte der alte Mann. „Aber wir gehen besser von der Annahme aus, daß ich mich nicht irre. Hal hat uns deutlich genug darauf hingewiesen: Es ist besser, wir gehen jetzt keine Risiken mehr ein."

„Na schön", sagte Ajela. Sie sah Hal an. „Ich sorge dafür, daß die beiden genannten Personen die Enzyklopädie umgehend verlassen. Wann machen Sie sich auf den Weg?"

„Ich fliege mit dem ersten interstellaren Liner . . ." Doch bei diesen Worten war der Blick Hals auf Tam gerichtet, der nun erneut die energetischen Stränge der Neuralkarte betrachtete. Ajela drehte sich um, und schweigend beobachteten sie den Greis eine Weile. Tam schien von ihrer Aufmerksamkeit überhaupt nichts zu bemerken. Schließlich hob Tam den Kopf, zwinkerte einige Male und starrte Hal groß an.

„Sie haben es geschafft", sagte er, und seine Stimme war nur ein Hauch.

„Nicht in dem Sinn", erwiderte Hal. „Noch nicht. Ich habe nur damit begonnen, die Möglichkeiten zu erkunden . . ."

„Nein, Sie haben es bereits geschafft – endlich!" Diesmal klang die Stimme Tams kräftiger. „Das, was sich Mark Torre erträumte – die Benutzung der Enzyklopädie als ein Werkzeug des Verstandes. Himmel, Sie haben so mit ihr gearbeitet, wie er es plante!"

„Bitte, verstehen Sie das richtig", sagte Hal. „All dies ist nur der Anfang. Ich setze Dichtkunst als eine Art kreativen Katalysator ein. Und ich wollte Ihnen erst dann etwas davon sagen, wenn sich konkrete Ergebnisse gezeigt haben . . ."

Tams faltige Hand schloß sich erstaunlich fest um den einen Arm Hals.

„Diese Reise . . .", platzte es aus ihm heraus. „Verschieben Sie sie. Sie müssen hierbleiben und mit der Enzyklopädie arbeiten."

Hal schüttelte den Kopf.

„Es tut mir leid", widersprach er. „Darauf konzentriere ich mich wieder, sobald ich zurückgekehrt bin. Niemand außer mir kann die Aufgabe auf Harmonie, den Exotischen Welten und Dorsai durchführen, deren Bewältigung jetzt unbedingt erforderlich ist. Ich muß mich auf den Weg machen, wenn die Anderen aufgehalten werden sollen."

„Verdammt, sollen sich die anderen Menschen doch einmal um sich selbst kümmern!" sagte Tam scharf. „Dies ist der Beginn eines neuen Zeitalters! Und nur Sie können die Tür zur Zukunft öffnen. Sie dürfen auf keinen Fall Ihr Leben riskieren!" Die Techniker in dem großen Raum starrten sie nun alle an. Tam schenkte ihnen keine Beachtung. „Hal!" fügte er hinzu. „Verstehen Sie denn nicht?"

„Es tut mir leid." Behutsam streifte Hal die Hand des Greises von seinem Arm ab. „Ich kann nicht hierbleiben. Nur ich bin dazu in der Lage, die Leute zu überzeugen, deren Hilfe wir brauchen, wenn die bewohnten Welten gerettet werden sollen."

„Was spielt das jetzt noch für eine Rolle? Es kommt nur darauf an, daß die Enzyklopädie nicht der Zerstörung anheimfällt." Tam suchte nach den richtigen Worten. „Sollen Bleys und die restlichen Anderen die Menschheitswelten doch fünfzig oder auch hundert Jahre lang beherrschen. Ihnen und Ihrer Arbeit hier können sie nichts anhaben. Die Enzyklopädie ist jetzt endgültig zu einem Synonym für die Zukunft geworden. Und kommt es nicht in erster Linie auf die Zukunft an?"

„Auf die Menschen und die Zukunft", erwiderte Hal. „Ohne Menschen gibt es auch keine Zukunft. Was nützt das kostbarste Geschenk, wenn niemand da ist, dem man es präsentieren kann? Sie wissen ebensogut wie ich, daß Bleys die Enzyklopädie nur dann in Ruhe läßt, solange er davon überzeugt ist, daß ihn meine Arbeit hier nicht bedroht. Wenn er alle anderen Welten seiner Kontrolle unterworfen hätte, würde er irgendwann auch die Enzyklopädie bekommen. Mit Newton, Cassida und den Basen auf der Venus verfügte er über die besten Wissenschaftspotentiale. Und die Experten fänden ganz sicher irgendwann eine Möglichkeit, das Schutzfeld aufzubrechen. Nichts, was jemals von Menschen entwickelt wurde, stellt für andere Menschen auf Dauer ein Hindernis dar. Nein, Tam, ich muß gehen."

Tam rührte sich nicht. Er schien plötzlich zu schrumpfen, als verließe ihn alle Kraft. Ajela trat an seine Seite und legte ihm den Arm um die Schultern.

„Es ist alles in Ordnung“, wandte sie sich mit sanfter Stimme an ihn. „Machen Sie sich keine Sorgen, Tam. Hal wird gesund zurückkehren. Vertrauen Sie ihm.“

„Ja . . .“, erwiderte Tam krächzend. Ganz langsam drehte er sich in Richtung der Tür um. „Es bleibt mir wohl kaum etwas anderes übrig, oder?“

4

Der erste interstellare Liner, der in die von Hal und Amid gewünschte Richtung flog, brachte sie nur bis nach Neuerde. In der Hauptstadt dieses Planeten trennten sich die beiden Männer. Amid flog nach Mara, um dort mit den anderen Exoten zu sprechen und sie auf die Botschaft vorzubereiten, die Hal ihnen zu überbringen gedachte. Hal selbst reiste nach Zuflucht auf Harmonie weiter.

Nachdem er sich von Amid verabschiedet hatte, blieb ihm noch ein halber Tag in der Hauptstadt von Neuerde. Er nutzte diese Zeit, um die Veränderungen zu beobachten, zu denen es seit seinem ersten Aufenthalt an diesem Ort gekommen war – vor sieben Jahren, während der Flucht nach Coby. Die bedeutenderen Unterschiede ließen sich nicht allein mit der inzwischen verstrichenen Zeit erklären. Es war die gleiche Stadt, auf der gleichen Welt. Und die allgemeine Geschäftigkeit entsprach ganz derjenigen, die Hal vor sieben Jahren beobachtet hatte. Doch die Menschen auf den Straßen und in den Gebäuden schienen von einem Wandel erfaßt worden zu sein, der in diesem Ausmaß sich kaum in siebzig Jahren hätte manifestieren können.

Es war fast so, als hätten sie alle das Gefühl, ihnen stände nur noch wenig Zeit zur Verfügung und es sei deshalb ungeheuer wichtig, sich in allen Dingen einer nervösen Hast zu unterwerfen; etwas Dunkles und Düsteres hatte sich über sie gestülpt. Und in dieser emotionalen Gräue eilten sie umher, in dem Bestreben, an ein Ziel zu gelangen, von dem sie doch genau wußten, es nicht mehr rechtzeitig erreichen zu können. Wie Ameisen, die im verblassenden Licht der Abenddämmerung doppelt so schnell umherkrabbeln, schienen die Bewohner der Hauptstadt von Neuerde es für existenziell notwendig zu halten, alle ihre üblichen Tagesaufgaben in der Hälfte der sonst dafür aufgewandten Zeit zu bewältigen – und gleichzeitig zumindest zu ahnen, daß diese Bemühungen letztendlich vergeblich bleiben mußten.

Hinter all diesem Gebaren spürte Hal eine tiefe Furcht vor der näherrückenden Nacht, in der sich alle Vorbereitungen, die während des Tages getroffen worden waren, als sinnlos herausstellen würden.

Hal war schließlich froh, Neuerde verlassen und seine Reise fortsetzen zu können. Als der Liner den Orbit von Harmonie erreichte, brachte ihn ein kleiner Orbitalbus auf die Oberfläche des Planeten, und im Raumhafen von Zuflucht ging er von Bord. An dem Tag, als er eintraf, regnete es in dieser Region Harmonies einmal nicht. Der Himmel war nahezu wolkenlos, und das klare Licht der großen Scheibe Epsilon Eridanis – einer Sonne, die Sol sehr ähnlich war und die Hal als Kind auf der Erde des öfteren am Nachthimmel beobachtet hatte – vergoldete die Dächer der Häuser außerhalb des Raumhafens. Hal nahm ein automatisches Taxi und nannte dem Autopiloten als Ziel den nördlichen Stadtrand von Zuflucht. Der Wagen hielt schließlich vor einem Haus mit Kuppeldach, einem Gebäude, an das sich eine Kiesfläche anschloß. Er stieg aus und betrat das Haus.

Im Innern hatte sich nichts verändert, und man hätte meinen können, seit seinem letzten Besuch habe die Zeit stillgestanden. Es war hier nur ein oder zwei Grad wärmer als draußen, und die Luft roch nach wie vor nach dem bananenölartigen Duft der Schmiermittel, die die Quäker dieses Planeten aus einer Variform-Pflanze gewannen, die sie erfolgreich mit einer einheimischen Art gekreuzt hatten. In dem durch das transparente Kuppeldach gefilterten Licht sah Hal mehrere Bodenfahrzeuge. Die Verschalungen der Antriebseinheiten waren teilweise entfernt worden, und Einzelteile von Motoren lagen verstreut. An der gegenüberliegenden Wand erblickte Hal einen stämmigen und schon etwas älteren Mann in Arbeitskleidung, der gerade mit der Demontage eines Fahrzeuggenerators beschäftigt war.

Hal trat auf ihn zu.

„Hallo, Hilary“, sagte er.

Der ältere Mann richtete sich auf und drehte sich zu ihm um. Das Gesicht war ölverschmiert, und der Blick grauer Augen musterte Hal kühl.

„Was kann ich für Sie tun?“ fragte Hilary.

„Erkennen Sie mich nicht?“ erwiderte Hal, und seine Belustigung vermischte sich mit einem Hauch von Schwermut.

Das war eigentlich nicht überraschend. In den beiden Jahren, die seit der letzten Begegnung mit Hilary verstrichen waren, hatte sich Hal sehr verändert. Damals war er ein zwar schon recht hochgewachsener, aber sehr schlanker junger Mann gewesen. Inzwischen hatte er zwanzig Kilo zugenommen, und das war noch nicht alles. Die jüngsten Erfahrungen waren nicht ohne Auswirkungen auf ihn geblieben. Er war nicht mehr einfach nur groß. Er war geradezu ein Riese. Und das hatte er selbst erst in dem Augenblick begriffen, als Ajela ihn in der Letzten Enzyklopädie mit seinem Spiegelbild konfrontiert hatte.

Die Reaktion Hilarys auf sein Erscheinungsbild entging Hal nicht. Zuerst spannte der Wartungstechniker wie alarmiert die Muskeln an, und anschließend duckte er sich ein wenig, wodurch er noch untersetzter wirkte. Es war ein unbewußter Reflex Hilarys, eine instinktive Verteidigungsreaktion.

In dem vergangenen Jahr hatte Hal in der Enzyklopädie mehrmals solche Erlebnisse gehabt. Und als er einmal in einem Moment der Geistesabwesenheit in einen Spiegel geblickt und sich nicht sofort selbst erkannt hatte, war er dazu in der Lage gewesen, diesen Reflex auch in sich zu spüren. In diesem Sekundenbruchteil hatte er nicht nur einen recht großen Mann gesehen, sondern einen Riesen, jemanden, der einem lebenden Bollwerk gleichkam. Für den Hauch eines Augenblicks hatte er einen Fremden gesehen, eine Bedrohung, und als er sich schließlich erkannte, war er nicht nur ein wenig verlegen gewesen, sondern auch traurig. Denn bis zu jenem Zeitpunkt hatte er die Überzeugung vertreten, nicht nur seine Andersartigkeit akzeptiert zu haben, sondern auch die eigene Isolation. Die Begegnung mit Hilary aber – mit einem Mann, der ihn kannte und der trotzdem die typische Reaktion zeigte – machte Hal ein weiteres Mal jene Andersartigkeit bewußt.

„Hilary, erkennen Sie mich wirklich nicht?“ fragte er. „Howard Sankt Immanuelson. Wissen Sie noch, wie Jason Rowe mich hierherbrachte und Sie uns anschließend zu dem Kommando Rukh Tamanis fuhren?“

Die Augen Hilarys leuchteten auf, und er streckte die Hand aus.

„Entschuldigen Sie“, sagte er. „Sie haben sich ziemlich verändert. Wer sind Sie jetzt?“

Hal ergriff die ihm dargebotene Hand.

„Meine Papiere weisen mich als einen Exoten von Mara namens Emer aus, und ich bin Handelsbotschafter auf Harmonie in Diensten des exotischen Konsulatsbüros."

„Ich hätte Sie tatsächlich nicht erkannt", erwiderte Hilary trocken. „Ganz besonders nicht in dieser gewöhnlichen Kleidung."

„Wissen Sie, die Exoten tragen nicht immer nur Roben", sagte Hal. „Ebensowenig, wie die Quäker nur in Schwarz gekleidet sind. Nun, zu Ihrer Information sollte ich Ihnen besser auch meinen wahren Namen nennen: Hal Mayne. Ich komme von der Erde."

„Von Alterde?"

„Ja", bestätigte Hal. „Von Alterde – und nun auch der Letzten Enzyklopädie. Ich stecke derzeit in einer Sache, deren Bedeutung weitaus größer ist als der Kampf gegen die Miliz."

Er musterte Hilary aufmerksam, um sich dessen Reaktion auf diese Worte nicht entgehen zu lassen.

„Es geht nicht mehr allein nur um Harmonie und Eintracht", fügte er hinzu, als Hilary keine Antwort gab. „Der Kampf gegen die Anderen findet nun auf allen Welten statt."

Hilary nickte, und er seufzte ganz leise und kaum hörbar.

„Ich weiß", erwiderte er. „Die alten Zeiten gehen zu Ende. Das habe ich bereits vor vielen Jahren vorausgeahnt. Was kann ich für Sie tun?"

„Sagen Sie mir bitte, wo ich Rukh finde", meinte Hal. „Einige Leute hatten es auf mich abgesehen, doch ich konnte entwischen. Um der Zukunft aller bewohnten Welten willen: Ich muß so rasch wie möglich mit Rukh sprechen. Nur sie kann uns die Hilfe geben, die wir brauchen."

Hilary verzog das Gesicht.

„Ich weiß nicht, ob ich Ihnen diese Auskunft geben würde, solange Sie niemanden haben, der für Sie bürgt. In einem Jahr kann selbst der aufrechteste Krieger des Herrn ein ideelles Opfer der Teufelsbrut werden. In diesem Fall aber spielt das keine Rolle. Was immer Sie hier auch beabsichtigen: Sie sollten sich von jemand anderem helfen lassen. Rukh Tamani ist tot. Und wenn sie wider Erwarten noch nicht gestorben sein sollte, so bedaure ich das für sie. Die Miliz hat sie erwischt. Vor drei Wochen."

Hal starrte den älteren Mann groß an.

„Vor drei Wochen? Wo?"

„In Ahruma."

„In Ahruma? Sie war die ganze Zeit über dort – seit dem Anschlag auf den Reaktor?"

„Die Reparatur war fast beendet. Rukh wollte herausfinden, ob man die entsprechenden Arbeiten irgendwie sabotieren könne. Es gibt da einen bestimmten Anhänger der Teufelsbrut, einen gewissen Colonel Barbage – Amyth Barbage –, der sich ganz darauf konzentrierte, sie zu fassen. Er erfuhr, daß sie sich in der Stadt befand, und führte eine großangelegte Kontrolle durch. Zwei derjenigen, die er verhörte, kannten ihren Aufenthaltsort . . ."

Hilary zögerte kurz und zuckte mit den Achseln.

„Als Barbage die beiden Personen ins Hauptquartier der Miliz brachte und sie dort mit seinen ganz speziellen Methoden befragte, gaben sie ihr Wissen preis."

„Ich muß sie so schnell wie möglich befreien", sagte Hal.

„Sie befreien?" Hilary blickte ihn ungläubig an. „Und das meinen Sie wirklich ernst, wie? Glauben Sie denn, wir hätten diejenigen Krieger des Herrn, die ins Gefängnis der Miliz eingeliefert wurden, nicht herausgeholt, wenn das möglich wäre?"

„Offenbar halten Sie das für unmöglich", schloß Hal, und seine scharfe Stimme klang laut von den Wänden wider.

Hilary gab nicht einmal eine Antwort darauf.

„Es tut mir leid", sagte Hal. „Aber es steht zuviel auf dem Spiel. Ich muß sie befreien, und ich darf keine Zeit verlieren."

„Mann!" preßte Hilary leise hervor. „Begreifen Sie denn nicht? Wahrscheinlich ist Rukh schon seit zwei Wochen tot!"

„Es bleibt mir nichts anderes übrig, als von der gegenteiligen Annahme auszugehen", erwiderte Hal. „Ich hole sie aus dem Gefängnis. An wen kann ich mich in Ahruma wenden, um Hilfe zu bekommen? Halten sich noch einige Kämpfer ihres alten Kommandos in der Stadt auf?"

Hilary rührte sich nicht.

„Hilfe", sagte er, und es klang nachdenklich. Seine Hände bewegten sich wie eigenständige Wesen, als er nach einem neben der Windschutzscheibe des gerade in Reparatur befindlichen Wagens liegenden Reinigungstuch griff. „Hören Sie, Hal, wir können nicht einfach ein Komgerät benutzen und in Ahruma anrufen. Alle Ferngespräche werden überwacht. Es würde bestimmt drei Tage dauern, einen Kurier zu finden, und es verginge noch einmal eine Woche, bis der oder die Betreffende Freunde in der Stadt erreicht, die dazu in der Lage sind, eine Transportverbindung zwischen hier und Ahruma zu schaffen. Eine weitere wäre nötig, um eine Einsatzgruppe zusammenzustellen und ein derartiges Unternehmen zu planen. Und unmittelbar nach der ersten Besprechung würden die Teilnehmer nur mit dem Kopf schütteln und nach Hause gehen, weil sie eine solche Aktion ganz bestimmt für ebenso unmöglich halten wie ich. Sie waren einmal Kämpfer eines Kommandos. Was können Ihrer Meinung nach einige wenige Leute mit Nadlern und Konusgewehren gegen eine geradezu riesige Polizeistreitmacht ausrichten, die sich zudem noch im Innern einer Festung befindet?"

„Es gibt Mittel und Wege, selbst in die am besten geschützte Festung einzudringen", sagte Hal. „Und was Anrufe in Ahruma angeht: Ich kann das diplomatische Kommunikationsnetz der Exoten benutzen – vorausgesetzt, die Nachricht wird sicher codiert. Warum eine Woche verlieren, um einen Kurier zu schicken, wenn die Reise durch die Luft nur zwei Stunden dauert?"

„Gott hat Ihren Verstand getrübt", erwiderte Hilary ruhig. „Selbst wenn wir einen Freund in der Stadt hätten, der die Genehmigung zu einem Flug bekäme: Der Transport würde ein Vermögen kosten, und wir sind nicht reich. Ich wiederhole es noch einmal: Erinnern Sie sich an das Kommando, dem Sie angehörten. Wissen Sie noch, wie mühsam die Waffen repariert werden mußten, all die anderen Ausrüstungsteile, die längst gegen neue hätten ausgetauscht werden sollen?"

„Wir haben es also mit einem finanziellen Problem zu tun?" Hal griff in die Tasche seiner Jacke und holte eine kleine Mappe hervor. Er öffnete sie und zeigte Hilary die interstellaren Kreditbriefe. „Nach dem hiesigen Wechselkurs habe ich mehr Geld bei mir, als zur Zusammenstellung einer kleinen Armee nötig wäre. Es gehört mir und der Letzten Enzyklopädie. Und ich bin sicher, ich könnte mit Hilfe meiner Verbindung zu den Exoten noch mehr bekommen, sollte sich das als erforderlich erweisen."

Hilary starrte auf die Kreditbriefe, und er wurde noch nachdenklicher. Nach einigen Sekunden trat er um den Wagen herum, über den hinweg er die ganze Zeit über mit Hal gesprochen hatte.

„Kaffee?" fragte er.

„Danke", sagte Hal.

Hilary führte ihn an seinen Schreibtisch heran, auf dem ein kleines Kochgerät mit einer Kaffeekanne und Plastikbechern stand. Sie nahmen Platz, und der ältere Mann schenkte ihnen etwas von der schwarzen Flüssigkeit ein. Er trank langsam und genießerisch, und Hal nahm nur einen kleinen Schluck. Er hatte fast den Geschmack des Harmonie-Kaffees vergessen.

„Ich kenne Sie, und ich will Ihnen vertrauen", sagte Hilary und stellte den Becher inmitten der Papiere des Schreibtisches ab. „Ich bin nach wie vor der Meinung, daß ein solches Unternehmen unmöglich ist, aber mit Ihren Krediten können wir zumindest in entsprechenden Phantasievorstellungen schwelgen."

„Warum soll es nach wie vor unmöglich sein?" fragte Hal.

Hilary starrte ihn groß an und gab zunächst keine Antwort.

„Sie sagten doch, Sie seien von Alterde, nicht wahr?" erwiderte er dann. „Sie kommen nicht etwa von Dorsai?"

„Nein."

„Wie Sie meinen." Hilary nickte langsam. „Na schön. Zu Ihrer Frage: Bevor Jason und Sie zu mir kamen, wurden Sie da nicht im Hauptquartier gefangengehalten? Muß ich Sie denn daran erinnern, wie es im Gefängnis der Miliz zugeht?"

„In dieser Hinsicht sehe ich keine besonderen Probleme", sagte Hal. „Außerdem befindet sich Rukh im Gefängnis von Ahruma und nicht in dem in Zuflucht."

„Das in Ahruma ähnelt ganz dem in Zuflucht", erklärte Hilary. „Man brauchte eine ganze Armee, um gewaltsam in das Hauptquartier einzudringen und jemanden daraus zu befreien – ganz abgesehen einmal davon, daß die Miliz jeden Gefangenen töten würde, von dem sie glaubt, er könne auf solche Weise entkommen."

„Wenn wir eine Armee brauchen, stellen wir eben eine zusammen", erwiderte Hal. „Es geht um die Zukunft aller vierzehn Welten. Nun, aber vielleicht ist das gar nicht notwendig. Wenn sich die Hauptquartiere der Miliz in den verschiedenen Städten alle ähneln, so zeichnen Sie mir doch bitte einen Grundriß. An wen soll ich mich in Ahruma wenden, um die Vorbereitungen zu treffen?"

„Athalia McNaughton", sagte Hilary. „Soweit ich weiß, haben Sie sie ja schon kennengelernt." Er schob die Unterlagen auf dem Schreibtisch zur Seite, holte einen Stift und ein unbeschriebenes Blatt hervor und reichte Hal beides. „Im Zeichnen bin ich eine ausgesprochene Niete. Ich nenne Ihnen die Einzelheiten, und Sie machen sich Notizen. Jedes Hauptquartier besteht aus drei großen Abteilungen: der Bürosektion, den Kasernen und dem Zellentrakt . . ."

„Einen Augenblick", warf Hal ein. „Was ist mit dem Kurier? Wir haben keine drei Tage Zeit, um einen zu finden . . ."

„Das brauchen wir auch nicht", sagte Hilary. „Ich begleite Sie. In Ahruma müssen Sie dann Athalia überzeugen. Und während Sie damit beschäftigt sind, versuche ich, jemanden in der Stadt zu finden, der Ihnen gegebenenfalls helfen kann. So, zurück zu den Notizen. Die drei Abteilungen eines jeden Hauptquartiers sind jeweils in einem Backsteingebäude untergebracht. Ein solches Gebäude befindet sich an der Peripherie eines städtischen Häuserblocks, ist so lang wie der Block selbst und etwa halb so breit. Die zentrale Niederlassung der Miliz in Ahruma ist weniger als sechs Stockwerke hoch, verfügt aber mindestens über drei unterirdische Etagen. Und Sie vermuten richtig, wenn Sie annehmen, daß der Zellentrakt die unteren Bereiche einnimmt . . ."

Am späten Nachmittag dieses Tages, drei Stunden später, flogen sie nach Ahruma. Und als draußen das letzte Licht verblaßte und die Nacht begann, befand sich Hal am Stadtrand von Ahruma und saß in dem Raum Athalia McNaughtons, der eine Kombination von Büro und Salon darstellte. Hilary hielt sich in dem Arbeitszimmer Athalias auf, setzte sich mit lokalen Anhängern der Widerstandsbewegung in Verbindung und rief sie zu einer Besprechung zusammen. Athalia erkannte Hal zwar wieder, war aber noch weniger als Hilary von der Idee begeistert, Rukh aus dem Gefängnis zu befreien.

„An Ihren finanziellen Mitteln gibt es überhaupt nichts auszusetzen", sagte die große und braunhaarige Frau, nachdem Hal ihr alles erklärt hatte. Sie saßen in der einen Ecke des Zimmers, in zwei Polstersesseln, und sie sahen sich fast so an, als seien sie Feinde. „Aber Sie verlangen von mir, für ein Wahnsinnsunternehmen das Leben einiger Leute aufs Spiel zu setzen, die wir hier dringend brauchen. Hilary hat Ihnen bereits gesagt, wie die Lage beschaffen ist. Vermutlich fand Rukh schon vor Tagen oder Wochen den Tod. Und sie ist nur dann noch am Leben, wenn irgend jemand von der Miliz sie in irgendeiner Hinsicht für besonders nützlich hält."

„Eine Rukh Tamani wird nicht so einfach wichtige Dinge verraten", sagte Hal.

„Glauben Sie, das sei mir nicht klar?" erwiderte Athalia scharf. „Kein Anführer eines Kommandos wird der Miliz bei einem Verhör bedeutsame Informationen zukommen lassen – und Rukh kenne ich schon, seit ich ein kleines Kind war. Aber angesichts der verwendeten Methoden hat sie entweder geredet – und wurde anschließend umgebracht, nachdem unsere Gegner zu dem Schluß gelangten, sie wisse nichts Wichtiges mehr. Oder sie fand den Tod bei dem Versuch der Miliz, ihr ein derartiges Wissen zu entreißen. Darüberhinaus ist man im Hauptquartier auch gar nicht darauf eingerichtet, Gefangene mehr als einige Tage unterzubringen – das ist einfach nicht Usus."

„Na schön", meinte Hal. „Dann müssen wir eben herausfinden, ob sie noch lebt. Sie unterhalten doch bestimmte Verbindungen ins Innere eines solchen Hauptquartiers, nicht wahr?"

„In die Kasernen: ja. In die Büros: ja. Aber was den Zellentrakt angeht . . ." Athalia wandte den Blick nicht von Hal ab, und ihre Stimme wurde schroff, als sie hinzufügte: „Was die Zellen betrifft, gelang es uns in einigen Fällen nur, Gifte hineinzuschmuggeln, um einem gefangenen Kämpfer den Selbstmord zu ermöglichen."

Hal musterte sie aufmerksam. Trotz der nach wie vor unbeantworteten Frage, ob Rukh noch am Leben war oder bereits den Tod gefunden hatte, verspürte er in sich eine sonderbare Ruhe und Gelassenheit. Wie während des entscheidenden Gesprächs mit den Graucaptains von Dorsai war er sich nun einmal mehr der Tatsache bewußt, daß sich ihm Fähigkeiten offenbarten, dic bis dahin in irgendeinem Winkel seines Ichs verborgen gewesen waren. Bei einer dieser speziellen Begabungen handelte es sich um eine Art von intuitiver Logik, die ihn sehr sicher im Hinblick auf die Antworten machte, die er suchte. Er fühlte nun eine innere Stärke, die eine Zeitlang in ihm geschlummert hatte, ihn jetzt aber mit neuer Kraft erfüllte. Athalia hatte sich seit ihrer letzten Begegnung nicht verändert, und sie erweckte ganz den Eindruck, als sei sie völlig sicher, dieses verbale Gefecht für sich zu entscheiden. Die Züge ihres ovalen, dünnlippigen und erstaunlich attraktiven Gesichts drückten Zweifel darüber aus, ob es ihrem Gesprächspartner gelingen könnte, sie zu überzeugen. Und während Hal sie beobachtete, analysierte die nun erneut in ihm erwachte Verstandesschärfe das, was ihre Selbstsicherheit erschüttern konnte, was seine Vorschläge auch für Athalia zu einem konkreten Plan machen würde.

„Ich weiß, daß Rukh noch lebt", sagte er.

Die Pupillen Athalias weiteten sich nur ein wenig, und das nahm Hal als Beweis dafür, daß er auf dem richtigen Weg war.

„Wie meinen Sie das?" fragte sie.

„Ich weiß es einfach", bekräftigte Hal und hielt ihrem forschenden Blick stand. Er sagte die Wahrheit: Dieses Gefühl war eine absolute Gewißheit. „Aber wenn Sie konkrete Beweise haben wollen, so sollten wir dazu in der Lage sein, entsprechende Bestätigungen zu bekommen. Ich bin davon überzeugt, Sie haben gewisse Möglichkeiten, um so etwas festzustellen."

„Nun . . .", erwiderte Athalia gedehnt. „Vielleicht. Ja, ich glaube, wir könnten eine Überprüfung vornehmen."

„Dann sollten wir keine weitere Zeit verlieren", sagte Hal. „Während Sie feststellen, ob Rukh noch lebt, sollten die Vorbereitungen für ihre Befreiung vorangetrieben werden, unter der Annahme, daß sie noch nicht den Tod gefunden hat. Dann können wir mit dem Unternehmen beginnen, sobald Sie die Bestätigung haben. Sind Sie dazu bereit, diese Übereinkunft mit mir zu treffen?"

Hal fuhr fort, noch bevor Athalia eine Antwort darauf zu geben vermochte.

„Wie Sie wissen, gehörte ich einem Kommando an. Es liegt mir fern zu versuchen, Sie in irgendeiner Weise zu bestechen. Wären Sie bereit, mir einen solchen Gefallen zu erweisen? Würden Sie dafür sorgen, daß die Vorbereitungen für die Befreiung Rukhs möglichst rasch durchgeführt werden, von den Leuten, die an dem Unternehmen irgendwie beteiligt sind? Wenn sich schließlich herausstellen sollte, daß Rukh ums Leben kam, so werde ich Ihnen und allen anderen die Kosten ersetzen. Wenn Sie möchten, stelle ich der hiesigen Widerstandsbewegung darüberhinaus fünfhundert interstellare Krediteinheiten zur Verfügung – und Sie kennen den lokalen Wechselkurs und wissen, was sich mit einer so großen Summe alles anfangen läßt."

Er hielt kurz inne, um Atem zu schöpfen, und die Frau vor ihm warf mit kühler Stimme ein: „Ich glaube nicht, daß . . ."

„Aber wenn Rukh noch lebt", unterbrach Hal sie, „vergessen wir diesen Entschädigungsvorschlag. In einem solchen Fall gehe ich davon aus, daß es sich um Kosten handelt, die Ihre Leute gern auf sich nehmen, um Rukh zu befreien."

Damit war sein Vortrag beendet, und er wartete auf die Antwort Athalias. Sie sah ihn einige Sekunden lang starr an.

„In Ordnung", erwiderte sie dann. „Ich bin einverstanden – innerhalb der Grenzen meiner Verantwortlichkeit für diejenigen, die während einer derartigen Aktion ihr Leben aufs Spiel setzen."

„Gut“, sagte Hal rasch. „Und da ich bereit bin, große Summen auszugeben, wenn sich meine Vermutung als falsch herausstellt, möchte ich, daß sofort etwas unternommen wird. Ich muß mehr über das Hauptquartier der Miliz erfahren, alle Einzelheiten, die Sie für mich herausfinden können – und dazu gehört auch die Antwort auf die Frage, wie viele einfache Soldaten und Offiziere der Miliz sich derzeit dort aufhalten. Ich weiß, daß Sie mir kaum die genaue Zahl werden nennen können, aber mir genügt eine einigermaßen zutreffende Schätzung der Anzahl der Gegner, mit denen wir es zu tun haben, wenn die Aktion beginnt. Darüberhinaus würde ich gern in Erfahrung bringen, wie umfangreich die Verbindungen sind, die die Miliz in Hinsicht auf die angrenzenden Stadtviertel unterhält, zum Beispiel zu Versorgungszwecken. Außerdem: Wer sind die Leute, die Zugang ins Hauptquartier haben, etwa zu dem Zweck, den Müll fortzuschaffen? Und mit wem gibt es Verträge zu Reparatur- und Wartungszwecken? Ich muß weiterhin wissen, wann die Schichtwechsel erfolgen, und ich brauche die Namen der leitenden Offiziere. Nützlich wären auch Angaben in bezug auf Kommunikationsverbindungen zwischen dem HQ und der Stadt selbst.“

Er hielt inne.

„Sie sind sehr bescheiden“, sagte Athalia, und sie lächelte schief.

„Es müßte hier in Ahruma Anhänger der Widerstandsbewegung geben, die Ihnen solche Informationen beschaffen könnten“, erwiderte Hal. „Natürlich müssen wir auch noch über die waffenmäßige Ausrüstung des Hauptquartiers und über Sicherheitsmaßnahmen Bescheid wissen. Aber es gibt da eine ganz bestimmte Sache, die jetzt sofort in Angriff genommen werden muß – und die weder Sie noch Ihre Helfer zu irgend etwas verpflichtet. Bitte lassen Sie in der Stadt das Gerücht kursieren, Rukh könne vielleicht noch am Leben sein. Wenn sich das dann später bestätigt, ist die Öffenlichkeit dazu bereit, das unmittelbar als Wahrheit zu akzeptieren, und möglicherweise kommt es dann zu Demonstrationen, die die Miliz von uns ablenken.“

Athalia zögerte kurz und nickte schließlich.

„Gut“, antwortete sie. „Das kann ich in die Wege leiten.“

„Sobald wir sicher wissen, daß Rukh noch lebt“, fuhr Hal fort, „möchte ich mit den Angehörigen der Einsatzgruppe zusammentreffen und ihnen erklären, was wir unternehmen müssen, um sie zu befreien.“

„Wenn das überhaupt möglich ist“, sagte Athalia.

„Nun, wir werden sehen“, gab Hal zurück.

„Schön.“ Athalia stand auf. „Ich beginne am besten sofort damit, meine Fühler auszustrecken, um die wichtigste Frage zu klären – wenn ich Hilary dazu bewegen kann, fünf Minuten lang auf das Komgerät zu verzichten.“

„Wann, glauben Sie, haben wir Gewißheit?“ rief Hal ihr nach, als sie Anstalten machte, das Arbeitszimmer zu betreten.

„Ich weiß nicht“, antwortete sie ihm über die Schulter hinweg. „Aber es dürfte mindestens achtundvierzig Stunden dauern.“

Doch sie brauchten sich nicht zwei Tage lang zu gedulden. Noch vor Mittag des nächsten Tages setzte sich ein Fischhändler mit Athalia in Verbindung, der mit seinen Lieferungen die Kasernen des Hauptquartiers versorgte und mit dem Chefkoch und seinen Mitarbeitern auf gutem Fuß stand. Nach seinen Informationen befand sich Rukh in einer Einzelzelle – und am Tage zuvor sollte sie noch am Leben gewesen sein.

Acht Stunden später, als sich bereits die Dunkelheit der Nacht über die Stadt gesenkt hatte, versammelten sich sechzehn Personen im Lager Athalias, und die Einsatzbesprechung begann.

5

Hal saß am einen Ende des langen Tisches und musterte Athalia und die anderen Anwesenden. Wie am Vorabend während des Gesprächs mit der Frau fühlte er sich in diesen Augenblicken stark an die Zusammenkunft mit den Graucaptains in Foralie erinnert. Abgesehen von Athalia und Hilary kannte er niemanden von den Männern und Frauen, die sich nun hier versammelt hatten. Mit zwei Ausnahmen: Die beiden betreffenden Personen waren Mitglieder des Kommandos Rukhs gewesen – die kecke und temperamentvolle Tallah und Morelly Walden. Morellys Wunde war inzwischen ganz offensichtlich geheilt; aber andererseits war er sehr viel dünner geworden und wirkte nahezu ausgezehrt. Beim Betreten des Lagers hatte er sich auf einen Gehstock gestützt, und er sah zwanzig Jahre älter aus als damals, als Hal ihn zum letztenmal gesehen hatte.

Es ließ sich nicht feststellen, ob irgend jemand von den anderen zwölf Personen, die Athalia hierher bestellt hatte, einmal ebenfalls Mitglied eines Kommandos gewesen war. Hal gewann den Eindruck, daß er es, abgesehen von Tallah und Morelly, ausschließlich mit Städtern zu tun hatte. Einige Mienen wirkten sehr entschlossen, aber das änderte nichts daran, daß es ihnen an unmittelbarer Kampferfahrung mangelte. Darüberhinaus spürte Hal, daß er weder von seinen ehemaligen Kameraden noch von Hilary auf Hilfe bei seinem Bemühen rechnen konnte, die anderen zu überzeugen.

Athalia hielt einen kurzen Einführungsvortrag, stellte Hal als einen früheren Kämpfer des Kommandos Rukhs vor und erklärte seine Absichten.

„Wie Sie inzwischen alle wissen“, sagte sie, „können wir jetzt sicher sein, daß Rukh noch lebt. Sie befindet sich in einer Einzelzelle. Hal hat uns darüberhinaus einige sehr attraktive Angebote gemacht. Nun, er sollte Ihnen am besten selbst sagen, was er plant.“

„Danke“, sagte Hal.

Er sah die ihm unbekannten Männer und Frauen an, und die Art und Weise, wie sie seinen Blick erwiderten, war nicht sehr ermutigend.

„Ich gehe davon aus“, begann er, „daß niemand an diesem Tisch sitzt, der auch nur einen Sekundenbruchteil zögern würde, einen Plan zur Befreiung Rukhs durchzuführen, wenn zumindest gewisse Erfolgsaussichten bestehen. Aber ich muß trotzdem eine unangenehme Frage stellen, bevor ich Ihnen Einzelheiten erläutere: Gibt es jemanden unter Ihnen, der davon überzeugt ist, es sei reine Zeitverschwendung, mich anzuhören? Ich fordere jeden einzelnen von Ihnen dazu auf, sich selbst gegenüber in dieser Hinsicht ganz ehrlich zu sein.“

Die Blicke aller Anwesenden waren auf ihn gerichtet, und niemand gab einen Laut von sich.

„Ich stelle diese Frage“, fuhr Hal fort, „weil ich weiß, daß Sie davon überzeugt sind, die Befreiung eines Gefangenen aus einem Milizgefängnis sei unmöglich – ganz einfach, weil es dafür noch keinen Präzedenzfall gibt. Ich hingegen möchte Ihnen klarmachen, daß das nicht nur eine irrige Annahme ist, sondern es sich bei einem solchen Unternehmen darüberhinaus um etwas handelt, für das es in der menschlichen Geschichte viele Beispiele gibt. Es ist nicht möglich, sondern sogar notwendig. Ich kann Sie allerdings nicht davon überzeugen, wenn Sie der Meinung sind, es habe keinen Sinn, mir zuzuhören. Deshalb frage ich Sie erneut: Befindet sich jemand unter Ihnen, der meint, die Befreiung Rukhs sei völlig ausgeschlossen?"

An die Worte Hals schloß sich erwartungsvolles Schweigen an. Die Männer und Frauen am Tisch musterten sich gegenseitig, und nach einigen Sekunden kratzte Metall über Beton, als ein in eine dunkle Lederjacke gekleideter Mann am anderen Ende des Tisches den faßförmigen Behälter zurückschob, auf dem er gesessen hatte. Als er aufstand, schloß sich ein kleinerer Mann in einem Overall seinem Beispiel an.

„Warten Sie", sagte Hal.

Sie zögerten.

„Ich weiß Ihre Ehrlichkeit sehr zu schätzen", sagte Hal. „Aber bitte – gehen Sie nicht. Was halten Sie davon, doch hierzubleiben? Sie brauchen nicht an der Diskussion teilzunehmen, könnten aber zuhören."

Die beiden Männer, die sich erhoben hatten, sahen ihn an. Derjenige in der Lederjacke war der erste, der wieder Platz nahm. Der andere setzte sich ebenfalls.

„Danke", sagte Hal. Nacheinander beobachtete er die anderen Leute am Tisch und fuhr dann fort: „Zuerst möchte ich noch auf einen anderen Punkt zu sprechen kommen. Ich habe Athalia gesagt – und ich gehe davon aus, sie teilte Ihnen das bereits mit –, der Hauptgrund für die Befreiung Rukhs ist die Tatsache, daß es um die Zukunft aller von Menschen besiedelten Welten geht und es für Rukh in diesem Zusammenhang eine Aufgabe gibt, die nur sie bewältigen kann."

„Sie gehört zu unserem Volk", warf ein untersetzter Mann ein, der eine grüne Strickjacke trug und neben Tallah saß.

„Ich könnte darauf einfach antworten", erwiderte Hal, „indem ich feststelle, daß sie sich ganz offensichtlich in der Gewalt der Miliz befindet und somit für ihr Volk derzeit überhaupt nichts tun kann. Aber ich weiß, was Sie meinen – Rukh ist in erster Linie eine Gläubige Harmonies, eine Auserwählte, und Sie wollten sagen, auf dieser Welt warten bereits genug Aufgaben auf sie. Das stimmt. Doch jetzt betrifft der Kampf, den sie führt, auch alle anderen Welten. Ich möchte Sie erneut darum bitten, mir vorurteilsfrei zuzuhören."

Er hielt kurz inne, und die Männer und Fraun sahen ihn mit ausdruckslosen Mienen an.

„Ich will Ihnen noch etwas verdeutlichen", sagte Hal, „von dem

Sie zwar schon wissen, dem in diesem Zusammenhang aber eine spezielle Bedeutung zukommt. Ich möchte noch einmal betonen, daß die Anderen im Vergleich zur großen Masse der Menschheit nur eine verschwindend kleine Minderheit sind. Sie allein könnten keine Bedrohung darstellen, ganz gleich, welche besonderen Fähigkeiten sie auch haben. Was sie zu einer Gefahr für uns alle macht, ist die Tatsache, daß sie andere Menschen als ihre Werkzeuge benutzen, unsere nächsten Nachbarn. Ihre Hilfe multipliziert die Macht der Anderen und ermöglicht es ihnen, uns zu beherrschen."

Erneut machte Hal eine kurze Pause und gab seinen Zuhörern Gelegenheit zu einem Einwand. Als niemand widersprach, fuhr er fort:

„Sie machen unsere Mitmenschen zu ihren Werkzeugen, weil es ihnen gelingt, sie als Anhänger zu gewinnen, sie von ihrer Sache zu überzeugen. Es ist allgemein bekannt, daß es dennoch viele Menschen gibt, die die Anderen nicht auf diese Weise beeinflussen können, Männer und Frauen wie Sie, die stark im Glauben sind, und auch die Dorsai und Exoten. Doch auch viele Menschen auf Alterde erweisen sich den Manipulationsversuchen der Anderen gegenüber als sehr widerstandsfähig . . ."

„Davon habe ich schon gehört", bestätigte der Mann in der Strickjacke. „Es ist kaum zu glauben."

„Sie halten das deshalb für so überraschend", stellte Hal fest, „weil Sie in dieser Tatsache in gewisser Weise eine Verhöhnung Ihrer in vielen mühevollen Jahren errungenen Stärke sehen, ganz zu schweigen einmal von der inneren Festigkeit der Menschen auf Dorsai und den beiden Exotischen Welten."

Hal ließ seinen Blick über die Gesichter der am Tisch sitzenden Männer und Frauen schweifen.

„In Wirklichkeit aber", fügte er hinzu, „ist dieser Umstand nicht annähernd so verblüffend, wie Sie annehmen. Ich möchte Sie etwas fragen: Ihre Vorfahren, die vor einigen Jahrhunderten die Erde verließen und sich auf Harmonie und Eintracht eine neue Heimat schufen – würden Sie sagen, sie waren weniger stark im Glauben als Sie und die heutigen auf diesen beiden Welten lebenden Generationen?"

Diese Frage wurde mit einem allgemeinen Murmeln verneint.

„Sie waren in dieser Hinsicht noch stärker als wir!" ertönte die scharfe Stimme einer Frau in mittleren Jahren, die links am Tisch saß, nicht allzu weit von Hal entfernt.

„Möglicherweise", sagte Hal. „Wir neigen dazu, uns in erster Linie an die guten Seiten unserer Vorfahren zu erinnern und ihre Mängel zu übersehen. Nun, lassen Sie mich Ihnen noch eine andere Frage stellen: Glauben Sie, daß damals all diejenigen Personen, die zu jener ausgeprägten Glaubensfestigkeit in der Lage waren, die Sie hier zu Quäkern machte, die Erde verließen? Ist es nicht vielleicht möglich gewesen, daß einige solche Männer und Frauen aus persönlichen Gründen auf Alterde blieben, dort heirateten und Kinder zeugten?"

Obgleich Hal den Anwesenden einmal mehr Zeit zu Einwänden gab, blieb alles still.

„Nun", ergriff er nach einer Weile wieder das Wort, „fällt Ihnen angesichts dieser Tatsache die Vorstellung schwer, daß nicht all diejenigen von Alterde auswanderten, die später zu Dorsai wurden? Und daß auch Männer und Frauen auf dem Ursprungsplaneten der Menschheit verblieben, die andernfalls auf Mara und Kultis zu Exoten geworden wären? Noch eine weitere Frage, nach deren Beantwortung wir uns wieder dem eigentlichen Thema zuwenden. Bevor die betreffenden Emigranten sich auf ihren neuen Welten einrichteten – waren sie da charakterlich wankelmütiger als noch in ihrer alten Heimat?"

Wieder wartete Hal, und wieder blieb es still.

„Nun, dann kann man doch wohl von der Annahme ausgehen", führte Hal seine Überlegungen weiter, „daß es bereits Männer und Frauen des Glaubens gab, noch bevor auf Harmonie und Eintracht Kolonien entstanden, was ebenfalls auf Dorsai und Mara und Kultis zutrifft, nicht wahr?"

Diesmal hielt Hal nur für den Bruchteil einer Sekunde inne.

„Mit anderen Worten: Es gab schon damals, vor der Emigration, Quäker und Dorsai und Exoten auf der Erde. Und wir stellen darüberhinaus fest, daß auch die Menschen, die sich auf den anderen Planeten einrichteten, von der Erde stammten – und auf der Ursprungswelt noch heute Männer und Frauen leben, die ihr charakterliches Potential repräsentieren, das nach wie vor Teil des alten genetischen Reservoirs der Menschheit ist."

„Gut", erklang die scharfe Stimme Athalias vom Ende des Tisches her. „Lassen Sie uns jetzt auf das eigentliche Thema zu sprechen kommen."

„In Ordnung", erwiderte Hal. „All diese Überlegungen beweisen die Wichtigkeit Rukhs für die ganze Menschheit. Sie wird gebraucht, weil sie das Beste darstellt, was Ihre Kultur hervorzubringen vermochte. Sie sollten stolz darauf sein. Doch ich will in dieser Hinsicht nun keine weiteren Worte verlieren, sondern dem Wunsch Athalias entsprechen . . ."

Einmal mehr ließ Hal seinen Blick über die Gesichter der Anwesenden schweifen, und er stellte fest, daß zumindest einige der Männer und Frauen gewissen Abstand von ihrer ursprünglichen Skepsis genommen hatten und nun recht nachdenklich und teilweise auch verwirrt wirkten. Zumindest, so schloß er, hatten seine Worte auf einige von ihnen ihre Wirkung nicht verfehlt.

„Was die Befreiung Rukhs angeht", fuhr er fort, und alle Anwesenden hörten ihm aufmerksam zu, „so ist die allgemeine Ansicht, ein solches Unternehmen sei unmöglich, unser größter Vorteil. Denn bestimmt teilt die Miliz diese Überzeugung und rechnet daher nicht mit einer entsprechenden Aktion. Diesen Umstand begrüße ich sehr, insbesondere deshalb, weil wir für die Befreiung eine gewisse Stimmung schaffen müssen. Und die Tatsache, daß die Miliz ihr Gefängnis für absolut sicher hält, wird unsere Gegner davon abhalten, sofort mißtrauisch zu werden. Ohne diesen Vorteil wäre die Befreiungsaktion ebenfalls durchführbar, doch wir müßten dann mit größeren Problemen fertig werden."

„Sie haben uns noch immer nicht gesagt, wodurch das Unternehmen überhaupt möglich sein soll", warf der Mann in der Strickjacke ein.

„Es ist möglich, weil es dafür viele historische Beispiele gibt", erwiderte Hal. „Wie ich Ihnen ja bereits sagte. Es geht in erster Linie darum, die Stärke der Gegner, auf die wir im Innern des Hauptquartiers treffen, soweit zu reduzieren, daß die Einsatzgruppe es mit dem Feind aufnehmen kann."

Ein schmächtiger und gut fünfzigjähriger Mann, der auf der anderen Seite des Tisches saß und in dessen Gesicht sich gewohnheitsmäßige Unmutsfalten zeigten, gab einen abfälligen Laut von sich.

„Sehr richtig!" fügte er hinzu. „Wir brauchen nur ein mittleres Wunder, weiter nichts!"

„Nein", widersprach Hal, ohne daß sich sein Tonfall veränderte. „Es kommt nur auf eine vorausschauende Planung an."

Er richtete seinen Blick auf Athalia.

„Soweit ich weiß, sind im Kasernenbereich dieses Hauptquartiers vier Kompanien mit jeweils rund zweihundert Soldaten stationiert, und hinzu kommen einige hundert Personen, die in den Büros und in der Versorgung arbeiten. Mit anderen Worten: Die maximale Anzahl der Gegner, mit denen wir es zu tun bekommen könnten, beläuft sich auf nur etwa tausendeinhundert."

„Und das ist eine ganze Menge", meinte die Frau in mittleren Jahren, die zuvor behauptet hatte, die ersten Siedler auf Harmonie und Eintracht seien stärker im Glauben gewesen als die derzeitigen Generationen.

„Ich weiß, daß man zu diesem Schluß gelangen könnte", sagte Hal. „Doch abgesehen von Eintracht, Dorsai und den beiden Exotischen Welten befände sich auf jedem anderen Planeten in einer Stadt von dieser Größe eine dreimal so große Polizeistreitmacht. In dieser Hinsicht erweist sich die Struktur Ihrer Kultur, die weniger Ordnungskräfte erfordert, als recht hilfreich."

„Sehr nett", bemerkte eine andere Frau. „Das sollten wir vielleicht als Kompliment verstehen. Aber es bringt Rukh noch nicht in die Freiheit zurück."

„Doch", entgegnete Hal. „Denn es bedeutet, daß die hiesige Miliz in bezug auf ihren Polizeidienst eigentlich sehr schwach ist, um eine Stadt von der Größe Ahrumas zu kontrollieren. Dieser Umstand spielt keine besondere Rolle, solange die Anderen noch nicht hier waren und sich die Bevölkerung kooperativ verhielt. Letzterer Punkt jedoch hat sich geändert – das schließe ich zumindest aufgrund meiner Beobachtung an dem Tag, als Rukh nach dem Anschlag auf den Reaktor auf einem großen Platz dieser Stadt eine Ansprache hielt."

„Ich verstehe noch immer nicht ganz, wieso das ein Vorteil sein soll", meldete sich der Mann in der Strickjacke zu Wort.

„Ach, Jabez", erwiderte die Frau. „Ich glaube, ich weiß nun, worauf Hal hinauswill. Sie wollen die Bewohner der Stadt dazu bringen, uns zu helfen, nicht wahr?"

Hal nickte.

„Genau. Ich möchte sie dazu veranlassen, vor der eigentlichen Befreiungsaktion die Aufmerksamkeit der Miliz auf sich zu ziehen und sie dazu zu zwingen, den größten Teil ihres militärischen Potentials in der Stadt zu verteilen, so daß im Hauptquartier nur eine Notmannschaft zurückbleibt. Ist das der Fall, schlagen wir zu."

„Wie wollen Sie das bewerkstelligen?" fragte Athalia.

„Ja", warf der Mann in der Strickjacke ein. „Wie? Ganz abgesehen einmal von anderen Problemen: Wenn wir die ganze Stadt mobilisieren, wie sollen wir dann unsere eigentliche Absicht geheimhalten? Die Miliz hat ihre Spitzel und Informanten."

„Die Bevölkerung muß nicht unbedingt Bescheid wissen", erklärte Hal. „Wir informieren sie erst dann, wenn wir es für nützlich halten."

„Aber wenn die Bürger der Stadt überhaupt keine Ahnung haben . . ." Der Mann wirkte sehr verwirrt. „Wie sollen sie uns dann unterstützen?"

„Ich möchte, daß sie Feuer legen, Straßenkämpfe initiieren, Demonstrationen veranstalten und auf andere Art und Weise für Unruhen sorgen", erläuterte Hal. „An fünfzig verschiedenen Orten der Stadt muß es zu derartigen Zwischenfällen kommen, so daß die Kompanien der Miliz dazu gewzungen werden, das Hauptquartier zu verlassen und überall einzugreifen, um die Ordnung wiederherzustellen."

„Aber es ist völlig ausgeschlossen, gewöhnliche Leute – ich meine Leute, die nicht Kinder des Zorns sind und auch sonst keiner Organisation angehören, die gegen die Teufelsbrut opponiert – dazu zu bringen, einen allgemeinen Aufstand durchzuführen, ohne ihnen den Grund dafür zu erklären", platzte es aus dem schmächtigen Mann mit den Unmutsfalten im Gesicht heraus. „Und was ist mit der Miliz selbst? Warum soll sie nicht mißtrauisch werden, wenn plötzlich überall Feuer gelegt werden und es zu Straßenkämpfen kommt? Bestimmt riecht sie den Braten und verstärkt anschließend die Sicherheitsmaßnahmen für das Hauptquartier!"

Schweigend beobachtete Hal ihn eine Zeitlang.

„Während meines ersten Aufenthalts auf Harmonie, als Howard Sankt Immanuelson", erwiderte er schließlich, „gehörte ich der Wiedergeborenen Offenbarungskirche an. Was ist Eure Kirche, Bruder?"

Der Mann starrte ihn groß an, und die Züge seines Gesichtes verhärteten sich.

„Ich bin Mitglied des Achten Bundes", erwiderte er schroff. „Warum fragen Sie?"

„Der Achte Bund . . ." Hal lehnte sich nachdenklich zurück, legte die Hände auf den Tisch und faltete sie. „Ist das nicht die Kirche, die von einem Vergessenen Gottes gegründet wurde? Einem Manne, der so sündig und ketzerhaft war, daß die Kirche, der er ursprünglich angehörte, ihn exkommunizierte, wodurch er dazu gewzungen wurde, seine eigene Sekte zu schaffen, von der alle wissen, daß sie von Anfang an ebenso sündhaft und häretisch war wie er selbst . . ."

Es dröhnte laut, als das Faß, auf dem der Mann gesessen hatte, mit einem jähen Ruck nach hinten auf den Betonboden fiel. Der Mann sprang auf, und seine Tischnachbarn mußten ihn festhalten, um ihn daran zu hindern, sich auf Hal zu stürzen.

„Entschuldigen Sie bitte!" rief Hal und hielt die Arme hoch. „Ich habe es natürlich nicht so gemeint. Ich wollte nur etwas beweisen, was wir alle längst wissen – daß es zwischen Anhängern verschiedener Kirchen jederzeit zu Streitigkeiten kommen kann, insbesondere in einer Stadt von dieser Größe. Und wenn solche Streitigkeiten zu offenen Kämpfen führen, dann ist die Miliz dazu gezwungen, Einsatzgruppen loszuschicken, um die Ordnung wiederherzustellen, oder? Wenn also solche Auseinandersetzungen die ganze Stadt erfassen, so werden auf diese Weise große Kräfte der Miliz gebunden."

„Ich verstehe nicht", sagte der Mann in der Strickjacke, während sich der aufgebrachte Gläubige nach und nach wieder beruhigte.

„Aber ich, Jabez", erwiderte die Frau in mittleren Jahren. „Indem wir Straßenkämpfe initiieren, können wir die Miliz dazu bringen, nach und nach ihre Kompanien in den Einsatz zu schicken. Sie haben recht, Hal Mayne. Andererseits jedoch wissen die Offiziere im Hauptquartier ganz genau, wie viele Soldaten sie entbehren können, und bestimmt sorgen sie dafür, daß eine ausreichende Anzahl im Hauptquartier zurückbleibt."

„Sie werden gewiß versuchen, dieses Sicherheitsgrenze nicht zu unterschreiten", entgegnete Hal. „Aber nach unserem Plan bekommen sie es mit einer nach und nach eskalierenden Situation zu tun, über eine Zeitspanne von rund fünfzig bis fünfundsiebzig Stunden. Das dürfte dazu führen, daß den Offizieren gar keine andere Wahl bleibt, als auch die Reserven einzusetzen und zudem ihre Soldaten zu erschöpfen, weil sie während dieser Zeit kaum Schlaf bekommen. Die Milizionäre müssen so sehr belastet werden, daß durch die Ermüdung sowohl ihre Kampffähigkeit beeinträchtigt wird als auch ihre Urteilsfähigkeit nachläßt. Tatsächlich kommt es uns während dieses Stadiums der Aktion darauf an, alle Soldaten des Hauptquartiers kräftemäßig völlig auszulaugen. Dafür sollten achtundvierzig bis zweiundsiebzig Stunden genügen. Nehmen wir uns dafür mehr Zeit, geben wir dem Gegner die Möglichkeit, sich wieder zu erholen. Außerdem spielt der Zeitfaktor bei der Befreiung Rukhs überhaupt eine sehr große Rolle. Wir wissen, daß sie noch lebt, haben jedoch keine Informationen darüber, unter welchen Bedingungen sie gefangengehalten wird. Vielleicht kann sie nicht mehr lange durchhalten."

Er hielt inne und beobachtete ein weiteres Mal die Reaktionen der Anwesenden auf seine Worte. Zumindest galt die Aufmerksamkeit der Männer und Frauen nun allein ihm. In dem Gesicht des schmächtigen Mannes, den er zuvor provoziert hatte, zeigte sich noch immer ein dunkler Schatten der Wut.

„Es könnte klappen", erwiderte der Mann in der Strickjacke, und seine Worte waren nicht insbesondere an die Adresse Hals gerichtet. Er sah auf. „Nehmen wir einmal an, es gelänge tatsächlich, die Offiziere der Miliz dazu zu bringen, fast alle ihre Soldaten in den Einsatz zu schicken und die Männer zu erschöpfen – was dann?"

„Wenn die Zeit reif ist, schicken wir eine Gruppe ins HQ, durch einen der Zulieferungseingänge. Wir folgen dem Weg, durch den normalerweise Mahlzeiten in den Zellentrakt gebracht werden. Anschließend wird Rukh befreit und auf dem gleichen Weg aus dem Hauptquartier herausgebracht."

„Und alle noch im Kasernenbereich verbliebenen Soldaten werden auf die Gruppe warten, wenn sie versucht, Rukh in die Freiheit zurückzubringen!" warf der schmächtige Mann barsch ein.

„Nicht unbedingt", erwiderte Hal. „Die Aufmerksamkeit der Miliz wird zu dem betreffenden Zeitpunkt in erster Linie auf die Kämpfe in der Stadt konzentriert sein, die bis dahin bereits so eskaliert sind, daß die Offiziere den Eindruck eines allgemeinen Aufstands gewinnen müssen. Wenn der Alarm erfolgt und sie die Meldung erhalten, daß die Einsatzgruppe durch den Zulieferungseingang ins Innere des Hauptquartiers vorgestoßen ist, müssen sie zunächst einmal annehmen, es handele sich dabei um einen Teil der Unruhen und die Eingedrungenen hätten die Absicht, im HQ zu randalieren oder einfach möglichst viel zu stehlen und anschließend wieder zu verschwinden. Sie können nicht wissen, daß die Unruhen in der Stadt nur ein Ablenkungsmanöver sind, das die Befreiung eines Gefangenen aus dem Zellentrakt ermöglichen soll."

Stille schloß sich an diese Worte Hals an.

„Ein ziemliches Wagnis", sagte Athalia. „Und Sie gehen bei Ihrem Plan von recht vielen Voraussetzungen aus. Was ist, wenn die Offiziere doch Verdacht schöpfen?"

„Das halte ich für recht unwahrscheinlich", hielt ihr Hal entgegen. „Um in dieser Hinsicht aber auch letzte Risiken auszuschließen, führen wir während des Vorstoßes der eigentlichen Befreiungsgruppe ein weiteres Ablenkungsmanöver durch – einen direkten Angriff auf den Haupteingang des HQs. Die Miliz soll den Eindruck gewinnen, als sei es die Absicht der Angreifer, sich gewaltsam Zugang ins Hauptquartier zu verschaffen. Dadurch werden einerseits die Kräfte der noch im Gebäude verbliebenen Soldaten gebunden, und andererseits müßte es den Offizieren auch erklären, warum eine kleinere Gruppe durch einen der Zulieferungseingänge eindrang."

„Sie setzen noch immer ganz darauf, daß die Miliz die Überlegungen anstellt, die Sie vermuten", gab Athalia zu bedenken.

„Und wir können in dieser Hinsicht auch nachhelfen", sagte Hal. „Indem wir zum Beispiel die Männer und Frauen der Gruppe, die in den Zellentrakt vorstößt und Rukh befreit, so kleiden, daß dadurch der Eindruck erweckt wird, es handele sich nur um einen zusammengewürfelten Haufen von Plünderern, die die Tatsache ausnutzen, daß ein Angriff auf den Haupteingang des HQs erfolgt, und die nur darauf aus sind, möglichst viele Dinge zu rauben – was sind Konusgewehre der Miliz samt Munition derzeit auf dem schwarzen Markt wert?"

Athalia nickte grimmig.

„Eine ganze Menge", antwortete sie.

„Na also." Hal nickte. „Ich glaube, wir können ziemlich sicher sein, daß die Offiziere der Miliz nur einige wenige Soldaten losschicken, um die Leute auszuschalten, die sie für unerfahrenen Straßenpöbel halten müssen, der sofort die Flucht ergreift, wenn er eine schwarze Uniform sieht. Wenn wir schnell genug vorgehen, müßte es uns gelingen, Rukh zu befreien und mit ihr das Hauptquartier zu verlassen. Es sollte eigentlich möglich sein, die Soldaten, auf die wir unterwegs treffen, mit Waffengewalt zu überwältigen. Und bevor Verstärkung eintrifft, sind wir bereits wieder in der Stadt. Denken Sie daran: Nach den mir vorliegenden Informationen befinden sich alle wichtigen Sektionen des Hauptquartiers im vorderen Gebäudetrakt: das Archiv, die Waffenkammer und so weiter. Colonel Barbage und seine Leute werden zuerst darauf aus sein, diese Bereiche zu schützen, und erst wenn in dieser Hinsicht keine Gefahr mehr droht, richten sie ihre Aufmerksamkeit auf die Eindringlinge, die durch den Zulieferungseingang ins Gebäude vorstießen."

Hal machte eine weitere Pause. Eigentlich hatte er seinen Zuhörern dadurch nur Zeit geben wollen, um über seine Worte nachzudenken. Aber aufgrund seiner sensibilisierten Wahrnehmung stellte er fest, daß er schon jetzt mehr erreicht hatte, als er zuvor zu hoffen bereit gewesen war.

„Entschuldigen Sie mich einen Augenblick", sagte er. „Ich bin gleich zurück . . ."

Er verließ das Zimmer durch die Tür, die in den Wohnbereich der Unterkunft Athalias führte. Als er die Tür hinter sich schloß, hörte er, wie mehrere Stimmen erklangen und in dem Raum hinter ihm eine lebhafte Diskussion begann.

Sollen sie es unter sich besprechen, dachte er. Er warf einen kurzen Blick auf das Chronometer an seinem Handgelenk. Er wollte ihnen fünf Minuten Zeit geben und dann zurückkehren . . .

Eine Weile wanderte er im Wohnzimmer Athalias umher, und seine Gedanken trieben ziellos dahin. Er dachte an Rukh im Gefängnis der Miliz. Und er sah sie wieder so vor sich wie bei ihrer ersten Begegnung, mit aller Deutlichkeit: im Schatten zwischen den am Ufer des Baches wachsenden Koniferen, zu ihren Füßen grünes Moos und braune Nadeln – und über ihr die vom Wind zu fransigen Fetzen zerrissenen Wolken, grau und düster vor dem Blau des Himmels. Fast körperlich fühlte er ihren durchdringenden Blick auf sich ruhen.

Und er erinnerte sich auch daran, daß sie damals in ihrer Kampfjacke, der gefleckten Hose und dem Waffengurt sehr schlank und sehr groß gewirkt hatte. Eine Zeitlang beobachtete Hal diese Szene der Vergangenheit, und dann stellte er sich ein anderes Bild vor: Rukh in der Gewalt der Miliz. Es war plötzlich, als zerbreche etwas in ihm. Kälte umklammerte jäh sein Herz und ließ ihn schaudern.

Er fröstelte, stand völlig reglos und erinnerte sich . . .

Hinter ihm öffnete sich laut eine Tür, und wie ein zum Sprung bereites Raubtier wirbelte er herum. Athalia sah ihn an.

„Was ist mit Ihnen?" fragte sie. „Wir warten auf Sie."

„Warten?" wiederholte er. Er blickte erneut auf sein Chronometer, konnte sich jedoch nicht mehr an die vorherige Anzeige erinnern.

„Es sind mehr als zehn Minuten vergangen", sagte Athalia und deutete auf den Arbeitsraum. „Kommen Sie. Es gibt viele Fragen, die Sie noch beantworten müssen."

6

Als er in den Raum zurückkehrte, in dem die Besprechung stattfand, stellte er fest, daß sich nicht nur die Einstellung der Anwesenden verändert hatte, sondern auch die allgemeine Stimmung. Eine Sekunde lang glaubte er in den Gesichtern derjenigen, die ihn nun ansahen, fast so etwas wie grimmige Entschlossenheit zu erkennen, jenes Glitzern in den Augen, das man bei Menschen beobachten kann, die lange Zeit ohne Nahrung auskommen mußten und plötzlich mit einem üppigen Menü konfrontiert werden. Hal begriff, daß er sich gar nicht vergegenwärtigt hatte, wie lang die Leidenszeit dieser Menschen gewesen war, ohne daß sich ihnen eine Chance ergeben hätte, es der Miliz mit gleicher Münze heimzuzahlen. Und er machte sich klar, daß es gar keines großen Anstoßes bedurft hatte, sie zu der Befreiung Rukhs und zum unmittelbaren Kampf zu bewegen.

„Die wichtigste Frage", meldete sich der Mann mit der Strickjacke zu Wort, als Hal wieder Platz genommen hatte, „lautet, ob wir genügend Leute für die von Ihnen geplante Aktion haben. Wie viele Männer und Frauen sind Ihrer Meinung nach notwendig?"

„Für welchen Teil des Unternehmens? Um Rukh aus dem Zellentrakt zu befreien und nach draußen zu bringen, reichen zehn oder zwölf Personen aus – und der Hälfte von ihnen kommt nur die Aufgabe zu, den Rückweg abzusichern und uns zu warnen für den Fall, daß Soldaten kommen. Mehr als sechs Männer und Frauen bei der eigentlichen Befreiungsaktion – fünf andere und ich selbst – würden sich nur gegenseitig behindern. Unser eigentlicher Schutz besteht allein darin, so rasch in den Zellentrakt vorzustoßen und Rukh herauszuholen, daß den Offizieren der Miliz gar keine Zeit bleibt zu verstehen, was überhaupt geschieht."

„Nur ein Dutzend?" fragte der hochgewachsene Mann, der zu Beginn der Besprechung aufgestanden war. „Und wer soll draußen Ihren Rückzug decken, wenn Sie das Hauptquartier zusammen mit Rukh verlassen?"

„Sagen wir: zehn bis zwölf weitere Personen", erwiderte Hal. „Die aber nicht unbedingt erfahrene Kämpfer sein müssen, im Gegensatz zu denen, mit denen ich in den Zellentrakt vorstoße. Tatsächlich müssen nur meine fünf unmittelbaren Begleiter Kampferfahrung haben. Ja, fünf ehemalige Angehörige eines Kommandos – und die anderen können Sie unter denjenigen auswählen, von denen Sie glauben, sie seien mutig und entschlossen genug."

Noch besser wäre es, fügte er in Gedanken hinzu, ich könnte auf die Hilfe zweier Dorsai wie etwa Malachi und Amanda zurückgreifen. Hal rief sich selbst zur Ordnung: Wunschträume waren jetzt nutzlos.

„Gleichzeitig ist Ihrer Meinung nach aber noch ein direkter Angriff auf den Haupteingang des HQs notwendig . . .", setzte der Mann in der Strickjacke an.

„Dreißig Leute, dic gut mit Waffen umzugehen verstehen und für gewöhnlich auch das treffen, auf was sie zielen", sagte Hal. „Mit der Unterstützung von möglichst vielen anderen Männern und Frauen, die wissen, wie man ein Gewehr in der Hand halten muß. Bis der Angriff beginnt, sollten letztere Personen dazu eingesetzt werden, die Unruhen weiter zu schüren, die bereits in der Stadt entstanden sind. Ich betone es noch einmal: Der direkte Angriff auf das Hauptquartier dient nur dazu, die Aufmerksamkeit der Miliz während der rund zwanzig Minuten abzulenken, die die eigentliche Befreiungsaktion dauern dürfte. In einer Stadt von der Größe Ahrumas müßten sich doch wohl hundert erfahrene Widerstandskämpfer finden lassen."

Hal schwieg und sah nacheinander die am Tisch Sitzenden an. Einige Sekunden lang gab niemand von ihnen eine Antwort. Die Männer und Frauen hatten entweder den Kopf gesenkt und blickten von Hal fort, um ihre Zufriedenheit über seine Erklärung nicht zu deutlich zu zeigen.

„Gut", sagte Athalia, die nun wieder am anderen Ende des Tisches saß. „Natürlich müssen wir noch die Einzelheiten besprechen. Am besten, Sie warten in Ihrem Zimmer, bis ich Ihnen unsere Entscheidung mitteile."

Hal nickte und stand auf. Er verließ den Raum, und er hatte keinen Zweifel daran, wie sich die Männer und Frauen entscheiden würden. Doch er kehrte nicht in sein Zimmer zurück, sondern trat in die kühle und dunkle Nacht vor dem Gebäude mit der Unterkunft Athalias hinaus. Drei kleine und langgestreckte Schatten näherten sich ihm, und er streckte grüßend die Arme aus und ging in die Hocke.

Weit über ihm schimmerten einige Sterne durch Lücken in der

Wolkendecke. Die Hunde schmiegten sich an ihn und leckten ihm die Hände.

Am nächsten Tag brachen hier und dort Kämpfe in der Stadt aus, Streitigkeiten, die sich zunächst nur auf einzelne Personen beschränkten, sich aber bald auf die Ordenskongregationen verschiedener Kirchen ausweiteten. Es kam auch zu einigen Bränden. Am Tag darauf wurden weitere Feuer gelegt, und die Kämpfe griffen auch auf die anderen Stadtviertel über; Mütter schickten ihre Kinder nicht mehr zur Schule. Am Nachmittag des zweiten Tages konnte man in den Straßen Ahrumas nur noch Erwachsene sehen, die meisten von ihnen zumindest mit Knüppeln bewaffnet. Einheiten der Miliz patrouillierten, schickten die aufgebrachten Gläubigen nach Hause zurück und halfen anschließend der sehr in Anspruch genommenen Feuerwehr dabei, die Brände zu löschen, die überall neu entflammten. Mit zunehmender Erschöpfung reagierten die Soldaten immer nervöser, und der Zorn der Zivilbevölkerung wuchs im gleichen Maß.

„Die Situation ist außer Kontrolle geraten“, sagte Morelly Walden, der am späten Nachmittag die Wohnung Athalias betrat. Sein faltiges Gesicht wirkte gleichzeitig traurig und angespannt. „Wir beherrschen die Lage nicht mehr. Sie hat nun ein eigenes Bewegungsmoment entwickelt.“

„Ganz wie geplant“, erwiderte Hal.

Ein Zimmer der Wohnung Athalias war in eine Einsatzzentrale verwandelt worden, doch derzeit hielten sich außer Morelly nur noch Athalia selbst und auch Hal dort auf.

„In keinem Distrikt der Stadt sind nicht mindestens zwei oder drei Feuer ausgebrochen“, fügte Morelly hinzu. „Es könnte dazu kommen, daß ganz Ahruma niederbrennt.“

„Nein“, widersprach Hal. „Die Feuerteufel, die Spaß daran hatten, Häuser in Brand zu stecken, werden allmählich müde, ebenso wie die Soldaten und auch wir selbst. Morgen wird sich die Lage nach und nach normalisieren. So etwas ist für städtische Unruhen ganz typisch.“

„Vielleicht haben Sie recht“, meinte Morelly und seufzte. „Aber ich mache mir trotzdem Sorgen. Ich glaube, wir sollten die Befreiungsaktion jetzt sofort beginnen.“

„Nein.“ Hal schüttelte den Kopf. „Wir müssen die Dunkelheit abwarten, sowohl aus psychologischen als auch taktischen Gründen.

Wenn Sie nicht tatenlos bleiben wollen, Morelly, so stellen Sie sicher, daß die Leute, die zu meiner Einsatzgruppe und der Einheit gehören, die den direkten Angriff auf das Hauptquartier durchführt, bis heute abend noch etwas Schlaf bekommen. Kümmern Sie sich bitte darum. Die Angreifer dürfen ihre Positionen erst dann beziehen, wenn es ganz dunkel geworden ist. Und die Leute meiner Gruppe müssen so lange warten, bis der Kampf an der Vorderfront des HQs bereits mindestens zwei Stunden andauert. Wir brauchen diese Zeit, um sicher sein zu können, daß alle Soldaten des HQs in die Sektion des Haupteingangs beordert wurden."

„In Ordnung", erwiderte Morelly.

Er trat durch die Tür, die in das Lager führte, in dem Matratzen für die Personen bereitlagen, die derzeit nicht in den Straßen der Stadt gebraucht wurden.

Als sich die Tür hinter ihm schloß, richtete Athalia ihren Blick auf Hal.

„Ist es nicht an der Zeit", fragte sie, „diejenigen zu wecken, die mit Ihnen in den Zellentrakt vorstoßen sollen?"

„Ich habe sie bereits mit allen Informationen vertraut gemacht, die mir bekannt sind", antwortete Hal und deutete auf die auf dem Tisch liegenden Skizzen – Pläne, die sie aufgrund der Mitteilungen von den Kontaktpersonen Athalias im Hauptquartier hatten anfertigen können. Insbesondere waren darin die Korridore und Gänge verzeichnet, die zur Zelle Rukhs führten. „Von jetzt an kommt es nur noch darauf an, ob die richtigen Entscheidungen getroffen werden und die Leute die Anweisungen befolgen, die ich ihnen geben werde. Sie sollen sich ausruhen und soviel Kraft schöpfen, wie sie können."

Kurz nach Sonnenuntergang traf in der Einsatzzentrale Ahtalias die Nachricht ein, daß die Kämpfe vor dem Hauptquartier begonnen hatten. Daraufhin begab sich Hal ins Lager, um seine beiden Gruppen zusammenzustellen. Das eine Team hatte die Aufgabe, in den Zellentrakt des HQs vorzustoßen, und das andere sollte während dieses Unternehmens den Bereich absichern, der sich hinter dem Gebäude befand und durch den für gewöhnlich die Versorgungslieferungen erfolgten. Von den fünfundzwanzig Männern und Frauen, die er ausgewählt hatte, waren fast alle wach, saßen auf ihren Matratzen und unterhielten sich leise. Nur ein dunkelhäutiger Mann schlief noch, und er trug die leichte und aus Leinen gefertigte Kleidung eines Kommandokuriers. Dieser Mann hatte erst vor kurzer Zeit ein ausgefallenes Mitglied der Befreiungsgruppe ersetzt, und Hal hatte bisher noch nicht mit ihm sprechen können.

Er berührte ihn an der Schulter, und daraufhin setzte sich der Mann auf. Er erkannte ihn als Jason Rowe, der ihn damals zu Rukh Tamani und ihrem Kommando gebracht hatte.

„Jase!“ platzte es aus Hal heraus.

„Ich habe gerade noch den letzten Wagen erwischt“, erwiderte Jason und gähnte ausgiebig. „Gruß dir, Bruder. Entschuldige bitte: Die letzten Tage waren ziemlich anstrengend.“

„Und ich dachte schon, du hättest Nerven wie Drahtseile.“ Hal lachte. „Hast du dich einigermaßen ausruhen können?“

„Mach dir darüber keine Gedanken, Howard – ich meine: Hal.“ Er warf einen kurzen Blick auf sein Chronometer. „Seit meiner Ankunft hier habe ich sieben Stunden geschlafen. Ich hörte davon, daß du hier bist, und ich dachte mir, du könntest meine Hilfe brauchen.“

„Es freut mich, dich wiederzusehen – und ich bin froh, dich bei mir zu haben“, sagte Hal. Jason stand auf. Hal sah sich um und rief: „In Ordnung. Alle Mitglieder meiner Einsatzgruppe machen sich zum Aufbruch bereit.“

Als sie sich in den Transportern dem Hauptquartier näherten, hörten sie schon in einer Entfernung von einigen Häuserblocks das Pfeifen von Konusgewehren. Als sie noch näher herankamen, hallte von den Hauswänden um sie herum das kurze und dumpfe Röhren von Energiewaffen wider.

Der Fahrer steuerte die Wagen in eine Straße, die parallel zum HQ der Miliz verlief. Kurz darauf sahen sie, daß das Tor im Zaun des Versorgungsplatzes hinter dem Hauptquartier weit offenstand. Von den Soldaten, die hier normalerweise Wache hielten, war nichts zu sehen. Statt dessen warteten vier Männer und eine Frau – sie trugen alle zivile Kleidung – auf sie. Sie waren mit Energiewaffen ausgerüstet, und direkt neben ihnen lagen zwei reglose Gestalten in Uniformen. Sie winkten die Transporter auf den Platz, und hinter ihnen wurde das Tor im Zaun geschlossen.

„Alle raus!“ befahl Hal, als die Wagen anhielten.

Er stieg ebenfalls aus und sah zu, wie die Männer und Frauen der beiden Teams aus den Frachtkammern der Transporter kletterten und sich in zwei Gruppen aufteilten. Er drehte sich um und sah die sieben Männer und fünf Frauen, die ihn ins Innere des Hauptquartiers begleiten würden. Sie kannten Jason als einen ehemaligen

Kommando-Offizier und hatten sich bereits um ihn herum versammelt.

„Die Befreiungsgruppe – nur handliche Ergwerfer und Gewehre“, wandte er sich an sie. „Wer hat das Kabel?“

„Ich“, antwortete einer der Männer und deutete auf die kleine Spule, die er an seinem Gürtel befestigt hatte und auf der, auf den ersten Blick betrachtet, nur ein dünner grauer Draht aufgewickelt zu sein schien. Dieser Draht war besonders isoliert und diente als direkte Komverbindung zwischen den Gruppen. Die Milizionäre im Gebäude waren aufgrund der Abschirmung nicht in der Lage, die Sendungen zu registrieren oder gar zu verstehen.

„Und die Trage?“

„Hier“, meldete sich eine Frau. Sie hielt eine Vorrichtung hoch, die nur aus zwei kurzen und in Kanevas gehüllten Kunststoffstangen zu bestehen schien.

„Gut“, erwiderte Hal. Er hielt nach den vier Männern Ausschau, die zusammen mit einer Frau das Tor im Zaun bewacht hatten. Einer von ihnen stand ein wenig abseits der beiden Gruppen. „Hält sich jemand in der HQ-Küche auf?“

„Wir haben uns dort umgesehen“, erwiderte der Mann und rückte sich das Energiegewehr zurecht. „Es befand sich eine Frau dort, und wir haben sie gefesselt.“

Das mochte bedeuten, überlegte Hal, daß die diensthabende Köchin eine Zivilistin war. Wenn sie der Miliz angehört hätte, wäre sie vermutlich getötet worden.

„In Ordnung.“ Hal wandte sich wieder den Mitgliedern der Befreiungsgruppe zu. „Folgen Sie mir. Wenn Sie keine Verbindung mehr zu mir haben oder ich aus irgendeinem Grund ausfallen sollte, nehmen Sie Ihre Befehle von Jason Rowe entgegen. Bleiben Sie zusammen. Und die Beobachter beziehen so Stellung, wie wir es heute morgen besprochen haben. Melden Sie alles, was Ihnen irgendwie ungewöhnlich erscheint, über die Verbindungsleitung. Also los.“

Hal betrat das Gebäude, und die Angehörigen seines Teams folgten ihm. Die Küche, in die sie gelangten, war nur matt beleuchtet – das einzige Licht ging von den kleinen Lampen über den Spülen am anderen Ende des Raumes aus –, und es roch stark nach gedünstetem Gemüse und Seife. Unter einer der Spülen entdeckte Hal eine gefesselte und geknebelte Gestalt – offenbar die Frau, von der man ihm erzählt hatte.

„Der erste Beobachter hierher", sagte Hal. Eine der beiden Frauen seiner Gruppe – sie war groß und schlank und gut vierzig Jahre alt – bückte sich, griff nach dem Ende des Kabels, dessen Spule der Mann neben ihr trug, und verband es mit dem kleinen Komgerät an ihrem Handgelenk. Hal erinnerte sich in allen Einzelheiten an die Skizze, die nach den Angaben über die innere Struktur des Hauptquartiers gezeichnet worden war. Er führte die anderen Mitglieder des Teams durch eine Tür in der linken Wand, und sie eilten durch einen langen und geraden Korridor, in dem es nach einem scharfen Desinfektionsmittel roch.

An den Punkten, die er bereits zuvor mit Hilfe der Karte bestimmt hatte, ließ er weitere Beobachter zurück, und sie drangen rasch weiter in das große Gebäude vor und begaben sich in die unterirdischen Etagen. Am Ende der dritten Rampe schnarchte ein Soldat in der schwarzen Uniform der Miliz auf einer schmalen Liege, die neben einem leeren Schreibtisch stand. Links davon führte eine Gittertür auf einen Korridor, in dessen Wänden Tore aus Stahl zu sehen waren. Der Milizionär schlief den Schlaf der Erschöpfung, und er fand erst wieder einigermaßen zu sich, als sie ihn fesselten.

„Wie läßt sich die Gittertür öffnen?" fragte Hal.

„Das verrate ich Ihnen nicht", erwiderte der Soldat heiser.

Hal zuckte mit den Achseln. Es hatte keinen Sinn, unnötige Zeit dadurch zu verlieren, den Mann zum Reden zu bringen. Mit seiner Energiepistole schmolz Hal das Schloß der verriegelten Tür, das nicht dazu konstruiert war, der Gluthitze einer energetischen Entladung standzuhalten. Anschließend trat er die noch heißen Gitterstangen einfach beiseite und führte seine sechs noch verbliebenen Teamkameraden – zu ihnen gehörte auch der Mann mit der Spule – in den Gang. Der letzte Beobachter blieb bei dem gefesselten und geknebelten Milizionär zurück.

Die Türen der Zellen – ebenso wie die des Kerkers, in dem Hal vor langer Zeit zusammen mit Jason Rowe gefangen gewesen war, im Hauptquartier der Miliz von Zuflucht – bestanden aus massivem Stahl, und sie wiesen nur einen schmalen Sichtschlitz auf, der mit einer Schiebfläche verdeckt werden konnte. Die Sichtschlitze der ersten Zellen, an denen sie vorbeieilten, waren nicht geschlossen: In den entsprechenden Unterkünften befanden sich keine Häftlinge. Kurz darauf erreichten sie das Ende des Korridors, und hier stieß der erste Gang auf einen zweiten, der sich nach links und rechts hin erstreckte.

„Sollen wir uns aufteilen, Hal?“ fragte Jason.

„Nein. Versuchen wir es zuerst mit dem rechten Korridor.“

Dort fanden sie weitere leere Zellen vor – aber auch drei, die belegt waren. Sie schmolzen die Schlösser und befreiten zwei Männer und eine Frau, die, wie sich herausstellte, am Vortage während des Aufruhrs verhaftet worden waren. Die Milizionäre waren ziemlich übel mit ihnen umgesprungen, aber nur einer der beiden Männer mußte gestützt werden. Der andere Mann und die Frau halfen ihm. Hal schickte sie in den Raum zurück, in dem der letzte Beobachter bei dem gefesselten Soldaten wartete, und er wies sie an, dem Kabel zu folgen, um in die Küche und anschließend in die Freiheit zurückzufinden.

Im weiteren Verlauf ihrer Suche kamen Hal und seine Begleiter durch acht andere Gänge und befreiten über zwanzig Gefangene; nur einer von ihnen war schon vor den Unruhen in der Stadt verhaftet worden und mußte von den anderen ehemaligen Häftlingen auf einer improvisierten Trage fortgebracht werden. Noch immer hatten sie Rukh nicht gefunden. Tief in Hal breitete sich Eiseskälte aus, und er versuchte, mit der Befürchtung fertig zu werden, daß sie vielleicht um einen halben Tag zu spät gekommen waren. Vielleicht war Rukh in den letzten Stunden gestorben und von den Milizionären fortgeschafft worden.

„Das wär’s“, sagte Jason Rowe.

Sie hatten das Ende eines weiteren Korridors erreicht, und in der Wand vor ihnen zeigte sich keine Tür.

„Unmöglich“, erwiderte Hal. Er drehte sich um und kehrte in den Raum unmittelbar vor dem Zellentrakt zurück.

„Es gibt noch weitere Zellen“, wandte er sich an den gefesselten Milizionär. „Wo?“

Der Mann in der schwarzen Uniform starrte ihn blaßgesichtig an und gab keine Antwort. Die Eiseskälte breitete sich weiter in Hal aus, doch diesmal war es ein Frost der Entschlossenheit. Irgend etwas veränderte sich in ihm, und das spürte auch der Gefangene. Hal wandte den Blick nicht von ihm ab.

„Sie werden es mir sagen“, fügte er hinzu, und seine eigene Stimme erschien ihm dabei sonderbar fremd.

Der Soldat war bereits bleich, aber nun weiteten sich auch seine Pupillen, und er begann zu zittern. Irgend etwas anderes als nur Furcht regte sich in ihm. Unbewußt erinnerte sich Hal an das Echo einer Stimme, die ebenfalls die seine gewesen war, daran, wie er einen Mann wie diesen gewarnt hatte. Und der Milizionär starrte ihn so an, als habe er plötzlich ein gefährliches Raubtier vor sich.

„Die zweite Tür im ersten rechten Korridor – es ist kein Zellentor", erwiderte der Soldat heiser. „Sie führt in ein Treppenhaus, nach den weiter unten gelegenen Zellen."

Daraufhin kehrte Hal in den Zellentrakt zurück. Er hörte das Geräusch der Schritte Jasons und der anderen, die ihm folgten und sich beeilten, um nicht den Anschluß zu verlieren. Er erreichte die Tür, auf die ihn der Milizionär hingewiesen hatte, und er stellte fest, daß der Sichtschlitz geöffnet war. Er blickte hindurch und sah eine leere Zelle. Er betätigte den Öffner.

Die Tür war nicht verschlossen.

Er stieß sie auf, und sie schwang nach links. Hal betrat den Raum, drehte sich um und entdeckte ein kleines Tridi-Bild, das an der Innenseite hinter der Tür vor dem Sichtschlitz befestigt war. Tatsächlich handelte es sich nicht um eine Zelle: Eine breite, graue und hell erleuchtete Betontreppe führte nach unten. Hal brachte sie rasch hinter sich, trat in der weiter unten gelegenen Etage durch die Tür und gelangte in einen rund fünfzehn Meter langen Korridor, in dessen Wänden rechts und links weitere Zellentüren zu sehen waren, in die im Gegensatz zu den weiter oben befindlichen keine Sichtschlitze eingelassen waren.

Dafür wiesen diese Stahltore kleine rote Signale auf, und bis auf eins waren sie alle heruntergeklappt. Hal hielt mit fünf langen Schritten auf die Tür mit dem gesetzten Signal zu und streckte die Hand nach dem Öffner aus.

Das Schloß war verriegelt. Er hob den Ergwerfer und schmolz das Metall. Anschließend schob er die Waffe wieder ins Halfter, zerriß sich das Hemd und wickelte sich einen Fetzen als improvisierten Schutz um die eine Hand. Dann drehte er den heißen Knauf über dem zerstörten Schloß und öffnete die Tür.

Ein ätzender Gestank nahm ihm fast die Luft zum Atmen. Er betrat die Zelle und hätte auf der den Boden bedeckenden glitschigen Masse menschlicher Exkremente fast das Gleichgewicht verloren. Im Zwielicht des Kerkers konnte er nach dem hellen Schein im Treppenhaus zunächst überhaupt nichts sehen. Er blieb stehen und konzentrierte sich auf seine anderen Wahrnehmungssinne.

An der linken Wange spürte er den leichten Hauch der Luft, die von dem Ventilationssystem bewegt wurde. Und weiter vorn vernahm er leises und stöhnendes Atmen. Hal streckte die Arme aus, trat vorsichtig einen Schritt vor und ertastete eine harte glatte Wand. Langsam ging er in die Hocke, und kurz darauf stießen seine Fingerspitzen auf eine menschliche Gestalt, die vor der Wand am Boden lag. Er hob sie hoch, und sie belastete ihn nicht mehr als ein kleines Kind. Er drehte sich um und trug sie ins Treppenhaus.

Dort, im hellen Licht, hatte er für einen Sekundenbruchteil den Eindruck, das stinkende Lumpenbündel in seinen Armen sei überhaupt nicht Rukh. Bis auf die Knochen war sie abgemagert; die vielen kleinen und größeren Platz- und Brandwunden in ihrem Gesicht entstellten ihre Züge fast bis zur Unkenntlichkeit, und ihr Haar war mit Schmutz verklebt. Als Hal mit ihr ins helle Treppenhaus getreten war, hatte Rukh aus einem Reflex heraus die Augen geschlossen. Nun öffnete sie sie vorsichtig, und der sich auf ihn richtende Blick der großen braunen Augen hatte sich nicht verändert.

Es kostete sie große Mühe, die Lippen zu bewegen und zu sprechen. Und ihre Stimme war nur ein Hauch, als sie flüsterte:

„Ich lege vor dir Zeugnis ab, Gott mein Herr."

Bei diesen Worten formte sich vor dem inneren Auge Hals ein jähes Erinnerungsbild: Er sah und spürte sich selbst, wie er bis zum Hals im Wasser stand und er durch die Zweige eines Busches nach oben blickte. Und zum erstenmal offenbarten sich ihm alle Einzelheiten, als er durch den Vorhang aus dünnen braunen Ästen und kleinen grünen Blättern spähte und in der Ferne die drei alten Männer auf der Terrasse beobachtete, seine Mentoren, die umringt waren von wesentlich jüngeren Männern in schwarzer Kleidung, die ihre langläufigen Waffen auf sie gerichtet hatten. Er sah nun auch eine sehr große und schlanke Gestalt. Daraufhin preßte Hal den Körper, den er in den Armen trug, behutsam an sich, als handele es sich dabei um etwas überaus Kostbares. Tief in seinem Innern wuchs die Kühle, die sich in Athalias Büro in ihm entwickelt hatte, und sie intensivierte sich und wurde zu einem kalten Feuer.

„Hier", sagte er und überantwortete Rukh vorsichtig den Armen Jasons. „Bring sie raus. Und gib mir dein Gewehr."

Als sein Kamerad ihm die Waffe reichte, schloß sich Hals Hand um den Kolben des Gewehres. Das polierte Holz schien sich irgendwie seltsam anzufühlen – es war fast so, als hätte er so etwas noch nie zuvor berührt –, gleichzeitig aber auch überaus vertraut und bedeutungsvoll. Er schob den kleinen Ergwerfer ins Halfter zurück und wandte sich einem seiner Begleiter zu, der ebenfalls mit einem Gewehr ausgerüstet war.

„Und auch Ihres . . .“, sagte er.

Mit der anderen Hand ergriff er die zweite Waffe und richtete den Blick dann wieder auf Jason.

„Wenn ihr die Wagen beladen habt und ich bis dahin noch nicht zurück bin“, sagte er, „so braucht ihr nicht auf mich zu warten.“

Er drehte sich um und ging fort, noch bevor Jason eine Gelegenheit hatte, ihm eine Antwort zu geben. Er hörte das Geräusch von Schritten, als sich die anderen ebenfalls in Bewegung setzten und Anstalten machten, ihm zu folgen. Aber sie blieben rasch zurück, denn Hal lief fast, eilte die Treppe hoch, marschierte entschlossen durch den Zellentrakt und die Vorkammer. Er ging an der dortigen Beobachterin vorbei, ohne auf sie zu achten, als sie ihm in Hinsicht auf den gefesselten Milizionär eine Frage stellte. Er betrat den sich an den Raum angrenzenden Korridor.

Die Skizze über die innere Struktur des Hauptquartiers hatte sich fest in sein Gedächtnis eingeprägt. Als er sich der vorletzten Beobachterin näherte, sah die Frau die beiden Gewehre und starrte ihn groß an.

„Die auf dem Vorplatz stationierte Gruppe gab gerade die Nachricht durch, daß die Offiziere eine Milizeinheit hierher beordert haben . . .“, setzte sie an.

„Jason und die anderen haben Rukh“, unterbrach Hal sie, ohne auch nur einen Augenblick lang stehenzubleiben. „Schließen Sie sich ihnen an, sobald sie hier sind.“

Er ging weiter durch den Korridor und folgte nicht mehr dem Kabel, dessen Verlauf nun einen Knick um neunzig Grad aufwies und durch einen Quergang bis in die Küche und auf den Vorplatz zurückreichte.

„Was haben Sie vor, Hal Mayne?“ rief ihm die Beobachterin nach.

Er gab keine Antwort. Er setzte seinen Weg fort, orientierte sich nunmehr allein mit der geistigen Kopie der Skizze und lenkte seine Schritte in den zweiten Quergang, der in Richtung des vorderen Bereichs des Gebäudes führte. In seinem Innern breitete sich die Kühle weiter aus, erfaßte seinen ganzen Leib. Alle seine Sinne waren auf fast schmerzhaft intensive Weise sensibilisiert. Er sah und erinnerte sich an jede Fuge in den Wänden, an denen er vorbeikam. Er hörte das normalerweise lautlose Seufzen des Belüftungssystems durch die Gitter in der Decke über ihm. Sein ganzes Denken war nur auf einen Faktor konzentriert, auf den Sektor im vorderen Bereich des Hauptquartiers, in dem sich nun die Mehrheit der Milizionäre befand, die Offiziere – und auch Colonel Amyth Barbage.

Die Kälte in ihm hatte nun alles andere verdrängt. Er fühlte überhaupt nichts mehr, war nur noch auf sein Ziel fixiert. Er gelangte in einen weiteren Gang und sah in einer Entfernung von rund zehn Metern drei Soldaten, die ein mobiles Energiegeschütz in seine Richtung rollten.

Er schritt auf sie zu, und er blieb auch nicht stehen, als sie ihn bemerkten und überrascht verharrten. Als sich einer von ihnen von der Verblüffung erholte und Anstalten machte, den Auslöser des Geschützes zu betätigen, röhrten kurz die beiden Gewehre in seinen Händen – das linke zweimal –, und die drei Männer vor ihm fielen zu Boden. Er stieg achtlos über die Leichen hinweg und eilte weiter.

„Meldung!“ klang eine rauhe und schroffe Stimme aus dem Deckenlautsprecher. „Sergeant Abram – erstatten Sie Meldung!“

Hal ging weiter.

„Was ist bei Ihnen los, Sergeant?“ knarrte es aus dem Lautsprecher. „Ich verlange einen Bericht!“ Die Stimme wurde rasch leiser, als Hal seinen Weg fortsetzte.

Hal war nun wie eine Maschine, und die mentale Kälte ließ keinen Platz für Emotionen. Er betrat einen weiteren Gang und erledigte mit seinen Gewehren zwei andere Milizionäre. Zuvor jedoch reagierten die Soldaten erstaunlich rasch: Einem von ihnen gelang es, seinen Ergwerfer abzufeuern, und die Entladung verbrannte nicht nur den Stoff von Hals linkem Ärmel, sondern auch die darunter befindliche Haut. Hal roch den ätzenden Gestank, fühlte aber weder Hitze noch Schmerz.

Er befand sich nun in unmittelbarer Nähe seines Zieles, und der Korridor mündete nicht weit voraus in einem weiteren Quergang. Tatsächlich stellte Hal fest, daß sich seine Umgebung bereits zu verändern begonnen hatte. Die Türen bestanden nun aus Glas, und die Büros, in die sie führten, waren weitaus geräumiger. Einige Meter vor dem Ende des Ganges verbreiterte sich der Korridor jäh, und die Wände bestanden nun nicht mehr aus Beton, sondern aus geglättetem Stein. Auch die Beschaffenheit des Bodens war nunmehr anders, und Hals Blick fiel auf Fliesen in unterschiedlichen Grautönen.

Das Geräusch seiner Schritte wurde lauter. Angesichts der intensiven Wahrnehmungssensibilisierung verspürte Hal eine Anspannung, die fast wie statische Elektrizität um ihn herum knisterte.

Das, was ihn antrieb, war weder Instinkt noch eine besondere Ausbildung, sondern ein unwiderstehliches Verlangen, das seinen Ursprung irgendwo im Unterbewußtsein hatte. Er spürte die Antriebskraft jetzt so deutlich, als lege ihm jemand die Hand auf die Schulter, und er blieb stehen, wandte sich zur Seite und betrat eines der dunklen Büros. Er schloß die Tür hinter sich, wich zur Seite und blickte durch die Glasscheibe in den leeren Korridor.

Einige Sekunden lang hörte und sah er nichts. Dann vernahm er aus der Ferne ein dumpfes und rasch lauter werdendes Klacken: Eine Einsatzgruppe der Miliz näherte sich ihm. Kurz darauf eilte ein Dutzend schwerbewaffneter Soldaten in den Gang und hastete am Büro vorbei, in dem sich Hal verbarg. Als sie außer Sicht waren, kehrte Hal in den Korridor zurück, setzte seinen Weg fort und wandte sich nach links, in die Richtung, aus der die Milizionäre gekommen waren.

Leise lief er einige Schritte weit, eilte dann um eine Ecke herum und stieß schließlich auf einen neuerlichen Quergang, in dem es von Männern in schwarzen Uniformen geradezu wimmelte. Sie starrten ihn überrascht und verwirrt an, als Hal einfach an ihnen vorbeiging und vor einer Tür in der linken Wand stehenblieb. Er blickte in das entsprechende Zimmer. Die Vorhänge vor den großen und hohen Fenstern waren zugezogen, und an dem langen Konferenztisch saßen die Offiziere der Miliz. Zwei Soldaten hielten rechts und links neben dem Eingang Wache. Als Hal Anstalten machte, den Raum zu betreten, versperrten sie ihm den Weg und hielten die Waffen im Anschlag.

„Wer sind Sie, und was . . .“, setzte einer der beiden Wächter an.

Hal holte aus und schlug zu. Der Kolben des einen Energiegewehrs schmetterte gegen die Stirn des ersten Soldaten, und der Lauf des anderen prallte an die Kehle des zweiten. Beide Männer gingen zu Boden. Hal trat ein und schloß die Tür hinter sich.

Die Männer an dem Konferenztisch waren aufgestanden. Hal war noch immer in Bewegung, und er stellte fest, daß ihn der erste Blick nicht getäuscht hatte: Er sah nun die Leiter der lokalen Miliz vor sich.

Zwei von ihnen griffen nach ihren in den Gürtelhalftern steckenden Waffen, und ein weiteres Mal röhrten kurz die Gewehre Hals. Die beiden Offiziere sanken tot zu Boden, und ihre Kollegen starrten den Eindringling groß an. Irgend jemand auf dem Gang versuchte, die Tür zu öffnen.

„Bleibt draußen!“ rief der Offizier am Ende des Tisches.

„Wo ist Amyth Barbage?“ fragte Hal – denn der Mann, auf den er es abgesehen hatte, hielt sich nicht in diesem Zimmer auf. Hal blieb nicht stehen, sondern marschierte mit langen Schritten an den Wänden entlang, so daß seine Waffen nicht nur die Männer am Tisch bedrohten, sondern auch auf die Tür gerichtet waren.

Niemand gab ihm Antwort. Hal war nach wie vor in Bewegung und näherte sich dem Tisch, und er zielte mit dem Gewehr in der linken Hand auf den dienstältesten Offizier, einen untersetzten und gut fünfzig Jahre alten Major, der am Ende des Tisches stand, dicht vor einem der zugezogenen Vorhänge.

„Er ist nicht hier . . .“, erwiderte der Major.

„Wo?“ fragte Hal scharf.

Das Gesicht des Majors war blaß gewesen, doch nun erholte er sich rasch von seinem ursprünglichen Schrecken.

„Das weiß niemand von uns“, entgegnete er barsch. „Und wenn Ihnen jemand darauf eine Antwort geben könnte, so in erster Linie ich.“

„Aber er befindet sich in diesem Hauptquartier“, sagte Hal. Er erinnerte sich an einen Bericht der Verbindungsleute Athalias, wonach Barbage vor einigen Stunden ins HQ zurückgekehrt war und es nicht wieder verlassen hatte.

„Der Teufel soll Sie holen!“ entfuhr es dem Major. „Glauben Sie etwa, ich würde es Ihnen verraten, selbst wenn ich es wüßte?“

Die hypersensitive Wahrnehmung Hals registrierte in der Stimme des Majors einen triumphierenden Beiklang, der ihn davon überzeugte, daß der Offizier nicht nur log und genau wußte, wo sich Barbage aufhielt, sondern er seit dem Eindringen Hals in den Besprechungsraum irgend etwas zuwege gebracht hatte, von dem er sich eine rasche Beseitigung der Gefahr versprach.

Hal erinnerte sich an die Mitteilung der vorletzten Beobachterin, nach der die auf dem Vorplatz stationierte Gruppe gemeldet hatte, es sei eine Einsatzgruppe der Miliz ausgeschickt worden, um das Team zu stellen, das zur Befreiung Rukhs ins HQ vorgestoßen war. Der Major hatte deutlich sichtbar die Hände auf den Tisch gestützt, aber er preßte auffälligerweise die Hüfte an die Tischkante. Hal trat rasch einige Schritte vor und stieß den Mann zurück. In einem Winkel von fünfundvierzig Grad war ein kleines Komgerät unterhalb des Tisches befestigt, eine Nachrichteneinheit, die der Offizier vor Hal zu verbergen versucht hatte.

Die Tür öffnete sich ruckartig, und bewaffnete Soldaten stürmten ins Zimmer.

„Schnappt ihn euch!" befahl der Major mit sich überschlagender Stimme. Die anderen am Tisch stehenden Offiziere griffen nach ihren Waffen.

Malachi Nasuno oder sonst jemand, der eine Dorsai-Ausbildung genossen hatte, wäre sofort in der Lage gewesen, ihren Fehler als solchen zu erkennen: Aufgrund ihrer großen Anzahl behinderten sich die Gegner Hals gegenseitig. Er eilte zielstrebig am Tisch entlang und benutzte die Körper derjenigen, die ihn erschießen oder gefangennehmen wollten, als Abschirmung. Entweder er erledigte diejenigen Personen, in deren Nähe er gelangte, selbst, oder er stieß sie so von sich, daß sie in die Feuerlinie der eingedrungenden Soldaten gerieten und den Energieblitzen zum Opfer fielen. Als schließlich immer weniger Personen im Raum auf den Beinen blieben, brach eine Panik unter denjenigen aus, die bisher noch nicht verletzt worden waren, und alle stürzten in Richtung Tür.

Einige Sekunden später war Hal allein und blickte in den leeren Gang.

Angesichts der Kühle, die nach wie vor sein ganzes Inneres ausfüllte, begriff er, daß er nur einen vorübergehenden Sieg errungen hatte. Und der Weg durch die offene Tür bot ihm keine sichere Fluchtmöglichkeit. Er drehte sich um, richtete den Ergwerfer auf eines der zugezogenen Fenster und feuerte. Inmitten der übrigbleibenden Gardinenfetzen zeigten sich die zackigen Kanten des transparenten Materials. Es handelte sich um dickes Panzerglas, das der Entladung einer Ergwaffe auf größere Entfernung problemlos widerstanden hätte.

Aufgrund der mentalen Skizze wußte Hal, daß das Fenster, das er als Fluchtweg gewählt hatte, fast am Ende der Vorderfront des Gebäudes lag und damit von hier aus die Entfernung zum Küchenbereich und dem rückwärtigen Platz nicht sonderlich groß war. Hal sprang auf den Beton, ließ sich fallen und preßte sich flach auf den Boden, direkt hinter den Milizwagen, die vor der Straße geparkt waren. Diese Vorsichtsmaßnahme erwies sich als sehr angebracht, denn unmittelbar darauf hörte er, wie die von den Konusgewehren der Widerstandskämpfer abgefeuerten Nadelgeschosse sirrend an der Gebäudewand über ihm abprallten.

Bestimmt gehörte der Gruppe, deren Aufgabe es war, in diesem Bereich die Kräfte der Miliz zu binden, jemand an, der erkannt hatte, daß jemand, der keine schwarze Uniform trug und aus einem zerstörten Fenster sprang, um die Flucht vor den Soldaten zu ergreifen, kaum ein Feind sein konnte. Aber sicher dauerte es eine Weile, bis diese Nachricht innerhalb der Gruppe weitergegeben worden war.

Die Konusgewehre feuerten noch immer, aber Hal hatte sich nicht getäuscht: Die vor ihm geparkten Fahrzeuge schützten ihn vor direkter Sicht von der Straße aus, und die Geschosse schlugen nicht in bedrohlicher Nähe ein. Darüberhinaus konnte er auch von weiter oben nicht gesehen werden, denn er lag dicht an der Wand, unterhalb des kleinen Fenstersimses. Hal zögerte nur einige wenige Sekunden, und dann kroch er los, in Richtung der nur einige Meter entfernten Begrenzungsmauer des Hauptquartiers.

Kurz darauf erreichte er sie und schob sich um die Ecke. Er stand auf und lief durch die leere und dunkle Straße in Richtung des Platzes vor der Küche.

Als er sich dem Lampenschein näherte, fiel ihm die Stille auf, und sie veranlaßte ihn dazu, den Weg langsamer und leiser fortzusetzen. Die anderen Angehörigen seiner Einsatzgruppen konnten noch nicht die Zeit gehabt haben, die Wagen zu beladen und zu verschwinden. Vor der Mauer, die den Küchenplatz von der Straße trennte, hielt er kurz inne. Er schenkte dem Zauntor keine Beachtung, fand einige Fugen und Risse an der Stelle, an der die Mauer an die Außenwand des Gebäudes stieß, kletterte hoch und hangelte sich auf der anderen Seite wieder herab.

Die Wagen waren noch immer da und standen so nahe an der Mauer, daß sie ihm die Sicht auf den größten Teil des Platzes versperrten. Hal zog den Ergwerfer, hielt die Waffe bereit, schlich um den nächsten Transporter herum . . . und atmete erleichtert auf.

Die Männer und Frauen seiner beiden Teams hatten gerade mit den Beladearbeiten begonnen und machten sich zum Aufbruch bereit. Doch irgend etwas – vielleicht der Anblick Rukhs und die offensichtlichen Folgen ihrer Leidenszeit – hatten sie so sehr beeindruckt, daß sie sich so leise wie möglich verhielten und nur mit Handzeichen verständigten.

Seine Leute machten gerade Anstalten, Rukh in einem der Wagen unterzubringen. Hal schob den Ergwerfer ins Holster zurück und trat vor. Er ignorierte das Erstaunen der anderen, für die es den Anschein gehabt haben mußte, als materialisiere er aus dem Nichts, und er schritt rasch an die Bahre heran, auf der Rukh lag.

Die beiden Männer, die sie trugen, blieben dicht vor der geöffneten Heckklappe des Transporters stehen, und Rukh sah zu Hal auf. Die Krankenschwester, die der Gruppe angehörte, deren Aufgabe es gewesen war, den Vorplatz abzusichern, hatte ihr sicher bereits schmerzstillende Medikamente gegeben. Der Glanz in den Augen Rukhs hatte sich ein wenig verstärkt, und obgleich ihre Stimme noch immer ein Flüstern war, klang sie kräftiger als noch im Zellentrakt.

„Danke, Hal“, sagte sie.

Einen Augenblick lang verspürte Hal erneut die Kälte in seinem Innern.

„Dank den anderen“, erwiderte er. „Ich hatte meine ganz persönlichen Motive. Aber die anderen wollte dich nur deinetwillen befreien.“

Sie zwinkerte, und ihre Augen glitzerten feucht. Er glaubte erst, sie wolle ihm noch etwas anderes sagen, aber offenbar strengte sie das Sprechen zu sehr an. Deshalb fügte er rasch hinzu:

„Bleib ganz ruhig liegen. Ich bringe dich fort von Harmonie, nach Mara. Und die Exoten werden dich dort heilen und Körper und Geist wieder zu der Einheit machen, die sie vorher bildeten.“

„Es geht . . . nur um den Leib“, flüsterte Rukh. „Geistig . . . habe ich keinen Schaden genommen.“

Hal spürte, wie jemand an seinem rechten Ärmel zupfte. Er drehte den Kopf und sah Athalia, die direkt hinter ihm stand. In ihren Zügen kam mühsam beherrschter Zorn zum Ausdruck. Hal trat von der Bahre fort, und Athalia führte ihn weg von der Liege, so daß Rukh sie nicht hören konnte.

„Sie haben uns nichts von Ihrer Absicht gesagt, sie nach Außenwelt zu bringen!“ flüsterte ihm Athalia aufgebracht zu.

„Hätten Sie in einem solchen Fall Ihr Leben aufs Spiel gesetzt, um sie zu befreien?“ antwortete Hal grimmig, aber ebenso leise. „Wie ich Ihnen schon sagte: Die Aufgabe, die auf sie wartet, betrifft nicht mehr nur allein Harmonie, sondern alle von Menschen bewohnten

Welten. Und nach ihrer Befreiung: Glauben Sie denn, Rukh und diejenigen, die sie verstecken, wären auf diesem Planeten sicher?"

Athalia ließ seinen Ärmel los.

„Dann sind Sie also ein Feind", sagte sie bitter.

„In rund einem Jahr werden Sie die Sache mit anderen Augen sehen", erwiderte Hal. „Nun, wie dem auch sei: Die exotische Botschaft kann uns dabei helfen, sie von Harmonie fortzubringen. Und sobald allgemein bekannt ist, daß sie sich auf einer anderen Welt befindet, wird der Druck, den die Miliz auf die hiesige Widerstandsbewegung ausübt, um Rukh wieder in ihre Gewalt zu bringen, nachlassen."

„Ja", entgegnete Athalia nur. Doch als sich Hal von ihr abwandte, starrte sie ihn noch immer finster an.

Die beiden Bahrenträger trafen inzwischen Anstalten, die Trage an die Leute weiterzureichen, die im Innern des Transporters warteten. Sie verharrten jedoch abrupt, als vom Kücheneingang her eine scharfe Stimme erklang.

„Die Hure des Teufels und der Verderblichkeit", hallte es laut und triumphierend über den Platz, „hat also Freunde, die versuchen, sie vor dem Gericht Gottes zu bewahren, wie?"

Alle drehten sich um. Amyth Barbage stand allein in der Küchentür, dürr und in eine schwarze Colonels-Uniform der Miliz gekleidet. Er hielt ein Energiegewehr in den Händen, und aus den Augenwinkeln stellte Hal fest, daß seine Kameraden, wie er selbst, keine Möglichkeit hatten, rechtzeitig genug zu den Waffen zu greifen.

Barbage trat drei Schritte vor, und die Tatsache, daß er ganz allein war, schien ihn überhaupt nicht zu stören. Der Lauf seines Gewehrs richtete sich auf die Bahre mit Rukh und die in der Nähe der Trage stehenden Personen.

„Bringt sie wieder herein!" befahl er. „Jetzt sofort!"

Schlagartig breitete sich erneut Kühle in Hal aus. Und aus dem Sektor seines Unterbewußtseins, in dem der mentale Frost seinen Ursprung hatte, offenbarte sich ihm etwas, von dessen Existenz er bisher nichts geahnt hatte.

Ein Schrei löste sich von den Lippen Hals und donnerte wie das Krachen einer Explosion über den Platz. Es war ein Schrei, der in jedem Nervenstrang, in jedem Muskel von Hals Körper ein Echo fand, und nicht nur Lungen und Kehle waren zu seiner Artikulation notwendig gewesen. Wie eine Keule hieb er auf den dünnen und blaßgesichtigen Mann ein, und er schuf eine verbale Barriere, die sich nur vor dem Colonel der Miliz aufbaute. Einige Augenblicke lang schien der Mann in der schwarzen Uniform wie gelähmt davon zu sein. Und in der gleichen Sekunde sprang Hal zur Seite, riß den Ergwerfer aus dem Holster und feuerte.

Er handelte genau so, wie es die Situation erforderte. Aber Hals Körper war nicht wie im Fall eines Dorsai von Geburt an einem harten Training unterzogen worden, und es war ihm deshalb nie in dem Maß möglich gewesen, sich völlig und ausschließlich den ausgebildeten Reflexen zu überantworten. Die frühen Jahre mit Malachi und seine späteren Übungen in der Letzten Enzyklopädie vermochten nicht das zu ersetzen, was einen echten Dorsai ausmachte. Der Energieblitz aus dem Lauf des Ergwerfers traf nicht das eigentliche Ziel – Amyth Bargabe –, sondern vielmehr das Gewehr des Colonels. Die energetische Wucht der Entladung riß dem Offizier die Waffe aus den Händen, und sie fiel auf den Beton des Platzes und rutschte einige Meter weit fort. Das Ende des Laufes glühte in einem düsteren, karmesinroten Schein.

Und Barbage . . . Er bewies eine geradezu verblüffende Reaktionsschnelligkeit. Obwohl er eigentlich vor Überraschung wie erstarrt gewesen sein müßte, fand er noch schneller wieder zu sich, als Hal sein Gleichgewicht zurückgewinnen konnte. Mit bloßen Händen stürmte er in Richtung des Transporters, um der auf derBahre liegenden Rukh endgültig den Garaus zu machen.

Hal erhob den Ergwerfer zum zweitenmal, doch es standen ihm zu viele seiner Kameraden im Weg. Er sprang vor, um Barbage abzufangen, bevor er den Wagen erreichte. Er packte den dürren Körper an Taille und Schulter und hob ihn hoch empor. Der Colonel schien überhaupt kein Gewicht zu haben.

„Nein!“ sagte Rukh.

Wie zuvor war ihre Stimme kaum mehr als ein Flüstern, doch Hal hörte sie und hielt inne. Die mentale Kälte ließ ihn nichts anderes empfinden als nur wilde Entschlossenheit.

„Warum?“ fragte er. Barbage rührte sich nicht, und Hal machte keine Anstalten, ihn wieder auf den Boden herabzulassen.

„Es hat keinen Sinn“, sage Rukh. „Laß ihn.“

Hal zitterte, als seien seine Muskeln zu sehr belastet. Aber er hielt Barbage nach wie vor fest.

„Um meinetwillen, Hal“, vernahm er durch den emotionalen Frost die Stimme Rukhs. „Laß ihn los.“

Langsam verflüchtigte sich die Kählte, und Hal ließ den Mann langsam wieder auf den Boden herab. Barbage rührte sich noch immer nicht, und sein starrer Blick war auf Rukh gerichtet.

„Er muß erledigt werden", knurrte Hal. „James Gotteskind hat mir das damals gesagt, und er hatte recht."

„Gott hat James geliebt, und wir achteten ihn ebenfalls sehr", erwiderte Rukh. Mit großer Mühe gelang es ihr, sich ein wenig in die Höhe zu stemmen, und sie sah Hal an. „Aber selbst die Heiligen haben nicht immer recht. Es hat keinen Sinn, ihn auf diese Weise zu erledigen. Er ist ein Auserwählter, und er hört nur auf die Stimme des Herrn und seines Gewissens. Hal, du glaubst, du könntest ihn jetzt für das bestrafen, was er mir und anderen antat. Aber sein Körper hat nicht die geringste Bedeutung für ihn."

Hal drehte den Kopf und blickte in das bleiche Gesicht Barbages, der ihm überhaupt keine Beachtung schenkte, sondern Rukh beobachtete.

„Was dann?" hörte sich Hal fragen. „Irgend etwas müssen wir mit ihm machen."

„Ja", sagte Rukh. „Etwas, das ihn weitaus mehr treffen wird als die Zerstörung seiner fleischlichen Hülle. Überlaß ihn dem Herrn. Überlaß ihn allein der Stimme Gottes."

Hal starrte Barbage noch immer an und wartete darauf, daß der Colonel eine Antwort gab. Aber zu seiner Verwunderung gab der Offizier keinen Laut von sich, und er stand wie er starrt. Er sah nur einfach Rukh an und beobachtete, wie sie auf die Bahre zurücksank.

Einige Sekunden lang blieb auf dem Platz alles still und reglos. Dann setzten sich die Männer und Frauen der beiden Teams Hals langsam wieder in Bewegung, trugen Rukh in die Frachtkammer des einen Transporters und stiegen anschließend in den anderen. Hal wartete, ließ Barbage nicht aus den Augen und rechneten jeden Augenblick damit, daß der Colonel lossprang, um nach seinem Gewehr zu greifen. Aber der Offizier rührte sich noch immer nicht von der Stelle. Mit völlig ausdruckslosem Gesicht stand er neben dem Wagen, in dem Rukh untergebracht worden war.

Der Fahrer des Transporters startete den Motor, und auch der Generator des anderen Wagens begann zu summen.

„Komm, Hal!" rief Jason.

Vorsichtig, ohne den Blick von Barbage abzuwenden, trat Hal zwei Schritte zurück und nahm seinen zu Boden gefallenen Ergwerfer wieder an sich. Er achtete darauf, dem Milizionär nicht einen Augenblick lang den Rücken zuzuwenden, als er in die Frachtkammer des Transporters kletterte, in dem Rukh auf ihrer Bahre lag. Dort angelangt, drehte er sich rasch in der noch geöffneten Luke um und hielt die Waffe bereit, als der Fahrer den Wagen vom Platz auf die Straße fuhr.

Barbage stand noch immer völlig reglos.

7

Die besten Verbindungen von einer Welt zu einer anderen waren nicht immer die direkten. Um möglichst schnell nach Dorsai zu gelangen, begleitete Hal Rukh zuerst nach Kultis, stieg dort in einen anderen Liner um und flog zu seinem eigentlichen Ziel weiter.

Dort angekommen, landete er erneut auf dem Raumhafen von Omalu. Er marschierte über das große Landefeld, und er genoß dabei die kühle Luft und das helle Licht der Sonne Fomalhaut, und im Terminal wartete bereits jemand auf ihn. Es war Amanda, und er verspürte eine tiefe Zuneigung für die Frau, als er sie, einem plötzlichen Impuls folgend, umarmte.

Der schlanke Körper Amandas fühlte sich fest an, und er stellte eine überaus angenehme Wirklichkeit dar. Sie reagierte auf ihn und schmiegte sich an ihn. Eine Weile verharrten sie so und ignorierten ihre Umgebung. In diesen Augenblicken wurde sich Hal darüber klar, wie flüchtig und ungewiß alle anderen Aspekte seines Lebens waren. Er wollte Amanda nie wieder loslassen. Aber schließlich konnte er nicht für immer in einem stark frequentierten Terminal stehen. Nach einigen Sekunden ließ er deshalb die Arme sinken, und Amanda wich ein wenig von ihm zurück.

„Woher wußten Sie von meinem Kommen?“ fragte er überrascht.

„Als sich der Kapitän Ihres Schiffes meldete, berichtete er uns von Ihrer Anwesenheit an Bord“, erwiderte Amanda. „Sie sind inzwischen ein Passagier, den man nicht so einfach übersieht.“

„Ach, tatsächlich?“ meinte Hal. Es war ihm nicht aufgefallen, daß ihm die Exoten an Bord des Schiffes besondere Aufmerksamkeit geschenkt hatten. Aber das wäre auch nicht sonderlich typisch für sie gewesen.

„Ja", bestätigte Amanda. Sie drehte sich um, und Seite an Seite wanderten sie durch den Terminal. Sie trug ein gestricktes Kleid aus blütenweißer Wolle, das sich eng an ihre schmale Taille schmiegte. Darüberhinaus hatte sie sich mit einer Halskette aus Muscheln geschmückt, die außen ebenfalls weiß waren, sich am Rand der Innenflächen jedoch durch eine sanfte rosarote Tönung auszeichneten.

„Sie haben sich sehr fein gemacht", sagte Hal und wandte den Blick nicht von ihr ab.

Sie lächelte und sah ihn nicht an.

„Ich hatte heute geschäftlich in Omalu zu tun – deshalb diese besondere Aufmachung", erwiderte sie. „Haben Sie diesmal Gepäck mitgebracht?"

„Nur eine Reisetasche."

Sie begleitete ihn zur Gepäckausgabe. Sie berührten sich nicht, während sie gingen, aber trotzdem war sich Hal sehr wohl ihrer Nähe bewußt.

„Ich habe Simon Khan Graeme – dem ältesten lebenden Graeme – von Ihnen geschrieben", sagte Amanda. „Er befindet sich nach wie vor auf Neuerde und befaßt sich dort mit der Organisation der lokalen Polizeistreitkräfte. Nach seiner eigenen Schätzung bleiben ihm nur noch einige wenige Monate Zeit, bevor ihn der wachsende Einfluß der Anderen dazu zwingt, die Arbeit aufzugeben. Er wird so lange wie möglich versuchen, interstellare Kredite zu verdienen. Von den beiden anderen Graemes ist der jüngere Bruder – Alistair – als Ratgeber auf Kultis tätig, und seine Schwester, Mary, arbeitet auf Santa Maria, um dort bei der Schlichtung einiger Grenz-Streitigkeiten zu helfen. Foralie steht also noch immer leer. Simon meinte aber, Sie könnten dort jederzeit unterkommen, wenn Sie auf Dorsai weilen."

„Das ist sehr nett von ihm", erwiderte Hal.

Amanda öffnete die kleine Tasche, die sie bei sich trug, und reichte ihm einen elektronischen Fingerling mit einem fest programmierten Abdruck-Code.

„Sie können den Schlüssel hier benutzen, um die Eingangstür zu öffnen", sagte Amanda. „Aber Sie sollten besser Ihren eigenen Daumenabdruck registrieren lassen, so daß Sie nicht immer darauf angewiesen sind, eine entsprechende Kopie von mir zu verwenden. Sie finden den Scanner-Speicher links neben der Tür. Sehen Sie unter den dort hängen Pullovern und Jacken nach, wenn Sie ihn nicht sofort entdecken."

Hal lächelte, nahm den elektronischen Fingerling entgegen und schob ihn in die Brusttasche seiner grauen Jacke. Als sie den Weg fortsetzten, musterte Amanda ihn.

„Sie sind inzwischen ziemlich groß geworden", sagte sie. „Wenn Sie in Foralie weilen, könnte man meinen, wenigstens ein Graeme sei heimgekehrt."

Kurzes Schweigen schloß sich an.

„Ja . . .", gab Hal zögernd zurück. „Bitte danken Sie Simon Khan Graeme in meinem Namen."

„Gern. Aber seine an Sie gerichtete Einladung ist keineswegs ungewöhnlich." Amanda verzog erneut die Lippen, und ihr Lächeln wirkte fast hintergründig und doppeldeutig. Ihr weißblondes Haar war nun länger, und sie strich es sich über die Schultern zurück. „Gastfreundschaft ist schließlich eine nachbarschaftliche Pflicht. Außerdem habe ich ihm von Ihnen erzählt, wie ich Ihnen eben schon sagte. Hier auf Dorsai dürfte es nunmehr kaum eine Heimstatt geben, die nicht dazu bereit wäre, Sie aufzunehmen."

„Gibt es so viele leerstehende Häuser?"

„Nun . . . das nicht unbedingt", erwiderte Amanda und lächelte zum drittenmal.

„Es freut mich sehr, daß Sie mich auf diese Weise empfangen", sagte Hal gedehnt. „Vielleicht habe ich nicht noch einmal die Möglichkeit, nach Dorsai zurückzukehren."

Übergangslos wurde Amanda ernst, und sie wandte den Blick von ihm ab und sah in Richtung der Gepäckausgabe.

„Ich helfe Ihnen gern", antwortete sie. „Lassen Sie sich direkt nach Foralie bringen. Es ist nicht nötig, daß Sie die Stadt aufsuchen – es sei denn natürlich, Sie möchten das. Die Leute dort haben zu tun. Tatsächlich sind wir derzeit alle sehr beschäftigt."

Sie gingen schweigend weiter. Als sie die Gepäckausgabe erreichten, waren die Taschen und Koffer vom Liner Hals noch nicht eingetroffen.

„Wenn Sie Ihre heutige Arbeit hier in Omalu beendet haben, besuchen Sie mich dann?" fragte Hal.

„Oh, gern." Amanda sah ihn nur ganz kurz an. „Hier kommt Ihr Gepäck."

In der Wand vor ihnen öffnete sich eine Irisblende, und ein automatischer Beförderungswagen rollte heran. Er hielt vor dem Verteilerkreis an, und auf Gleitbändern rutschten die Koffer und Taschen aus dem Bauch des Transporters heraus. Hal schob die Gepäckkarte in den Sensorschlitz der Nische, in der Amanda und er standen. Einige Sekunden später stellte der Scanner eine Übereinstimmung des Codes mit dem des Chips einer Reisetasche fest, die kurz darauf durch eine Klappe ausgegeben wurde.

Hal nahm sie an sich und wandte sich dann dem Reiseschalter zu. Amanda begleitete ihn. Unterwegs sprachen sie nicht miteinander. Obgleich Hal ihr viele Dinge zu sagen gehabt hätte, spürte er doch, daß seine Worte an diesem Ort und zu diesem Zeitpunkt einen falschen Klang haben mußten.

Am Reiseschalter stellte sich heraus, daß alle am Raumhafen stationierten Langstrecken-Orbitalbusse ausgebucht waren. Es blieb Hal nichts anderes übrig, als mit einem Bodenwagen nach Omalu zu fahren und im dortigen Transportbüro nachzufragen, ob es dort einen freien Flug gab.

„Machen wir uns doch zusammen auf den Weg in die Stadt", schlug Hal Amanda vor und fühlte sich plötzlich so erleichtert wie ein gerade aus der Haft entlassener Gefangener. Die Frau mit dem weißblonden Haar runzelte die Stirn.

„Ich habe mich hierher mitnehmen lassen", gab sie zur Antwort. „Das hätte ich zwar nicht tun sollen, aber andererseits . . . Nun, wenn Sie mir mit Ihren interstellaren Krediten eine Fahrkarte lösen wollen . . ."

„Selbstverständlich, gern", erwiderte Hal.

Kurze Zeit später saßen sie nebeneinander in einem ansonsten leeren Straßenbus. Hal griff nach der Hand Amandas, und sie zögerte einige Sekunden und hakte sich dann bei ihm ein. Ihre Unterarme, so fand Hal, waren dadurch so fest aneinandergepreßt, als wollten sie einen Blutschwur leisten.

Aber so etwas war in diesem Fall gar nicht nötig. Während sie mit ineinandergehakten Armen ruhig in ihren Sesseln saßen, gewann Hal vielmehr den Eindruck, als seien die Stoffwechselsysteme ihrer beiden Körper schon seit langer Zeit miteinander verbunden. Es schien, daß sein Herz mit jedem Schlag Blut nicht nur durch seine Arterien pumpte, sondern auch die Adern Amandas, und er fühlte sich ebenso auf den Puls der Frau neben sich reagieren.

Es gab noch immer viele Dinge, die Hal Amanda sagen wollte,

aber er hatte es damit nun nicht mehr so eilig. Das Schweigen zwischen ihnen war zu etwas Kostbarem geworden. Er beobachtete die klaren Linien ihres Profils, die sich deutlich vor dem Seitenfenster abzeichneten. Amanda war in eine Aura der Glücklichkeit und des ruhigen Friedens gehüllt, eine besondere Wärme, die er bei seinem ersten Besuch nicht in diesem Maß wahrgenommen hatte und die nichts mit der aktuellen Jahreszeit zu tun hatte. Als sie einander zum erstenmal begegnet waren, hatte sich der Sommer dem Ende entgegengeneigt. Jetzt, anderthalb Jahre später, begann der Frühling. Jenseits der Fenster des Busses war alles hell und frisch. Das gleißende Licht Fomalhauts fand überall glänzende Entsprechungen.

In diesem Licht, so stellte Hal fest, reichte sein Blick wesentlich weiter als während seines ersten Aufenthalts auf Dorsai. Mit dem beginnenden Frühjahr wurde nun offensichtlich, daß dieses Land es nach einem langen und kalten Winter eilig hatte, sich in neues Grün zu kleiden. In den ersten Blättern und Keimen glaubte Hal die besondere Hast der Natur zu erkennen, unter dem Druck der Zeit zu wachsen und zu gedeihen. Die wenigen Heimstätten, an denen der Bus vorbeifuhr, wirkten ebenso gepflegt wie diejenigen, die er schon vor anderthalb Jahren gesehen hatte. Aber die Äcker, auf denen noch im vergangenen Sommer Korn gewachsen war, waren noch nicht auf die neue Aussaat vorbereitet worden, und die Blumenbeete vor den Häusern wirkten karg und öde.

Auf den weiten Wiesen war zu beobachten, wie sich die noch kurzen Grashalme angesichts des Windes an den Boden duckten, der sich hier und dort mit braunen Flecken offenbarte. Vor dem Hintergrund der dunklen Äste und Zweige der Bäume zeigten sich die sprießenden Blätter in einem volleren Grün als die Grashalme, aber sie wirkten gleichzeitig zart und fragil, als könnte eine etwas stärkere Bö sie einfach fortreißen. Hal sah nach oben. Der Wind trieb Wolkenfetzen rasch dahin, in Richtung des zerklüfteten Horizonts der Bergkette. Das Wasser der kleinen Bäche und Flüsse, die der Bus dann und wann überquerte, schimmerte graublau und stellte einen auffallenden Kontrast zum Braun der Uferbänke dar, an denen die Vegetation bisher noch nicht aus ihrem Winterschlaf erwacht war.

Im Transportbüro von Omalu buchte Hal einen Flug, und Amanda trennte sich von ihm. Er wollte sie an ihr Versprechen erinnern, sie nach der Arbeit in der Stadt zu besuchen, aber irgend etwas hielt ihn davon ab. Kurz darauf stieg er in den Orbitalbus, der ihn hoch hinauf brachte, an die Grenze zwischen der Atmosphäre Dorsais und dem freien Weltraum, und es dauerte nicht lange, bis er Graemeheim erreicht hatte.

Der Bus startete wieder, und Hal sah ihm eine Weile nach, bevor er das Haus betrat. Im Innern Foralies war alles so ordentlich und aufgeräumt, wie er es in Erinnerung hatte. Die seltsame Stille jedoch, die er unterwegs überall hatte beobachten können, vermittelte Hal das Gefühl, als stände in diesem Haus die Zeit still. Er strich die Pullover und Jacken beiseite und preßte die Hand auf den Speichersensor des Scanners, der daraufhin seinen Daumenabdruck registrierte. Anschließend wanderte er durchs Haus, stellte die Reisetasche auf das weiße Laken des Bettes, in dem Donal geschlafen hatte, ließ sie dort zurück und begab sich ins Wohnzimmer.

Er öffnete die Tür, die vom Wohnzimmer aus in die Bibliothek führte, und er trat auf die Schwelle. Mit dem Kopf stieß er an den Sturz, und mit den Schultern berührte er die beiden Pfosten. Amanda hatte recht – er war jetzt erwachsen. Und trotz der Größe seines Körpers fühlte sich Hal klein und einsam in seinem Leib.

Ein sonderbarer Junge . . .

Hal suchte die Küche auf, öffnete die dortigen Vorratseinheiten und bereitete sich eine Mahlzeit zu, die aus Brot, Ziegenkäse und einer Art Graupensuppe bestand. Er ließ sich am Küchentisch nieder, aß, sah aus dem Fenster und blickte auf den gleichen steilen Hang, der auch von Donals Zimmer aus zu erkennen war. Anschließend räumte er auf, trat in die Bibliothek und betrachtete die Bücher in den Regalen. Es waren alte und ihm sehr vertraute Bücher, und eine Weile las er in ihnen.

Als er aufsah, hing die Sonne bereits dicht über den Bergen, und mit dem späten Nachmittag waren die Schatten in die Länge gewachsen. Das Gefühl der Einsamkeit verstärkte sich in ihm. Um es zu verdrängen, stellte er das Buch, in dem er gelesen hatte, ins Regal zurück und ging durch die Vordertür des Hauses nach draußen.

Bis zum Abend dauerte es nicht mehr lange, und Amanda war noch nicht eingetroffen. Hal wandte sich vom Haus ab und wanderte in Richtung der Nebengebäude. Als er näher kam, hörte er, wie im Stall ein Pferd wieherte. Er trat ein und fand zwei Tiere in den Boxen. Sie schnaubten und drehten die Köpfe, als er hinter sie trat.

Eines der Pferde war Barney, der Apfelschimmel, den Amanda während ihrer ersten Begegnung geritten hatte. Das andere war ein rotbrauner Wallach, groß und kräftig genug, um einen Reiter von der Statur Hals zu tragen. Sattel, Zaumzeug und Decken lagen in der angrenzenden Box bereit.

Hal lächelte. Beide Pferde wieherten, scharrten unruhig mit den Hufen und warteten ganz offensichtich darauf, daß er sie nach draußen führte. Doch Hal drehte sich um und verließ den Stall wieder.

Er setzte seine Wanderung fort, betrat jedes Nebengebäude und lauschte der Stille in ihnen. Als die Sonne unterging, kehrte er ins Haupthaus zurück. Es war Zeit für die Abendnachrichten, die zu dieser Stunde auf jeder zivilisierten Welt gesendet wurden. Und er beobachtete die Darstellung auf dem Kommunikationsschirm im Wohnzimmer. Während der ersten Minuten verstand er nur wenig von dem, was über die lokalen Ereignisse gemeldet wurde. Allmählich aber begriff er die Ursachen und Hintergründe. Dorsai mobilisierte sein Potential – und das entsprach seinen Vorstellungen, als er die Entscheidung getroffen hatte, hierher zurückzukehren.

Hal konzentrierte sich ganz auf die Meldungen und das, was sie bedeuteten, und er merkte gar nicht, wie rasch es draußen dunkler wurde. Als Hal schließlich aufsah, stellte er fest, daß Stunden vergangen waren und Amanda ihn nicht einmal angerufen hatte. Draußen war es längst völlig finster.

Hal blieb ruhig sitzen, und einmal mehr wurde ihm die Leere und Stille des Hauses bewußt. Schließlich stand er auf und streckte sich. Wie ein spürbares Gewicht lastete eine Müdigkeit auf seinen Schultern, von der er bis zu diesem Zeitpunkt überhaupt nichts gemerkt hatte. Er reduzierte die Beleuchtung im Wohnzimmer auf ein mattes Glühen und suchte dann das Zimmer auf, in dem er seine Reisetasche zurückgelassen hatte.

Als er im Bett lag, glaubte er zunächst, trotz der seltsamen Erschöpfung keinen Schlaf finden zu können. Doch als es ihm gelang, das Gefühl der Enttäuschung zu verdrängen, fielen ihm die Augen zu. Eine ganze Weile später erwachte er durch ein sehr leises Geräusch, und Hal schlug die Augen auf und starrte in die Dunkelheit.

Er hatte das Fenster weit geöffnet und die Vorhänge zur Seite gezogen, so daß die kühle Nachtluft ungehindert ins Zimmer wehen konnte. In diesem Luftzug bewegten sich nun die dünnen Gardinen zwischen den beiden Säulen, die die Vorhänge in der Finsternis bildeten. Inzwischen war der Mond aufgegangen, und sein perlmuttfarbenes Licht malte blasse Muster auf den Boden vorm Bett. Die Luft war recht kalt: Hal spürte sie auf dem Gesicht und den Händen, sein restlicher Körper wurde von den Decken gewärmt. In der Mitte des Zimmers stand Amanda, hatte sich halb von ihm abgewandt und entkleidete sich.

Hal blieb liegen und beobachtete sie. Sie war eine Dorsai, und wenn es ihre Absicht gewesen wäre, hätte sie nicht das leise Geräusch verursacht, von dem er geweckt worden war. Aber sie zog sich einfach weiter aus, als sei sie sich nicht des Blickes Hals bewußt, der auf ihr ruhte. Er sah sie weiterhin an, und das letzte Kleidungsstück sank zu Boden. Amanda richtete sich auf, und für einige Sekunden stand sie ganz still und wirkte im matten Mondschein wie eine herrliche Skulptur aus Elfenbein. Das perlmuttene Licht betonte die Wölbungen ihrer nackten Hüften und hob die Konturen ihres Körpers aus der Dunkelheit hervor. Deutlich waren ihre festen Brüste zu sehen. Ihr weißblondes Haar wirkte wie eine von innnen heraus glühende Wolke. In diesem besonderen Licht sah ihr ruhiges Gesicht aus wie die entsprechende Prägung auf einer Münze, und der Mondschein spiegelte sich auf ihrer hellen Haut. Mit katzenhafter Eleganz drehte sie sich um, und Hal sah, wie sich ihre Hüften zur Seite neigten, als sie auf ihn zukam. Amanda hob die Decke, kroch ins Bett und wandte sich ihm zu.

Hal konnte zunächst kein Wort herausbringen, nur ein krächzendes Seufzen, als er die Arme um sie schlang. Mit der einen Hand berührte er die Wölbung ihrer Hüfte, und die andere schob sich unter ihren Oberkörper. Es fiel ihm überhaupt nicht schwer, sie behutsam anzuheben und an sich zu drücken.

„Du bist also doch noch gekommen . . .“, hauchte er, kurz bevor sich ihre Lippen begegneten, und ihre Körper schmiegten sich aneinander.

Nach einer Weile kehrte Hal langsam in das gewöhnliche Universum zurück. Sie lagen nun nebeneinander im Bett, ohne eine Decke. Der Mond war weiter über das Gewölbe des Firmaments geglitten, und sein Licht fiel nun direkt auf sie.

„Jetzt ist alles anders“, sagte Hal.

Er ruhte auf dem Rücken, und Amanda hatte sich ihm halb zugewandt, den Kopf auf dem Kissen. Während er an die Decke starrte und den Mondschein beobachtete, spürte er, wie sie ihn musterte.

„Tatsächlich?“ fragte Amanda sanft. Ihr rechter Arm lag oberhalb seines Kopfes, und ihre Finger strichen ihm durch das schwarze Haar. Amandas anderer Arm ruhte auf seiner Brust und zeichnete sich hell vor dem dunklen Hintergrund ab. Sie rückte näher an ihn heran und legte ihm den Kopf auf die Schulter, und Hal drehte sich zu ihr um und schlang den linken Arm um sie. Er sah seine eine Hand auf den sanften Rundungen ihrer festen Brüste liegen, und er wunderte sich kurz darüber, wieso sie auf diese Weise bei ihm war, wieso das Schicksal ihm dieses Geschenk gemacht hatte, während die Entwicklung auf den von Menschen bewohnten Welten allmählich einer Katastrophe zusteuerte.

Das Erstaunen in ihm nahm zu. Aus welchem Grund konnte er sich in diesen Augenblicken so mit jemandem verbunden fühlen, so glücklich sein, obgleich vor einigen Tagen auf Harmonie ...

Er schauderte plötzlich, und Amandas Arme schlossen sich fester um ihn.

„Was ist?“ fragte sie leise.

„Nichts“, erwiderte er. „Nichts. Ein alter Geist hat mich gerade an sich erinnert.“

„Was für ein alter Geist?“

„Ein Phantom“, gab Hal zurück, „das einige hundert Jahre alt ist.“

„Es ist nicht fort“, sagte Amanda, „sondern noch immer bei dir.“

„Ja“, bestätigte er. Tief in seinem Innern war noch immer ein Rest von Kälte verblieben, obgleich sie ihn mit ihren Armen wärmte. Und fast gegen seinen Willen platzte es aus Hal heraus:

„Ich habe gerade einen Aufenthalt auf Harmonie hinter mir. Ich bin dorthin geflogen, um mich mit einer Frau namens Rukh Tamani in Verbindung zu setzen – habe ich dir bei unserer ersten Begegnung von ihr erzählt? Die Erde und alle anderen Welten brauchen ihre Hilfe. Doch auf Harmonie erfuhr ich, daß sie sich als Gefangene im Hauptquartier der Miliz von Ahruma befand.“

Er hielt kurz inne und spürte, wie sich der Frost in ihm weiter ausbreitete.

„Ich weiß über die Miliz der Quäker Bescheid“, sagte Amanda.

„Ich brachte die lokale Widerstandsbewegung dazu, mir bei ihrer Befreiung zu helfen. Wir drangen in das Hauptquartier ein. Ich fand Rukh in einer der Zellen ...“

Die Erinnerung schien sich plötzlich in Realität zu verwandeln. Hal sprach weiter. Und die Kälte in seinem Innern nahm immer mehr zu, so wie vor einigen Tagen, breitete sich in seinem ganzen Körper aus. Das Schlafzimmer und Amanda . . . alles schien von ihm fortzurücken und an Bedeutung zu verlieren. Hal spürte, wie sein Bewußtsein in ein Meer aus Erinnerungen tauchte, und er begann zu zittern.

„Nein!“ Das war die sanfte Stimme Amandas. „Komm zurück, Hal!“

Einige Augenblicke lang schwankte er vor einem Abgrund aus Finsternis. Dann wurde er sich allmählich wieder der Gegenwart Amandas bewußt, klammerte sich mental an ihr fest und kehrte nach und nach von dem kalten und dunklen Ort zurück, den er fast zum zweitenmal aufgesucht hätte. Er suchte einen Weg in die Wirklichkeit – bis er schließlich wieder das Bett unter sich fühlte. Der Frost in ihm hatte sich verflüchtigt. Er lag auf dem Rücken, und Amanda schmiegte sich an ihn.

Hal seufzte schwer, drehte den Kopf und sah sie an.

„Du weißt davon?“ fragte er. „Woher?“

„Es ist hier nichts Ungewöhnliches“, erwiderte sie düster. „Die Graemes waren dafür bekannt. Man nennt es kalte Wut.“

„Kalte Wut . . .“ Hal richtete seinen Blick erneut auf die dunkle Decke. Die Worte Amandas klangen vertraut. Sein Verstand verarbeitete die Erwiderung Amandas zu einer Erklärung vieler Aspekte seines Wesens, die er bisher noch nicht völlig verstanden hatte. Er spürte, wie sich die feste Umklammerung Amandas lockerte. Sie entspannte die Muskeln ihrer Arme und wich ein wenig von ihm zurück. Er fühlte, wie sie ihn musterte.

„Es tut mir leid.“ Diese Worte klangen müde und erschöpft, und er sah sie dabei nicht an. „Ich wollte dich nicht auf diese Weise erschrecken.“

„Wie ich eben schon sagte“, entgegnete Amanda, und diesmal klang ihre Stimme wieder sanfter, „es ist hier nichts Ungewöhnliches. Die Gaemes waren dafür bekannt. In wie vielen Nächten während der vergangenen dreihundert Jahre haben sie wohl mit einem Partner oder einer Partnerin im Bett gelegen und darüber gesprochen?“

Es fiel Hal keine passende Antwort ein. Er fühlte sich verlegen – aber auch erleichtert. Nach einigen Sekunden fügte Amanda hinzu: „Wer bist du?“

Hal schloß die Augen. Ihre Frage machte deutlich, daß sie von etwas wußte, das er nicht erwartet hätte. Es gab keine Möglichkeit für ihn, seine Geheimnisse weiterhin vor ihr zu verbergen. Schließlich hatte sich sein Bewußtsein gerade eben so weit von ihr gelöst, wie es überhaupt denkbar war – und trotzdem war er von ihr zurückgeholt worden.

„Donal", hörte er sich in der Stille der Nacht antworten. „Ich war Donal."

Er hatte die Augen noch immer geschlossen. Er konnte Amanda jetzt nicht ansehen. Nach einer Weile fragte er sie: „Woher weißt du davon?"

„Wir Morgans standen immer in dem Ruf, zu intuitiven Erkenntnissen in der Lage zu sein", erwiderte sie. „Und bei den Amandas war diese Fähigkeit besonders ausgeprägt. Außerdem bin ich zu Lebzeiten Ians aufgewachsen. Und wie könnte ich Offensichtliches übersehen!"

Hal gab eine Zeitlang keine Antwort.

„Du ähnelst in erster Linie Ian", fügte Amanda hinzu. „Aber das ist dir sicher klar."

Er lächelte schief, schlug die Augen auf und starrte einmal mehr an die Decke. Er empfand große Erleichterung angesichts der Tatsache, das Wissen nicht mehr länger verbergen zu müssen.

„Als ich als Donal aufwuchs, wollte ich immer so sein wie Ian und Kensie", sagte er. „Aber es gelang mir nicht."

„Nicht so wie Eachan Graeme? Wie dein Vater?"

Bei dieser Vorstellung lachte Hal leise.

„So wie ich die Sache damals sah, konnte niemand so sein wie Eachan Graeme", erwiderte er. „Das wäre eine vergebliche Hoffnung gewesen. Aber die Zwillinge – das schien noch im Bereich des Möglichen zu liegen."

„Warum meintest du eben, es sei dir nicht gelungen?" fragte Amanda.

„Weil ich es einfach nicht schaffen konnte", erklärte Hal. „Im Vergleich mit den anderen Graemes war ich recht klein. Selbst mein Bruder Mor war einen halben Kopf größer als ich."

„Zwei Leben . . .", sagte Amanda leise. „Und während zwei Leben hat es dich belastet, kleiner zu sein als die anderen Angehörigen der Familie?"

„Drei Leben", berichtigte Hal sie. „Und für einen Mann spielt das eine nicht unerhebliche Rolle."

„Drei?"

Erneut schwieg Hal eine Zeitlang und suchte nach den richtigen Worten.

„Eine Zeitlang war ich auch ein Toter", erwiderte er schließlich. „Genauer gesagt: Ich benutzte Körper und Namen eines Toten. Ich mußte in der Zeit zurückkehren, und es gab keine andere Möglichkeit."

Es lag nicht in seiner Absicht, aber er spürte, wie der Klang seiner Stimme eine Barriere errichtete, die ihn vor weiteren Fragen in Hinsicht auf sein zweites Leben abschirmen sollte.

„Seit wann weißt du davon?" fragte Amanda.

Hal hatte die ganze Zeit über gesprochen, ohne sie dabei anzusehen. Jetzt wandte er sich ihr zu, blickte in ihre blauen Pupillen und rückte an sie heran. Er küßte sie, und fast war es so, als suche er nach irgend etwas, an dem er sich festhalten konnte.

„Ganz sicher bin ich mir erst seit zwei Jahren", sagte er. „Ich wuchs auf der Erde auf, bis ich fast siebzehn Jahre alt war, und bis dahin hatte ich keine Ahnung. Später dann, als ich in den Bergwerken Cobys arbeitete, begann ich mir über meine Andersartigkeit klarzuwerden. Auf Harmonie stellte ich überrascht fest, daß ich gewisse Aufgaben besser bewältigen konnte, als ich es für möglich gehalten hätte. Aber erst während meines ersten Aufenthalts hier in Graemeheim, als ich mich im Eßzimmer befand . . ."

Er brach ab und sah Amanda weiterhin in die Augen.

„Du mußt es damals begriffen oder zumindest geahnt haben", fügte er hinzu, „als du zurückkehrtest und sahst, wie es mir ging."

„Nein", entgegnete Amanda. „Ich spürte es schon am Abend zuvor. Ich wußte zwar nicht, wer du bist, aber ich fühlte, was du darstellst."

Hal schauderte leicht, als er sich erinnerte.

„Aber selbst damals war ich mir noch nicht ganz sicher", sagte er. „Ich hatte nicht einmal eine Erklärung dafür. Die fand ich erst während des letzten Jahres, das ich in der Letzten Enzyklopädie verbrachte. Als ich die Enzyklopädie zum erstenmal als ein Werkzeug der Kreativität benutzte – auf die Art und Weise, die sich Mark Torre erhoffte –, fand ich schließlich heraus, woher ich kam."

„Und die Enzyklopädie zeigte dir, daß du von Dorsai stammst?" fragte Amanda.

Erneut entstand Kühle in Hal – aber eine andere Art von Frost, vor dem Amanda ihn zuvor gerettet hatte.

„Ja", bestätigte Hal. „Aber ich bin noch mehr als das. Mein Ursprung reicht noch weiter zurück, sehr viel weiter."

Amanda beobachtete ihn.

„Ich verstehe nicht ganz", sagte sie.

„Ich bin ein Soldat der Zeit", erklärte Hal leise. „Ich bin es schon immer gewesen. Und der Kampf, den ich führe, ist sehr alt. Jetzt stehen wir unmittelbar vor der letzten und entscheidenden Schlacht."

„Jetzt?" fragte die Frau an seiner Seite. „Kann man sie nicht vermeiden?"

„Nein", erwiderte Hal offen. „Das ist unmöglich. Alle heute lebenden Menschen sind daran beteiligt, ob es ihnen gefällt oder nicht. Eines Tages begleite ich dich in die Enzyklopädie und zeige dir die historische Entwicklung bis heute, über all die Jahrhunderte hinweg – so wie ich sie nach meiner Rückkehr Tam Olyn und Ajela zeigen muß."

„Ajela?"

„Sie ist Exotin und etwa in meinem Alter." Hal lächelte. „In gewisser Weise fungiert sie als Pflegemutter Tams. Seit ihrem sechzehnten Lebensjahr kümmert sie sich um ihn. Und in seinem Namen bewältigt sie den Großteil der Leitungs- und Verwaltungsaufgaben in der Enzyklopädie."

8

Eine Zeitlang schwieg Amanda, und Stille senkte sich über sie. Sie wandten sich einander zu und kehrten in das Universum zurück, das nur ihnen beiden gehörte. Später lagen sie dicht nebeneinander auf dem Rücken und beobachteten, wie das letzte Licht des Mondes in einem Winkel des Zimmers verblaßte.

„Du hast also nicht damit gerechnet, daß ich im Raumhafen auf dich wartete?" fragte Amanda.

Hal schüttelte den Kopf.

„Das konnte ich nicht", sagte er. „Es wäre so gewesen, als hätte ich gehofft, einmal wie Eachan Khan Graeme zu werden – es ging über meine Vorstellungkraft hinaus. Ich hatte nur vor, dich während meines zweiten Aufenthalts auf Dorsai zu besuchen, und ich wünschte mir . . ."

Er unterbrach sich, und auch Amanda schwieg für eine Weile.

„Ich hatte mehr als ein Jahr Zeit, über dich nachzudenken", sagte sie dann.

„Ja." Hal lächelte reumütig. „Ist wirklich so viel Zeit verstrichen? Es kommt mir gar nicht so vor. Eine Menge ist geschehen . . ."

„Du verstehst nicht."

Amanda stemmte sich auf einem Ellenbogen in die Höhe und sah auf ihn hinab.

„Weißt du noch, was ich dir zu erklären versuchte, als wir damals das letztemal zusammen waren?"

„Daß du wie die beiden anderen Amandas bist?" Hal nickte ernst. „Ja, ich erinnere mich."

Er blickte zu ihr auf.

„Es tut mir leid, daß ich mich damals als so schwer von Begriff erwies", fuhr er fort. „Heute verstehe ich. Du hast mir klarmachen wollen, daß dein Leben, wie auch das deiner Vorgängerinnen, vielen Menschen gewidmet ist – zu vielen, als daß du eine intensive emotionale Beziehung mit jemandem wie mir eingehen kannst. Ja. Ich habe inzwischen festgestellt, daß ich meiner Aufgabe nicht entkommen kann. Und deshalb wäre es müßig, von dir zu verlangen, dich von deinen Pflichten loszusagen."

„Wenn du mir ruhig zuhören würdest", sagte Amanda, „könnte ich dir vielleicht das sagen, was ich auf dem Herzen habe."

„Ich höre", sagte Hal.

„Nun, nach deinem Abflug hatte ich ausreichend Gelegenheit, gründlich über alles nachzudenken. Du hast recht: Ich schickte dich fort, weil ich sicher war, es gäbe in meinem Leben keinen Platz für jemanden wie dich. Denn ich glaubte, ich müßte unbedingt so sein wie die zweite Amanda, die sich von Ian trennte. Aber nach und nach begriff ich schließlich, da es bis dahin eine Menge gab, das ich in Hinblick auf meine beiden Vorgängerinnen noch nicht verstanden hatte."

Hal blieb liegen und wartete. Als Amanda kurz innehielt, sah er sie einfach nur weiter an.

„Eine besonders große Überraschung war die Erkenntnis", fuhr Amanda ernst fort, „wie wenig ich von der Amanda verstanden hatte, die mich aufzog. Ich sagte es dir ja schon: Ian war so oft bei uns zu Gast, daß ich ihn für jemanden aus der eigenen Familie hielt. Amanda und er waren damals schon im reifen Alter. Ians Kinder waren erwachsen und bereits ebenfalls Eltern geworden. Seine Frau Leah war zu jener Zeit schon lange tot. In diesem Alter wurden Ian und Amanda schließlich zu dem, was ihr Pflichtbewußtsein zuvor unmöglich gemacht hatte – zu einem Liebespaar. Das alles trug sich direkt vor meinen Augen zu, aber ich war zu jung, um es zu verstehen. In meiner damaligen romantischen Verklärung dachte ich nur immerzu an Amandas Verzicht auf ihr persönliches Glück, um sich ganz dem Volk Dorsais widmen zu können."

Sie zögerte erneut.

„Sag doch etwas", meinte sie. „Kannst du mir folgen?"

„Natürlich", erwiderte Hal und lächelte.

„Gut", fuhr Amanda fort. „Nun, als ich Ian und Amanda als die Menschen zu betrachten begann, die sie wirklich waren, wurde ich mir schließlich über einen gewissen Fortschritt in der Evolutionslinie der Amandas klar. Die erste widmete ihr Leben nur ihrer Familie und den Menschen der regionalen Gemeinschaft. Meine unmittelbare Vorgängerin hingegen arbeitete für das Wohl ganz Dorsais. Die Verpflichtung, die mir zukommt, gilt meiner Ansicht nach der ganzen Menschheit, so wie auch deine. Tatsächlich glaube ich sogar, daß uns das Schicksal gerade aus diesem Grund zusammengeführt hat."

Hal runzelte andeutungsweise die Stirn. In den letzten Worten Amandas kam eine Wahrheit zum Ausdruck, die er bisher als solche nicht erkannt hatte.

„Ich begriff schließlich", fügte die Frau neben ihm hinzu, „daß die Verpflichtungen uns nicht etwa dazu zwingen, zwei verschiedene Wege zu beschreiten, sondern daß das genaue Gegenteil der Fall ist. Sie fordern uns vielmehr dazu auf, ein und denselben Pfad zu nehmen – und es spielt in diesem Zusammenhang gar keine Rolle, ob wir das begrüßen oder nicht. Wenn das stimmt – und ich zweifle nicht daran –, so ist mein ganz persönliches Problem gelöst."

Sie unterbach sich wieder und musterte ihn. Ihr fast scheues Lächeln überraschte Hal, und er vermochte es nicht zu deuten.

„Kannst du mir noch immer folgen?" fragte sie.

„Nein", gestand er ein. „Um ganz ehrlich zu sein: Ich begreife überhaupt nichts mehr."

„Ach", seufzte Amanda. „Die überraschenden geistigen Beschränkungen eines Genies. Ich will auf folgendes hinaus: Ich kam zu dem Schluß, daß uns der derzeitige historische Entwicklungsprozeß ganz zwangsläufig zusammenführen mußte und es nur eine Frage der Zeit war, wann du hierher zurückkehren würdest. Und wärst du nicht gekommen, hätte ich noch immer die Möglichkeit gehabt, die ganze Sache einfach zu vergessen."

„Aber ich kehrte zurück", stellte Hal fest. „Und nun?"

Amanda wurde sehr ernst.

„In dem Fall war ich entschlossen", sagte sie, „nicht den Fehler zu wiederholen, den ich bei unserer ersten Begegnug machte. Und wie du weißt, habe ich auf dich gewartet."

Einige Sekunden lang sahen sie sich schweigend an, und dann ließ sich Amanda wieder ganz aufs Bett sinken, legte ihm den Kopf auf die Schulter und schmiegte sich an ihn. Er nahm sie in die Arme und hielt sie fest. Eine Weile sprach niemand von ihnen ein Wort.

„Darauf hätte ich nie zu hoffen gewagt", gab Hal schließlich zu. „Ich brauchte zwei Leben, um zu begreifen, die Fähigkeit zu lieben entwickeln zu müssen, und noch ein dritter Versuch war notwendig, um das zu schaffen. Jetzt bin ich schließlich dazu in der Lage, zu einer Zeit, zu der es eigentlich schon zu spät sein sollte – und ich habe dich."

Er hielt inne und strich mit den Fingerkuppen über die lange Wölbung ihres Rückens, von Amandas Nacken bis hinab zu ihren Kniebeugen.

„Erstaunlich", sagte sie nachdenklich, „wie gut du zu mir paßt."

„Das ist ein besonderer Trick von mir: Ich weiß mich anzupassen." Ihre Lippen berührten seine Brust, und Amanda fügte hinzu: „Allerdings stören mich ein wenig die Haare hier."

„Tut mir leid."

„Ist schon in Ordnung", sagte sie, ohne sich zu bewegen. Erneut schloß sich kurze Stille an. „Ich werde es nicht wagen, dich darum zu bitten, dir die Brust zu rasieren."

„Die Brust rasieren!" platzte es aus Hal heraus.

Sie kicherte leise, und eine Zeitlang umarmten sie sich schweigend.

„Ich sollte so etwas eigentlich nicht machen", sagte Amanda dann in verändertem Tonfall. „Ich weiß gar nicht, was mich dazu antreibt, dich auf den Arm zu nehmen. Es ist fast so, als könne ich ein wildes Pferd reiten, vor dem sich alle anderen fürchten. Aber ich spüre jetzt auch, wie es für dich all die vergangenen Jahre über und während deiner anderen Leben gewesen sein muß. Seltsam, daß du so ruhig darauf reagierst, zu wissen, wer du warst und was du vollbracht hast."

„Ich begann jedesmal von vorn", erwiderte Hal nachdenklich. „Das war auch gar nicht anders möglich. Die Tafel mußte saubergewischt werden, um das Risiko zu vermeiden, daß das, was zuvor in Erfahrung gebracht wurde, die neuen Erkenntnisse stört. Es war jedesmal ein neuer Anfang. Auf diese Weise wurde sichergestellt, daß ich mich erst dann an das im früheren Leben erworbene Wissen erinnerte, wenn ich es infolge der neuen Erfahrungen und Einsichten eigentlich gar nicht mehr brauchte. Ich habe gelernt – immer gelernt. Und ich bin dabei reifer geworden."

„Ja, aber war es nicht doch eigenartig?" fragte Amanda. „Alle anderen Menschen beginnen unten und arbeiten sich dann nach oben, während bei dir das Gegenteil der Fall ist. Von Donal aus, dessen Einfluß sich auf alle Welten erstreckte, hast du dir alle Mühe gegeben, ein so gewöhnlicher Mensch wie möglich zu werden."

„Weil die Lösung den Bedürfnissen der gewöhnlichen Menschen entsprechen muß – denn sonst wäre es keine Lösung. Donal begann damit, die Menschheitswelten mit militärischer Gewalt zusammenführen zu wollen, und er mußte feststellen, daß das nicht funktionierte. Gewalt kann nicht die innere Natur des Menschen verändern. Es heißt, zu den Lebzeiten Dschingis Khans konnte eine Jungfrau mit einem Beutel voller Gold von der einen Grenze des Mongolenreichs zur anderen reiten, ohne daß sie von irgend jemandem bedoht worden wäre. Aber nach dem Tod des Khans mußten solche Reisen erneut unter dem Schutz schwerbewaffneter Wächter unternommen werden. Ein Mensch kann seinen Mitbürgern nur einen möglichen Weg aufzeigen und hoffen, daß ihm die anderen folgen. Aber wie soll es mir möglich sein, den anderen Menschen einen Weg aufzuzeigen, wäre ich nicht dazu in der Lage, so zu denken und zu empfinden wie sie – ohne daß ich wüßte, zu ihnen zu gehören?"

In der nächtlichen Stille klang seine Stimme für ihn selbst fremd.

„Das wäre in der Tat unmöglich", bestätigte Amanda sanft. „Aber warum ging Donal falsch vor?"

„Nun, das war eigentlich gar nicht der Fall", sagte Hal. „Er zog die richtigen Schlüsse, aber sein Verständnis für die Situation war nicht groß genug. Vielleicht aber kann ich mich derzeit noch nicht an alle Einzelheiten entsinnen. Nun, Donals Vorstoß erfolgte in die richtige Richtung, und ich fühle mich noch immer dem Schwur verpflichtet, den er mir als Kind auferlegte."

„Den er dir auferlegte?" wiederholte Amanda. „Du meinst, als junger Donal hast du den Entschluß gefaßt, das zu tun, was du nun zu unternehmen gedenkst? Schon als Kind . . . wie ist das möglich?"

Erinnerungsschmerz regte sich in Hal, und es war, als sähe er um sich herum wieder die Wände der Gefängniszelle in Zuflucht.

„Weißt du von James Graeme?" fragte er.

„Welchem James?" erwiderte Amanda. „Seit Cletus hat es insgesamt drei Graemes mit diesem Vornamen gegeben."

„Ich meine den James, der der jüngste Onkel Donals war", antwortete Hal. „Den James, der bei Donneswort fiel, als ich . . . als Donal noch ein Kind war."

Er unterbrach sich und betrachtete das ruhige Gesicht Amandas, das nun mit der einen Wange auf seiner Brust ruhte und ihn in dem noch verbliebenen Glimmen des Mondscheins musterte.

„Habe ich dir bei unserer ersten Begegnung von einem Friedhof und einer Totenfeier erzählt, von dem Erlebnis Donals, an das ich mich während meines Aufenthalts in der Gefängniszelle auf Harmonie erinnerte?" fragte er.

„Nein", sagte die Frau neben ihm. „Du hast mir viel von deinen Erkenntnissen im Miliz-Gefängnis berichtet. Aber einen Traum von einer Totenfeier erwähntest du dabei nicht."

„Die Vision offenbarte sich mir, als ich nahe daran war aufzugeben", sagte Hal. „Ich wußte es damals noch nicht, aber ich stand kurz davor, das zu finden, was ich als Hal Mayne ein Leben lang gesucht habe. Die sich andeutende Erkenntnis durchbrach die Barriere, die ich selbst errichtet hatte, um als Hal das Wissen über die früheren Ereignisse von mir fernzuhalten, und durch die Lücke glitten die Erinnerungsbilder einer Begräbniszeremonie hier in Foralie, am Grab James', damals, als Donal noch ein kleiner Junge war . . ."

Seine Stimme verlor sich einige Sekunden lang in dem Schmerz der Erinnerung.

„Das war der Zeitpunkt der Entscheidung Donals, seines Schwurs", fuhr Hal dann fort. „James war ihm näher gewesen als sein eigener Bruder. Mor stand altersmäßig zwischen uns, aber . . ."

Diesmal wurde seine Stimme nicht leiser, sondern verklang ganz. Der Name Mor blieb ihm wie ein Kloß im Halse stecken.

„Was ist mit Mor?" fragte Amanda nach einer Weile. Sie bewegte die Hand und berührte zärtlich den Hals.

„Donal brachte Mor um", sagte Hal brüchig.

Er konnte die Fingerspitzen Amandas so deutlich fühlen, als berührten sie die Nervenstränge unter seiner Haut, als kröchen sie daran entlang, um sein innerstes Wesen zu erkunden.

„Das stimmt nicht." Ihre Stimme schien aus weiter Ferne zu kommen. „Irgendwie übertreibst du ein wenig. Es ist einerseits die Wahrheit, andererseits aber auch wieder nicht. Was also geschah wirklich?"

„Donal war für den Tod Mors verantwortlich", antwortete Hal. Das Gefühl, daß sie in ihn hineinsah, ließ ein wenig nach.

„Ja", sagte Amanda. „Lassen wir es derzeit dabei. Du hast mir gerade vom Tode James' erzählt – und auch davon, daß Donal dadurch einen Entschluß faßte, der sein ganzes weiteres Leben bestimmte. Was trug sich damals zu?"

„Was sich damals zutrug?" Es kostete ihn nicht unerhebliche Mühe, das Erinnerungsbild zu verdrängen, das das von Mor zeigte, was der schließlich wahnsinnig gewordene William von Ceta von ihm übriggelassen hatte, und er erinnerte sich ein weiteres Mal an die Totenfeier. „Sie akzeptierten seinen Tod einfach. Selbst Eachan, selbst mein Vater, fand sich einfach damit ab, daß James völlig sinnlos gestorben war. Und ich . . . ich konnte das nicht. Ich . . . Donal erlitt einen Anfall kalter Wut. So wie ich vor einer Weile."

„Tatsächlich?" Amandas Stimme klang ungläubig. „Aber das ist doch gar nicht möglich – er war damals doch viel zu jung. Wie alt war er genau?"

„Elf Jahre."

„Nein, in dem Alter ist das völlig ausgeschlossen."

Hal lachte bitter, und dieses Geräusch hallte verzerrt von den Wänden des Schlafzimmers wider.

„Es ist eine Tatsache. Kensie war damals ebenso überrascht wie du jetzt – als er ihn nach der Zeremonie im Stall fand. Ja, Donal empfand sie damals tatsächlich, jene kalte Wut. Schließlich war er Donal."

Der Klang des letzten Wortes wirkte wie ein Auslöser, und Hal spürte nicht nur, wie die Kälte in ihn zurückkehrte, sondern auch eine Woge aus Kraft und Entschlossenheit, eine Flutwelle, die ihn einfach fortzuspülen drohte.

„Ich bin Donal", sagte er. Und die Kraft umfaßte ihn, ließ ihn in die Höhe steigen, immer weiter empor . . .

„Und nicht Bleys."

Die ruhige Stimme Amandas glättete die Flutwelle, und Hal empfand große Erleichterung, als die kühle Rationalität in ihn zurückkehrte. Einige Sekunden lang blieb er einfach nur liegen und gab keinen Laut von sich.

„Was habe ich dir von Bleys erzählt?“ fragte er Amanda, drehte sich halb auf die Seite und musterte sie in der grauen Dunkelheit.

„Eine ganze Menge“, erwiderte sie sanft. „An jenem ersten Abend in Fal Morgan, als du so offen warst.“

„Ich verstehe.“ Hal seufzte. „Nein, zum Glück bin ich nicht so wie Bleys. Aber auch als elfjähriger Junge war ich es nicht. Ich wußte damals nur, daß ich es nicht ertragen konnte, den sinnlosen Tod James' einfach so hinzunehmen, ihn wie eins der vielen Übel der menschlichen Gesellschaft zu akzeptieren und anschließend zur Tagesordnung überzugehen.“

„Und du nahmst dir vor, in dieser Hinsicht etwas zu unternehmen?“

„Diesen Entschluß faßte Donal, ja“, bestätigte Hal. „Er widmete ihm sein ganzes Leben. In gewisser Weise war es nicht seine Schuld, daß er versagte. Er war damals noch immer recht jung . . .“

„Was geschah denn?“ Die Frage Amandas führte ihn behutsam auf den Pfad der Erklärungen zurück, den er zuvor beschritten hatte.

„Donal hielt nach einem Werkzeug Ausschau, nach irgendeinem Instrument, um Menschen an den Dingen zu hindern, die zum Tod James' geführt hatten“, antwortete Hal. „Und er fand auch eins. Ich nenne es – er nannte es – intuitive Logik. Es handelt sich dabei um eine Art von Logik, die entweder mit der unmittelbaren Einsicht intuitiver Erkenntnisse funktioniert, oder mit Intuition, die Antworten auf der Grundlage der strengen Regeln der Logik entwickelt. Man kann es betrachten, wie man will. Tatsächlich war Donal nicht der erste, der dieses Instrument nutzte. Kreative Menschen wie Künstler, Schriftsteller, Musiker und Komponisten verwendeten es schon vor ihm. Forscher erreichten mit diesem Werkzeug ihr Ziel. Donal systematisierte die intuitive Logik nur und setzte sie ganz bewußt ein, seinem Willen und seinen Wünschen entsprechend.“

„Aber worum handelt es sich dabei konkret?“ hakte Amanda nach.

„Das kann man nicht genau mit Worten erklären“, entgegnete Hal. „Man muß dazu die ureigenste Sprache eben dieser intuitiven Logik beherrschen. Und vorher muß das Bewußtsein noch den Erkenntnissprung vollführen, der notwendig ist, um zu einem ersten Verständnis der Sprache zu gelangen. Erst dann beginnt man zu begreifen, womit man es eigentlich zu tun hat. Ich will dir noch ein anderes Beispiel nennen: Bestimmt hast du schon einmal ein Gemälde gesehen, das einen nachhaltigen Eindruck auf dich machte, oder Musik gehört, die die akustische Entsprechung genialer Schöpferkraft war; vielleicht hast du auch einmal ein Buch gelesen, dessen Inhalt mehr war als nur die Summe der Worte."

„Ja", sagte Amanda.

„Dann weißt du sicher auch, daß all diese Dinge eins gemeinsam haben: die Tatsache nämlich, daß man immer wieder zu ihnen zurückkehren kann. Das Gemälde zum Beispiel läßt sich immer wieder betrachten, ohne daß man des Anblicks müde wird. Die Musik kann man sich auch ein zweites und drittes Mal und noch öfter anhören und vernimmt doch immer wieder etwas Neues darin. Und das Buch bleibt auch nach der zweiten und dritten Lektüre interessant und offenbart immer neue Aspekte."

„Ja, ich weiß", bestätigte Amanda.

„Nun", fuhr Hal fort, „man kehrt nur deshalb zu solchen Dingen zurück, weil es ihnen gelingt, dem Betrachter, Zuhörer oder Leser eine unendliche Abfolge neuer Entdeckungen zu ermöglichen. Und das wiederum ist nur deshalb möglich, weil derjenige, der diese Kunstwerke schuf, sie mit einem unendlichen Entdeckungsreichtum ausstattete. So etwas läßt sich nicht allein mit Hilfe logischer Vernunft bewerkstelligen. Es geht um mehr als eine bestimmte Farbzusammenstellung, um mehr als eine Abfolge von Tönen und eine Aneinanderreihung von Worten. Das dürfte dir ebenfalls klar sein. Dennoch läßt sich die Wirkung nicht leugnen. Solche Kunstwerke gab es vorher nicht, und doch sind sie innerhalb einer bestimmten Zeit entstanden. Und sie ließen sich nur von den Künstlern schaffen, deren besondere Kreativität sich darin ausdrückt. Und die entsprechenden Künstler wiederum hatten nur eine Möglichkeit, derartige Leistungen zu vollbringen: Sie durften nicht nur allein mit dem bewußten Verstand arbeiten, sondern auch mit dem Unbewußten, das keinen Beschränkungen unterliegt und alle Beobachtungen und Erfahrungswerte eines Lebens auf einen gemeinsamen Nenner zu bringen und mit Hilfe von Farben, Tönen oder Worten auszudrücken vermag."

Hal hielt inne, und einige Sekunden lang gab Amanda keine Antwort.

„Und das“, sagte Amanda dann, „ist intuitive Logik?“

„Nicht ganz“, erwiderte Hal. „Ich habe eben in erster Linie über kreative Logik gesprochen, die nach wie vor vom Unterbewußtsein kontrolliert wird. Wenn das Unbewußte mit der Art der Aufgabe unzufrieden ist, verweigert es die Arbeit, und keine noch so starke Willenskraft kann es dazu zwingen weiterzumachen. Donal gelang es, diese Kontrolle vollständig dem Rationalen zu überantworten und es auf diese Weise zu ermöglichen, die Zusammenhänge zwischen Ursache und Wirkung genauestens zu analysieren – das ist alles. Nun, damals war er noch recht jung, und er machte sich nicht klar, wie sehr er von dem beeinflußt wurde, was er von dem von seinem Urgroßvater verfaßten Werk über Strategie und Taktik gelesen hatte.“

„Von Cletus Grahame, meinst du?“

Hal nickte.

„Ja. Du weißt sicher, daß Cletus zu Anfang glaubte, er sei in erster Linie ein Künstler, oder? Erst später konzentrierte er sich auf die Wissenschaft militärischer Reaktion und Kontrareaktion. Er setzte die kreative Logik ein, um die Prinzipien zu entwickeln. Und in seinem Werk gibt es tatsächlich einige Hinweise, die vermuten lassen, daß es ihm dann und wann gelang, die bewußte Kontrolle über diesen Faktor seines Selbst zu erringen.“

„Ich verstehe.“ Amanda dachte einige Augenblicke lang nach. „Aber du bist dir in diesem Punkt nicht ganz sicher, oder? Ganz im Gegensatz zu dem, was Donal angeht.“

„Ich bin nie Cletus gewesen.“ Hal lächelte. „Aber ich war Donal.“

„Und du meinst, Cletus sei aufgrund kreativer Logik dazu in der Lage gewesen, sich gegenüber Dow de Castries und der Erde durchzusetzen, deren Machtpotential damals weitaus größer zu sein schien als das der Jüngeren Welten? Und deiner Ansicht nach ist es symbolische Logik gewesen, die Donal den Titel ‚Protektor der vierzehn Welten‘ einbrachte – wozu auch die Erde gehörte –, und das im Alter von gut dreißig Jahren?“

„Ja“, sagte Hal ernst. „Und nachdem er das vollbrachte, verstand Donal auch, was es mit der Jungfrau mit dem Goldbeutel auf sich hatte, die nach dem Tod von Dschingis Khan nicht mehr sicher durchs Mongolenreich reiten konnte. Er blickte auf den Frieden und das Recht, das er auf allen Menschheitswelten erzwungen hatte, und er kam zu dem Schluß, daß all das nichts bedeutete. Er hatte nicht eine einzige Seele geändert, keinen Aspekt der menschlichen

Natur. Tatsächlich war er seit der Entscheidung, die er als elfjähriger Junge traf, nicht einen einzigen Schritt weitergekommen."

Amanda streckte die Hand aus und berührte seinen Arm.

„Nun, er fand sich damit ab." Hal lächelte erneut, diesmal ein wenig reumütig. „Er überstand den Schock dieser Erkenntnis. So wie ich. Ich bin er, und ich kann nicht aufgeben. Das ist die wichtigste Einsicht, zu der ich im Gefängnis der Miliz gelangte. Der bewußte Verstand und mein Körper wollten aufgeben – aber das Unbewußte ließ das nicht zu. Das andere in mir trieb mich damals wie heute weiter an. So wie auch Donal. Und wie Donal sah ich ein, daß ich mich geirrt hatte. Und ich zog die Konsequenzen daraus. Es kommt nicht darauf an, die Fehler der Menschheit zu korrigieren, sondern vielmehr das allgemeine historische Entwicklungsmuster, das solche Fehler begünstigt."

„Und wie wollte er das bewerkstelligen?" fragte Amanda. Sie forderte ihn damit auf weiterzusprechen, und als Hal fortfuhr, hatte er das Gefühl, nach und nach eine fast unerträgliche Last von sich abzustreifen, die er bereits so lange mit sich schleppte, daß er sich daran gewöhnt hatte.

„Indem er sich mit seinem Werkzeug, der intuitiven Logik, nicht nur mit der Gegenwart befaßte, sondern sich auch auf die Hintergründe konzentrierte, die Ursachen der Wirkungen, mit denen er sich konfrontiert sah – und die Ursachen hinter den Ursachen. Er suchte nach einer Stelle dieser historischen Entwicklung, an der eine Einflußnahme möglich ist."

„Und er fand sie?"

„Ja, er fand sie." Hal nickte. „Aber er wurde sich auch darüber klar, daß die menschliche Evolution einen Eingriff erforderte, den er nicht auf die Weise zu leisten vermochte, in der er bisher aktiv geworden war. Es handelte sich dabei um etwas, auf das sich Donal nicht hatte vorbereiten können. Um das zu verändern, was verändert werden mußte, war es für Donal nötig, sich selbst einem Wandel zu unterwerfen, zu lernen und reifer zu werden."

„Hm", machte Amanda. „Und so begann dein zweites Leben. Willst du mir jetzt davon erzählen?"

Hal war sich sehr wohl bewußt, wie es ihn bereits erleichtert hatte, sich der Frau an seiner Seite zu offenbaren.

„Ja", erwiderte er. „Jetzt kann ich es."

Er streckte den einen Arm aus und legte die Hand auf die warme

Wölbung ihres Bauches. Er konnte spüren, wie sich Amandas Brüste im Rhythmus des Atmens hoben und senkten, aber nach wie vor starrte er in die Dunkelheit über sich.

„Das Problem hatte mehrere Aspekte“, fuhr er fort. „Donal kam zu dem Schluß, daß die Menschheit als die Entität, die er damals in ihr zu erkennen glaubte, nicht verändert werden konnte. Das wäre ebenso schwierig und nahezu aussichtslos gewesen, als versuche man, das genetische Potential eines Baumes zu manipulieren, der bereits seine volle Größe und damit endgültige Form erreicht hat. Wenn es aber gelingt, in die Zeit des Anpflanzens zurückzukehren und Einfluß auf die Umgebung und damit die unmittelbaren Wachstumsbedingungen zu nehmen, so kann man auf diese Weise die ursprüngliche Gegenwart verändern . . .“

Er hielt kurz inne.

„Erzähl nur weiter“, sagte Amanda.

„Ich versuche, dir das alles möglichst knapp und doch genau zu schildern“, entgegnete Hal. „Und dazu ist es nötig, dann und wann nachzudenken. Nun, du mußt mir einfach glauben, wenn ich dir sage, daß er mit Hilfe der intuitiven Logik von der gegenwärtigen Lage – der Wirkung – in Richtung der Vergangenheit – der Ursachen – zurückkehrte, und er fand dabei eine temporal-historische Stelle, an der sich all diejenigen Elemente konzentricrten, die er zu beeinflussen entschlossen war. Diesen Punkt entdeckte er im einundzwanzigsten Jahrhundert, unmittelbar vor der Entwicklung der ersten funktionsfähigen Phasenverschiebung, kurz vor der Diaspora der Jüngeren Welten – zu einer Zeit also, in der das genetische Basismaterial, aus dem sich später die Splitterkulturen entwickelten, sich an einem Ort befand: auf Alterde.“

Amanda stemmte sich erneut auf dem einen Ellenbogen in die Höhe und sah ihn an.

„Willst du behaupten, Donal habe tatsächlich eine Reise in die Vergangenheit unternommen, um mit dortigen Manipulationen die Gegenwart zu verändern?“

„Ja und nein“, erwiderte Hal. „Natürlich vermochte er nicht im eigentlichen Sinn in die Vergangenheit zurückzukehren, und er war auch nicht wirklich dazu in der Lage, sie zu verändern. Aber es gelang ihm fogendes: Mit dem bewußten Verstand glitt er an der langen temporalen Kette aus Ursachen und Wirkungen entlang, bis hin in jene Zeit, die er zuvor als Ziel bestimmt hatte, und dort versuchte er, die von ihm gewünschten Veränderungen herbeizuführen. Er manipulierte nicht etwa tatsächliche Ereignisse, sondern verschiedene Möglichkeitsstrukturen. Er konnte den damals lebenden Menschen Erkenntnisse ermöglichen, die sich ihnen sonst nicht dargeboten hätten."

„Aber wie teilte er sich den damaligen Menschen mit?" fragte Amanda. „Indem er Traumvisionen in ihnen schuf? Oder flüsterte er ihnen telepathisch etwas ein?"

„Nein", sagte Hal. „Durch Interaktionen – und gleichzeitig als jemand, der nicht der entsprechenden Zeit angehörte.Ich will mich so kurz wie möglich fassen: Er benutzte den Körper eines Toten, eines Bergbau-Ingenieurs des einundzwanzigsten Jahrhunderts, eines Ertrunkenen namens Paul Formain. Und als Paul Formain beeinflußte er Menschen, die die Ahnen der Dorsai, der Quäker und anderer Kulturen waren – insbesondere aber diejenigen Personen, die sich zur sogenannten Stiftungsgilde zusammengeschlossen hatten."

„Ich glaube, diese Bezeichnung habe ich schon einmal gehört", meinte Amanda. „Aus der Stiftungsgilde gingen die Exoten hervor, nicht wahr?"

„Ja", bestätigte Hal. „Nun, in der Stiftungsgilde und anderen Vereinigungen, die die Vorläufer der späteren Splitterkulturen waren, säte Donal Möglichkeiten, die später keimen und Früchte tragen würden, nicht zu Lebzeiten Donals, sondern in unserer Gegenwart. Heute."

„Aber wann gelang Donal das?" fragte Amanda. „Er stand doch immer im Rampenlicht der Öffentlichkeit, bis zu seinem Tod – als er sich damals mit dem Kurierschiff allein auf den Weg machte und einer fehlerhaften Phasenverschiebung zum Opfer fiel."

„Er starb nicht", erklärte Hal. „Man nahm nur an, er sei ums Leben gekommen, als er sein Ziel nicht erreichte und sein Schiff verschwunden blieb. Über achtzig Jahre lang verbarg er sich im Raum – bis er die Zeit für gekommen hielt, das Schiff finden zu lassen, in der Umlaufbahn von Alterde."

Amanda schwieg einige Sekunden lang.

„Mit einem Kleinkind an Bord", sagte sie dann. „Einem kleinen Jungen. Mit dir, nicht wahr?"

„Ja." Hal nickte. „Ein konzentriertes Bewußtsein ist durchaus zu solchen Leistungen imstande. Denk nur daran, daß es Cletus gelang, sein verletztes Bein allein mit der Kraft seines Willens zu heilen."

„Ich weiß", entgegnete Amanda. „Aber er erhielt doch Hilfe von den Exoten, oder?"

„Nein", widersprach Hal. „Sie machten es ihm nur möglich, fest davon überzeugt zu sein, so etwas vollbringen zu können."

Amanda gab keine Antwort und musterte ihn.

„Während der ganzen Geschichte der Menschheit kam es immer wieder zu sogenannten Wunderheilungen", fuhr Hal fort. „Schon lange bevor es die Exoten gab. Und soweit ich weiß, gibt es auf Mara und Kultis spezielle Archive, in denen solche Ereignisse verzeichnet sind. Ebenso wie in der Letzten Enzyklopädie. Damals in der Gefängniszelle auf Harmonie befürchtete ich, an der Lungenentzündung zu sterben – bis ich schließlich begriff, daß ich unbedingt am Leben bleiben mußte und ich mir den Tod einfach nicht leisten konnte. Kurz nach dieser Erkenntnis ließ das Fieber nach. Gut, das kann auch Zufall gewesen sein. Aber es ist schon vorgekommen, daß Mütter während einer verheerenden Epidemie so lange am Leben blieben, wie sie gebraucht wurden, um sich um ihre kranken Kinder zu kümmern."

„Ja", erwiderte Amanda langsam. „Ich weiß, was du meinst."

„So etwas und die Übernahme eines toten Körpers sind nur zwei Aspekte ein und derselben Sache. Aber ich möchte dadurch nicht vom eigentlichen Thema abkommen. Wichtig ist in erster Linie folgendes: Donals Ich kehrte in der Zeit zurück und wurde zu Paul Formain, und auf diese Weise gelang es ihm, die Gegenwart zu verändern – und auch sich selbst."

„Würdest du dich bitte aufsetzen?" sagte Amanda. „Meine derzeitige Position ist auf die Dauer alles andere als bequem."

Sie setzten sich beide auf und lehnten die Rücken an die Kissen vor den Metallspangen am Kopfende des Bettes. Sie hatten nach wie vor nicht sonderlich viel Platz, und sie berührten einander.

„Du meintest eben", sagte Amanda, „Donal habe sich selbst verändert. Und auf welche Weise?"

„Donal begriff, welche Fehler er in seiner eigenen Epoche gemacht hatte", erläuterte Hal. „Er glaubte deshalb versagt zu haben, weil er nicht wie seine Mitmenschen empfand – und in diesem Sinn hatte er recht. Er zog die Konsequenzen daraus und beschloß, die Fähigkeit zu entwickeln, die Gefühle anderer Personen nachzuempfinden, so daß er nicht erneut dem Irrtum verfallen konnte anzunehmen, es sei ihm gelungen, Männer und Frauen zu verändern, obgleich sich die Wirkung seiner Einflußnahme nur auf die Gesetze erstreckte, die das Verhalten seiner Mitmenschen kontrollierten."

„Empathie? Meinst du das?"

„Ja", sagte Hal.

„Und er schaffte es?"

„Er lernte es tatsächlich. Aber das war nicht genug."

Amanda sah ihn groß an.

„Welche Fehler machte Donal – nein, nicht Donal, sondern du selbst –, als er den Körper jenes Toten benutzte . . . wie lautete doch noch gleich sein Name?"

„Paul Formain", erwiderte Hal. „Nun, das kann man nicht mit wenigen Worten erklären. Weißt du, als Formain ließ er sich – ich meine: ließ ich mich – wieder zu jenem alten Fehler hinreißen. Donal spielte Gott. Nicht etwa deswegen, weil er an dieser Rolle besonderen Gefallen gefunden hätte – aber nichtsdestotrotz sahen ihn die Bevölkerungen der vierzehn Welten fast als eine gottähnliche Gestalt. Als er anschließend fesstellte, was er getan hatte, fühlte er sich ganz krank, und er nahm sich vor, so etwas unter keinen Umständen noch einmal zu wiederholen. Aber als Paul Formain vergaß er diesen guten Vorsatz."

„Tatsächlich?" fragte Amanda. „Ich verstehe nicht ganz, was dich zu dieser Behauptung veranlaßt – es sei denn, jemand, der in der Vergangenheit ganz bewußt die Voraussetzungen für unsere derzeitige historische Situation schafft, führt sich deiner Ansicht nach wie ein Gott auf . . ."

Sie unterbrach sich plötzlich.

„Nein!" entfuhr es ihr. „Wenn man diese Argumentation bis zu ihrem logischen Ende weiterführt, so wäre es in jedem Fall unmoralisch, den Mitmenschen auf irgendeine Weise helfen zu wollen."

„Nein", erwiderte Hal. „Das meine ich nicht. Ich wollte auf folgendes hinaus: Donal begriff damals, daß er erneut ohne ausreichendes Verständnis der allgemeinen Situation gehandelt hatte. Als Donal betrachtete er die Menschen nicht in erster Linie als Individuen mit Wünschen und Hoffnungen und Gefühlen, sondern eigentlich nur als Schachfiguren. Als Paul Formain konzentrierte er sich mehr auf seine Mitmenschen – aber nur auf diejenigen, zu denen er eine empathische Verbindung herstellen konnte. Nach wie vor versuchte er, von außen Einfluß auf die Menschheit zu nehmen – dieser Faktor seines Selbst hatte sich nicht gewandelt."

Er zögerte kurz und fuhr dann fort:

„Er begriff diese Tatsache erst, als er im einundzwanzigsten Jahrhundert bereits alles in die Wege geleitet hatte. Zu jenem Zeitpunkt war schon das in Bewegung gesetzt worden, was nun die Konfrontation im Innern der Rassenentität zu einem offenen Kampf kumulieren läßt und alle Menschen zwingt, Stellung zu beziehen, entweder auf der Seite der Anderen oder als ihre Gegner – einem offenen Kampf, der über unser aller Überleben entscheidet. Doch Donal war in gewisser Weise blind, als er diese endgültige Auseinandersetzung initiierte. Und aus diesem Grund konnte er weder das Auftauchen eines Mannes wie Bleys voraussehen noch die Macht, die er für sich zu erringen vermochte. Nachdem Donal den Körper Paul Formains erneut dem Meer überantwortete, wurde er sich über seinen Fehler klar – obgleich er selbst zu jenem Zeitpunkt keinen Überblick über die möglichen Folgen haben konnte, die uns nun bedrohen. Aber er begriff genug, um seinen hauptsächlichen Fehler als solchen zu sehen."

„Was war das für ein Fehler?" fragte Amanda.

„Er wagte es nicht, jenen letzten Teil seines Selbst aufzugeben und dadurch abseits von allen anderen zu stehen." Hal drehte den Kopf und sah Amanda direkt an. „Seine Ausbilder an der Akademie bezeichneten ihn als ‚sonderbaren Jungen.' Im Vergleich mit den anderen Graemes war er klein und unscheinbar. Er war mit dem gleichen Geistespotential geboren, mit dessen Hilfe sich Bleys Ahrens lichtjahreweit von der übigen Menschheit entfernte. Auch Donal wuchs einsam und isoliert auf, und obgleich er zunächst sehr an dieser Isolation litt, lernte er schließlich, sie als ein kostbares Geschenk zu betrachten, ebenso wie Bleys. Mit der Herausbildung der Empathie war Paul Formain dazu in der Lage, das nachzuempfinden, was in anderen Menschen vor sich ging, aber dies alles blieb ihm dennoch fremd. Seine Seele war nach wie vor getrennt von all denjenigen, die ihn seiner Meinung nach ablehnten."

Erneut machte Hal eine kurze Pause.

„Ich fürchtete mich damals davor, ein Mensch zu sein", sagte er. Er sah Amanda nicht an, aber er spürte, wie sie ihm den Arm um die Taille schlang, und sie legte ihm den Kopf auf die Schulter.

„Aber jetzt nicht mehr", sagte Amanda sanft.

„Nein." Hal seufzte tief. „Aber es fiel mir sehr schwer, zu dem zu werden, was ich heute bin. Es blieb mir allerdings keine andere Wahl, als mich diesem Wandel zu unterziehen. Ich mußte meinen Weg fortsetzen."

„Indem du als Kind zurückkehrtest", sagte Amanda.

„Als kleiner Junge", bestätigte er. „Und so begann ich erneut, ohne Erinnerung, ohne Stärke, ohne die Fähigkeiten, die ich in zwei Leben zu meinem eigenen Schutz entwickelt hatte, in einer Arena gewissermaßen, die ich selbst errichtete, ohne es zu ahnen. Auf diese Weise konnte ich ein weiteres Mal lernen, ein für allemal – um so zu werden wie alle anderen Menschen auch."

„War das unbedingt erforderlich?" vernahm er die Frage Amandas, und er spürte den warmen Hauch ihres Atems auf der Schulter.

„Es führte kein Weg daran vorbei", erwiderte Hal. „Von außen kann man zwar führen und überwachen, aber eine unmittelbare und nachhaltige Einflußnahme ist nur von innen möglich. Das war der Fehler, den ich als Formain machte: Ich glaubte, Empathie allein würde mir das Werkzeug geben, das ich brauchte, um meine Aufgabe zu bewältigen. Der Schluß, den ich daraus zog, war richtig. Mein ganzes Leben als Hal Mayne erweist sich dafür als eine Bestätigung. Ich wurde als Donal geboren, und daran läßt sich nichts ändern; aber ich kann auch mehr sein als Donal. Ich kann so empfinden, als gehörte ich zu allen anderen Menschen – und dazu bin ich heute imstande."

Er drehte den Kopf und sah Amanda an.

„Und außerdem", fügte er hinzu, „hat uns das zusammengeführt."

„Hm", machte Amanda. „Vielleicht hättest du dieses Ziel auch auf einem Umweg erreicht. Ich glaube nach wie vor, daß das, was du als historische Kräfte bezeichnest, uns in jedem Fall zusammengebracht hätte, so oder so."

„Ich dachte, du hättest bisher angenommen, es sei auch das Gegenteil möglich gewesen", erwiderte Hal. „Hast du dir für diesen Fall nicht vorgenommen, einfach alles zu vergessen?"

„Das stimmt", entgegnete Amanda. „Aber wenn ich es mir recht überlege, war ich ganz sicher, du würdest zurückkehren. Und ich habe gelernt, meinen Empfindungen in dieser Hinsicht zu vertrauen. Ich weiß, wann ich recht habe. Ich weiß es ebenso sicher, wie . . ."

Sie beendete den Satz nicht.

„Wie was!" fragte Hal.

„Nichts. Es spielt jetzt keine Rolle mehr." Hal fühlte, wie Amanda kurz den Kopf schüttelte. „In früheren Zeiten hätte man ein solches

Empfinden sicher als Zweites Gesicht oder Hellseherei bezeichnet. Aber du solltest dir deswegen keine Gedanken machen. Ich möchte dich noch etwas fragen: Wenn du von der Rassenentität sprichst, meinst du dann tatsächlich eine echte Wesenheit, die unabhängig von uns existiert?"

„Nicht unabhängig von uns", erwiderte Hal. „Oh, man könnte es so nennen, in dem Sinn, daß die Rassenentität Ziele verfolgt, über die sich ihre einzelnen Komponenten – du und ich zum Beispiel – nicht im klaren sind. Nein, ich meine damit in erster Linie den Selbsterhaltungstrieb und die anderen Schutz- und Entwicklungsreflexe der Menschheit als Ganzes, die ein Niveau erreichen, das sich fast mit dem eines Individuums vergleichen läßt. Denn es handelt sich dabei nun um das Reflex-Konglomerat eines ganzen intelligenten Volkes, das sich überhaupt nicht mehr mit der unbewußten Instinkt-Einheit zum Beispiel einer Tier-Spezies vergleichen läßt."

„Und das ist alles?" fragte Amanda erstaunt. „Wie kannst du dann davon sprechen, als handele es sich wirklich um eine mit eigenbewußter Zielstrebigkeit ausgestattete Person?"

„Nun, das ist eben der große Unterschied zu einer Tier-Spezies, denn wir, die wir die Einzelkomponenten eben jener Entität darstellen, sind ebenfalls eigenbewußte und intelligente Individuen. Weil wir denken, denkt auch die Rasseneinheit – und sie folgt dabci unserer Art von Überlegungen. Nimm das als eine Erklärung. Wir haben es mit einer Art von kollektivem Unterbewußtsein zu tun, so als sei das Unbewußte aller Einzelpersonen telepathisch miteinander verbunden – und dafür gibt es in der Vergangenheit einige Beispiele."

„Ja", erwiderte Amanda nachdenklich. „Die Empathie zwischen Zwillingen. Oder zwischen Eltern und ihren Kindern. Oder zwischen zwei Erwachsenen, die sich lieben. Eine empathische Verbindung, die es selbst über weite Entfernungen hinweg ermöglicht, das zu fühlen, was mit dem Partner geschieht. Weißt du, ich glaube . . . nun, ich glaube, auch in unserem Fall gibt es so etwas."

„Mag sein", sagte Hal. „Aber im Fall der Menschen existiert ein großer Unterschied im Vergleich mit der Einheit eines Bienenstocks oder eines Ameisenvolks. Unsere individuellen Wünsche können sich nicht nur von denen der Rassenentität unterscheiden; wir können sogar dafür sorgen, daß die Einheit des gesamten Volkes sich anderen Überlegungen zuwendet und neue Ziele anstrebt – indem wir

Einfluß nehmen auf das Unbewußte in unseren Mitmenschen. Wenn wir eine ausreichende Anzahl von ihnen dazu bringen können, unsere eigenen Wünsche zu teilen, so wird sich die Rassenentität in die neue Richtung wenden müssen, und es spielt dabei keine Rolle, welchen Weg sie bis dahin verfolgte."

„Doch wie willst du es bewerkstelligen, das Unbewußte anderer Menschen zu ändern? Es ist naturgemäß diffus und nicht konkret, während das Bewußte auf rationale Argumente zu reagieren vermag. Gut, ich weiß, daß die Exoten dazu in der Lage sind, kranke Seelen dadurch zu heilen, indem sie auf das Bewußte einwirken und dafür sorgen, daß Veränderungen auch ins Unbewußte hinabfiltern. Als weiteres Beispiel könnte man auch das Charisma Bleys' und der übrigen Anderen anführen – diese Fähigkeit beeinflußt direkt das Unterbewußtsein der Menschen. Aber solche Dinge haben nur dann eine dauerhafte Wirkung, wenn sich eine Übereinstimmung zwischen ihnen und den Wünschen und Hoffnungen des entsprechenden Individuums herbeiführen läßt. Es gibt keine andere Möglichkeit, das Unterbewußtsein einer Person zu verändern."

„Doch, die gibt es", widersprach Hal. „Und sie wird seit prähistorischen Zeiten benutzt, zumindest seit Menschen in den Höhlen von Dordogne auf Alterde lebten. Man kann sich mit Hilfe der Kunst mit dem Unbewußten anderer Personen in Verbindung setzen."

„Kunst . . .", wiederholte Amanda nachdenklich.

„Genau", bestätigte Hal. „Und weißt du warum? Kunst – echte Kunst – vermittelt niemandem eine konkrete Botschaft. Sie stellt nur ein Angebot für denjenigen dar, der sie in sich aufzunehmen bereit ist."

„Vielleicht. Aber andererseits macht sie das, was sie mitzuteilen hat, möglichst attraktiv, nicht wahr?"

„Ja, das stimmt. Wenn es sich um gute Kunst handelt. Und wenn sie nicht gut ist, bietet sie dem Betrachter, Leser oder Zuhörer auch nichts an. Doch der Unterschied zwischen diesem Umstand und einem bewußten Versuch, eine solche Botschaft zu übermitteln, ist der zwischen dem Befehl und einem Beispiel. Der Künstler überzeugt nicht etwa denjenigen, der mit seinem Kunstwerk konfrontiert wird – letzterer überzeugt sich vielmehr selbst, wenn er sich als empfänglich für die Botschaft erweist. Gerade aus diesem Grund habe ich, wie du vor einer Weile feststelltest, den umgekehrten Weg beschritten, von oben begonnen und mich nach unten vorgearbeitet. Alle

Anstrengungen Donals konnten die Rassenentität nicht einen Millimeter vom eingeschlagenen Weg abbringen. Aber wenn es mir gelingt, zuvor gewissermaßen Spuren im Schnee zu hinterlassen, so folgen ihnen vielleicht einige andere Menschen, denen sich wiederum weitere anschließen."

„Warum?" fragte Amanda. „Ich zweifle nicht an deinen Worten, Liebling, aber ich möchte alle Einzelheiten verstehen. Warum sollte dir jemand folgen?"

„Wegen meiner Träume", erwiderte Hal. „Nach der Totenfeier James' träumte Donal von einer Zeit, in der kein weiterer James' aufgrund eigensüchtiger Motive sein Leben lassen muß. Meine Träume gehen noch darüber hinaus. Ich sehe jetzt sogar eine Möglichkeit, den ältesten Traum der Menschheit zu verwirklichen."

„Und um was geht es dabei?" fragte Amanda ganz leise.

„Die Menschheit", erwiderte Hal ruhig, „träumte von Anfang an davon, ein Volk von Göttern zu sein. Schon in prähistorischen Zeiten müssen die Höhlenbewohner in der Kälte gezittert und gedacht haben: ‚Ich wünschte, ich wär' ein Gott und könnte den Regen beenden.' Und einige Jahrtausende später erfüllte sich der Mensch diesen Wunsch und schuf die Wetterkontrolle. Aber schon lange Zeit zuvor brachte das Bestreben, sich vor Kälte und Nässe zu schützen, Hüte, Regenschirme und Dächer hervor. Doch immer wieder erinnerte sich der Mensch an seinen ursprünglichen Traum, einfach nur sagen zu können: ‚Es höre auf zu regnen!' "

Hal musterte Amanda in dem sie einhüllenden Zwielicht.

„Und so war es auch mit allen anderen Dingen, die sich einzelne Menschen – und damit auch die Rassenentität – erträumten: Wärme, wenn es kalt ist, große Wasserflächen trocken zu überqueren, sich über noch größere Entfernungen hinweg zu verständigen, den Schmerz zu besiegen, Krankheiten und schließlich auch den Tod selbst. Letztendlich läuft das auf einen großen Wunsch hinaus – auf den nämlich, allmächtig und damit Gott zu sein."

Hal unterbrach sich, als er sich bewußt wurde, wie laut seine Stimme geworden war, und leiser fuhr er fort:

„Und der Weg, den man in Richtung Erfüllung dieses Wunsches beschritt, bestand immer aus einzelnen und überschaubaren Etappen, bevor ein einzelner Befehl – ein göttlicher Wink – ausreichte, um das geschehen zu lassen, was geschehen sollte. Aber die Erfüllung des größten und ultimaten Wunsches blieb die ganze Zeit über nur ein Traum. Städte und Länder, Eroberer und Könige – das alles wurde vom Strom der Zeit fortgespült. Den Traum aber vergaß man nicht. Er fand seinen Ausdruck in der Kunst. Nach und nach veränderte sich die menschliche Natur, strebte nicht mehr nur materiellen Reichtum an, sondern lebte und kämpfte und starb auch für immaterielle Dinge: für den Glauben, für Verpflichtungen, für Liebe und Macht – für Macht zunächst über die materiellen Dinge, dann die Mitmenschen und schließlich über sich selbst. Und der letzte und größte Traum . . . er war immer wie ein Banner, das der allgemeinen Entwicklung vorauswehte – bis die Rassenentität schließlich begriff, daß sich dieses Ziel tatsächlich erreichen läßt."

Damit schwieg Hal.

„Und du meinst, alle Träume der Menschheit hätten ihren Niederschlag in der Kunst gefunden?" fragte Amanda.

„Ja", bestätigte Hal. „In der Vergangenheit ebenso wie heute. Die Fußspuren, die ich im Schnee hinterlassen möchte, führen in die Realität dessen, was sich heute als Traumvision abzuzeichnen beginnt – in ein Universum, in dem sich jeder Wunsch sofort erfüllt. Möchtest du ein Schloß? Du bekommst es, indem du es dir wünschst – aber du mußt die Baumaterialien kennen und besitzen; du mußt dir über die Architektur im klaren sein, so daß das Schloß nicht in sich zusammenstürzt, ist es erst einmal errichtet worden, und du mußt dich auch vergewissern, daß der Untergrund sicher und fest genug ist. Nun, unter all diesen Voraussetzungen könntest du dir dein Schloß schon heute bauen. Aber du hast mehr im Sinn als nur die physische Struktur. Dein Schloß soll diejenigen immateriellen Qualitäten haben, an die du vor allen Dingen dachtest. Diese Dinge lassen sich nicht in dem physischen Universum finden, sondern in jenem anderen Kosmos, den wir alle kennen und in den wir uns mit Hilfe des Unterbewußtseins einen Zugang verschaffen wollen. Dieses zweite Universum hat uns wesentlich mehr anzubieten als nur die Erfüllung materieller Wünsche. Es macht uns die Befriedigung des ursprünglichen Bedürfnisses möglich, ein Gott zu sein. Es gibt uns die Möglichkeit, alle Krankheiten zu heilen, alle Geheimnisse zu lüften und schließlich das zu erbauen, von dem bisher noch kein Mensch zu träumen wagte."

„Du möchtest also, daß alle anderen Menschen deinen Traum zu ihrem eigenen machen", sagte Amanda.

„Ja." Hal nickte. „Aber mein Traum ist bereits der ihre – es sei denn, sie geben sich alle Mühe, ihn zu vergessen, so wie Bleys und die Angehörigen seiner Organisation. Meine Aufgabe besteht nur darin, den Traum zu beschreiben."

„Aber vielleicht gelingt dir das nicht", gab Amanda zu bedenken. „Und wenn du stirbst, stirbt der Traum mit dir."

„Nein", widersprach Hal fest. „Es gibt schon viele andere Menschen, die ihn ebenfalls träumen. Er ist inzwischen ein Teil der Rassenentität selbst geworden, zusammen mit der Furcht davor, seine Erfüllung anzustreben. Hast du es nicht ebenfalls gespürt – von Anfang an? Es ist inzwischen zu spät, um zu versuchen, diese Vision zu verbergen oder sie unmöglich zu machen. Vor vierhundert Jahren mußte die Rassenentität sich mit der Tatsache abfinden, daß es sich bei der Geborgenheit vermittelnden Heimat nur um ein winziges Staubkorn im Universum handelt, in einem Kosmos, der so ungeheuer groß ist, daß nicht nur alles Denkbare darin existieren könnte, sondern geradezu darin existieren muß. Der Menschheit blieben damals nur zwei Möglichkeiten: Entweder sie verschloß die Augen vor dem neuen und in unendliche Ferne hinausgeschobenen Horizont, oder sie ging das Risiko ein, das Fremde jenseits der Atmosphäre zu erkunden und zu durchstreifen."

„Eigentlich blieb ihr gar keine Wahl", warf Amanda ein. „Die damalige Überbevölkerung auf der Erde war ein zwingendes Motiv, den Heimatplaneten zu verlassen."

„Die Überbevölkerung setzte die Rassenentität tatsächlich unter Druck, und in einem unendlichen Universum gibt es unendlich viel Platz. Nun, die Entität setzte sich vor Furcht zitternd in Bewegung und murmelte von Dingen, *die nicht für den Menschen bestimmt sind.* Aber sie machte sich auf den Weg, und nur darauf kam es an. Sie teilte ihre besten Faktoren auf die bestmögliche Art und Weise auf, in dem sie die verschiedenen kulturellen Orientierungen, die ihre Zivilisation bis dahin hervorgebracht hatte, auf verschiedenen Welten unterbrachte. Es war ein Experiment, mit dem sich erweisen sollte, welche Aspekte sich als besonders lebens- und überlebensfähig erweisen würden. Und die Rassenentität hatte das Bestreben, sich dem Stamm anzupassen, der aus diesem Wettstreit als Sieger hervorging. Diesen Anpassungsprozeß erleben wir derzeit. Und die Frage ist, für welche von zwei Möglichkeiten sich die Entität entscheiden wird. Für den Faktor, der verharren und sich mit dem zufriedengeben will, was wir erreicht haben – oder den, der weitere Risiken eingehen und die Experimente fortsetzen möchte. Denn für die menschliche Gleichung, mit der wir es in dieser Hinsicht zu tun haben, gibt es nur eine Lösung. Wenn der dominierende Überlebensstamm dem Menschentypus Bleys' entspricht – und seiner Philosophie der Stasis –, so bleiben wir zum erstenmal, seit die Höhlenbewohner der Vorgeschichte sich auf den langen Weg begaben, an Ort und Stelle stehen. Wenn sich hingegen die Einstellung durchsetzt, die wir vertreten, so setzen wir den Weg fort und streben das an, was uns vernichten könnte. Die Rassenentität wartet nur ab, um festzustellen, wer aus der gegenwärtigen Konfrontation als Sieger hervorgehen wird."

„Aber wenn es nur diese beiden Möglichkeiten gibt", sagte Amanda, „so wäre es für die Rassenentität – eigentlich mag ich diesen Ausdruck überhaupt nicht – vielleicht besser, sich für Bleys und die Anderen zu entscheiden."

„Nein", erwiderte Hal, „keineswegs. Denn die Entität besteht aus einzelnen Komponenten, und die einzelnen Menschen sind keine Götter – noch nicht. Deshalb sind nach wie vor Irrtümer möglich. Und es wäre ein Irrtum, sich für die Anderen zu entscheiden, denn sie scheinen nicht zu begreifen, daß die Stasis schließlich in den Untergang führen muß. Das Ende des Wachstums ist ein Synonym für Tod. Die Rassenentität hat noch nie eine Phase des Stillstands durchgemacht, und sie ist wie ein Kind, das sich nicht vorstellen kann, daß seine Entwicklung einmal ein Ende nehmen mag. Mir hingegen ist das sehr wohl klar."

„Es wäre auch denkbar, daß du derjenige bist, der sich irrt."

„Nein!" erwiderte Hal erneut und noch etwas bestimmter. „Im Verlauf des vergangenen Jahres bin ich mir in dieser Hinsicht ganz sicher geworden. Wie du weißt, kehrte ich in die Letzte Enzyklopädie zurück. Und mit meinem Wissen von den Zusammenhängen zwischen Paul Formain und Hal Mayne benutzte ich sie auf die Art und Weise, die sich Mark Torre erträumte. Ich verwendete Dichtkunst als einen Schlüssel für die Bedeutung der geschichtlichen Aufzeichnungen. Ich analysierte damit den Traum von der Göttlichkeit, den ich dir eben schilderte – und der Wunsch nach persönlicher Gottgleichheit findet in allen archivierten Informationen seinen Niederschlag. Ganz deutlich wird er zum erstenmal während der jähen Entwicklung in der Renaissance. Nicht nur in bezug auf die Kunst, sondern auch alle anderen Artefakte der menschlichen Kreativität."

Er hielt inne und musterte die Frau an seiner Seite.

„Kannst du mir folgen?“ fragte er.

„Sprich nur weiter“, erwiderte Amanda ruhig. „Ich höre dir aufmerksam zu.“

„Selbst heute“, fuhr Hal daraufhin fort, „gibt es die Tendenz, die Renaissance in erster Linie mit den großen Kunstwerken in Zusammenhang zu bringen, die während des betreffenden Zeitraums entstanden. Aber ihre Bedeutung geht weit darüber hinaus. Es war eine Epoche vieler Umwälzungen in Form wichtiger handwerklicher Innovationen und sozialer und ideeller Experimente. Ich habe dir ja schon vom Theater der Erinnerungen erzählt, das die Konzeption der Letzten Enzyklopädie vorwegnahm. Es war nicht nur ein Zufall, daß Leonardo da Vinci sich auch als Ingenieur betätigte. Das, was wir als das Zeitalter der Technologie bezeichnen, begann eigentlich mit den pragmatischen Innovationen des Mittelalters – und dadurch entwickelte sich ein neues Bewußtsein dessen, was dem Menschen möglich ist. Von jenem Zeitpunkt an dauerte es nur sechshundert Jahre, bevor die Barriere überwunden wurde, die die Menschheit vom Weltraum trennte. In jeder Generation gab es Individuen, die wie Bleys den Fortschritt aufhalten und einen Status quo herbeiführen wollten. Aber ist die Entwicklung stehengeblieben? Haben wir irgendwann einmal auf dem langen und beschwerlichen Weg in Richtung der Erfüllung aller unserer Wünsche innegehalten?“

Er unterbrach sich.

„Nein“, sagte Amanda. „Das haben wir nicht.“

Sie drehte den Kopf und schob sich ein wenig in die Höhe – und Hal zuckte zurück und starrte sie betont grimmig an.

„Du hast mich ins Ohr gebissen!“

„Genau.“ Sie lächelte. „Machen wir jetzt Schluß mit diesen tiefsinnigen Überlegungen. Wir haben noch Zeit genug, uns über unseren Gegner Gedanken zu machen, bevor er an die Tür klopft. Ich weiß nicht, wie es dir ergeht, aber ich habe Hunger, und außerdem ist es Zeit fürs Frühstück.“

„Fürs Frühstück?“

Aus einem Reflex heraus sah er zum Fenster und stellte fest, daß Amanda recht hatte. Sie hatten die ganze Nacht über gesprochen, und die Dunkelheit draußen erhellte sich. Im Zwielicht des neuen Tages zeichneten sich nun schon die Konturen des steilen Hanges hinterm Haus ab, und man hätte meinen können, es habe dort ein riesiger Geist Aufstellung bezogen.

„In der Tat“, bestätigte Amanda. Sie war bereits aufgestanden, griff nach Hals Hand und zog ihn ebenfalls aus dem Bett. „Die Nacht war sehr lang, und wir haben einen arbeitsreichen Tag vor uns. Wir frühstücken und schaffen Ordnung, und anschließend solltest du noch ein Nickerchen machen. Die Zusammenkunft mit den Graucaptains ist für den Mittag angesetzt.“

„Was für eine Zusammenkunft?“ fragte Hal. Er sah, wie sich Amanda ankleidete, und er griff nach seinen eigenen Sachen. „Ich habe dich doch gar nicht darum gebeten, eine zweite Konferenz einzuberufen.“

„Als mir der Kommandant des Raumschiffs von deiner Anwesenheit an Bord berichtete, schickte ich sofort eine Nachricht an die Graucaptains“, erwiderte die Frau mit dem weißblonden Haar. „Aus diesem Grund hatte ich gestern in Omalu zu tun: Ich mußte die letzten Unterlagen für das Treffen vorbereiten. Nun, ich habe etwas Fleisch mitgebracht, Hal Mayne. Kein Fisch diesmal – echtes Fleisch! Wie wär’s mit einem Lammrücken für die Kombination aus Frühstück und Abendessen, das du gestern abend bestimmt hast ausfallen lassen?“

9

Amanda startete das Triebwerk, und ihr kleiner Air-Raum-Bus stieg in die Höhe. Hal beobachtete, wie Foralie unter ihnen zurückblieb und rasch kleiner wurde, und er fühlte sich irgendwie leer. Nach einigen Sekunden brachte er dieses Empfinden mit dem in Zusammenhang, das er während der ersten Tage auf Coby verspürt hatte – und damals, als Donal, als er sein Zuhause und Dorsai verließ.

„Ich dachte, ich könnte wenigstens eine Woche bleiben“, sagte er. Das Profil Amandas zeichnete sich scharf vor dem stahlblauen Himmel ab, der durch das Seitenfenster hinter ihr zu sehen war. „Aber wenn ich es schaffe, mit den Graucaptains heute alles zu regeln, so sollte ich für eine solche Gelegenheit eigentlich dankbar sein. Können wir am Raumhafen von Omalu landen? Ich würde gern in Erfahrung bringen, wann das nächste Schff nach Sol und der Letzten Enzyklopädie fliegt.“

„Das ist nicht nötig“, erwiderte Amanda. Sie trug eine dunkelblaue Leinenkombination aus Rock und Jacke, und über der hellblauen Bluse glitzerte eine Kette blaugrauer Korallenperlen. Aus igendeinem Grund vermittelte ihre Aufmachung Hal das Gefühl, als sei erneut eine gewisse Distanz zwischen ihnen entstanden, als sei Amanda jetzt in erster Linie eine Repräsentantin Dorsais und nicht mehr allein die Frau, die er liebte. „Es steht ein Kurierschiff samt Pilot für dich bereit."

Das erstaunte ihn. Es waren nicht etwa die Kosten für eine Privatpassage zur Erde, die ihm zu denken gaben. Von der Letzten Enzyklopädie – und vermutlich auch von den Exoten – hätte er jederzeit die dafür notwendigen interstellaren Kredite erhalten. Und sehr bald würden solche Dinge ohnehin keine Rolle mehr spielen. Er war vor allen Dingen deshalb überrascht, weil ihm die Worte Amandas klarmachten, daß andere Menschen ihn bereits als jemanden zu betrachten begonnen hatten, dessen Aufgabe zu wichtig war, als daß man durch normale Liner-Termine herbeigeführte Verzögerungen in Kauf nehmen konnte. Als er noch darüber nachdachte, beugte sich Amanda nach vorn und griff in das Handgepäck in der Trennwand. Sie holte ein Papierbündel daraus hervor und reichte es Hal.

„Was ist das?" fragte er, als er die Unterlagen entgegennahm. Sie bildeten einen mehr als drei Zentimeter dicken Stapel.

„Eine für dich bestimmte Kopie des Kontrakts, die du auf dem Weg nach Omalu lesen kannst", erwiderte Amanda, und ihr Blick war dabei auf die Wolken gerichtet, auf die der kleine Bus nun zuhielt.

„Ein Kontrakt . . ." Hal lächelte schief. Er legte sich die Papiere auf die Knie und begann zu lesen. Solche Dokumente würden bald ebensowenig nützen wie interstellare Kredite. Gleichzeitig jedoch beeindruckte es ihn sehr, nun das in Händen zu halten, was die Tradition der Dorsai ausmachte – auch wenn sich diese Charakteristiken auf einige Seiten beschriebenen Papiers beschränkten.

Als sie Omalu erreichten, landete Amanda ihren kleinen Bus neben anderen Fahrzeugen auf dem Parkplatz der zentralen Verwaltung. In dieser Region Dorsais regnete es erneut, und über ihnen spannte sich eine dichte und graue Wolkendecke. Sie traten durch die breite Doppeltür des Haupteinangs, und Hal hob den Kopf. Sein Blick fiel auf die Zeilen eines Gedichts A.E. Housmans mit dem Titel: *Grabschrift einer Armee gefallener Söldner.* Die einzelnen Worte waren in den Stein der Wand dicht neben der Tür gemeißelt worden, und der ernste Klang der vier ersten Zeilen hallte in Hal wider . . .

Diese Männer, als sich schwärzte der Himmel voller Verzagen,
In jener Stunde, als sich öffnete die Höllenpforte,
Folgten ihrer Bestimmung als Söldner, ohne zu klagen,
Nahmen ihren Lohn und zogen in des Todes Horte.

Der Raum, in dem die Konferenz stattfinden sollte, erwies sich als einer der großen Besprechungssäle, in dem wichtige Dinge diskutiert wurden, die möglicherweise nicht nur einzelne Regionen dieses Planeten betrafen, sondern ganz Dorsai. Er bot für mindestens siebenhundert Personen Platz, und man brauchte ihn auch, um all diejenigen unterzubringen, die an diesem Tag gekommen waren.

„So viele Graucaptains?" wandte sich Hal leise an Amanda, als sie ihn in Richtung der Plattform in der Mitte des großen und halbkreisförmigen Auditoriums führte. Von dort aus fiel der Blick Hals auf die vielen Sitzreihen, vor denen sich Tische und Ablagen entlangzogen.

„Es sind sowohl die pensionierten als auch die diensthabenden Graucaptains gekommen – und darüberhinaus all die Personen, die das angeht, was wir hier zu besprechen haben", antwortete sie ebenso leise. „Es hält sich niemand aus reiner Neugier hier auf."

Sie stand neben Hal vor dem Pult, und sie warteten, bis das vielstimmige Murmeln der geführten Gespräche verklang und Stille einkehrte.

„Ich glaube, Sie alle kennen Hal Mayne", sagte Amanda, und aufgrund der hervorragenden Akustik war ihre Stimme ohne Schwierigkeiten auch in den letzten Reihen zu verstehen. „Rourke di Facino ist der Vorsitzende dieser Konferenz. Ich gebe das Wort nun an ihn weiter."

Sie trat von dem Podest herunter und nahm auf dem einzigen noch freien Sitz in der ersten Reihe Platz. Hal erkannte das rosafarbene und faltige Gesicht Rourkes, der in der Mitte der zweiten Reihe saß, direkt ihm gegenüber. Er bemerkte darüberhinaus, daß sich die Plätze jener zweiten Reihe auf einer Höhe mit ihm und dem Podium befanden.

Für einen Sekundenbruchteil regte sich so etwas wie Ungeduld in

Hal. Er konnte jetzt so deutlich erkennen, was unternommen werden mußte, ohne daß eine andere Alternative blieb, daß ihm solche Zusammenkünfte als reine Zeitverschwendung erschienen. Dann aber rief er sich selbst zur Ordnung und erinnerte sich daran, daß derartige Konferenzen als Rituale nicht weniger wichtig waren als zum Beispiel die Totenfeier zu Ehren James'. Hal begriff plötzlich, es mit einer ganz besonderen Art von Andacht zu tun zu haben und dem Begräbnis der Traditionen Dorsais beizuwohnen, und daraufhin verwandelte sich seine Ungeduld in Scham.

Er stand noch immer vor dem Pult. Links von ihm befand sich ein Tisch samt Stuhl, und der Sitz war wie einladend zurückgeschoben. Hal machte keinen Gebrauch von der Möglichkeit, dort Platz zu nehmen. Er legte die Kopie des Kontrakts aufs Pult und wartete. Überraschenderweise verließ Rourke seinen Sessel in der zweiten Reihe nicht, sondern sprach von dort aus.

„Ich erkläre die Sitzung hiermit für eröffnet", sagte der kleine Mann. Sein Tenor hallte deutlich im Saal wider. „Ich gebe Ihnen Bescheid, wann der Zeitpunkt für die allgemeine Aussprache gekommen ist. Bis dahin gilt die normale Geschäftsordnung." Er blickte Hal an.

„Es ist uns eine Ehre, Sie erneut bei uns begrüßen zu dürfen, Hal Mayne", fügte er hinzu.

„Vielen Dank", erwiderte Hal.

„Haben Sie uns noch irgend etwas zu sagen, bevor wir mit der Erörterung der geschäftlichen Dinge beginnen?"

Hal musterte Rourke und ließ seinen Blick anschließend durch den Saal schweifen.

„Ich . . . ich stelle nur fest, daß Sie mich erwartet haben", sagte er.

Er glaubte, in der Einstellung derjenigen Männer und Frauen, die ihn nun beobachteten, eine Veränderung zu bemerken – eine Veränderung im Vergleich mit der Haltung, die die Graucaptains während der ersten Zusammenkunft ihm gegenüber eingenommen hatten. Diesen Wandel brachte er in Zusammenhang mit seinen früheren Beobachtungen, mit den brachliegenden Feldern und all den anderen Veränderungen, zu denen es auf Dorsai gekommen war.

Diese Erkenntnis offenbarte sich ihm mit einer Schärfe und Deutlichkeit, mit der er in diesem Ausmaß nicht gerechnet hatte, und aus einem Reflex heraus begann er damit, sowohl die Einsicht selbst zu analysieren als auch ihren Ursprung zu identifizieren. Das wiederum versetzte ihn in die Lage, noch klarer die Details seiner Aufgabe zu erkennen.

Es war plötzlich, als erstarre die Zeit. Aber Hal befand sich nicht wirklich in einer temporalen Nische; vielmehr gewann er diesen Eindruck, weil sich das Verarbeitungstempo seines Bewußtseins enorm beschleunigte. Donal hatte diese Fähigkeit bewußt einsetzen können, und durch das Wiedererwachen der Erinnerungen war nun auch Hal selbst dazu imstande.

In dieser verblüffend in die Länge gezogenen Sekunde beobachtete er die Kleidung der Anwesenden. Die meisten Männer und Frauen zeichneten sich in dieser Hinsich durch einen recht individuellen Stil aus, wirkten jedoch – ebenso wie Amanda an diesem Morgen – förmlicher als bei Hals erster Zusammenkunft mit den Graucaptains.

Es fiel ihm auf, daß die Kleidung der einzelnen Personen zwar von unterschiedlicher Natur war, aber die meisten Anwesenden bevorzugten ganz offensichtlich ruhige Farbtöne, Blau und Grau zum Beispiel. Die Hemden und Blusen hatten einen offenen und niedrigen Kragen und wirkten sehr sauber und ordentlich. Dadurch hätte man fast meinen können, es irgendwie mit Uniformen zu tun zu haben.

Dann jedoch bemerkte Hal, daß der Eindruck, der sich ihm in diesen langen Augenblicken offenbarte, nicht nur allein von der Kleidung hervorgerufen wurde. Die Menge seiner Zuhörer wirkte darüberhinaus auch uniform in der Art und Weise, wie die Männer und Frauen saßen, wie sie sich verhielten. Sie alle – selbst die Greise unter ihnen – schienen vollkommen gesund und in sehr guter körperlicher Verfassung zu sein. Niemand wirkte besonders dick, nicht einmal diejenigen, die von Natur aus eine kräftigere Statur hatten. Sie hielten sich gerade und aufrecht, und sie bewegten sich nur selten. Sie warteten mit der entspannten Gelassenheit von Menschen, die sich völlig unter Kontrolle haben.

Und es gab noch etwas anderes, das Hal in dieser Sekunde auffiel: die Gesichter. Hal hatte an vielen Versammlungen auf den Jüngeren Welten und auf der Erde teilgenommen, und noch niemals zuvor war er dabei mit einer derartigen mimischen Vielfalt konfrontiert worden. Das Spektrum reichte hier von dem rosafarbenen Gesicht Rourkes über die dunkle und ausdruckslose Miene Miriam Songhais bis hin zu der elfenbeinfarbenen und sanften Blässe Amandas. Dennoch aber glaubte Hal in all den Zügen etwas Gemeinsames zu erkennen, und diesen Faktor identifizierte er schließlich in der Übereinstimmung ihrer Haltung.

Und zum erstenmal stellte er etwas fest, das sich bisher seiner Aufmerksamkeit entzogen hatte. In allen Anwesenden herrschte Kälte, eine emotionale Gräue, die inzwischen zu einem Teil ihres Wesens geworden war.

Es war eine Kälte, die einen stummen und sehr tiefen Kummer verbarg. Einen Kummer, der so intensiv und persönlich geworden war, daß sie es nicht wagten, darüber zu sprechen. Einen Kummer, den die Männer und Frauen zwar in einen entfernten Winkel ihres Selbst verdrängt hatten, der aber trotzdem einen Ausdruck fand, in den unbestellten Feldern und öden Blumenbeeten vor den Häusern. Hal empfand ihn plötzlich so, als sei es sein eigener, und er analysierte ihn mit der Empathie, die Donal erlernt hatte, indem sein Geist in der Zeit zurückgekehrt war.

Als er dieses Gefühl nachempfand, verstand er auch, warum er selbst Amanda gegenüber gezögert hatte, von seinem zweiten Leben als Paul Formain zu erzählen. Jedesmal dann, wenn er ein neues Leben begonnen hatte – erst als Paul und dann als Hal –, war es nötig gewesen, alles andere der Vergessenheit anheimfallen zu lassen, und das kam einem Trauma gleich.

Besonders schwierig war der Neubeginn als Paul Formain gewesen. Donal hatte sich damals nicht vorgestellt, daß so viel Mut und Entschlossenheit nötig waren, um das eigene Bewußtsein von allem Wissen zu entblößen, von allen bisher gesammelten Erfahrungswerten, um alles Vertraute hinter sich zu lassen und sich einer völlig fremden Umgebung zu überantworten. Damals hatte er nur deswegen weitergemacht, weil ihm gar keine andere Wahl geblieben war.

Als sich Hal jetzt an diesen Schmerz erinnerte, offenbarte sich ihm jäh das Verständnis der Pein in den Männern und Frauen vor ihm. Ihr Kummer gründete sich nicht etwa auf die Befürchtung persönlicher Verluste, auch nicht auf die Erkenntnis, daß all das zerstört werden mochte, was ihr Volk in dreihundertjähriger Arbeit geleistet und errungen hatte. Tatsächlich ging es um etwas, das zu akzeptieren ihnen noch viel schwerer fiel: das Wissen nämlich, daß all das, mit dem und für das sie gelebt hatten, nun ein Teil der Vergangenheit wurde und niemals zurückgeholt werden konnte, daß all das bald der Vergessenheit anheimfallen mußte.

Der Stolz und der Traum der Dorsai – nur noch Schatten, die sich rasch verflüchtigten. Und die Anwesenden wurden Zeugen dieser historischen Konsequenz.

„Beginnen wir." Die Stimme Rourkes klang trocken und monoton. Er ordnete die Unterlagen vor sich.

„Hier auf Dorsai ist unser Leben dreihundert Jahre lang von Kontrakten bestimmt worden", fuhr Rourke fort. „Und wenn es ein Vertrag erfordert, sterben wir sogar. Ich nehme an, Sie hatten die Möglichkeit, sich mit der Kopie zu befassen, die Amanda Ihnen zur Verfügung stellte?"

„Ja", bestätigte Hal. „Ich möchte in diesem Zusammenhang feststellen, daß . . ."

Rourke hob die Hand und unterbrach ihn.

„Über die eigentlichen Vertragsbestimmungen können wir gleich sprechen", sagte er. „Nun, wir alle wissen, daß dies keine gewöhnliche Kontrakt-Konferenz ist. Wir müssen hier zu einer Übereinkunft kommen, die in ihrer Bedeutung alle Abkommen der Vergangenheit weit übertrifft. Mit Ihrer Erlaubnis möchten wir Ihnen aus diesem Grund zuerst einige Fragen stellen. Wenn uns die Antworten darauf zufriedenstellen, sollten wir mit der konkreten Diskussion beginnen."

„Gern", erwiderte Hal.

„Gut", meinte Rourke.

Er blickte nach rechts und links, so als wolle er sich der Aufmerksamkeit aller anderen versammelten Dorsai vergewissern. Dann sah er wieder Hal an.

„Der Vertrag", sagte er, „sieht eine Bezahlung derjenigen vor, die aufgrund des Kontrakts Verpflichtungen eingehen, und es gibt auch Bestimmungen zugunsten der Angehörigen – für den Fall, daß die betreffenden Personen während ihrer Arbeit den Tod finden oder sonstwie nicht mehr dazu in der Lage sind, für den Unterhalt ihrer Familien zu sorgen. Darüber hinaus ist auch ein Lohn für alle diejenigen vorgesehen, die auf dieser Welt für den Vertrag tätig sind. Andererseits aber dürfte es darauf hinauslaufen, daß letztendlich keine Währung mehr existiert, in der diese Zahlungen erfolgen können. Stimmen Sie mir in diesem Punkt zu?"

„Ja", sagte Hal. „Sie haben recht."

„Dann", fuhr Rourke fort, „muß ich Ihnen die traditionelle Frage der Söldner stellen. Warum sollten wir unter solchen Umständen all das aufs Spiel setzen, was wir in dreihundert Jahren erreichten? Warum sollen wir für Leute kämpfen und sterben, die nicht selbst kämpfen können oder wollen?“

„Ich glaube, die anderen Menschen sind durchaus dazu bereit, ihr Leben ebenfalls zu riskieren“, erwiderte Hal langsam. „Einige werden sich uns gleich zu Anfang hinzugesellen, und später dürften ihnen andere folgen. Tatsächlich wäre ich überrascht, wenn Sie das nicht bereits in Ihren Plänen berücksichtigt hätten.“

„Das haben wir selbstverständlich“, gab Rourke zurück. „Aber Sie sollten meine Frage trotzdem beantworten.“

„Ich will es versuchen . . .“, erwiderte Hal. Er trat geistig einen Schritt zurück, um sich daran zu erinnern, wie Donal auf eine solche Frage reagiert hätte. Und wie während des ersten Treffens mit den Graucaptains spürte er, wie ganz automatisch sein früheres Ich aktiv wurde.

„Es ist eine sehr alte Frage, nicht wahr?“ hörte er sich antworten. „Und niemals wurde sie völlig beantwortet. Der Grieche des Altertums, der Schierlingsgift nahm, der Römer, der sich in sein eigenes Schwert stürzte – solche Menschen hatten gute Gründe für ihre Entscheidungen. Um es noch etwas deutlicher zu machen: Der blinde König Johann von Böhmen hatte vor neunhundert Jahren seine Gründe, als er sich im Alter von vierundfünfzig Jahren dazu entschloß, König Philipp von Frankreich in der Schlacht von Crecy gegen die Engländer zu helfen. Er ließ sich von seinen Mannen ins Kampfgetümmel führen, damals, am sechsundzwanzigsten August 1346, in eine Schlacht, in der er – und das wußte er ganz genau – sein Leben lassen würde.“

Er hielt kurz inne und musterte die Gesichter der Anwesenden. Die Züge der Männer und Frauen drückten weder Verwirrung noch Erstaunen aus. Die Dorsai warteten einfach nur.

„Was mich selbst angeht . . .“, so fuhr Hal/Donal fort. „Nun, für mich ist ganz klar, warum ich all das aufs Spiel setzen werde, was ich habe, und ich meine damit nicht nur mein Leben und das, das ich hatte, sondern auch die Zukunft, die es für mich geben könnte. Ich weiß, daß es eine Aufgabe zu erfüllen gilt. Ich könnte Ihnen dafür meine ganz persönlichen Gründe nennen. Ich wäre auch dazu in der Lage, Ihnen eine Liste der Gründe zusammenzustellen, die die Personen, von denen ich eben sprach, zu ihren Entscheidungen veranlaßten. Aber letztendlich läuft all das auf einen Punkt hinaus: Solche Dinge geschehen deshalb, weil die entsprechenden Menschen sich durch eine ganz bestimmte Wesensstruktur auszeichnen. Ich stelle mich jetzt dem, was getan werden muß, weil ich der bin, der ich bin. Und Sie werden Ihre Entscheidung auf der Grundlage Ihrer eigenen kulturellen Charakteristiken treffen – weil Sie das sind, was Dorsai ausmacht."

Er unterbrach sich.

„Eine andere Antwort kann ich Ihnen nicht geben", schloß er.

„Ja", erwiderte Rourke ruhig. „Die zweite Frage lautet: Wo sollen wir kämpfen?"

Hal sah dem anderen Mann in die Augen.

„Sie wissen, daß ich diese Frage nicht beantworten kann", entgegnete er. „Das Wo hängt in erster Linie davon ab, was von jetzt an bis zu dem Augenblick geschieht, der uns alle dazu zwingt, aktiv zu werden. Und außerdem – Sie wissen, daß mir viel an Ihrem Volk liegt und ich großes Vertrauen zu Ihnen habe. Andererseits jedoch geht es um mehr als nur Dorsai, um die Zukunft der ganzen Menschheit, und deshalb bin ich erst dann dazu bereit, Ihnen diese Information zu geben, wenn es soweit ist. Wenn Ihr Eingreifen notwendig wird, gebe ich Ihnen Bescheid. Und zu jenem Zeitpunkt können Sie sich entweder dazu entscheiden, den Kampf zu führen, oder aber dazu, die Hände in den Schoß zu legen. Denn schließlich habe ich nicht die geringste Möglichkeit, Sie zu etwas zu bewegen, womit Sie nicht einverstanden sind."

Es herrschte Stille im großen Besprechungssaal. Rourke hielt einen Lichtgriffel in der Hand und machte sich Notizen auf dem Monitor, der in die Tischfläche vor ihm integriert war. Hal hatte das sonderbare Gefühl, dies alles schon einmal erlebt zu haben, und daran schloß sich ein noch seltsameres Empfinden an. Es war plötzlich, als könne er spüren, wie dieser kleine Planet sein Zentralgestirn umkreiste, und es offenbarte sich ihm auch das Bewegungsmoment der Sonne Fomalhaut selbst. Er fühlte die Bahnen der anderen von Menschen besiedelten Welten – und auch die Drehung des großen Feuerrads der Milchstraße, das allgemeine Driften in Richtung Zukunft.

„Ich habe das in den Vertrag aufgenommen", sagte Rourke und richtete den Blick wieder auf Hal. „Damit haben Sie uns all die Auskünfte gegeben, die wir von Ihnen wünschten. Möchten Sie uns noch etwas fragen?"

„Nein", erwiderte Hal. „Das heißt: ja. Der Vertrag wird zwischen Ihnen allen und mir abgeschlossen, und hinter mir steht dabei nur die Letzte Enzyklopädie. Ich muß Ihnen eingestehen, daß ich Ihnen nicht versichern kann, all die Verpflichtungen wahrnehmen zu können, die ich mit dem Kontrakt Ihnen gegenüber eingehe. Selbst die Enzyklopädie verfügt nicht über die Mittel, um alle Leistungen zu gewährleisten, die der Vertrag für verschiedene Möglichkeiten vorsieht. Ich nenne als Beispiel nur den Wiederaufbau hier auf Dorsai, für den Fall, daß ein Teil Ihrer Heimat infolge der Kämpfe zerstört werden sollte. Die dazu notwendigen Ressourcen übersteigen die ökonomischen Potentiale ganzer Welten und erst recht die diesbezügliche Leistungsfähigkeit der Enzyklopädie – ganz zu schweigen einmal von den finanziellen Möglichkeiten einer Einzelperson wie mir."

„Das ist uns klar", gab Rourke zurück. „Aber dieser Kontrakt wurde vor allen Dingen sowohl für die historische Archivierung als auch aus rechtlichen Gründen entwickelt. Es ist die ganze Menschheit, der gegenüber wir damit eine Verpflichtung eingehen. Und es ist ausgeschlossen, mit einem Vertrag die ganze Spezies des Homo sapiens rechtlich zu binden. Andererseits jedoch ist es notwendig, einen unmittelbaren Kontraktpartner zu benennen. Wir gehen davon aus, daß die Bestimmungen sowohl Sie selbst als auch die Letzte Enzyklopädie moralisch dazu verpflichten – innerhalb der Beschränkungen der jeweiligen Ressourcen –, die erforderlichen Reparationszahlungen zu leisten. Mehr können wir gar nicht erwarten."

„Ich verstehe." Hal nickte. „Auf dieser Basis sind sowohl Tam Olyn für die Letzte Enzyklopädie als auch ich selbst bereit, eine Übereinkunft mit Ihnen zu treffen."

„Dann", sagte Rourke, „bleibt dieser Versammlung nur noch die Aufgabe, die einzelnen Punkte des Vertrages zu besprechen und sicherzustellen, daß die Bedeutung der Paragraphen sowohl Ihrer als auch unserer Interpretation entspricht."

Das nahm über drei Stunden in Anspruch, und als Hal schließlich vom Podium trat, war ihm ein wenig schwindelig. Amanda führte ihn von einigen Graucaptains fort, die ihn bedrängten, und sie begleitete ihn in einen entfernten Winkel des Saales.

„Ich möchte dir jemanden vorstellen", sagte sie.

Sie dirigierte ihn durch die Menge, und viele der Männer und Frauen, die sich nun von ihren Sitzen erhoben, nutzten die Gelegenheit, ihm die Hand zu drücken und auf die Schulter zu klopfen. Als sie sich dem rückwärtigen Bereich des Saales näherten, sah Hal einen Mann, der neben einem der Eingänge stand und in ihre Richtung sah. Hal zwinkerte einige Male: Er hatte fast den Eindruck, als hätte er einen der Graeme-Zwillinge vor sich – auf die Art und Weise, wie sich Donal an sie erinnerte.

Dann jedoch bemerkte er einen Unterschied. Der auf sie wartende Mann war zweifellos ein Graeme – Hal betrachtete das dichte schwarze Haar, die kräftige Statur und die dunklen Augen –, aber er war kleiner als Ian und Kensie, um einige Zentimeter kleiner als Hal selbst. Seine Schultern waren nicht ganz so breit und gerade wie die der Zwillinge, und er wirkte nicht ganz so untersetzt. Er vermittelte den Eindruck von Kraft und Unerschütterlichkeit und nicht in erster Linie von kampfbereiter Entschlossenheit, obgleich sich auch dieser Graeme durch eine Haltung auszeichnete, die auf eine jahrzehntelange Ausbildung schließen ließ. Er mochte gut dreißig Jahre alt sein. Und er musterte Hal mit einer gewissen zurückhaltenden Neugier, die der Begleiter Amandas in Anbetracht seines eigenen äußeren Erscheinungsbildes gut verstehen konnte.

Doch trotz dieser verhaltenen Neugier hielt der Mann viel zu sehr an der traditionellen Höflichkeit der Dorsai fest, um direkte Fragen an Hal zu richten, als Amanda sie vorstellte.

„Hal", sagte die Frau mit dem weißblonden Haar, „ich möchte dich mit dem Piloten des Kurierschiffs bekannt machen. Dieser Mann ist das derzeitige Oberhaupt des Graeme-Haushalts, und ich habe dir schon von ihm erzählt: Simon Khan Graeme. Er kehrte gerade von Neuerde zurück."

Simon und Hal reichten sich die Hände.

„Ich bin Ihnen sehr dankbar, daß Sie es mir erlaubten, in Foralie unterzukommen", sagte Hal.

Simon lächelte.

„Sie erweisen Graemeheim dadurch große Ehre", erwiderte er.

„Nein." Hal schüttelte den Kopf. „Foralie ist weitaus mehr, als daß eine einzelne Person jenem Ort Ehre erweisen könnte."

Simons Griff verstärkte sich kurz, bevor er die Hand Hals losließ.

„Ein nettes Kompliment", erwiderte er. „Es wird sicher auch den anderen Angehörigen der Familie gefallen."

„Vielleicht habe ich einmal Gelegenheit, sie kennenzulernen", sagte Hal. „Sie sind Ians Urenkel, nicht wahr?"

Das war eine sehr unvorsichtige Frage, und sie erinnerte Hal einmal mehr daran, wie sehr er selbst einem Graeme ähnelte. Er sah, wie es in den Augen Simons kurz aufglänzte.

„Ja", bestätigte er. Und die Worte, die er nicht aussprach, lauteten: *Und in welcher Beziehung stehen Sie zu Ian . . .?*

„Wenn Sie möchten, können wir sofort aufbrechen", sagte Simon. „Hier warten derzeit keine unmittelbaren Aufgaben auf mich. Möchten Sie jetzt fliegen, oder sollen wir zunächst nach Foralie zurückkehren?"

„Ich fürchte, die Zeit ist recht knapp", erwiderte Hal. „Da hier jetzt alles geregelt ist, muß ich so schnell wie möglich nach Mara. Nun, was die Kosten für den Flug und Ihren Pilotendienst angeht . . ."

„Nein, Hal", warf Amanda ein. „Solche Kosten fallen nun unter die Verpflichtungen, die Dorsai mit dem gerade geschlossenen Vertrag einging. Simon wird von nun an bei dir bleiben und dich dorthin fliegen, wohin du möchtest. Dabei anfallende Kosten werden von unserer zentralen Buchhaltung beglichen."

„Nun, vielleicht sollten wir noch etwas essen", schlug Hal vor. „Anschließend können wir das Schiff für den Start vorbereiten. Auf diese Weise habe ich Gelegenheit, mich noch ein wenig mit Simon zu unterhalten."

„Sie sagten eben doch, Sie möchten so rasch wie möglich losfliegen, nicht wahr?" fragte Simon.

Hal nickte.

„Dann sollte ich mich besser sofort ums Schiff kümmern", fuhr Simon fort. „Außerdem habe ich gut gefrühstückt, und unterwegs haben wir noch Zeit genug, uns besser kennenzulernen, Hal Mayne. Macht es Ihnen beiden etwas aus, während des Essens auf meine Gesellschaft zu verzichten?"

Hal lächelte.

„Natürlich nicht", erwiderte er. „Vielen Dank."

„Nichts zu danken", gab Simon zurück. „Wir sehen uns also im Schiff."

Er wandte sich ab, und Hal spürte sehr intensiv die Nähe Amandas.

„Er ist sehr taktvoll", sagte Hal. „Ich glaube, er wußte, daß ich noch ein wenig mit dir allein sein möchte."

„Bestimmt hast du recht", erwiderte Amanda. „Komm. Ich weiß, wo wir eine gute Mahlzeit bekommen."

Das Restaurant, in das sie ihn führte, befand sich im Innern des Terminals, aber nur dann und wann hörten sie das gedämpfte Triebwerksgeräusch eines startenden oder landenden Raumschiffs, und durch die breite Fensterfront fiel ihr Blick auf die weite Betonfläche; dieser Ort, so empfand Hal, schien von der allgemeinen Betriebsamkeit des Raumhafens ebenso weit entfernt zu sein wie ein beliebiges Restaurant in Omalu. Das kleine Zimmer enthielt nur vier Tische, und die anderen drei waren derzeit unbesetzt.

Die Tische standen auf einer Art Terrasse, die den größten Teil des Raumes einnahm. Amanda deutete durch die Fensterfront nach draußen und zeigte Hal das silbrige Glänzen des Kurierschiffs, das ihm zugewiesen worden war.

„In einem Kreuzer von der Größe wurde ich gefunden", sagte Hal mehr zu sich selbst. „Natürlich war es ein viel älteres Modell."

Er wandte den Blick ab und sah wieder Amanda an – gerade noch rechtzeitig genug, um ihr Schaudern zu erkennen.

„Glaubst du, du bist noch einmal dazu gezwungen?" fragte sie. Ihre Stimme war kaum mehr als ein Flüstern, und ihr Blick ging an ihm vorüber, reichte in umbestimmte Ferne.

„Nein", erwiderte er. „Das glaube ich nicht. Diesmal bleibe ich Hal Mayne, bis ich eines natürlichen Todes sterbe."

Noch immer sah Amanda ihn nicht an. Hal beugte sich vor und griff nach ihrer auf dem Tisch ruhenden Hand.

Ihre Finger schlossen sich um die seinen, und ihr Blick richtete sich auf ihn. Amanda musterte ihn wie eine Frau, die ihren Geliebten verabschiedet und dabei nicht weiß, ob er jemals zurückkehren wird.

„Es wird alles gut werden", sagte er. „Und selbst, wenn das nicht der Fall ist – für uns beide sollte es keinen Unterschied machen."

Ihr Griff wurde fester. Und sie hielten sich fest, so wie in der vergangenen Nacht, kehrten in einen Kosmos zurück, in dem die Zeit keine Bedeutung zu haben schien. Auf diese Weise blieben sie sitzen, ruhig und still, in sich versunken und doch gleichzeitig als eine Einheit, während um sie herum eine ganze Welt sich dazu bereit machte, den Kampf gegen die Anderen aufzunehmen.

Wie vor einer Weile während der Konferenz spürte Hal, wie sich das ganze Universum drehte, wie die Ereignisse einer ungewissen Zukunft entgegenschnellten. Dieses Strömen und Wirbeln umgab sie auch jetzt noch, blieb jedoch von ihnen getrennt. Es war fast, als befänden sie sich auf einer Insel in einem Meer aus Chaos, dessen schäumende Fluten sie nicht zu erreichen vermochten.

10

Im hellen Schein Prokyons schwebte Mara wie eine blaue und mit weißen Wolkentupfern versehene Kugel unter dem Kurierschiff. Die Ähnlichkeit dieses Planeten mit der Erde erinnerte Hal an seine Heimat, und der Gedanke daran erzeugte erneut ein Gefühl der Einsamkeit in ihm, das sich mit der Bitterkeit eines gewissen Schuldbewußtseins vermischte. Wenn nicht der Umstand gewesen wäre, daß Mara keinen Mond hatte und ein wenig größer war, hätte es kaum eine Möglichkeit gegeben, diese Welt von Terra zu unterscheiden. Hal wußte zwar, daß er es nicht mit der Erde zu tun hatte, aber seine Phantasie gaukelte ihm dennoch vor, den Planeten zu betrachten, auf dem er viele Jahre lang aufgewachsen war. Und zum erstenmal begriff er im ganzen Ausmaß, wie sehr er sich mit der Wiege der Menschheit verbunden fühlte.

Seit ungefähr zwanzig Minuten befanden sie sich im Parkorbit. Es knisterte im Lautsprecher der externen Kommunikation, und die Anflugkontrolle meldete sich.

„Dorsai-KS, Nummer 549371, Sie erhalten hiermit die Genehmigung für eine Landung am angegebenen Ziel; Zugangscode Gelb-Orange. Bitte machen Sie sich für die Übermittlung der Koordinaten bereit."

Simon Khan Graeme betätigte die weiße Taste der Navigationseinheit des Kurierschiffs, um die entsprechende Elektronik auf die Komfrequenz der Anflugkontrolle zu justieren. Und anschließend steuerte er das kleine Raumschiff tiefer. Hal hatte ganz vergessen, wie vorteilhaft es war, daß ein Pilot von Dorsai die Kontrollen bediente und ihn somit unmittelbar ans Ziel bringen konnte. Auf diese Weise war er nicht dazu gezwungen, auf einen Orbitalbus zu warten und somit Zeit zu verlieren. Er blickte auf die geschickten Hände Simons, deren Fingerspitzen ganz sanft auf den Sensoren ruhten und so die Systeme des Schiffes mit der erforderlichen Sorgfalt manipulierten.

Mara schien ihnen nach und nach entgegenzuschweben. Kurz darauf durchstießen sie eine Wolkendecke, sausten über einen blauen Ozean hinweg und näherten sich der Küstenlinie. Über dem Land lenkte Simon das Schiff noch tiefer, und ganz plötzlich wirbelten Schneeflocken um sie herum. Unter ihnen, von Horizont zu Horizont, erstreckte sich eine weiße Waldlandschaft, und nur hier und dort entdeckte Hal eine Lichtung. Der Kurierkreuzer fiel einem kleineren Fluß entgegen, an dessen Ufer sich ein Komplex aus einigen geradezu anmutig wirkenden pastellfarbenen Gebäuden erhob.

Simon landete das kleine Raumschiff schließlich auf einem Landeplatz, über den sich die Glocke einer lokal begrenzten Wetterkontrolle stülpte, die den Schnee von diesem Ort fernhielt. Gefolgt von Simon trat Hal ins Freie, und der in eine hellgraue Robe gekleidete Amid erwartete sie bereits.

„Amid, darf ich Ihnen Simon Khan Graeme vorstellen?" sagte Hal und wich ein wenig zur Seite. „Die Dorsai waren so freundlich, ihn mir als Piloten zur Verfügung zu stellen."

„Es ist mir eine Ehre, Sie kennenzulernen, Simon", sagte Amid.

„Die Ehre ist ganz meinerseits", erwiderte der.

Wie es für Exoten typisch war, streckte Amid nicht die Hand aus, und das schien Simon nicht zu verwundern. Hal war einmal mehr davon überrascht, wie dünn und schmächtig der ältere Mann war. Der große Unterschied in ihrer Statur vermittelte ihm einen gelinden emotionalen Schock. Man hätte fast meinen können, Amid sei seit ihrer letzten Begegnung geschrumpft und um Jahre gealtert. Sie standen auf dem Beton der kleinen Landefläche, und es war recht warm; jenseits des Wetterschildes aber tanzten Schneeflocken aus den grauen Wolken über ihnen.

Das, fand Hal, war ein eigenartiger Anblick. Wenn er an die beiden Exotischen Welten gedacht hatte, war dabei immer das Vorstellungsbild von einem Sommer mit blauem Himmel und grünen Wiesen in ihm entstanden. In Begleitung Simons folgte er Amid ins Haus – wenn das die richtige Bezeichnung für eine komplexe Gebäudestruktur war. Und wie üblich verlor Hal fast sofort die Orientierung und wußte nicht mehr zu sagen, ob sie sich drinnen oder im Freien befanden.

Simon blieb in einem Gästezimmer zurück, das ihm für die Zeit ihres Aufenthalts zur Verfügung stand, und Amid und Hal suchten Rukh auf.

Es dauerte eine Weile, bis sie sie fanden. Sie hatte sich in etwas gehüllt, das ganz so aussah wie eine altertümliche Steppdecke, und sie saß neben einem kleinen Teich, an dessen Ufern große und grüne

Pflanzen wuchsen, deren Blätter aussahen wie kleine und spitze Schwertschneiden.

Als sie ihre Besucher sah, strich Rukh die Decke beiseite und setzte sich auf; die Form der Schwebliege paßte sich sofort ihrer geänderten Haltung an. Rukh trug eine fußlange, kastanienfarben und weiß gemusterte Exotenrobe, und die weiten Falten verbargen, wie sehr sie an Gewicht verloren hatte. Ihre olivfarbene Haut wirkte nun bleich, aber ihr Gesicht hatte durch die Hohlwangigkeit noch an Attraktivität gewonnen. Sie traten an sie heran, und Hal beugte sich und gab ihr einen Kuß. Seine Arme schlossen sich um einen Körper, der zwar noch immer recht fest und kraftvoll war, aber sehr dünn . . .

Er richtete sich wieder auf, als Amid zwei Ergsessel heranholte, und sie nahmen Platz.

„Vielen Dank, Hal", sagte Rukh.

„Wofür?" fragte er.

„Dafür, daß du mich als Diener Gottes aus der Gewalt der Miliz befreitest."

„Ich hatte ganz persönliche Gründe dafür." Seine Stimme klang heiser und rauh, aber es gelang ihm, sich nichts von dem Anflug der kalten Wut anmerken zu lassen, die erneut in ihm hochstieg, als er daran dachte, was Rukh durchgemacht hatte. „Ich brauche dich. Ich habe Pläne, in denen dir eine wichtige Rolle zukommt."

„Seltsam." Sie musterte ihn eingehender. „Du wirkst jetzt viel älter."

„Ja." Die Gefühle, die mit Hals ursprünglichen Erinnerungen einhergingen, wichen einem nüchternen Ernst. „Ich glaube, ich sollte dir erklären, warum ich mich damals nicht an deine Anweisungen hielt – damals, als uns die Miliz verfolgte."

„Du brauchst überhaupt nichts zu erklären." Rukh lächelte. „Ich habe alles verstanden, später. Du hast die einzige Möglichkeit wahrgenommen, uns zu retten, die Explosivstoffe sicher nach Ahruma zu bringen und sie nicht in die Hände der Miliz fallen zu lassen. Als ich das begriff, teilten wir uns auf und entkamen so den Verfolgern. Später trafen wir uns wieder und zerstörten den Reaktor. Aber indem du uns so halfst, wie ich es eben schilderte, fielst du in die Hände der Miliz."

Sie streckte die eine schmale Hand aus und berührte ihn sanft am Arm.

„Verglichen mit dem, was du durchgemacht hast", erwiderte er bitter, „könnte man meinen, sie brachten mich in einem Luxushotel unter!"

„Aber ich bin eine Auserwählte des Herrn", gab Rukh zurück, „im Gegensatz zu dir. Die Milizionäre hatten nicht die geringste Möglichkeit, mir tatsächlich etwas zuleide zu tun. Ebensowenig wie du dazu in der Lage gewesen wärst, Amyth Barbage wirklich zu bestrafen."

Ein gewisses Unbehagen regte sich in Hal – eine Erinnerung, die die Worte Rukhs wachriefen, etwas, das er noch nicht ganz verstand. Sie lächelte ihn an, dankbar und zärtlich, auf die Art und Weise wie eine Mutter, die ihr Kind anlächelt, das eine ganz gewöhnliche Sache noch nicht im vollen Ausmaß zu begreifen vermag – und das Gefühl des Unbehagens verflüchtigte sich wieder.

„Du sagtest eben, du hättest ganz persönliche Gründe dafür gehabt, mich zu befreien." Rukhs braune Augen beobachteten ihn ernst. „Was für welche?"

„Sie existieren noch immer", erwiderte Hal. „Rukh, es gibt einen Ort, an dem du wesentlich dringender gebraucht wirst als auf Harmonie."

Er rechnete damit, daß sie dem widersprach, und er wartete auf ihre Reaktion. Aber sie sah ihn nur weiterhin ruhig an.

„Sprich weiter", sagte sie.

„Ich meine Alterde", sagte Hal. „Die Anderen haben sich bisher noch nicht dazu entschieden, einen starken Vorstoß in diese Richtung zu unternehmen, um die Bevölkerung der Ursprungswelt unter ihre Kontrolle zu bringen. Der Grund ist die unter den Menschen der Erde weitverbreitete Immunität gegenüber dem besonderen Charisma unseres Gegners. Du weißt ja davon. Bleys und die übrigen Angehörigen seiner Organisation haben sich in dieser Hinsicht also Zeit gelassen und gehofft, eine Möglichkeit zu finden, auch dieses Problem zu lösen, um anschließend den Angriff zu beginnen. Jetzt aber wird ihnen die Zeit allmählich knapp, ebenso wie uns. Ihr Vorstoß in Richtung Alterde steht daher unmittelbar bevor."

„Aber sie haben doch bereits ihre Verbindungsleute auf der Erde, nicht wahr?" warf Rukh ein. „Ich habe auf Harmonie gehört, daß es eine geheime Vereinigung zwar unbekannter, aber einflußreicher Vertreter Alterdes geben soll, die die Absicht hat, gegen die Anderen vorzugehen. Und diese Leute, so hieß es, haben eine Kampagne begonnen, um die ganze Bevölkerung des Ursprungsplaneten gegen

Bleys und seine Anhänger zu mobilisieren." Sie musterte ihn noch eingehender. „Oder ist das alles nur ein Trick Bleys', ein Propagandamanöver?"

Hal nickte.

„Aber wenn die Anderen ohnehin nicht in der Lage sind", fuhr Rukh fort, „einen erheblichen Prozentsatz der Bevölkerung zu ihren Gunsten zu beeinflussen, warum machst du dir dann in dieser Hinsicht Sorgen? Selbst wenn sie einen direkten Vorstoß unternähmen – ihre Erfolgsaussichten wären sehr gering."

„Ich will dir erklären, um was es geht." Hal lehnte sich zurück. „Als ich mich in der Gefängniszelle der Miliz befand, hatte ich hohes Fieber und gelangte an einen entscheidenden Wendepunkt meines Lebens. Das Ergebnis bestand in etwas, das man als mentalen Hyperdrive bezeichnen könnte. Und auf diese Weise offenbarten sich mir Einsichten, die mir bis dahin verborgen blieben."

Für einige Sekunden spürte Hal die Finger Rukhs ganz sanft auf seiner Hand ruhen.

„Es ist nicht nötig, daß du Mitleid mit mir empfindest", fügte er ruhig hinzu. „Ich sagte es dir ja schon: Ich brauchte damals nicht das über mich ergehen zu lassen, was man mit dir machte."

„Niemand scheint dich zu verstehen", murmelte Rukh. „Niemand scheint wirklich zu begreifen, daß du einen Kampf führst, der wesentlich bedeutender ist als der unsrige." Und leise schloß sie. „Niemand außer mir."

„Ich glaube, einige von uns haben zumindest eine ungefähre Vorstellung davon", warf Amid ein.

Hal hielt Rukhs Hand fest.

„Eine der Erkenntnisse, die sich mir damals offenbarten", fuhr Hal fort, „war das Verstehen der eigentlichen Natur des Charismas der Anderen. Es handelt sich dabei nicht um eine besondere Begabung, um eine genetische Mutation, zu der es nur bei den Anderen kam. Vielmehr haben wir es dabei mit einer Fähigkeit zu tun, die sich auf Harmonie und Eintracht bereits vor langer Zeit entwickelte. Ich meine die Fähigkeit, zu predigen und zu überzeugen – eine Fähigkeit, die noch verbessert und verfeinert wurde. Die einzigen Anderen, die sie in vollem Maß besitzen, sind Leute wie Bleys Ahrens, die zumindest zum Teil von einer der Quäkerwelten stammen."

„Von Harmonie oder Eintracht?" fragte Amid überrascht. „Nach unseren Aufzeichnungen ist Bleys eine Kreuzung zwischen uns Exoten und den Dorsai."

„Ich weiß, daß man das allgemein annimmt", erwiderte Hal. „Und soweit es überhaupt Aufzeichnungen über seinen Werdegang gibt, wird diese Vermutung bestätigt. Ich kann Ihnen auch nicht das Gegenteil beweisen. Aber ich bin ihm begegnet, und ich glaube, in gewisser Weise kenne ich ihn besser als irgend jemand sonst. Ich bin davon überzeugt, in ihm vereinen sich alle drei großen Splitterkulturen . . ."

Er unterbrach sich ganz plötzlich. *So wie in mir*, hatte er hinzufügen wollen, sich aber noch rechtzeitig dabei ertappt. Seit der Nacht mit Amanda war er nicht nur vielen anderen Dingen gegenüber offener, sondern auch weniger auf der Hut. Doch weder Rukh noch Amid schien etwas aufgefallen zu sein.

„Was ich damit sagen will", fuhr er fort, „ist folgendes, Rukh: Deine Kultur, wie auch die der Exoten und der Dorsai, geht auf die von Alterde zurück. Und es gibt in der Geschichte viele Beispiele dafür, daß Gläubige wie du es geschafft haben, in der allgemeinen Struktur der Zivilisation einen bedeutenden Wandel herbeizuführen. Denk nur an den Aufstieg des Islams während des siebten Jahrhunderts oder an den Kreuzzug der Kinder im dreizehnten. Solange die Anderen die restlichen Welten beherrschen, haben sie es gar nicht nötig, die Exoten oder Dorsai direkt zu kontrollieren. Bei Alterde aber sieht das anders aus. Wie in Hinblick auf Harmonie und Eintracht können sich die Anderen nicht damit zufriedengeben, nur einen Teil der Bevölkerung zu ihren Anhängern werden zu lassen und damit einen allgemeinen organisierten Widerstand möglich zu machen. Doch hinzu kommt noch, daß ein Bürgerkrieg auf der Erde den Plänen unseres Gegners zuwiderliefe. Für die interstellare Ökonomie ist eine Erde des Friedens nach wie vor sehr wichtig – gewissermaßen als ein Angelpunkt für den Handel aller Welten. Und wenn es ihnen gelingt zu verhindern, daß die Erde zu einem potentiellen Feind wird, so erringen sie die absolute Kontrolle über den interplanetaren Experten-Austausch – über die Grundlage des finanziellen Systems, das bisher alle von Menschen besiedelte Welten zu einer Einheit zusammenschloß."

Hal sah Amid an.

„Das war den Exoten schon immer klar, nicht wahr, Amid?"

Der alte Mann lächelte, und dabei fraßen sich die Falten in seinem Gesicht tiefer in die Haut.

„Wir wissen es seit dreihundert Jahren“, erwiderte er. „Aus diesem Grund kam es uns damals darauf an, im interplanetaren Handel eine dominierende Position einzunehmen – um uns selbst zu schützen.“

Er wurde wieder ernst.

„Und aus diesem Grund“, fügte er hinzu, „sind wir Exoten vermutlich besonders entschlossene Gegner der Anderen. Wir wissen, was es bedeutet, wenn sie die vollkommene Macht erringen. Wir wußten es von dem Augenblick an, in dem sie sich zu einer Organisation zusammenschlossen.“

Hal nickte und wandte sich wieder an Rukh.

„Jetzt verstehst du vermutlich“, sagte er. „Gerade die Erde müssen die Anderen neutralisieren. Und ihr Grund dafür geht weit über die offensichtliche Tatsache hinaus, daß die Alte Welt trotz der ökonomischen Verschwendung in den früheren Jahrhunderten der technologischen Entwicklung nach wie vor der bevölkerungsstärkste und ressourcenreichste Planet ist. Bei ihrem wichtigsten Grund handelt es sich um die Tatsache, daß die Menschen der Erde die ursprüngliche Gen-Basis darstellen und all die besonderen Fähigkeiten der einzelnen Splitterkulturen in sich vereinen.“

Er hielt kurz inne, um Rukh Gelegenheit zu geben, eine Zwischenfrage zu stellen. Aber sie blieb nur ruhig und entspannt vor ihm sitzen und sah ihn abwartend an.

„Wenn auch in Zukunft noch ein einigermaßen erfolgreicher Widerstand gegenüber den Anderen möglich sein soll“, führte Hal seine Überlegung weiter, „so werden dabei die Menschen von Alterde eine zentrale Rolle spielen. Sie sind die ganze Zeit über direkt mit ihrer Vergangenheit konfrontiert – in dieser Hinsicht können ihnen die Anderen nichts vormachen. Darüberhinaus beweist ihre Geschichte, daß sie nicht nur eigenwillig sind, sondern auch einfallsreich. Und wenn es sein muß, bringen sie die Bereitschaft mit, für ein notwendiges Ziel ihr Leben zu opfern. Für unseren Gegner stellt sich die Lage ganz eindeutig dar: Für sie ist Alterde die eine Festung, die sie unbedingt erobern und beherrschen müssen, um ihre Macht abzusichern. Wenn sie keine Möglichkeit sehen, die Alte Welt zu kontrollieren, werden sie versuchen, sie zu zerstören – doch das ist nur die allerletzte Konsequenz. Letztendlich dürfte ihnen aber keine andere Wahl bleiben, als einen Vorstoß in diese Richtung zu unternehmen.“ Hal unterbrach sich, und er fühlte die Blicke Rukhs und Amids auf sich ruhen.

„Langfristig sind die Anderen dazu in der Lage, Dorsai rein ökonomisch in die Knie zu zwingen, und es dürfte ihnen auch gelingen, die Kämpfe zwischen den Quäkern weiter zu schüren, so daß sich kein geschlossener Widerstand ihnen gegenüber bilden kann. Doch die Bedrohung durch die Erde läßt sich nur dadurch beseitigen, indem sie die Alte Erde entweder ganz beherrschen oder auslöschen. Eine dritte Möglichkeit haben die Anderen nicht."

Hal brach ab, und in der anschließenden Stille glaubte er den Widerhall seiner eigenen Worte zu vernehmen. Er fragte sich, ob er nicht zu rhetorisch geworden war und Rukh dadurch möglicherweise verschreckt hatte. Doch während er schwieg, dachte die Frau ihm gegenüber nach, und eine Zeitlang blickte sie an ihm vorbei. Nach einer Weile drehte sie den Kopf und sah ihn an.

„Unser Gegner wird aus dem, was ich eben schilderte, die für ihn einzig logische Konsequenz ziehen", fügte Hal hinzu. „Er wird versuchen, die soziale Struktur des Mutterplaneten von innen her zu manipulieren. Sein Ziel ist dabei, zumindest so viele Anhänger zu gewinnen, daß er es nicht mit einer geschlossenen Front zu tun bekommt. Von Anfang an waren auf Alterde Mittelsleute der Anderen tätig, die Propaganda für sie machten. Jetzt aber spitzt sich die allgemeine Lage zu, und die Entscheidung steht kurz bevor . . ."

Irgendwo in der Gartenanlage läutete es leise, und Amid räusperte sich. Hal wandte sich halb um und sah den kleinen und alten Mann an.

„Nun, ich habe auf eine Gelegenheit gewartet, Ihnen etwas mitteilen zu können", sagte Amid. „Sie erinnern sich bestimmt daran, daß Sie zu allen Exoten sprechen wollten. Inzwischen ist eine Abordnung hier eingetroffen, die sowohl Mara als auch Kultis repräsentiert. Und die Botschafter sind bereit, Sie anzuhören. Wir wollen eine Ein-Phasen-Verbindung schaffen und mit Hilfe von Farbcodes das an die Bevölkerungen unserer beiden Exotischen Welten übermitteln, was Sie uns zu sagen haben."

„Ich verstehe", erwiderte Hal. Die Entfernung zwischen den beiden Planeten war nicht so groß, daß sich so etwas nicht hätte bewerkstelligen lassen. Das eigentliche Problem bei einer derartigen Komverbindung bestand in folgendem Umstand: Die ganze Zeit über mußte die exakte Distanz zwischen dem Transit- und Kontratransitpunkt der übermittelten Informationen überwacht werden. Obgleich es also nur um eine Phasenverschiebung ging und die orbitalen Bezugspunkte für Sendung und Empfang ständig auf der Grundlage äußerer Referenzlokationen wie zum Beispiel der Sonne Prokyon selbst Neujustierungen vornehmen konnten, stellte eine derartige Datenübermittlung ein enormes Problem dar.

„Noch wichtiger aber", fügte Amid hinzu, „ist die Tatsache, daß sich Bleys Ahrens hier befindet, hier auf Mara." Die Stimme des Exoten klang ebenso ruhig und gelassen wie zuvor. „Er scheint bemerkenswert intuitiv zu sein. Ganz offensichtlich vermutete er, daß Sie diesmal zu uns allen sprechen möchten. Unter diesen Umständen halte ich es für besser, wir beenden diese Unterredung möglichst rasch und begeben uns zu der Delegation. Alle sind bereit – auch Bleys selbst. Er bat uns um eine Möglichkeit, zu uns zu sprechen. Wir erklärten uns damit einverstanden."

„Etwas anderes hätte ich auch nicht erwartet", entgegnete Hal. „Und was sein Einfühlungsvermögen für Entwicklungen in der nahen Zukunft angeht: Vielleicht benutzt er dabei das Instrument der intuitiven Logik, ebenso wie einst Donal."

Amid kniff die Augen zusammen und musterte Hal eingehend.

„Sie glauben, die Anderen sind auch dazu in der Lage?"

„Nein", erwiderte Hal. „Jedenfalls nicht als Gruppe. Bleys möglicherweise – aber die restlichen Anderen vermutlich nicht. Vielleicht aber hatte er einfach nur Glück mit seiner Vermutung, ich könnte hier sein. Es stört mich keineswegs, daß er ebenfalls sprechen wird. Vor oder nach mir?"

„Was ist Ihnen lieber?" Amids Stimme war noch immer ganz ruhig.

„Nun, lassen Sie ihn ruhig vor mir sprechen."

Amid nickte, und Hal wandte sich erneut Rukh zu.

„Wie ich vorhin schon sagte: Es bleibt den Anderen keine Wahl. Eine nicht geringe Anzahl von ihnen wird die Erde aufsuchen, zusammen mit Gefolgsleuten, die wie sie in der Lage sind, das charismatische Talent einzusetzen. Auf diese Weise werden sie versuchen, möglichst viele Bewohner der Alten Welt auf ihre Seite zu ziehen und damit eine Meinungsbarriere zu schaffen, die stark genug ist, eine geschlossene Widerstandsfront ihnen gegenüber unmöglich zu machen, wenn erst allgemein bekannt wird, was die sternenweite Machtergreifung der Anderen für Konsequenzen haben muß."

Rukh nickte.

„Bleys weiß, daß er genügend Leute mit diesen Fähigkeiten hat", fuhr Hal fort. „Und er dürfte davon ausgehen, daß wir nicht die Möglichkeit haben, die Propaganda seiner Agitatoren wirkungslos zu machen. Doch das ist der Fall. Wir haben dich, Rukh – und andere wie dich. Ich entkam der Miliz, indem ich aus einer Ambulanz kletterte, die mich in ein Krankenhaus fahren sollte. Und meine Flucht war nur deshalb möglich, weil das Fahrzeug von einer großen Menschenmenge blockiert wurde, die deiner Ansprache auf dem Platz Ahrumas zuhörte. Ich habe miterlebt, welche Wirkung du damals auf die vielen Männer und Frauen erzielt hast, und ich bin ganz sicher: Du kannst es sowohl mit dem Charisma als auch der Überzeugungskraft eines Bleys jederzeit aufnehmen. Darüber hinaus kennst du sicher andere Gläubige, die den verbalen Kampf gegen die von Bleys ausgeschickten Agitatoren aufnehmen können. Es gibt weitere wie dich – auf Harmonie und Eintracht. Mir würden sie nie zuhören, und deshalb wäre es mir nicht möglich, sie zu überzeugen. Aber du würdest das sicher schaffen. Indem erst du dich mir anschließt und dann diejenigen benachrichtigst, die in deiner Heimat am Glauben festhalten."

Er machte eine kurze Pause.

„Wie lautet deine Antwort?" fragte er.

Rukh blieb ruhig sitzen und überlegte eine Zeitlang. Als sie schließlich sprach, war ihre Stimme so leise, daß sich Hal ganz auf sie konzentrieren mußte, um die Worte überhaupt zu verstehen.

„Als ich in der Einzelzelle im Gefängnis der Miliz gefangen war", erwiderte sie, und es klang so, als spräche sie zu sich selbst, „betete ich zu Gott und dankte Ihm dafür, mir jene Möglichkeit gegeben zu haben, vor Ihm Zeugnis abzulegen. Ich unterwarf mich erneut Seinem Willen. Und ich bat Ihn darum, mir zu zeigen, wie ich Ihm in der mir noch verbleibenden Zeit am besten dienen könnte."

Ihr Blick richtete sich ein weiteres Mal auf Hal, und diesmal schien er bis in sein Innerstes zu reichen.

„Und Er antwortete mir, das sollte ich eigentlich längst wissen. Als eine Gläubige, so offenbarte Er mir, würde es mir sofort klarwerden, wann ich eine Reise in Seinem Dienste unternehmen müsse. Als ich diese Tatsache akzeptierte, eröffnete sich mir ein Glück, das ich in dieser Intensität seit dem Tod James Gotteskinds nicht mehr empfunden hatte. Du erinnerst dich sicher an jenen Tag, Hal, denn du warst der letzte, der mit ihm sprach. Ich begriff, daß ich mich nur in Geduld fassen und warten mußte. Denn ich war davon überzeugt, ich würde rechtzeitig wissen, wann ich welchen Weg zu nehmen hatte. Und von jenem Zeitpunkt an warte ich, glücklich und ruhig . . ."

Rukh beugte sich vor und griff nach der Hand Hals.

„Es freut mich besonders, Hal, daß du es bist, der mir meinen Pfad zeigt."

Er hielt ihre Hand fest, die in der seinen so schmal und klein und schwach war. Und er spürte die Kraft, die sich erneut in Rukh zusammengeballt hatte. Er gab ihr einen Kuß und stand auf.

„Wir setzen das Gespräch fort, wenn ich das erledigt habe, weswegen ich hierhergekommen bin", sagte er. „Ruh dich aus und werde stark."

„Soweit das möglich ist." Rukh lächelte. Und lächelnd sah sie ihnen nach.

Amid führte Hal in ein Amphitheater, das zunächst einen verwirrenden Eindruck erweckte. Hal glaubte zuerst, es sei recht klein und böte höchstens Sitzplätze für zwanzig bis dreißig Personen. Dann bemerkte er aus den Augenwinkeln ein sonderbares Flirren, und er stellte fest, daß zwar die Gesichter der Männer und Frauen vor ihm ganz deutlich zu erkennen waren, jenseits davon aber sich ein eigentümlicher Dunst zu manifestieren schien, aus dem ihn weitere Personen beobachteten. Es war, als blicke er über eine große Distanz hinweg auf immer neue Gruppen von Zuhörern. Damit einher ging die Erkenntnis, daß es sich bei der relativen Winzigkeit des Amphitheaters um nichts weiter als eine optische Täuschung handelte. Darüberhinaus machte sich ein Teleskopeffekt bemerkbar, der all die Bereiche scheinbar heranholte, auf die Hal seinen Blick richtete. Dadurch gewann er den Eindruck, es mit einem recht kleinen Ort zu tun zu haben, obgleich es sich in Wirklichkeit um ein gewaltiges Auditorium handelte. Und er war sicher, daß ihn alle Männer und Frauen ganz nah vor sich sahen.

Padma – der sehr alte Exote, den Hal bereits kennengelernt hatte – stand auf einer niedrigen Plattform vor den halbkreisförmigen und ansteigenden Sitzreihen, und neben dem hochgewachsenen Bleys wirkte er fast wie ein Zwerg. Der Anführer der Anderen trug eine weite graue Jacke und eine engsitzende Hose, und er ragte ein ganzes Stück über den greisenhaften Exoten hinaus. Erneut sah sich Hal mit der Illusion konfrontiert, die ihm Bleys als einen wahren Giganten zeigte. Aber als er sich dem Podium näherte, schien Bleys nach und nach zu schrumpfen. Und als sie sich schließlich gegenüberstanden, begegneten sich ihre Blicke auf einer Höhe.

Hal bemerkte, daß sich der Andere seit ihrer letzten Begegnung irgendwie verändert hatte. Sein Gesicht wies keine neuen Falten auf, und auch sonst war es in Hinsicht auf seine Züge zu keinem auffallenden Wandel gekommen. Trotzdem wirkte er angespannt und auch ein wenig erschöpft, und die Haut schien sich straffer über seine Knochen zu spannen. Bleys sah Hal ruhig und gelassen und auch ein wenig nachdenklich an.

„Hal Mayne", sagte Amid, als sie Padma und Bleys erreichten, „überläßt Ihnen den Vortritt."

„Danke", murmelte Bleys. Sein Blick war weiterhin auf Hal gerichtet. Hal glaubte fast, in den Augen des Anderen so etwas wie Bewunderung zu erkennen. Dann drehte Bleys den Kopf und ließ seinen Blick über die Sitzreihen des Amphitheaters schweifen.

„Ihr Auftritt", sagte Hal.

Er wandte sich um und verließ zusammen mit den beiden Exoten die Plattform. Sie nahmen in drei Ergsesseln Platz, die neben dem Podium schwebten.

Bleys stand allein auf der Plattform, und ein weiteres Mal wirkte er wie ein Riese und schien alles um sich herum zu überragen.

Ruckartig hob Bleys die langen Arme.

„Wollen Sie mir zuhören?" fragte er das exotische Publikum. „Ich bitte Sie darum. Hören Sie mich nur einige wenige Minuten an, ohne Vorurteile, ohne eine schon vorab getroffene Einschätzung – so als hätten Sie in mir einen Bittsteller vor sich, den Sie bisher noch nicht kennen."

Für einige Sekunden herrschte Stille, und langsam ließ der Andere die Arme wieder sinken.

„Ich weiß, es tut sehr weh", fuhr Bleys fort, und er sprach die Worte ganz langsam aus. „Jeder Wandel schmerzt, jede Veränderung dessen, was wir bis dahin als ehern erachteten. Ganz plötzlich ist man dazu gezwungen, all das zu überdenken, was man bis dahin für selbstverständlich hielt, und man fühlt sich desorientiert und fern von dem Ort, der bis dahin Sicherheit und Geborgenheit versprach."

Bleys hielt erneut inne und ließ seinen Blick ein weiteres Mal über die Sitzreihen des Amphitheaters schweifen.

„Ja, es ist schmerzhaft", fuhr er fort, „aber wir alle wissen auch um die Unvermeidlichkeit von Veränderungen. Wir alle müssen früher oder später die Erfahrung machen, daß es nötig ist, sich neuen Bedingungen anzupassen. Aber von allen Menschen hätte ich gerade von den Bevölkerungen der beiden Exotischen Welten angenommen, sie seien am besten darauf vorbereitet."

Er sprach nun etwas lauter.

„Haben nicht alle Generationen vor Ihnen und auch Sie selbst Ihr Leben diesem Prinzip gewidmet – seit aus den Angehörigen der Stiftungsgilde Exoten wurden, die sich auf Mara und Kultis niederließen? Sind Ihre Blicke nicht seit Jahrhunderten in die Zukunft gerichtet? Und nicht insbesondere in eine Zukunft, so wie Sie sie sehen wollten, sondern eine, die sich aufgrund bestimmter Entwicklungstendenzen bereits in der Gegenwart abzeichnet? Stimmt das nicht?

Erneut schien er jede einzelne Person seines immensen Publikums zu mustern und auf einen Einwand zu warten. Nach einigen Sekunden fuhr er fort:

„Sie leben heute auf zwei Planeten, die in den wechselseitigen Wirtschaftsbeziehungen aller von Menschen bewohnten Welten dominieren – um nicht Probleme in Hinsicht auf den Lebensunterhalt bewältigen zu müssen und sich dadurch ganz Ihren Forschungen widmen zu können. Sie haben Armeen gemietet, um nicht gezwungen zu sein, selbst zu kämpfen und mit den entsprechenden emotionalen Belastungen fertig zu werden. Und auch dadurch wollten Sie in erster Linie gewährleisten, Ihre Arbeiten ungestört fortsetzen zu können. Nach vielen Jahren, während denen bei Ihnen diese Forschungen immer an erster Stelle standen, stellen Sie sie jetzt zurück, um Partei zu ergreifen bei einer vorübergehenden Auseinandersetzung der Gegenwart. Sicher wissen Sie, daß in meinen Adern auch exotisches Blut fließt, und ich möchte Ihnen ganz offen sagen: Selbst wenn Sie für mich Stellung beziehen wollten, so würde ich mich doch an Sie wenden und Sie bitten zu überdenken, was Sie damit in Hinsicht auf Ihre Bemühungen für die Zukunft der Menschheit aufs Spiel setzen."

Er hielt inne. Einige Sekunden lang war es vollkommen still, und Bleys trat ganz plötzlich einen Schritt zurück.

„Das ist alles", schloß er ruhig. „Ich bin nur hierhergekommen, um Ihnen das zu sagen. Die Entscheidung liegt ganz bei Ihnen."

Damit schwieg er und beobachtete sein Publikum. Nach wie vor war es still im Amphitheater. Nach einer Weile drehte sich Bleys um, verließ die Plattform und trat auf die Sessel zu, in denen Hal, Amid und Padma Platz genommen hatten. Die drei Männer erhoben sich.

Im Amphitheater hinter ihnen hielt die Stille weiterhin an.

„Ich würde gern ungestört zu den Exoten sprechen“, sagte Hal.

Bleys nickte und lächelte. Es war ein freundliches, aber auch müdes Lächeln.

„Selbstverständlich“, erwiderte Amid, noch bevor Bleys eine Antwort geben konnte. Er wandte sich dem Anderen zu. „Wenn Sie mir bitte folgen würden?“

Er führte den hochgewachsenen Mann durch die Tür in die Richtung zurück, aus der er zusammen mit Hal vor einigen Minuten gekommen war. Hal stieg auf das Podium, trat an den Rand des Podests heran und richtete den Blick auf sein Publikum.

„Er hat natürlich nicht gehofft, Sie wirklich überzeugen zu können“, sagte er. „Vielleicht nimmt er an, Sie dazu veranlassen zu können, Zeit zu verschwenden, die seiner Organisation einen Vorteil verschafft. Ich weiß: Es ist nicht nötig, Sie darauf hinzuweisen. Aber wenn man daran gewöhnt ist, sich bei wichtigen Dingen viel Zeit zum Nachdenken zu lassen, mag es einem schwerfallen, Entscheidungen sehr rasch zu treffen.“

Hal suchte nach Worten, die auf seine exotischen Zuhörer eine ebensolche Wirkung erzielen konnten wie auf die Graucaptains in Foralie. Und er begriff plötzlich, daß er eigentlich nur auf eine Reaktion auf das wartete, was er bereits gesagt hatte. Diesmal aber hatte er es nicht nur mit wenigen Menschen zu tun, die er leicht überblicken und mit seiner Stimme erreichen konnte. In diesem Fall konnte er ausschließlich dem Gehalt seiner Worte vertrauen, so wie auch Bleys vor ihm. Er erinnerte sich an das mentale Bild, das kurz vor der Verabschiedung von Amanda in ihm entstanden war – an jenes Bild, das ihm das Gefühl vermittelt hatte, das Drehzentrum eines gewaltigen Rades zu sein. Doch weder der Ort, an dem er sich nun aufhielt, noch die Personen, die er vor sich sah, befanden sich in der Nabe dieses Rades.

„Oftmals gewinnt man den Eindruck“, sagte er, „als bewegten sich die Fluten des Zeitstroms überhaupt nicht – bis man plötzlich einen Wasserfall vor sich sieht oder feststellt, daß die Strömung zu stark geworden ist, um noch rechtzeitig das Ufer zu erreichen. An einem solchen Punkt sind wir nun angelangt. Die Stromschnellen der Geschichte, die zusammen die Strömung der Zeit selbst ergeben, haben uns fest im Griff. Wir haben nicht mehr die Möglichkeit zurückzukehren und nach einer Lösung zu suchen, die unseren Wünschen entspricht. Und mir bleibt nichts anderes übrig, als die Worte an Sie zu richten, die ich an Sie richten möchte.

Ich komme gerade von Dorsai", fuhr Hal fort. „Dort werden derzeit die Vorbereitungen für den letzten Kampf getroffen. Und die Dorsai werden selbstverständlich kämpfen, so wie immer – für das, an was sie glauben, für die ganze Menschheit, und damit auch für Sie. Ich bin deshalb hier, um Sie zu fragen, ob Sie ebenfalls dazu bereit sind, einen vergleichbaren Beitrag zu leisten."

Hal erinnerte sich plötzlich an die ersten Zeilen des Housman-Gedichts, das über dem Eingang der Zentralen Verwaltung von Omalu in den Stein gemeißelt war. Er konzentrierte sich wieder auf seine Aufgabe und setzte seinen Vortrag fort:

„Die Dorsai haben sich bereiterklärt, all das aufzugeben, was sie haben – und dazu gehört auch die Bereitschaft, das eigene Leben zu opfern –, damit die Menschheit als Ganzes überleben kann. Ich bitte Sie um nichts weniger. Ich bitte Sie darum, sich von all dem zu trennen, was Sie in dreihundert Jahren erreicht haben, Ihre Erbschaft Menschen zu hinterlassen, die Sie überhaupt nicht kennen – in der Hoffnung, damit nicht sich selbst zu retten, sondern diejenigen, die nach Ihnen kommen. Denn letztendlich werden Sie vermutlich ebenfalls sterben – zwar nicht im Kampf wie die Dorsai, was aber nichts an der Konsequenz ändert. Als Gegenleistung meinerseits kann ich Ihnen nur die Hoffnung auf das Überleben anderer anbieten, Hoffnung für die Menschen, die Ihr Erbe antreten, Hoffnung für sie, ihre Kinder und die Kinder ihrer Kinder, die vielleicht – versichern kann ich es Ihnen nicht – für das eintreten und arbeiten, was das Wesen der Exoten ausmachte."

Hal machte erneut eine Pause. In seiner Umgebung war es zu keiner Veränderung gekommen, aber er hatte nun nicht mehr das Gefühl, so fern von seinem Publikum zu sein.

„Dreihundert Jahre lang haben Sie für die Hoffnung gearbeitet, daß es für die Menschheit eine in evolutionärer Hinsicht bessere Zukunft geben wird. Den neuen Typus konnten Sie bisher nicht entdecken, aber Sie halten an der Hoffnung fest. Ich persönlich teile Ihre Einstellung. Ja, ich hoffe nicht nur, ich glaube fest daran. Das, wonach Sie immer Ausschau hielten, wird eines Tages da sein. Aber um zu gewährleisten, daß dieses Ziel eines Tages erreicht wird, muß der Homo sapiens überleben."

Das Gefühl, sich den Zuhörern zu nähern, wurde stärker. Hal sagte sich, daß er nur von den Emotionen seiner eigenen Worte bewegt wurde, aber das änderte nichts an der Intensität dieser Empfindung.

Die Worte, die er nun formulierte, fühlten sich ganz so an, als müßten sie die Männer und Frauen auf Mara und Kultis überzeugen, weil sie reine Wahrheit zum Ausdruck brachten.

„Vor vielen Jahrtausenden", fuhr Hal fort, „in der Steinzeit, war jemand, der zerstören wollte, in der Lage, drei oder vier anderen Individuen den Schädel zu zertrümmern, bevor der ganze Stamm über ihn herfiel und ihn daran hinderte, noch größeren Schaden anzurichten. Später dann, im zwanzigsten Jahrhundert, als zum erstenmal die Kernspaltung gelang und die entsprechende Waffentechnik entwickelt wurde, entstand eine Situation, die eine einzelne Person in die Lage versetzte, mit der entsprechenden Ausrüstung eine Großstadt samt den angrenzenden Gebieten zu vernichten und auf diese Weise mehrere Millionen Menschen zu töten. Das wissen Sie alle. Von dem ersten Augenblick an, an dem ein Mensch einen Stein oder einen Stock zur Hand nahm, um ihn als Waffe zu verwenden, ist die Kurve, die das Zerstörungspotential einzelner Individuen zum Ausdruck bringt, steil angestiegen. Heute haben wir den Punkt erreicht, daß jemand wie Bleys den Untergang der ganzen Spezies herbeiführen kann."

Hal holte tief Luft. „Wenn es ihm gelingt, seine Ziele zu erreichen, wird es kein plötzlicher und dramatischer Tod für die Menschheit sein. Wir werden nicht im Höllenfeuer nuklearer Sprengsätze vergehen. Tatsächlich dürfte es ein allmähliches Dahinsiechen sein, das einige Generationen dauert, aber unweigerlich im Tod enden muß. Denn für Bleys und die restlichen Anderen gibt es keine Zukunft; sie sind der Meinung, einzig und allein zwischem dem Jetzt und überhaupt nichts wählen zu können. Nach ihren Vorstellungen verlieren sie nichts, indem sie eine für sie wertlose Zukunft gegen die Gegenwart eintauschen, die ihnen alle ihre Wünsche erfüllen kann. Aber der Preis, den sie dafür zu zahlen bereit sind, ist die Aufgabe aller Träume – und dazu gehört auch der, den Sie seit dreihundert Jahren träumen. Trotz Ihres Reichtums und der Ihnen noch verbliebenen Macht sind Sie nicht in der Lage, den Anderen Einhalt zu gebieten. Auch die Dorsai können sie nicht aufhalten, jedenfalls nicht allein, ebensowenig wie die anderen Gruppen, die natürliche Gegner der Anderen sind und erkennen, daß die Preisgabe von Träumen dem Tod gleichkommt. Zusammen und vereint jedoch können wir Bleys und seine Organisation daran hindern, ihre Ziele zu erreichen – um der Menschen willen, die nach uns kommen."

Er ließ seinen Blick von der einen Seite des Amphitheaters zur anderen schweifen.

„Deshalb bitte ich Sie darum, ebenfalls alles aufzugeben, was Sie haben – für nichts weiter als nur die Hoffnung, daß Sie sich damit nicht etwa selbst retten können, sondern vielmehr das, woran wir alle glauben. Ich möchte Ihre interstellaren Kredite, Ihr gesamtes Vermögen. Ich brauche alle Ihre interstellaren Raumschiffe. Ich verlange all das von Ihnen, was für diejenigen von Nutzen ist, die von nun an direkt und unmittelbar gegen die Anderen kämpfen – und gleichzeitig müssen Sie sich nackt und schutzlos und arm mit all dem abfinden, was der Gegner aus Rache mit Ihnen machen wird. Sie müssen mir alles geben, was Sie haben. Denn die Auseinandersetzung, die nun bevorsteht, kann nur dann von denjenigen gewonnen werden, die an die Zukunft glauben, wenn sie wie eine Person handeln."

Hal brach ab.

„Das ist alles", schloß er abrupt.

Daraufhin drehte er sich um und verließ die Plattform. Überall um ihn herum blieb es völlig still. Amid war inzwischen zurückgekehrt und stand wartend neben Padma.

Sie verließen das Amphitheater durch eine andere Tür als die, durch die sie es betreten hatten. Hal wanderte durch einen langen Korridor, dessen Wände aus Stein bestanden. Die Decke war gewölbt, und rechts zog sich eine lange Fensterreihe entlang. Es waren echte Fenster, nicht nur Projektionen oder offene Flächen, die über autarke Wetterkontrollen verfügten und Wind und Kälte fernhielten. Die Scheiben bestanden aus vielen kleinen und diamantförmigen Facetten. Der Stein war grau und wirkte kalt. Hal sah hinaus: Es schneite noch immer, und auf den Ästen und Zweigen der Bäume, den Wegen und den Gebäuden hatte sich bereits eine weiße Decke gebildet.

„Wie lange dauert es Ihrer Meinung nach, bis das Abstimmungsergebnis von beiden Welten vorliegt?" fragte Hal.

Der kleine und alte Mann an seiner Seite blickte zu ihm hoch.

„Die Abstimmung fand bereits vor Ihrer Landung statt", antwortete Amid.

Hal ging eine Zeitlang schweigend weiter.

„Ich verstehe", erwiderte er dann. „Und als Bleys eintraf, wurde entschieden, mit der Bekanntgabe des Ergebnisses so lange zu warten, bis alle gehört haben, was er zu sagen hatte."

„Wir sind sehr praktische Menschen", sagte Amid. „Zumindest in praktischer Hinsicht. Sie haben völlig recht. Aber darüberhinaus wollten wir vor der Bekanntmachung in erster Linie Sie hören und sehen. Würden Sie nicht ebenfalls diejenige Person kennenlernen wollen, die Sie dazu auffordert, sich von allem zu trennen, was Ihr bisheriges Leben ausmachte?"

„In der Tat", bestätigte Hal. „Aber wie dem auch sei: Die Zuhörer hatten die Möglichkeit, ihre Meinung noch zu ändern – für den Fall, daß Bleys einen entsprechenden Eindruck auf sie machte. War das der Fall?"

„Nur bei einer statistisch völlig unbedeutenden Minderheit." Amid musterte ihn, während sie den Weg fortsetzten. „Ich glaube, in diesem Zusammenhang verstehen Sie noch nicht alles, Hal Mayne. Wir wußten, daß Bleys Ahrens nichts sagen konnte, was zu einer Veränderung unserer Einstellung hätte führen können. Aber es war immer unsere Tradition, gut zuzuhören. Warum sollten wird davon Abstand nehmen? Und schätzen Sie uns tatsächlich als so wankelmütig ein, daß Sie es für möglich halten, wir würden offensichtlichen Konsequenzen ausweichen? Auch wir halten an unserem Glauben fest – und sind mutig genug, uns Tatsachen zu stellen."

Damit wandte Amid den Blick von Hal ab und sah nach vorn. Der Korridor endete vor einer einen Spaltbreit offenstehenden Doppeltür aus massivem und genietetem Holz.

„Es wird einen oder zwei Tage dauern, bis unsere Repräsentanten sich mit Ihnen in bezug auf die Einzelheiten verständigen", fügte der kleine und alte Exote hinzu. „In der Zwischenzeit können Sie mit Rukh Tamani die Details ihres verbalen Kreuzzugs auf Alterde besprechen. In drei Tagen dürften wir hier fertig sein, und dann können Sie sich wieder auf den Weg machen. Übrigens: Wohin fliegen Sie von hier aus?"

„Zur Erde . . .", sagte Hal.

Aber seine Gedanken beschäftigten sich mit ganz anderen Dingen, und er lauschte der Stimme seines Unterbewußtseins. Er hatte innerlich gefröstelt, als ihm mitgeteilt worden war, Bleys weile ebenfalls auf Mara. Und diese Kühle war fast zu einer echten Furcht kumuliert, als er den Anderen vor dem Publikum von Mara und Kultis hatte stehen sehen. Es handelte sich dabei nicht mehr um die Furcht davor, Bleys könne aufgrund seines Charismas eine größere Wirkung auf die Zuhörer erzielen. Vielmehr war es die Angst davor gewesen, daß sich die Exoten zwar einerseits über die wahren Ziele Bleys' und deren Konsequenzen klarwurden, sie die Worte des Anderen aber als eine Ausflucht dafür nahmen, die Hände in den Schoß zu legen und sich nicht denjenigen hinzuzugesellen, die den offenen Kampf gegen den Feind aufnahmen – oder erst dann, wenn es zu spät war.

Er hatte sich geirrt. Seit der Zeit, als er Donal gewesen war, so erkannte er jetzt, hatte er immer wieder einen Fehler gemacht. Trotz seiner Erkenntnisse und Einsichten neigte er nach wie vor dazu, seinen Mitmenschen zu mißtrauen – obgleich er tief in sich wußte, daß das, was ihm möglich war, auch ihrem Potential entsprechen mußte. Eine Zeitlang hatte er im Amphitheater an den Exoten gezweifelt und sich gefragt, ob sie wirklich dazu bereit waren, für eine Sache ihr Leben zu geben, für etwas, an das sie fest glaubten. Seine Befürchtung, so wußte er, gründete sich dabei auf die drei vergangenen Jahrhunderte, während denen die Exoten anscheinend dazu bereit gewesen waren, den Frieden um jeden Preis zu erhalten. Und er hatte ganz vergessen, daß es ihre ontogenetische Hoffnung gewesen war, die ihnen den Frieden an sich als wichtigstes Gut erscheinen ließ.

Jetzt akzeptierte er die eindeutige Wahrheit. Es war weitaus problemloser, einfach zu kämpfen und im Kampf möglicherweise zu sterben, als ganz ruhig und gelassen abzuwarten, daß der Feind eintraf und alles verwüstete – nur um des Überlebens anderer Menschen willen. Und doch hatten sich die Bewohner von Mara und Kultis gerade dazu entschlossen.

Amid hatte recht mit seinen letzten Worten.

Mit dieser Entscheidung hatten alle Exoten – auch der kleine und alte Mann neben Hal, der gar nicht wie ein Krieger wirkte – einen Mut bewiesen, der mindestens dem der Dorsai gleichkam. Und einen Glauben, der ebenso ausgeprägt war wie der der Quäker. Aus den Augenwinkeln musterte Hal Amid, und vor seinem inneren Auge sah er sich nicht etwa selbst, sondern die Phantombilder Ians und Gotteskinds, die zu beiden Seiten seines alten Begleiters einherschritten.

„Ja", sagte Hal und brach damit das Schweigen, als sie die Doppeltür erreichten. „Zurück zur Erde. Es gibt dort einen Ort, den ich lange Zeit nicht mehr gesehen habe."

11

Seite an Seite gingen sie weiter, ließen das helle Tageslicht hinter sich zurück und betraten die Örtlichkeit hinter der Doppeltür, einen Bereich, in dem ein diffuses Zwielicht herrschte.

Es handelte sich um einen sechseckigen Raum mit leicht gewölbter Decke, an der einige Leuchtflächen glühten, deren Licht zwar völlig ausreichte, um alle Winkel zu erhellen, deren Glanz sich aber nicht mit dem des Tageshimmels jenseits der Facettenfenster zu messen vermochte. Neun Exoten saßen hier an einem großen und runden Tisch. Ihre Roben waren in verschiedenen Farbtönen gehalten. Für Hal und Amid standen zwei Ergsessel bereit, und sie nahmen darin Platz.

Hal musterte die anderen Anwesenden, von denen er vier kannte. Er beobachtete die alten Züge Padmas, das dunkle Gesicht Nonnes, die Miene Alhonans und den freundlichen Ausdruck Chavis'. Es waren die Personen, mit denen er damals auf dem Balkon von Amids Anwesen gesprochen hatte. Mit den anderen hatte er noch keine Bekanntschaft geschlossen, und ihre Gesichter waren für Exoten typisch: ruhig und unbewegt und eigentlich unauffällig.

„Das Potential unserer beiden Welten steht Ihnen nun zur Verfügung, Hal Mayne", formulierte die altersheisere Stimme Padmas. Hal richtete seinen Blick auf den greisenhaften Mann. „Das hat Ihnen Amid sicher bereits gesagt, nicht wahr?"

„Ja", bestätigte Hal. „Ich habe ihn auf dem Weg hierher danach gefragt."

Nonne setzte zu einer Erwiderung an, unterbrach sich dann aber und sah Padma an.

„Ich vergesse es nicht", sagte Padma und warf ihr einen kurzen Blick zu. „Hal, wir meinen, Sie sollten in bezug auf unsere zukünftige Zusammenarbeit einen Punkt wirklich verstehen. Wir schließen keine Verträge ab wie die Dorsai. Seit dreihundert Jahren geben wir unser Wort, das ist alles."

„Das genügt völlig", erwiderte Hal.

Padma legte die Hände flach auf die glatte und dunkle Tischfläche. „Deshalb sollte Ihnen klar sein, daß wir nur deshalb für Sie Partei ergriffen haben, weil wir keine andere Möglichkeit sehen, mit der gegenwärtigen Situation fertig zu werden. Wir haben viele ontogenetische Berechnungen angestellt, um Antwort auf die Frage zu finden, ob wir Ihnen folgen sollen, und das Ergebnis ist jetzt ein eindeutiges Ja – ironischerweise aufgrund unserer eigenen Entscheidung, Stellung für Sie zu beziehen."

Der heisere Klang seiner Stimme verstärkte sich, während er sprach. Er unterbrach sich kurz und tippte mit der Kuppe des Zeigefingers auf die Tischfläche. Eine bis dahin verborgene Klappe öffnete sich, und ein gefülltes Glas glitt daraus hervor. Padma nahm einen Schluck und fuhr dann fort:

„Es ist nur richtig, wenn ich Ihnen sage, daß viele von uns in bezug auf die Frage, ob wir Partei für Sie ergreifen sollten, sich sehr zurückhaltend zeigten. Auf mich persönlich trifft das nicht zu, aber ich möchte hinzufügen, daß der Grund für eine derartige Einstellung durchaus vernünftig war. Aber Sie sollten uns gut genug kennen, um uns nach der Abstimmung zu vertrauen. Tatsächlich existieren jene Vorbehalte nun nicht mehr. Wir haben eine Entscheidung getroffen, und ob uns die Konsequenzen gefallen oder nicht: Wir werden Ihnen folgen."

„Vielen Dank", sagte Hal. „Ich kann mir vorstellen, was dieser Entschluß für Sie alle bedeutet. Ich bewundere Ihren Mut sehr."

Er beugte sich ein wenig vor und wurde sich plötzlich bewußt, wie sehr seine Statur ihn von den anderen unterschied.

„Die Lage ist so, wie ich sie vorhin beschrieb", fügte er hinzu. „Wahrscheinlich muß ich Sie dazu auffordern, mir all das zu geben, was Ihre beiden Welten besitzen . . ."

„Entschuldigen Sie bitte, aber vorher würde ich Ihnen gern noch etwas anderes sagen", warf Padma ein.

Hal wandte sich dem alten Exoten zu.

„Ich glaube, wir wissen bereits, was Sie uns mitteilen wollen", sagte Padma. „Aber zunächst möchten wir Sie noch mit einigen Informationen vertraut machen. Wir mußten sie Ihnen so lange vorenthalten, bis die Entscheidung fiel, mit Ihnen zusammenzuarbeiten."

Für einige Sekunden schloß sich angespanntes Schweigen an.

„Gut", sagte Hal. „Fahren Sie fort. Ich höre Ihnen aufmerksam zu."

„Nun, jetzt sollten Sie davon erfahren", meinte Padma. „Zu den Informationen gehören auch einige Dinge, von denen Sie vermutlich ahnen, daß wir über sie Bescheid wissen, die sich aber als weitaus nützlicher herausstellen könnten, als Sie annehmen."

Seine alte und rauhe Stimme versagte erneut. Er griff nach dem vor ihm auf dem Tisch stehenden Glas und nahm einen weiteren Schluck.

„Ich spreche von unserer Fähigkeit, Informationen zu sammeln, sie miteinander in Beziehung zu setzen und ein Erkenntnisbild daraus zu formen", sagte Padma. „Und ich glaube, es dürfte sehr interessant für Sie sein zu erfahren, zu welchen Schlußfolgerungen wir in Hinblick auf Sie und Bleys Ahrens gelangt sind."

„Das stimmt." Hal wandte den Blick nicht von dem alten Mann ab.

„Das Ergebnis", fuhr Padma ruhig und gelassen fort, „dieser Informations-Interaktion beschreibt sowohl Sie selbst als auch Bleys in einer Weise, die wichtig ist, um Aufschluß über die bevorstehende Auseinandersetzung zu bekommen."

Er machte eine kurze Pause.

„Bleys ist sich ganz offensichtlich seiner Stärke bewußt und dazu entschlossen, sie ökonomisch einzusetzen. Mit anderen Worten: auf eine Art und Weise, die sicherstellen soll, daß er und die Anderen nicht verlieren können, indem sie die gegenwärtigen Vorteile ausnutzen und erweitern, solange sich ihnen kein Widerstand entgegenstellt. Das ist eine Position der Stärke, die unserer Meinung nach auch dem Wesen Bleys' entspricht. Er scheint davon überzeugt zu sein, daß seine Organisation gar nicht unterliegen kann. Und das läßt ihn nicht etwa triumphieren, sondern erzeugt eine Art trauriges und melancholisches Vergnügen angesichts dieser scheinbaren Unabwendbarkeit seines Sieges, ein Gefühl, das wiederum seinem Bild von sich selbst und der Realität angemessen ist. Offenbar hält er sich selbst für so isoliert, daß nichts, was irgendwo im Universum geschieht, irgendwie sein inneres Gleichgewicht stören könnte."

„Ja", murmelte Hal.

„Diese Isolierung Bleys' weist einige interessante Ähnlichkeiten mit Ihrer eigenen Einsamkeit auf", fuhr Padma fort und musterte Hal dabei. „Tatsächlich sind Sie beide in vielerlei Hinsicht wie Brüder."

Hal gab darauf keine Antwort.

„Nun", meinte Padma heiser, „Bleys' Einschätzung hat sich in vielen Dingen bestätigt. Die in Bewegung geratenen historischen Kräfte – jene Kräfte, die jeder Generation zu eigen sind – scheinen die

Situation der Anderen enorm zu stärken. Unsere Wissenschaft der Ontogenetik, die wir gerade zur Lösung solcher Probleme entwickelt haben, konfrontiert uns mit immer mehr Beweisen dafür, daß sich Bleys durchsetzen wird."

Hal nickte langsam, und Padma trank erneut einen Schluck.

„Wenn wir es bei Bleys mit einem Symbol all dessen zu tun haben, was auf orthodoxe Art bestrebt ist, zu siegen", erklärte Padma, „so stellen Sie, der Sie in einem normalen Universum die Verkörperung dessen wären, was versucht und erreicht worden ist, das genaue Gegenteil dar. Sie sind eine völlig unorthodoxe Versinnbildlichung. Sie tauchten praktisch aus dem Nichts auf, als man Sie als Kleinkind an Bord eines Raumschiffs im irdischen Orbit fand. Es gibt eigentlich keinen offensichtlichen Grund dafür, warum Sie der Anführer derjenigen werden sollten, die die von Bleys und den restlichen Anderen ausgehende Gefahr beseitigen wollen. Aber aus irgendeinem Grund haben sich alle Gegner Ahrens' Ihnen angeschlossen – selbst wir Exoten, die wir uns seit dreihundert Jahren ganz darauf konzentrieren, ruhig und vernünftig nachzudenken."

Er holte tief Luft.

„Gerade wir Exoten", fuhr Padma dann fort, „glauben nicht an Wunder. Deshalb schließen wir, daß es irgendeinen Mechanismus gibt, der zu Ihren Gunsten arbeitet und den wir weder erkennen noch verstehen. Wir können nur hoffen, daß auch Bleys Ahrens nicht dazu in der Lage ist."

„Unter der Voraussetzung, daß Sie in diesem Punkt recht haben", entgegnete Hal, „schließe ich mich dieser Hoffnung an."

„Was uns direkt zu dem führt, was wir über Sie wissen", fügte Padma hinzu. „Auf der Grundlage der entsprechenden Informationen – und wir nehmen an, daß Bleys auf der gleichen Basis zu einem ähnlichen Schluß gelangt ist – sind wir der Meinung, Ihre einzige Chance besteht darin, die Dorsai als eine Kampftruppe gegen die Streitmacht in die Schlacht zu schicken, die uns die Anderen aufzwingen."

Padma unterbrach sich und sah Hal an.

„Fahren Sie fort", sagte Hal ruhig. „Ihre bisherigen Ausführungen sind nur offensichtliche Schlußfolgerungen auf der Grundlage der gegenwärtigen Situation. Und man braucht keinen Zugang zu speziellen Informationen zu haben oder das rationale Instrument einzusetzen, das einem Bleys zur Verfügung steht, um zu diesen Erkenntnissen zu gelangen."

„Vielleicht nicht“, erwiderte Padma. „Nun, eine weitere offensichtliche Konsequenz aus der gegenwärtigen Lage ist die Tatsache, daß Sie eigentlich keine Chance haben, etwas Wirkungsvolles gegen die Anderen auszurichten, selbst dann nicht, wenn Sie über ein ähnliches geistiges Potential verfügen wie Bleys. Andererseits: Wenn Sie die Dorsai so lange zurückhalten, bis alle Streitkräfte der Anderen mobilisiert und für den Einsatz bereit sind, haben nicht einmal mehr die Söldner Aussichten darauf, mit einem derart starken Gegner fertig zu werden. Stimmt das?“

„Es ist zumindest eine Möglichkeit“, räumte Hal ein.

„Sollten Sie sich allerdings dazu entscheiden“, führte Padma seine Überlegungen weiter, „die Streitmacht der Dorsai in einzelne Stoßtruppen aufzuteilen und damit die Truppen der Anderen zu attackieren, während sie sich noch auf den eigentlichen Angriff vorbereiten, so werden sich Verluste nicht vermeiden lassen. Das wiederum führt zu einer allmählichen Schwächung der Dorsai – bis schließlich nicht mehr genug von ihnen übrig sind, um dem Feind gegenüber einen echten Widerstand leisten zu können. Das scheint mir ebenfalls eine auf der Hand liegende Schlußfolgerung zu sein, nicht wahr?“

„Eine Schlußfolgerung ist es gewiß“, antwortete Hal.

„Wie können Sie dann auch nur den Hauch einer Hoffnung haben, zu gewinnen?“ fragte Padma.

Hal lächelte – und erst als er sah, auf welche Weise sich die Züge der am Tisch sitzenden Exoten veränderten, machte er sich klar, welche Wirkung dieses Lächeln auf die Männer und Frauen von Mara und Kultis haben mußte.

„Ich hoffe deshalb auf den Sieg“, erwiderte er langsam und deutlich, „weil ich nicht verlieren werde. Ich weiß: Diese Worte bedeuten Ihnen kaum etwas. Doch wenn es Ihnen möglich wäre zu verstehen, was ich damit meine, stünde uns kein Krieg bevor. In einem solchen Fall wäre das Problem, mit dem uns die Anderen konfrontieren, bereits gelöst.“

Padma runzelte die Stirn.

„Das ist keine Antwort“, sagte er.

„Dann lassen Sie mich folgendes sagen“, fügte Hal hinzu. „Bei den historischen Kräften handelt es sich nur um die inneren Auseinandersetzungen der Rassenentität, der es vor allen Dingen darauf ankommt zu überleben. Dieser Tatsache sollten Sie sich aufgrund Ihrer

Studien und Forschungsarbeiten in Hinblick auf die Menschheit als Ganzes bewußt sein. Und betrachten Sie im Licht dieser Erkenntnis noch einmal den Umstand, daß einerseits sehr starke Kräfte die Position der Anderen unterstützen und es andererseits in diesem Zusammenhang für uns – ihre Gegner – kaum Hilfe gibt. Sie werden dann genau sehen können, welche historischen Kräfte sich in naher Zukunft abschwächen und welche erstarken müssen, um das Überleben der Rassenentität zu ermöglichen."

Hal brach ab. Ich spreche selbst wie ein Exote, dachte er.

„Wenn das stimmt", platzte es aus Nonne heraus, als könne sie es nicht über sich bringen, noch länger zu schweigen, „würde sich das Problem von selbst lösen. Dann brauchten wir Sie überhaupt nicht."

Hal sah sie an und lächelte erneut.

„Ich bin eine der historischen Kräfte, die ich eben erwähnte", erklärte er. „So wie auch Bleys. Wir sind Auswirkungen der geschichtlichen Situation, keine Ursachen. Würde einer von uns beiden aus irgendeinem Grund den Tod finden, so veränderte sich die eigentliche Lage praktisch überhaupt nicht: Jemand anders träte dann an unsere Stelle. Tatsache ist, daß das, was Bleys und ich darstellen, nicht eliminiert werden kann. Ebensogut könnte man versuchen, gegen die historischen Kräfte selbst anzukämpfen. Es bleibt Ihnen somit nur die Möglichkeit, sich für eine der beiden Seiten zu entscheiden. Und ich glaube, Sie haben mir eben bestätigt, daß Sie bereits eine entsprechende Wahl getroffen haben, nicht wahr?"

„Hal", erklang neben ihm die sanfte Stimme Amids, „das ist nicht nur eine unnötige, sondern auch eine wenig höfliche Frage."

Hal wurde wieder ernst und wandte sich dem Exoten zu.

„Sie haben natürlich recht. Ich entschuldige mich dafür." Er richtete den Blick auf Nonne und sah auch Padma an. „Zu welchen anderen Schlußfolgerungen sind Sie auf der Grundlage Ihrer speziellen Informationen gelangt?"

„Uns liegen detaillierte Mitteilungen von allen Welten vor, auf denen die Anderen ihre Streitkräfte mobilisieren", erwiderte Padma. „Außerdem wissen wir auch, was an all den Orten geschieht, an denen der Gegner Raumschiffe baut und ausrüstet. Wir hoffen, diese Informationen reichen Ihnen aus. Selbstverständlich gibt es nach wie vor viele Dinge, die wir nicht so einfach in Erfahrung bringen können, und . . ."

„Das spielt eigentlich keine Rolle", erwiderte Hal fast geistesabwesend. „Ich muß mich selbst darum kümmern, gewisse Erfahrungen zu sammeln."

„Ich verstehe nicht ganz", sagte Padma.

Die Männer und Frauen am Tisch musterten Hal verwirrt.

„Ich fürchte", entgegnete Hal gedehnt, „ich kann Ihnen das nicht so erklären, wie Sie es wünschen. Im Grunde genommen läuft es darauf hinaus, daß ich mir die Orte, die Sie eben erwähnten, und auch die dort arbeitenden Menschen selbst ansehen muß. Ich halte dabei nach Dingen Ausschau, über die Sie mir keine Auskunft geben können. Bitte vertrauen Sie mir und gehen Sie einfach davon aus, daß ich die Lage selbst prüfen muß."

Während seiner Erwiderung spürte Hal das Konzept der Letzten Enzyklopädie wie eine fühlbare Masse in sich, und er nahm die folgenschwere und nun unmittelbar bevorstehende Konfrontation zwischen den gegensätzlichen historischen Kräften wie ein lebendes Geschöpf wahr, das sich dicht vor ihm zum Sprung duckte. Er hatte nicht die geringste Möglichkeit, den Exoten zu erklären, daß das Schlachtfeld, auf dem der Kampf stattfinden würde, die menschliche Seele war.

„Bitte akzeptieren Sie es, wenn ich Ihnen sage, es ist notwendig", wiederholte er.

„Nun", meinte Padma dumpf, „ich glaube, es bleibt uns keine andere Wahl. Wir verfügen nach wie vor über Kurierschiffe, die Mara und Kultis miteinander verbinden und auch den Kontakt zu den Botschaften auf anderen Welten halten. Wir könnten Ihnen einen solchen Kreuzer zur Verfügung stellen."

„Ich brauche keins Ihrer Raumschiffe", sagte Hal, und er vernahm seine Stimme dabei so, als erklinge sie in weiter Ferne. „Die Dorsai haben mir bereits eins gegeben, und der Pilot wartet auf mich."

Noch einige Sekunden länger starrte er auf die dunkle Tischfläche. Dann hob er wie zögernd den Kopf und sah erneut Amid an. Er lächelte wieder, doch diesmal wurde er rasch wieder ernst.

„Ich glaube, ich muß meine Rückkehr nach Alterde noch ein wenig verschieben", sagte er.

Diese Einschätzung erwies sich als richtig. Fast vier Monate später – Standardzeit – hatte Hal den Orbit der Erde noch immer nicht erreicht. Und in den Gassen von Novenoe, einer Stadt auf Freiland, lief er um sein Leben.

In den vergangenen Monaten hatte Hal an Gewicht verloren und war fast so dünn geworden wie während der Zeit, als er auf Harmonie einem Kommando des Widerstands angehört hatte.

Der Grund dafür waren die zurückliegenden Anstrengungen und Anspannungen. Mit dem Dorsai-Schiff hatte er die meisten Jüngeren Welten besucht und sich an die Orte geschlichen, an denen die Anderen die Truppen zusammenzogen und ausrüsteten, die sie gegen die Erde und die restlichen Welten ihrer Gegner in den Kampf schicken wollten.

Diesmal jedoch ging der Gewichtsverlust nicht allein auf die körperlichen Belastungen zurück. Nachdem Hal Amanda gegenüber seine erste Identität als Donal Graeme eingestanden hatte – jene Identität, die von seinem Donal-Selbst so lange verborgen worden war, bis er als Hal Mayne seinen Lernprozeß abgeschlossen hatte –, entsprach er im Gebaren und den physischen Fähigkeiten nun fast seinem Ich-Vorgänger.

Obgleich er sich natürlich nicht mit dem Geschick eines erwachsenen Dorsai messen konnte, der von Kindesbeinen an trainiert und speziell ausgebildet worden war. Trotzdem kam das, was ihn nun auszeichnete, nahe an die Natur eines Dorsai heran.

Angesichts der gut zwanzig Jahre, die Hal Mayne nach den Maßstäben der professionellen Söldner ohne jede Ausbildung verbracht hatte (abgesehen einmal von dem Training, dem Hal von Malachi Nasuno bis zu seinem sechzehnten Lebensjahr unterzogen worden war), war es schlichtweg verblüffend, daß er in nur einigen wenigen Monaten Reflexe hatte entwickeln können, die fast denen Simon Graemes gleichkamen.

Simon selbst hatte ihn darauf aufmerksam gemacht. Es war Hal unmöglich gewesen, diese seine Entwicklung dem Dorsai gegenüber zu verbergen – in einem kleinen Kurierschiff, in dem sie ständig beisammen waren. Amid begleitete sie. Der alte Exote diente ihnen in gewisser Weise als ein lebender Paß, der Hal den Zugang in die jeweiligen Botschaften der Exoten ermöglichte, in denen er neue Informationen erhielt. Diese Entwicklung Hals, so meinte Simon, sei ebenso unmöglich wie offensichtlich, und der Dorsai verglich sie mit der einiger Kampftechniken, die vor vielen Jahrhunderten auf der Erde ganz plötzlich aufgetaucht und schon nach kurzer Zeit legendär geworden waren. Abgesehen von dieser Bemerkung schien sich das gegenwärtige Oberhaupt der Familie Graeme damit zufriedenzugeben, eine Erklärung dieses seltsamen Umstands auf später zu verschieben. Hal blieb ebenfalls nichts anderes übrig – obwohl diese Tatsache ihn noch mehr erstaunte als Simon.

Er vermutete, es mit einer Art von psychischer Kraft zu tun zu haben, die sich nun aufgrund der Reaktivierung der früheren Identität Donals auf ihn auswirkte – einer psychischen Kraft, die sogar Einfluß auf sein körperliches Erscheinungsbild zu nehmen vermochte. Es hieß, Cletus Grahame sei es vor rund zweihundert Jahren gelungen, auf ähnliche Art und Weise eine Knieverletzung zu heilen. Gleichzeitig jedoch gab es irgendeine Stimme in Hal, die ihn immer wieder darauf hinwies, die Bezeichnung „psychische Kraft“ reiche als Erklärung keineswegs aus. Und er überraschte sich immer wieder dabei, über den zusätzlichen und ihm noch unbekannten Faktor nachzudenken.

In den letzten Tagen aber hatte er kaum Gelegenheit gehabt, sich darüber Gedanken zu machen, und derzeit war er noch viel weniger dazu in der Lage. Er befand sich in einem heruntergekommenen Stadtviertel, und schnell und gleichmäßig lief er durch dunkle und stinkende Gassen, die man kaum Straßen nennen konnte. Er war wie ein vom Hunger ausgezehrter Wolf, und mit der Intuition Donals schätzte Hal die Anzahl der sich ihm nun nähernden Verfolger, stellte fest, wo sie sich aufhielten.

Er war nach Freiland gekommen, um sich die Raumschiffswerften anzusehen, und das war ihm auch gelungen. Er hatte die entsprechenden Kreuzer als Truppentransporter erkannt. Aber nach den vergangenen Monaten waren die Streitkräfte, die die Anderen auf den von ihnen kontrollierten Welten unterhielten, in Alarmbereitschaft versetzt worden und hielten insbesondere nach ihm Ausschau. Der sogenannte Exekutivausschuß der Polizei von Novenoe hatte ihn identifiziert und jagte ihn nun. Hal konnte nur dann hoffen, den Verfolgern zu entkommen, wenn er das Kurierschiff erreichte, das auf dem Hinterhof eines leerstehenden Lagers auf ihn wartete. Er führte die Polizisten nun in die entsprechende Richtung, weil ihm gar keine andere Wahl blieb. Und die fortwährenden Neueinschätzungen durch die intuitive Logik Donals machten ihm klar, daß er keine Möglichkeit hatte, das Schiff zu ereichen, bevor die Verfolger heran waren.

Er glaubte, es mit dreißig bis vierzig Exekutivbeamten zu tun zuhaben – und sie kannten diesen Teil Novenoes besser als er.

Hal lief weiter – wobei er nicht seine ganze Kraft einsetzte, sondern sie für den Notfall aufsparte. Der letzte Teil des Fluchtweges führte über zwar alte, aber noch immer hohe Sicherheitszäune und Plätze, auf denen unbrauchbar gewordene Maschinenteile rosteten. Als Hal einen der Zäune erreichte, nach der oberen Kante griff und sich in die Höhe zog, hörte er voraus Geräusche, die darauf schließen ließen, daß in der Dunkelheit des unübersichtlichen Platzes zwei ungeduldige Polizisten warteten.

Er duckte sich und schlich wie ein Phantom weiter. Er schob sich an den rostigen Aggregaten vorbei, die ihm immer wieder den Weg versperrten. Er wollte versuchen, die beiden Exekutivbeamten zu umgehen. Aber einer von ihnen trat vor und stolperte direkt auf Hal zu.

Hal blieb nicht mehr die Zeit, dem Beamten auszuweichen, und deshalb richtete er sich rasch auf und schlug zu.

Der Uniformierte sank zu Boden, gab dabei aber noch ein dumpfes Stöhnen von sich. Und nur einen Sekundenbruchteil später flammte der dünne Strahl eines Ziellichts auf, das für den Nachteinsatz von Energiewaffen verwendet wurde. Wie der Scheinwerferkegel einer kleinen Spielzeug-Taschenlampe tanzte es über den Platz. Hal setzte die nicht sonderlich leistungsstarke, dafür aber leise Vakuumpistole ein – die einzige Waffe, die er bei sich trug. Er zielte auf den Ausgangspunkt des Suchlichts, und der matte Glanz verblaßte abrupt. Das änderte jedoch nichts daran, daß man ihn entdeckt hatte. Die Dunkelheit um ihn herum war nun sicher erfüllt von elektronischem Alarm und Kommitteilungen, die die Verfolger über seinen Standort informierten.

Hal lief mit voller Kraft weiter. Als er den Zaun hinter sich brachte, der den Platz begrenzte, an den sich der Hinterhof mit dem wartenden Kurierschiff anschloß, teilte ihm seine sensibilisierte Wahrnehmung die Präsenz von fünf weiteren Exekutivbeamten mit, die ihm den Weg abschneiden wollten. Zu viele, um ihnen auszuweichen. Hal konnte jeden einzelnen von ihnen hören, wohingegen die Polizisten sicher noch nichts von seiner unmittelbaren Nähe ahnten. Bestimmt jedoch waren sie mit Infrarotortern ausgerüstet, und mit diesen Geräten mochten sie ihn bald als einen matten Fleck inmitten der Dunkelheit erkennen – als ein diffuses Glühen im Labyrinth aus Abfällen, demontierten Maschinen und Fahrzeugwracks.

Hal wußte, daß sich seine Lage allmählich zuspitzte. Er mußte das

Schiff erreichen, und es gab keine Möglichkeit, dabei einer Entdeckung zu entgehen. Es blieb ihm also keine andere Wahl, als sich den Weg freizukämpfen. Er hockte sich auf den kiesigen Boden und holte einige Male tief Luft.

Er brauchte nicht lange nachzudenken, um zu begreifen, auf welche Weise er vorgehen mußte. Seine Situation ließ sich in gewisser Weise mit der eines Mannes vergleichen, der in einem Fluß auf einen nahen Wasserfall zutreibt und einen am Ufer wartenden Freund zu Hilfe ruft. Er erinnerte sich noch einmal daran, daß er selbst für die bevorstehende Konfrontation mit den Anderen wichtiger war als Simon Graeme. Und Simon wäre ihm – ebensowenig wie irgendein anderer Dorsai – bestimmt nicht dafür dankbar gewesen, ihn unter diesen Umständen nicht zu Hilfe gerufen zu haben.

Entschlossen betätigte Hal die Taste des Signalgebers an seinem Gürtel. Der Impuls mußte von den Sensoren des Kurierschiffs empfangen werden, und es konnte nicht lange dauern, bis Simon eintraf.

Nach dieser Entscheidung konzentrierte sich Hal ganz auf das Problem des eigenen Überlebens. Er legte sich flach auf den Boden und kroch in Richtung Zaun. Er hörte, wie sich ihm die fünf Exekutivbeamten weiter näherten, und er wußte auch, daß bald Verstärkung für sie eintreffen würde. Ganz plötzlich verharrte Hal, als er feststellte, daß er auf diese Weise nicht weiterkam. Er lag hinter den Überbleibseln eines Traktors, und wenn er seine augenblickliche Deckung verließ, hätten die Polizisten freies Schußfeld gehabt. Wenn er den Hinterhof erreichen wollte, war es unbedingt notwendig, im sich schließenden Ring der Exekutivbeamten Lücken zu schaffen.

Für die Waffe, die er bei sich trug, brauchte er kein Suchlicht. Hal war dazu in der Lage, allein nach dem Gehör genau zu zielen. Und die leise Vakuumpistole würde den Polizisten nicht verraten, aus welcher Richtung die tödliche Entladung gekommen war. Hal erschoß einen Mann, und anschließend nutzte er rasch die entstandene Lücke aus, nur um kurz darauf festzustellen, daß er erneut festsaß. Daraufhin zielte er und feuerte erneut . . .

Es war ein gräßlicher Kampf, der in der Dunkelheit ausgefochten wurde, und die Gegner Hals erhielten so rasch Verstärkung, daß ihre Anzahl trotzdem nach und nach größer wurde. Bitterkeit entstand in Hal, die Bitterkeit eines Mannes, der seit zu vielen Jahren um sein Überleben kämpfen mußte, immer und immer wieder. Geduckt schlich Hal durch die Dunkelheit, und zum erstenmal spürte er dabei die Last, die auf ihm ruhte: Es war keine physische Bürde, vielmehr das emotionale Gewicht dreier Leben.

Hal war es inzwischen gelungen, die Hälfte der Strecke bis zum letzten Zaun zurückzulegen. Die Distanz betrug nun noch etwa fünf bis sechs Meter. Und die Anzahl der Gegner auf dem Platz war auf fünfzehn angestiegen. Hal verharrte an der Leiche eines von ihm erschossenen Polizisten und griff nach dem schweren Energiegewehr, mit dem der Mann bewaffnet gewesen war. Und in diesem Augenblick traf Simon ein.

Hal hörte ihn kommen. Und er wußte, daß es nur der Dorsai sein konnte. Die Exekutivbeamten vernahmen überhaupt nichts, und als eine Vakuumpistole aus einer anderen Richung feuerte, nahmen sie an, Hal habe den Zaun erreicht. Daraufhin setzten sie sich in Bewegung und strebten der Position Simons entgegen.

Hal zählte langsam bis fünf. Dann stand er in der Dunkelheit auf, schob die Vakuumpistole, deren Ladung sich fast erschöpft hatte, ins Holster und justierte das erbeutete Erggewehr auf Dauerfeuer. Er betätigte den Auslöser und ließ den Strahl über die Gestalten streichen, die auf den Zaun zuhielten.

Diejenigen Polizisten, die nicht starben und keine oder nur geringfügige Verletzungen davontrugen, gingen sofort in Deckung und schwangen ihre Waffen herum. Hal schleuderte das Energiegewehr weit von sich, so daß das Scheppern die Aufmerksamkeit der Beamten auf sich zog. Gleichzeitig lief er los, in Richtung des Ortes, an dem Simon Stellung bezogen hatte, und er wich den Hindernissen im Weg ganz automatisch aus.

Und plötzlich waren sie zusammen, zwei dunkle Konturen in der schwarzen Finsternis.

„Weiter!“ knurrte Simon.

Hal hielt nicht inne, setzte über den Zaun hinweg, orientierte sich auf der anderen Seite und wirbelte herum. Er riß die Vakuumpistole hervor und hielt sie bereit, um Simon zu decken, der nun zu ihm sprang. Seite an Seite rannten sie in Richtung des Kurierschiffs. Die Außenluke stand offen, und Amid sah ihnen entgegen und wich rasch beiseite, um ihnen Platz zu machen. Hinter ihnen schloß sich das Schott. Simon eilte an die Kontrollen heran. Und von einem Augenblick zum anderen jagte das kleine Raumschiff gen Himmel empor.

Polizeischweber flogen Patrouille, und einige der Gleiter befanden sich in einer Höhe von bis zu vier Kilometern. Doch kaum hatte das Kurierschiff vom Boden abgehoben, leitete Simon auch schon die Phasenverschiebung ein, und einen Sekundenbruchteil später befanden sie sich im Vakuum weit über Freiland. Hal hatte sich an der Rückenlehne des Kopilotensitzes festgehalten, um angesichts der enormen Anfangsbeschleunigung nicht das Gleichgewicht zu verlieren, und nach der Phasenverschiebung drehte er sich um und ließ sich in einen der hinteren Sessel sinken.

Er spürte eine Berührung an seinem Ellenbogen, wandte den Kopf zur Seite und sah den neben ihm stehenden Amid an.

„Sie sollten sich ausruhen und schlafen", sagte der Exote.

Hal warf Simon einen kurzen Blick zu. Der Dorsai hatte bereits die Berechnungen für die zweite Verschiebung beendet, und während Hal ihn noch beobachtete, bildeten die sich auf den Schirmen abzeichnenden Sterne ganz abrupt neue Konstellationen. Simon ignorierte die Anzeigen und machte sich an die Vorbereitungen für den nächsten Transit. Hal stand auf.

„Ja . . .", murmelte er.

Er ließ sich von Amid in seine Kabine führen, und dort streckte er sich auf seiner Liege aus. Amid zog ihm sowohl die dicke Überjacke als auch die Stiefel aus. Die Erschöpfung war wie ein dumpfer Schmerz, der seinen ganzen Körper erfaßt hatte. Still blieb er liegen und starrte auf das anderthalb Meter über ihm befindliche graue Metall der Kabinendecke. Amids Gesicht geriet in sein Blickfeld.

„Ich helfe Ihnen beim Einschlafen", sagte der Exote, und Hal gewann den Eindruck, als vergrößerten sich plötzlich die Augen Amids.

„Nein." Hal schüttelte den Kopf. „Das klappt nicht. Ich muß es allein schaffen. Und das werde ich auch. Lassen Sie mich bitte allein."

Amid schaltete das Licht aus, verließ die Kabine und schloß die Tür hinter sich. Hal starrte in die jähe Finsternis, und er spürte erneut die schwere Bürde seiner drei Leben, die sich ihm auf Freiland auf die Schultern gelegt hatte. Seine Gedanken formten eine mentale Hand, die sein Bewußtsein wie einen Stein hielt, und diesen Stein ließen die Finger anschließend fallen, in die Dunkelheit . . . fallen und immer tiefer fallen . . .

Es dauerte fünf Tage Schiffszeit, bis sie die Erde erreichten. Hal schlief entweder oder dachte nach. Seine beiden Begleiter ließen ihn allein. Als Simon das Kurierschiff schließlich in einen Parkorbit steuerte, beorderte Hal eine Fähre herbei, um auf die Oberfläche des Planeten zu gelangen.

„Und was ist mit Amid und mir?“ fragte Simon. „Sollen wir hier warten?“

„Nicht hier“, erwiderte Hal. „In der Letzten Enzyklopädie. Gedulden Sie sich ein oder zwei Tage. Länger wird es nicht dauern.“

12

Der Adler ließ sich im Aufwind treiben, der während des späten Nachmittags an den braunen Granithängen der Berge in die Höhe wehte, und aus seinen scharfen Augen beobachtete der große Greifvogel das Mayne-Anwesen weit unter sich, den sich an die Gebäude anschließenden See und die dahinter liegenden Bereiche. Er hatte Bewegungen ausgemacht, an einer Stelle, wo sich lange Zeit nichts gerührt hatte – Bewegungen, die sich von denen des Grases und der Zweige im Wind unterschieden.

Der Blick des Adlers richtete sich auf einen dunkel gekleideten und hochgewachsenen Mann, der aufgrund der großen Entfernung für die Augen eines Menschen nur ein kaum wahrnehmbarer Fleck gewesen wäre. Mit einem heiseren Krächzen gab der Adler seiner Enttäuschung darüber Ausdruck, es nicht mit einem Beutetier zu tun zu haben, und er segelte weiter, fort vom Anwesen und dem Berghang, hoch über den Nadelwald hinweg.

Hal stand am Rand der Terrasse, von der aus man den See überblicken konnte, und er sah dem Vogel noch eine Weile nach. Eine kalte Brise kräuselte die Wasseroberfläche, und der Himmel über ihm leuchtete wie ein Gewölbe aus blauem Eis. In dieser gemäßigten Klimazone von Alterde herrschte im Tiefland noch immer Sommer. Aber in den Bergen kündigte sich bereits das frostige Regiment des Winters an. Die kalte und zugige Luft ließ den Mann auf der Terrasse frösteln, und aus dem Kosmos der Erinnerungen offenbarten sich ihm die Zeilen eines Gedichts, die diesem Augenblick angemessen waren . . .

Oh, was kann Euch schmerzen, bewaffneter Ritter,
Der Ihr allein und blaß durch die Öde wandert?
Das Schilf ist verdorrt am Ufer des Sees,
Und keinen Vogel hört man singen . . .

Es waren die letzten Zeilen der ursprünglichen Fassung von *La Belle Dame Sans Merci* – „Die wunderschöne Dame ohne Gnade." Das Gedicht hatte John Keats verfaßt, und es handelte von einem Sterblichen, der von einer Fee verzaubert worden war. Allerdings war das Werk weitaus ausgeschmückter als die Vorlage, von der sich Keats hatte inspirieren lassen, dem *Wahren Thomas*. Jenes andere Gedicht hatte Thomas von Erceldoune im dreizehnten Jahrhundert geschaffen. Und auch er war dabei noch von älteren Versionen beeinflußt worden, von überlieferten Legenden.

Der Beginn des technologischen Zeitalters vor fünfhundert Jahren, dachte Hal, hatte allen diesen Werken eine neue Variante hinzugefügt, nämlich das Konzept der Eisernen Herrin, die eine menschliche Seele einfangen kann und dann nie wieder preisgibt.

Und es war eine Art Eiserne Herrin – ein historischer Zwang –, die ihn jetzt gefangenhielt, in deren Kerker er sich von Anfang an befunden hatte.

Hal versuchte, dieses Selbstmitleid aus sich zu verdrängen. Seit seinem letzten Aufenthalt auf Dorsai vermißte er Amanda sehr und sehnte sich nach ihr. Der Schmerz angesichts der Tatsache, sie nicht bei sich zu wissen, nicht mit ihr sprechen zu können und nicht ihren Körper zu spüren, kam dem Gefühl eines ungeheuren Verlusts gleich, war wie der Schmerz einer Amputation. Nein, so berichtigte sich Hal selbst, es war eher so, als werde er sich durch diesen Schmerz erst jetzt einer Amputation bewußt, die bereits vor Jahren stattgefunden hatte. Er sah sich mit einem Empfinden konfrontiert, das er während seiner wachen Stunden zwar verdrängen und unter dem Druck der Ereignisse vergessen konnte; manchmal jedoch, wenn ihn die Erschöpfung übermannte, so wie an Bord des Kurierschiffs unmittelbar nach dem Start von Freiland – oder wenn er allein war wie jetzt –, entstand es mit doppelter Intensität in ihm.

Wie lauteten die sechs nächsten Zeilen des Gedichts von Keats – der Teil seines Werkes, der vom Hang berichtete, vom blassen König und den Kriegern? Nach kurzem Nachdenken entsann sich Hal . . .

. . . Den letzten Traum, den jemals ich träumte
Am kalten Hange.
Könige sah ich blaß, und auch Prinzessinnen,
Blasse Krieger, totenbleich sie alle,
Die riefen: „La Belle Dame Sans Merci
Hat Euch in ihrer Falle!"

„. . . Die Eiserne Herrin hat Euch in ihrer Falle . . .!"
Erneut kämpfte Hal gegen eine tiefe Niedergeschlagenheit an. Solche Gefühle hatten keinen Sinn. Und außerdem würde es nicht mehr lange dauern, bis er wieder mit Amanda zusammen war, für immer. Es paßte auch gar nicht zu ihm, sich düsteren Grübeleien hinzugeben und eine Verzweiflung zu beschwören, die in alten Dichtwerken beschrieben wurde. Hal konzentrierte sich auf eine Analyse seines gegenwärtigen Verhaltens, aber irgend etwas in ihm verweigerte die Antworten auf seine Fragen.

Der Grund, so sagte er sich, war nur die Rückkehr an diesen Ort und die Tatsache, daß sich niemand in seinem alten Zuhause aufhielt. Und wenn Poesie verletzten konnte, so vermochte sie sicher auch zu heilen. Vierunddreißig Jahre später hatte sich auch noch ein anderer Dichter mit diesem uralten Stoff beschäftigt, Robert Browning, in der ersten Ausgabe von *Männer und Frauen.* Browning hatte *Der Jüngling Roland, zum dunklen Turm er kam* geschrieben, cin Werk, in dem es um das gleiche Thema ging, das sich aber gleichzeitig stark von den ursprünglichen Vorlagen unterschied. Als eine Art Antibiotikum zitierte Hal laut die letzten Zeilen dieses Gedichts, um sich auf diese Weise von der düsteren Stimmung zu befreien, die ihn erfaßt hatte . . .

. . . stehen sie, entlang der Hügel, um mich ein
Letztesmal zu sehen, eine lebende Erinnerung, ein
Wahn
Für das Abschlußbild! Ich sehe sie durch des
Flammenschleiers Scham,
Sehe sie und kenne sie alle. Und doch allein
Setze ich furchtlos das Horn an die Lippen mein
Und blase: „Der Jüngling Roland, zum dunklen
Turm er kam."

Browning war sein ganzes Leben lang ein Jüngling gewesen, ein Aspirant auf das, was die Ritterschaft ausmachte – obgleich letzterer Aspekt seines Seins von allen anderen Menschen mit der Ausnahme seiner Frau übersehen worden war. Auch Hal war ein Jüngling – wenngleich er sich stark von Browning unterschied und in einer anderen Zeit an einem anderen Ort lebte, nicht als Dichter. Es war keine Eiserne Herrin, die hinter Browning und auch Hal selbst gestanden hatte, vielmehr ein Feuer der Hoffnung, das nicht niederbrennen wollte.

Gleichzeitig spürte Hal, wie die Leere in seinem Innern, die von der Präsenz Amandas gefüllt zu werden verlangte, nur ein mentales Echo der Leere des Ortes war, den er so gut kannte und an dem seine drei Mentoren für ihn ihr Leben gelassen hatten. Es war nicht das Anwesen, das ihm fremd geworden war. Tatsächlich hielt er sich nun als Fremder in seinem ehemaligen Zuhause auf.

Doch irgendeine innere Stimme forderte ihn auf, die Nacht hier zu verbringen, und Hal war auch dazu bereit. Er wandte sich von der Terrasse ab und blickte in Richtung der Glastür, die ihm Zugang ins Haus selbst erlaubte. Er sah durch die Fenster in die Bibliothek, in der die Sensoren bereits auf das schwächer gewordene Tageslicht reagiert und die Beleuchtung eingeschaltet hatten. Das letzte Mal, so erinnerte er sich in aller Deutlichkeit, hatte er in jenem Raum Bleys und Danno beobachtet.

Hal trat durch die Tür und schloß sie hinter sich. Warme Luft umhüllte ihn. Die ganzen Jahre über, während denen dieses Haus leergestanden hatte, waren die automatischen Anlagen des Hauses geduldige und aufmerksame Hüter gewesen, und die Aufgabe der Personen, die sich um das Anwesen gekümmert hatten, war es nur gewesen, ab und zu nach dem Rechten zu sehen. Hal roch den Duft Hunderter von ledernen Einbänden, auf denen sich kein Staub angesammelt hatte und die in Regalen aus poliertem und honigfarbenem Holz bereitstanden. Als Kind und Heranwachsender hatte Hal sie alle gelesen, hatte sie regelrecht nacheinander verschlungen, wann immer sich ihm eine Gelegenheit dazu bot.

Erst im Innern des Hauses fiel ihm auf, wie dunkel es draußen bereits geworden war. Während der letzten Minuten war die Sonne hinter den Berggipfeln verschwunden. Hal trat an den Kamin am anderen Ende des Raumes heran. Das Holz lag schon bereit, und es war, als habe diese Feuerstelle nur auf sein Kommen gewartet. Hal nahm den Funkengeber vom Kaminsims und berührte damit die Zündspäne unter den Scheiten.

Kleine Flammen züngelten, wuchsen rasch in die Höhe und leckten hungrig über das trockene Holz. Hal nahm in einem der großen Polstersessel vor dem Kamin Platz und beobachtete das Feuer. Die Flammen sahen aus wie kleine Herolde, die über die dunklen Scheite tanzten und ihnen eine Botschaft der Apokalypse überbrachten. Die Hitze der Glut wärmte den Mann im Sessel. Doch hinter sich spürte Hal nach wie vor die Leere des Hauses.

Seit dem Tod seiner drei Mentoren und der Flucht in die Letzte Enzyklopädie hatte sich Hal nicht mehr so allein gefühlt. In all den vergangenen Jahren – abgesehen von seinen vergeblichen Bemühungen während des Aufenthalts in der Gefängniszelle in Zuflucht und auf Harmonie – hatte er nie den bewußten Versuch unternommen, mit einer Art Selbsthypnose die mentalen Abbilder Walters, Malachis und Obadiahs herbeizubeschwören. Angesichts der Leere aber, die er nun in und hinter sich spürte, konzentrierte Hal sich auf sich selbst. Er wandte den Blick nicht vom Feuer ab, und mit Hilfe der geistigen Technik, die ihn Walter der Unterweiser schon als Junge gelehrt hatte, verwandelte er die Erinnerungen des Gedächtnisses in subjektive Realität.

Wenn ich den Kopf hebe, so sagte sich Hal, werden sie da sein.

Er blieb ruhig sitzen und starrte weiterhin in die Flammen, die nun bereits die Hälfte der Scheite verzehrt hatten. Nach einer Weile gewann er den Eindruck, nicht mehr allein zu sein. Er hob den Kopf, drehte sich um und sah sie.

Malachi Nasuno. Obadiah Testator. Walter der Unterweiser.

Sie saßen in anderen Polstersesseln und bildeten einen ihm zugewandten Halbkreis. Und Hal drehte seinen eigenen Sessel so, daß er sie direkt anblicken konnte.

„Ich habe euch vermißt“, sagte er.

„Nicht für lange Zeit“, erwiderte Malachi. Durch den breiten Oberkörper des alten Dorsai wirkte der Sessel, in dem er saß, geradezu klein und fragil. Seine dunkle Stimme war so volltönend wie immer. „Und vorher nur dann und wann, bei Gelegenheiten wie dieser. Wäre es anders, müßten wir davon ausgehen, bei deiner Erziehung einen Fehler gemacht zu haben.“

„Und das ist nicht der Fall“, sagte Obadiah. Er war so dünn wie eine Vogelscheuche, und er hielt sich ganz gerade und wirkte dadurch größer. „Du hast jetzt nicht nur meine Kultur kennengelernt, sondern auch die anderen, und dadurch verstehst du alles weitaus besser, als wenn ich es dir erklärt hätte."

„Das stimmt", bestätigte Hal. Er sah Walter den Unterweiser an; der Blick der alten und blauen Augen des Exoten ruhte fast geistesabwesend auf ihm. „Walter? Willst du mich nicht begrüßen?"

„Ich habe nur nachgedacht." Walter lächelte ihn an. „Wenn ich noch lebte, hätte ich dich gefragt, warum du uns überhaupt brauchtest. Da ich aber nur ein Produkt deiner Erinnerung und Vorstellungskraft bin, brauche ich dir keine solche Frage zu stellen. Ich kenne die Antwort bereits. Du brauchtest uns, die Art von Lernprozeß zu beginnen, die nur für jemanden möglich ist, der allen Dingen mit Offenheit begegnet und das Universum zum erstenmal entdeckt. Aber ist dir jetzt klar, wo deine Forschungsreise zu Ende gehen wird?"

„Es kommt dabei nicht auf das Wo, sondern vielmehr auf das Wie an", entgegnete Hal. „Wie alle Reisen, so muß auch die meine ein Ergebnis vorweisen können – sonst wäre es so, als sei ich die ganze Zeit über zu Hause geblieben."

„Und wenn sich letzteres als eine Tatsache erweist?" fragte Walter.

„Träfe das zu", warf Malachi barsch ein, „so hätte er sich gut gehalten – er hat sich die größte Mühe gegeben, das zu erreichen, was ihm möglich war. Mußt du ihm denn immer alles so schwermachen?"

„Das war unsere Aufgabe, Malachi", erwiderte Walter. „Gerade darauf kam es an. Das weißt du ganz genau. Und er ist sich ebenfalls darüber klar. Als Donal Graeme hatte er während des Aufwachsens das Gefühl, von der ganzen übrigen Menschheit isoliert zu sein. Er mußte zu ihr zurückkehren – und eine solche Art von Rückkehr konnte ihm nicht leichtfallen."

Er lächelte die beiden anderen Mentoren an.

„Warum hätte er sonst mit seiner intuitiven Logik dafür gesorgt, daß gerade wir drei als Lehrer für ihn ausgewählt wurden?"

„Es tut mir leid", sagte Hal. „Ich habe euch benutzt. So wie auch andere Menschen."

„Weinerliches Selbstmitleid!" kommentierte Obadiah scharf. „Wie kannst du dich nach all dem, was wir dich lehrten, in dieser Beziehung als so schwach erweisen, obgleich du jetzt unmittelbar vor der Vollendung dessen stehst, was du als Donal begonnen hast?"

Hal lächelte schief.

„Ihr habt mich fortgeschickt, damit ich nach eurem Tod zu einem Menschen werde", erwiderte er. „Aber noch vorher zeigtet ihr mir den richtigen Weg. Darf ich mich denn nicht wenigstens von Zeit zu Zeit als menschlich erweisen?"

„Solange du darüber deine Aufgabe nicht vergißt, Junge", knurrte Malachi.

„Oh." Hal wurde wieder ernst. „Ich werde sie bewältigen – wenn sie überhaupt zu bewältigen ist. Den Moloch der Geschichte kann man jetzt nicht mehr aufhalten. Aber wißt ihr, was wirklich seltsam ist? Ich wollte Donal erneut lernen und ihn reifer werden lassen. Aber die ganze Sache klappte noch besser, als ich es damals zu träumen gewagt hätte. Ich bin kein neuer Donal. Ich bin Hal. Und all das, was Donal war, ist nur ein Teil von mir. "

„Ja", bestätigte Malachi gedehnt. „Du hast deine Rüstung abgelegt. Und ich nehme an, dir blieb keine andere Wahl."

„Das stimmt", entgegnete Hal. „Der vor mir liegende Paß ist zu schmal, als daß jemand hindurchgelangen könnte, der eine Rüstung trägt." Er dachte einige Sekunden lang nach und fügte dann hinzu: „Und all diejenigen, die nach mir kommen werden, müssen ebenfalls nackt sein, wenn sie die schmale Stelle passieren wollen."

Er schauderte.

„Du fürchtest dich", sagte Walter, beugte sich vor und musterte ihn eingehend. „Wovor, Hal?"

„Vor dem, was nun unmittelbar bevorsteht", erwiderte Hal und fröstelte erneut. „Vor meiner Prüfung."

„Vor mir", klang eine andere Stimme im Raum. „Er fürchtet, ich beweise ihm, daß er sich irrt, was die Ziele und Absichten der Rassenentität betrifft."

Der hochgewachsene Bleys trat vor und blieb zwischen den Sesseln Obadiahs und Malachis stehen.

„Spielen Sie erneut mit Ihrer Phantasie?" wandte er sich an Hal. „Ja, aus Ihren Erinnerungen schaffen Sie Phantome – sogar einen Geist von mir. Und ich bin noch nicht tot, sondern nach wie vor sehr lebendig."

„Gehen Sie", sagte Hal. „Ich möchte jetzt nicht mit Ihnen sprechen."

Aber die Gestalt Bleys' verschwand nicht und blickte ihn weiterhin wie abwartend an.

„Ihrem Unterbewußtsein", erwiderte er, „scheint etwas an meiner Anwesenheit gelegen zu sein."

Hal seufzte und sah erneut in die Flammen. Als er ein weiteres Mal den Kopf hob, war Bleys noch immer da.

„Vermutlich haben Sie recht", sagte er.

Keine der memorialen Projektionen gab eine Antwort darauf. Die drei Mentoren Hals saßen noch immer in den Sesseln, und Bleys blieb reglos stehen.

„Ja", sagte Hal nach einer Weile und starrte einmal mehr ins Kaminfeuer. „Ich fürchte mich vor Ihnen, Bleys. Ich hätte es nie für möglich gehalten, daß es jemanden wie Sie gibt. Und die Begegnung mit Ihnen schockierte mich regelrecht. Da ich jetzt auch mit Ihrem Abbild konfrontiert werde, will mir mein Unterbewußtsein eine Erkenntnis vermitteln, der gegenüber sich mein bewußter Verstand bisher abschirmte. Aus diesem Grund sind Sie hier."

„Meine Ähnlichkeit mit Ihnen", sagte Bleys. „Diese Tatsache wollten Sie bisher nicht wahrhaben."

„Nein." Hal schüttelte den Kopf. „So ähnlich sind wir uns eigentlich nicht. Wir erwecken anderen Menschen gegenüber nur diesen Eindruck. Aber das macht uns noch nicht zu Brüdern des Geistes. Wenn die Menschen auf allen vierzehn Welten das gemeinsam hätten, was Sie und ich besitzen, so wären die Unterschiede zwischen uns offensichtlich, und dann käme niemand mehr auf den Gedanken, uns direkt miteinander zu vergleichen."

Ein weiteres Mal richtete Hal seinen Blick kurz auf die Flammen.

„Wir unterscheiden uns so sehr wie zwei Gladiatoren, die in einer Arena gegeneinander kämpfen müssen", fügte er hinzu.

„Niemand zwingt uns zu etwas", gab Bleys zurück. „Ich habe mich frei für den Weg entschieden, den ich nun beschreite. Und Ihre unbeeinflußte Entscheidung war es, sich meinen Bestrebungen entgegenzustellen. Ich habe Ihnen all das angeboten, was mir möglich ist, um einen Kampf zwischen uns zu vermeiden. Aber Sie änderten Ihre Einstellung nicht. Und außerdem: Wer könnte schon Druck auf uns ausüben?"

„Menschen", sagte Hal.

„Menschen!" Bleys Stimme klang nun sonderbar scharf. „Menschen sind nichts weiter als Eintagsfliegen. Sie sind nicht gut oder schlecht – sie existieren einfach nur, für eine begrenzte Zeit. Und wollen Sie Ihr Leben lassen und Ihr einzigartiges Potential für einen

Schwarm Eintagsfliegen opfern? Ganz abgesehen einmal von der Tatsache, daß Ihnen nur von mir Gefahr droht. Und Sie wissen, daß ich Sie erst dann töten werde, wenn klargeworden ist, daß Sie verloren haben."

„Sie wissen", entgegnete Hal, „daß Sie nichts dadurch gewännen, mich vor einem solchen Zeitpunkt zu eliminieren. Als ein ums Leben gekommener Märtyrer würde jeder von uns den Sieg für die entsprechende Seite sicherstellen – aber daran kann weder uns noch den historischen Kräften etwas gelegen sein. Nein, es kommt auf die Auseinandersetzung selbst an, nicht auf uns als Einzelpersonen. Ein Schach-Großmeister könnte seinen Spielgegner vor Ende einer Partie erschießen. Aber die Tatsache, daß der Tote das Spiel nicht mehr fortsetzen kann, wäre für die Beobachter überhaupt kein Beweis dafür, daß er die Partie verloren hätte, denn aufgrund der bisherigen Züge können sie schließen, wer in der besseren Positon war und vermutlich der Sieger geworden wäre. Tatsächlich könnten sie sogar annehmen, daß der andere Spieler nur deshalb schoß, weil er fürchtete, die Partie zu verlieren – obgleich das nicht unbedingt zutreffen muß."

Hal hielt inne. Bleys gab keine Antwort.

„Ich habe begriffen, daß Sie es sich gar nicht leisten können, mich zu töten", fuhr Hal nach einigen Sekunden etwas sanfter fort. „Sie haben das selbst eingestanden, indem Sie mich nicht als Ihren potentiellen Gegner ausschalteten, während ich mich noch im Gefängnis der Miliz auf Harmonie befand. Sie sprechen von Eintagsfliegen. Doch ich weiß – und vielleicht bin ich der einzige, dem das klargeworden ist –, daß es Ihnen ebenso wie mir um die Spezies als Ganzes geht."

„Vielleicht", erwiderte Bleys nachdenklich. „Vielleicht brauchen wir beide die Menschheit nur, um die Leere um uns herum zu füllen. Wie dem auch sei: Mit den Eintagsfliegen haben wir nichts zu tun. Morgen wird ein anderer Schwarm von ihnen auftauchen und löst den heutigen ab, und übermorgen wird er ebenfalls vergessen sein. Nennen Sie mir einen Grund, warum Sie Ihr Leben für Geschöpfe opfern wollen, die nur einen einzigen Tag leben."

Hal sah den Anderen offen an.

„Ich habe Mitleid mit ihnen", sagte er.

Es herrschte Stille im Zimmer.

„Ich weiß, daß Sie sie nicht verstehen", fuhr Hal fort und wandte dabei den Blick nicht von Bleys ab. „Das ist der eine große Unterschied zwischen uns beiden, der Unterschied, der mir angst macht. Denn Sie repräsentieren nur einen Teil der Menschheit. Und wenn Sie gewinnen . . . wenn Sie siegen, kann der andere Teil für immer verlorengehen – denn die Rassenentität ist zu dem Schluß gelangt, nicht länger als eine mehrfach gespaltene Einheit überleben zu können. So etwas gilt es unbedingt zu verhindern."

Hal unterbrach sich kurz, musterte seine drei Mentoren und richtete seinen Blick dann wieder auf Bleys.

„Sie verstehen nicht, was ich meine", stellte er fest. „Sie können meine Vorstellungen nicht nachvollziehen, oder?"

„Ich finde Ihre Ansichten regelrecht albern", erwiderte der Andere langsam und ruhig. „Die Gefühle der Menschen spielen keine Rolle. Wir sind Wilde, weiter nichts – trotz all der vermeintlichen Errungenschaften einer tausendjährigen Zivilisation. Wir tragen keine Felle mehr, sondern Kleidung, und wir wohnen auch nicht mehr in Höhlen, sondern in Häusern. Wir bauen sogar Raumschiffe und fliegen zu den Sternen. Aber das alles sind nur Äußerlichkeiten. In Wirklichkeit haben wir uns überhaupt nicht verändert."

„Nein!" widersprach Hal. „Nein. Und genau das ist der Punkt. Aus diesem Grund kann ich nicht zulassen, daß der Moloch der historischen Kräfte sich in die von Ihnen gewünschte Richtung bewegt. Es stimmt nicht, daß wir noch immer Wilde sind. Wir haben uns von Anfang an entwickelt und sind reifer geworden. Wir sind immer gewachsen, und dieses Wachstum kam nicht einen einzigen Augenblick lang zum Stillstand. All die Probleme, mit denen wir es derzeit zu tun haben, sind nur Konsequenzen dieses Wachstums – eines Wachstums, das vor rund tausend Jahren schließlich zu einem bewußten Prozeß wurde."

„Vor tausend Jahren?" Bleys hob die Augenbrauen. „Warum nicht vor fünfhundert oder zweitausend?"

„Die Bestimmung des genauen Zeitpunkts überlasse ich ganz Ihnen", erwiderte Hal. „Ganz gleich, welchen historischen Augenblick Sie auch wählen – die geschichtlichen Ereignisse gipfeln in der gegenwärtigen Konfrontation. Ich habe die Kette der Ursache bis ins vierzehnte Jahrhundert zurückverfolgt und den Ausgangspunkt im westlichen Europa lokalisiert."

„Und als John Hawkwood identifiziert", fügte Bleys hinzu und lächelte dünn. „Der letzte Krieger des Mittelalters und gleichzeitig der erste moderne General. Der erste der ersten Kondottieri, nicht wahr? Sir John, in Norditalien. Wie Ihre drei Mentoren weiß ich, was in Ihnen vor sich geht."

„Das wissen nur die memorialen Projektionen, die ich herbeirufe", verbesserte Hal. „Denn sonst wäre ich vielleicht dazu in der Lage, Ihnen Dinge begreiflich zu machen, die Sie nicht verstehen wollen. Es war John Hawkwood, der im Jahre 1387 Giangalleazzo Visconti Einhalt gebot."

„Und damit die Struktur der Stadtstaaten schuf, die die Renaissance ermöglichte? Wie ich schon sagte: Ich kenne Ihre Überlegungen." Bleys schüttelte den Kopf. „Aber das ist nur eine Theorie von Ihnen. Glauben Sie wirklich, die Renaissance hätte von den Feldzügen eines Herzogs aus Mailand verhindert werden können, von dem Ehrgeiz eines Mannes, der bis zu seinem Tod rund ein Dutzend Jahre später auf den italienischen Thron aus war?"

„Wahrscheinlich nicht", sagte Hal. „Giangalleazzos spätere Vorstöße in diese Richtung schlugen alle fehl. Trotzdem kündigte sich damals schon eine historische Veränderung an. Und die Geschichte selbst kann man nicht aufhalten. Die Kette aus Ursachen, mit der ich mich befaßte, hat in Hawkwood ihren Ursprung. Und wenn Sie das akzeptieren, warum sind Sie dann nicht in der Lage, die Menschen so zu sehen wie ich?"

„Und sollte ich dann auch Mitleid mit ihnen haben?" Bleys musterte ihn eingehend. „Ich sagte Ihnen ja schon, daß ich eine solche Vorstellung albern finde. Und ich halte es darüberhinaus für schlichtweg lächerlich, daß Sie sich auf dieses sentimentale Niveau herabbegeben."

„Ich habe deshalb Mitleid mit ihnen, weil ich in ihnen etwas sehe, das Sie sich zu erkennen weigern." Hal hielt dem Blick des Anderen stand. „Ich habe mit ihnen gelebt, sie beobachtet und von ihnen gelernt. Ich habe gesehen, wie sehr sie sich gegenseitig unterstützten. Ich weiß, zu welcher Güte und Großzügigkeit sie fähig sind. Und das ist noch längst nicht alles. Immer wieder haben sie ihr Leben aufs Spiel gesetzt und sind zu Helden geworden – oftmals ohne daß sich ihre Mitmenschen darüber klarwurden. Sie haben sich den Erfordernissen ihrer Zeit und der jeweiligen Umstände gestellt. Das alles sind keine Eigenschaften von Eintagsfliegen, auch nicht von Wilden, vielmehr die von Männern und Frauen, die ein fernes Ziel anstreben und nicht nur für die Gegenwart leben. Und ich habe mich dazu entschlossen, ihnen mit meiner ganzen Kraft zu helfen, es auch zu erreichen."

„Womit Sie ebenfalls zu einer Eintagsfliege werden", erwiderte Bleys fast traurig. „Früher oder später werden Sie sterben. Glauben Sie vielleicht, man würde Ihnen ein Denkmal errichten?"

„Nein", erwiderte Hal. „Solche Statussymbole sind auch gar nicht notwendig. Ich war nie auf eine Anerkennung meiner Leistungen aus. Es kommt mir nur darauf an, die Verantwortung wahrzunehmen, zu der ich mich selbst verpflichtete. Und mit jedem neuen Tag kann ich sehen, daß der Weg, den ich der Menschheit aufzeige, breiter wird, wie sich das Tor zur Zukunft weiter öffnet. Das genügt mir. Es gibt da ein Gedicht von Rudyard Kipling mit dem Titel *Der Palast* . . ."

„Ersparen Sie mir Ihre Gedichte", sagte Bleys.

„Diese Bitte kann ich Ihnen durchaus erfüllen, aber Sie können trotzdem nicht vor ihnen davonlaufen", erwiderte Hal. „Gedichte stellen das Werkzeug dar, nach dem ich viele Jahre lang gesucht habe – das Werkzeug, das ich brauche, um diejenigen zu besiegen, die so denken wie Sie. Ich möchte Ihnen schildern, worin es in dem Gedicht Kiplings geht. Hören Sie gut zu; Sie könnten etwas lernen. *Der Palast* erzählt von einem König, der gleichzeitig ein Meistermaurer war und beschloß, sich selbst einen Palast zu bauen, wie ihn die Welt bis dahin noch nicht gesehen hatte. Aber als seine Arbeiter eine Grube für das Fundament aushoben, fanden sie die Ruinen eines früheren Palasts, und in jeden Stein der alten Mauern waren die Worte zweier Sätze gemeißelt. Der König befahl, die Steine des früheren Palasts zu verwenden und den Bau fortzusetzen – bis er sich eines Tages darüber klarwurde, daß er sein Werk nie würde vollenden können. Und an jenem Tag verstand er schließlich die Bedeutung der in die Steine gemeißelten Worte. Daraufhin wies er seine Leute an, die Bauarbeiten einzustellen – und die Worte seines Vorgängers in jeden Stein der neuen Mauern zu hauen. Die beiden Sätze lauteten: *Nach mir kommt ein Baumeister. Sagt ihm, auch ich wußte Bescheid!*"

Hal hielt kurz inne. Bleys schwieg und sah ihn ruhig an.

„Verstehen Sie?" fragte Hal. „Nach dieser Botschaft reicht das Wissen allein aus. Mehr ist nicht notwendig. Und ich weiß."

„Shai, Hal!" brummte Malachi.

Aber Hal hörte dieses alte Dorsai-Lob kaum. Seine Aufmerksamkeit galt plötzlich allein den Worten, die er gerade an Bleys gerichtet hatte. Es war, als wüchsen seiner Ratio Schwingen, die seinen Verstand forttrugen, die ihn wie ein Adler fühlen ließen, der im Wind segelt und binnen kurzer Zeit große Entfernungen zurücklegt.

Das Feuer knisterte, und nach und nach wurden die Flammen kleiner. Bald blieb nur noch scharlachrote Glut von ihnen übrig.

Als Hal wieder aufsah, waren die von ihm beschworenen memorialen Projektionen verschwunden.

13

Irgendwann mitten in der Nacht erwachte Hal ganz plötzlich, setzte sich auf und schwang die Beine über den Rand des Bettes.

Völlig reglos stand er in der Dunkelheit, die Sinne angespannt, dazu bereit, sich sofort in Bewegung zu setzen. Sein Blick versuchte, die ihn umhüllende Finsternis zu durchdringen, und er horchte konzentriert.

Es dauerte nur einige wenige Sekunden, bis sein Verstand ebenso wach war wie der alarmierte Körper. Der jähe Anstieg des Adrenalinspiegels in seinem Blut setzte neue Kräfte frei. In der linken Seite und Schulter verspürte er ein dumpfes Stechen, so als habe er zu lange auf einer Seite geschlafen. Er wartete.

Nichts rührte sich, und im Haus blieb es völlig still. Nach und nach ließ das Stechen in seiner linken Seite nach, und Hal entspannte sich wieder. Erneut streckte er sich im Bett aus. Eine Zeitlang blieb er wach liegen und dachte nach. Dann schlief er zum zweitenmal ein.

Diesmal träumte er. Und in seinem Traun war er ganz nahe an den dunklen Turm herangekommen, den er während seiner früheren Traumvisionen immer wieder zu erreichen versucht hatte. Die Ebene wies nun nicht mehr die vielen Hindernisse auf, die er zuvor hatte überwinden müssen. Jetzt bestand sie aus nackten und glatten Felsen, und er folgte einem Weg, der in Richtung des Turmes führte.

Nach einer Weile gelangte Hal auf einen kleinen Platz. Hier erhoben sich die Mauern einer alten Ruine, und er betrachtete ein schiefes Kreuz. Vor der Tür des Gebäudes stand ein Pferd: Das Zaumzeug war mit Tressen besetzt, und der Sattel wies eine hohe Hinterpausche auf. Brust und Vorderbeine des Rosses waren gepanzert. Jemand hatte das Tier mit einer Leine am Sturz festgebunden. Als es Hal sah, hob es den Kopf, scharrte mit den Hufen. Dreimal wieherte es laut. Hal trat auf das Pferd zu und stieg auf. Und er ritt los, denn nun war der Weg breiter geworden. Er führte an hohen Felsen vorbei, und manchmal galt es einen Sims zu überwinden, an den sich links ein tiefer Abgrund anschloß und rechts eine steile Granitwand. Während Hal ritt, verdüsterte sich der Tag weiter, und bald herrschte Zwielicht.

Die matte Helligkeit schien vom Himmel zu stammen. Es war kein Sternenglühen, auch nicht der perlmuttene Schein eines Mondes, nur ein irgendwie trübes Glitzern. Von der Sonne war nirgends etwas zu sehen. Inmitten der Felsen, die nun überall um Hal herum in die Höhe ragten, konnte er den Turm nicht mehr sehen, und der Weg krümmte sich hierhin und dorthin – wie eine Schlange, die sich nicht entschließen konnte, in welche Richtung sie weiterkriechen sollte. Aber Hal zweifelte trotzdem nicht daran, daß er sich dem Turm näherte, denn er konnte seine Präsenz nun spüren, ganz nahe vor sich.

Er hielt die Zügel locker in den Händen, denn das Pferd schien den Weg gut zu kennen. Seit es Hal bei der Kapelle zum erstenmal gesehen hatte, schien es ganz darauf versessen gewesen zu sein, von ihm geritten und in diese ganz bestimmte Richtung gelenkt zu werden.

Sie setzten den Weg eine Weile fort, und dann sah Hal rechts vorn einen Einschnitt in der hohen Felswand. Ein Doppeltor war darin eingelassen, und die beiden Flügel bestanden aus dunklen und von grünen Schlingpflanzen umwucherten Metallstangen. An das Tor schloß sich ein öder Landstrich an, in dem nichts zu leben oder sich zu bewegen schien. Aber als er noch etwas näher herankam, sah er Bleys, der auf der anderen Seite des Tores stand und ihn ansah.

Hal zügelte das Pferd vor dem Tor. Das Tier scheute ein wenig und warf den Kopf unruhig von der einen auf die andere Seite. Aber es blieb stehen, und eine Zeitlang blickten sich die beiden Männer ruhig an.

„Sie haben also erneut die Phantombilder Ihrer drei Mentoren beschworen“, sagte Bleys. „Und sicher haben sie Sie dazu aufgefordert, ihren Tod an mir zu rächen, nicht wahr?“

„Nein“, erwiderte Hal. „Es waren nur den historischen Kräften unterworfene Individuen, so wie Sie und ich. So wie alle anderen Menschen, die heute leben und sich danach sehnen, von den Ketten befreit zu werden, die sie immer fesselten.“

„Es gibt keine Freiheit für sie“, sagte Bleys, und seine Stimme klang erneut so, als käme sie aus weiter Ferne. „Es gab sie nie.“

„Da irren Sie sich“, widersprach Hal. „Öffnen Sie das Tor und kommen Sie zu mir, damit ich Ihnen das Gegenteil beweisen kann.“

„Es gibt kein Tor. Es gibt auch keinen Weg, keinen Turm – es ist alles nur Illusion, bis auf diese Felslandschaft. Machen Sie sich das endlich klar und finden Sie sich damit ab.“

Hal schüttelte den Kopf.

„Sie sind ein Narr“, sagte Bleys traurig. „Ein Narr, der hofft.“

„Wir sind beide Narren“, gab Hal zurück. „Und ich hoffe nicht, sondern weiß.“

Und damit ritt er weiter und ließ Bleys auf der anderen Seite des Tores stehen. Nach einer Weile geriet der hochgewachsene Andere hinter einer Biegung des Weges außer Sicht.

... Hal erwachte erneut, diesmal aufgrund des leisen Läutens, das vom Komgerät stammte. Er schlug die Augen auf und sah auf den Bildschirm, der neben dem Bett weiß glühte. Benommen versuchte er, ganz in die Wirklichkeit zurückzukehren – und plötzlich erschrak er. Bis auf einige Leute von der Letzten Enzyklopädie – bis auf Amid, Simon, Ajela und Tam – wußte niemand, daß er sich hier befand. Und für andere Personen gab es nicht einen Anlaß zu der Vermutung, es könne sich jemand in dem leeren Mayne-Anwesen aufhalten.

Hal streckte den einen Arm aus und betätigte die Bestätigungstaste. Unmittelbar darauf zeichnete sich auf der Schirmfläche das Gesicht Ajelas ab, und in ihren Zügen las Hal eine ungewöhnliche Anspannung.

„Hal“, sagte sie rasch, „sind Sie richtig wach? Man hat versucht, Rukh umzubringen!“

„Wo? Und wann?“ Hal stemmte sich auf dem einen Ellenbogen in die Höhe und betrachtete sein Abbild in einem Spiegel an der gegenüberliegenden Wand des Zimmers: das dunkle Haar zerzaust, Ringe der Müdigkeit unter den Augen. Der breite und muskulöse Oberkörper schien einem Fremden zu gehören.

„Vor rund vierzig Minuten Standardzeit“, antwortete Ajela. „Es heißt, sie sei nur verwundet worden.“

„Wo befindet sie sich jetzt?“ Hal schwang die Beine über die Bettkante und schlug die Decke zurück. „Bitte sagen Sie Simon, er möchte sofort hierherkommen.“

Er stand auf, trat an dem Monitor vorbei und griff nach seiner Kleidung, die er aus alter Angewohnheit ganz in der Nähe abgelegt hatte. Er zog sich rasch an.

„Wir bekommen nicht die Erlaubnis, ein Kurierschiff bei Ihnen landen zu lassen“, erwiderte die Stimme Ajelas aus dem Komgerät hinter ihm. „Die irdischen Vorschriften machen nicht einmal für Sie eine Ausnahme. Ich schicke Ihnen einen Airwagen, der Sie nach Salt Lake bringt, und dort wird ein Shuttle auf Sie warten. Damit können Sie direkt hierher in die Enzyklopädie zurückkehren.“

„Nein.“ Hal war nun fast ganz angekleidet. „Zuerst kümmere ich mich um Rukh.“

„Aber . . . wo sind Sie denn überhaupt?“ Hal trat wieder vor die Übertragungssensoren, so daß Ajela ihn sehen konnte. „Aha. Nun, Sie können nicht so einfach zu ihr. Ihre Freunde haben sie fortgebracht und versteckt. Wir wissen noch nicht, wo sie sich jetzt aufhält.“

„Vielleicht sollte ich gerade deshalb hierbleiben, um Ihnen bei der Suche nach ihr zu helfen.“

„Seien Sie vernünftig.“ Ajelas Stimme klang nun scharf. „Ihre Hilfe könnte bestenfalls dazu führen, daß wir sie einige Minuten eher finden. Außerdem bestand zwischen Ihnen und der Erde und uns während des vergangenen Jahres nur sporadische Verbindung. Sie werden hier gebraucht, und Sie müssen sich mit den neuesten Entwicklungen beschäftigen. Niemand verübelt es Ihnen, sich einen Tag genommen zu haben, um Ihrem alten Heim einen Besuch abzustatten. Aber was Ihre unmittelbare Verantwortung angeht, so sind Sie der Enzyklopädie verpflichtet und nicht in erster Linie Rukh.“

Hal holte kurz Luft.

„Sie haben recht“, gestand er ein. „Ich muß so rasch wie möglich mit Ihnen allen sprechen. Der Airwagen ist schon unterwegs?“

„Er dürfte in fünfzehn Minuten bei Ihnen sein.“

„Gut. Ich warte draußen auf ihn.“

„In Ordnung.“ Ajelas Stimme hörte sich nun wieder etwas sanfter an. „Es geht Rukh bestimmt gut, Hal. Davon bin ich überzeugt.“

„Ja“, sagte er, und er hatte das Gefühl, als gehöre seine Stimme jemand anderem. „Bestimmt. Nun, ich verlasse das Haus jetzt besser.“

„Wir warten hier auf Sie. Kommen Sie nach Ihrem Eintreffen sofort in das Quartier Tams.“

„Einverstanden."

Der Schirm wurde dunkel, und Hal wandte sich um und trat nach draußen.

Die Luft war frostig und erinnerte Hal einmal mehr an den nahen Winter hier in den Bergen. An dem wolkenlosen und kalten Himmel wirkten die Sterne unnatürlich groß und schienen dicht über dem Anwesen zu schweben. Der Mond war fast voll und recht hell. Hal fröstelte in der Kühle und trat an das Ufer des Sees heran. Nach einiger Zeit entdeckte er einen Schatten, der sich am Himmel bewegte und das Licht einiger Sterne verdunkelte, und der Airwagen ging tiefer und berührte kurz darauf die Wasseroberfläche des Sees. Der Pilot wendete das Fahrzeug und lenkte es auf ihn zu. Die Passagierluke öffnete sich.

„Hal Mayne?" fragte die Stimme eines Mannes aus dem beleuchteten Inneren des Airwagens.

„Ja", bestätigte Hal und stieg ein. Als sich die Tür hinter ihm schloß, nahm er in dem Sessel hinter dem Piloten Platz, und das kleine Gefährt gewann rasch an Höhe.

„Der Flug nach Salt Lake dauert etwa zwanzig Minuten", wandte sich der Pilot über die Schulter hinweg an seinen Passagier.

„Gut", sagte Hal.

Er lehnte sich zurück und dachte über alle Wahrscheinlichkeiten nach, die in Hinblick auf den Anschlag auf Rukh eine Rolle spielten, und er setzte dabei die intuitive Logik Donals ein. Es stimmte schon: Wenn sie nicht sofort den Tod gefunden hatte und medizinische Hilfe zur Verfügung stand, würde sie mit ziemlicher Sicherheit überleben.

Wenn . . .

Hal zwang sich dazu, kühl und leidenschaftslos darüber nachzudenken, was es für die Auseinandersetzung mit den Anderen bedeuten mochte, wenn Rukh tatsächlich ums Leben gekommen war – oder wenn sie den Anschlag zwar überstanden hatte, aber nicht mehr dazu in der Lage war, der Bevölkerung der Erde klarzumachen, welche Folgen ein Sieg der Anderen haben mußte. Hal wußte, daß Rukh und die anderen Quäker, die von ihr herbeigerufen worden waren, bisher großen Erfolg auf der Erde gehabt hatten. Und bisher hatte er, Hal, das als selbstverständlich erachtet und war davon ausgegangen, es würde auch in Zukunft so bleiben.

Wenn sie nun nicht länger mit der Unterstützung durch Rukh

rechnen konnten . . . Ajela hatte recht: Seit den Streifzügen auf den Jüngeren Welten und seiner Beschäftigung mit den militärischen Vorbereitungen der Anderen war er tatsächlich nicht mehr ganz auf dem laufenden, was die Verhältnisse auf der Erde anging. Die Vorgänge auf den anderen Planeten hatten nicht nur die schlimmsten Ahnungen Hals bestätigt, sondern ihn auch Abstand nehmen lassen von dem unmittelbareren Problem des Meinungskampfes um die Erde. In gewisser Weise war es nicht zu vermeiden gewesen, den Kontakt sowohl mit der Erde als auch der Letzten Enzyklopädie zu verlieren – schließlich konnte er sich nicht an zwei Orten zugleich aufhalten –, aber diese Unvermeidlichkeit änderte nichts daran, daß er damit eine große Gefahr heraufbeschworen hatte. In der offenen Konfrontation mit den Anderen hier auf dem Mutterplaneten der Menschheit mochte ein Mangel an Wissen und Übersicht zu einer raschen Niederlage führen. Da Hal jetzt alles Nötige in Erfahrung gebracht hatte, mußte er so schnell wie möglich handeln.

Ajela ahnte sicher nicht, wie richtig es von ihr gewesen war, darauf zu bestehen, daß Hal sofort in die Enzyklopädie zurückkehrte. Die Entscheidung stand unmittelbar bevor. Und das begriff Hal erst jetzt. Mit den sich daraus ergebenden Konsequenzen konnte er sich später befassen, wenn ihm mehr Zeit dafür zur Verfügung stand. Derzeit war das nicht der Fall – selbst dann nicht, wenn Rukh durch den Anschlag wirklich nur leicht verwundet worden war. Jeder Tag, den er nun nicht dazu nutzte, die auf den Jüngeren Welten gewonnenen Informationen zu verwerten, brachte sie alle der Katastrophe näher.

Im Shuttle hielten sich außer ihm keine weiteren Passagiere auf, und nach einem kurzen Flug glitt es in einen hell erleuchteten Hangar der Enzyklopädie. Simon Graeme wartete bereits auf Hal, als er durch die Luke nach draußen trat.

„Ich bringe Sie ins Quartier Tam Olyns“, sagte der Dorsai.

Hal nickte nur.

Sie machten sich rasch auf den Weg und benutzten nicht die Korridore, die am Zentrum der Enzyklopädie vorbeiführten. Sie passierten eine Nebentür und gelangten in einen kleineren Gang, und infolge der inneren Magie der Enzyklopädie brauchten sie nur noch einige wenige Meter zurückzulegen, bis sie die Unterkunft Tams erreichten.

In dem Büro des Direktors hatte sich noch immer nichts verändert: Die holografische Projektion zeigte nach wie vor den Wald, durch den ein Bach floß. Aber sowohl Temperatur und Luftfeuchtigkeit waren höher, und der in einem der großen Sessel sitzende Tam sah noch älter aus. Er rührte sich überhaupt nicht, und es sah so aus, als habe er nicht einmal mehr die Kraft, zu sprechen oder sich zu bewegen. Außer Tam hielten sich auch noch Ajela und Jeamus Walters, der Leiter der Technischen Abteilung der Enzyklopädie, in dem Zimmer auf. Sie drehten sich um, als sich die Tür öffnete, und ihre Gesichter erhellten sich.

„Hal!“ Ajela wandte sich rasch an Tam. „Habe ich es nicht gesagt? Da ist er!“

Sie eilte Hal entgegen und umarmte ihn. Aber sie ließ ihn fast sofort wieder los und schob ihn in Richtung des Sessels, in dem der alte Mann saß.

„Hal!“ sagte Tam. Seine Stimme war kaum mehr als ein heiseres Krächzen, und die Finger der Hand, die er Hal entgegenstreckte, fühlten sich ledrig und kalt an. „Es freut mich, daß Sie zurückgekehrt sind. Jetzt kann ich alles Ihnen und Ajela überlassen.“

„Nein“, erwiderte Hal scharf. „Ich brauche Sie noch – zumindest eine Zeitlang.“

„Sie brauchen mich?“ In den dunklen Augen Tams glitzerte es auf, und seine Stimme klang ein wenig kraftvoller.

„Richtig“, bestätigte Hal. „Ich muß mit Ihnen etwas besprechen, sobald wir ein wenig Zeit haben.“

Er sah Ajela an.

„Neuigkeiten von Rukh?“ Noch bevor sie zu einer Erwiderung ansetzte, sah er die Antwort in ihren Zügen. „Na schön. Mit welcher neuen Lage muß ich mich befassen?“

„Amid, Rourke di Facino und Jason Rowe sind benachrichtigt worden und werden bald hier eintreffen“, sagte Ajela. „Wenn sie hier sind, können wir alles besprechen. Nehmen Sie erst mal Platz . . .“

„Wenn Sie nichts dagegen haben . . .“, warf der untersetzte Chefingenieur drängend ein. „Wenn Sie einen Augenblick Zeit für mich erübrigen könnten: Ich habe eine wunderbare Mitteilung für Sie. Sie wissen doch, daß die Exoten eine Möglichkeit entwickelt haben, ihre beiden Welten kommunikationstechnisch mit einer Ein-Phasen-Verbindung miteinander in Kontakt zu bringen. Auf diese Weise sind sie nun in der Lage, Informationen als Farbcode über interplanetare Entfernungen hinweg zu übermitteln, und das mit einer Zuverlässigkeit von mindestens vierzig Prozent . . ."

„Jeamus", wandte Ajela ein, „berichten Sie Hal später davon . . ."

„Nein", sagte Hal und musterte den ernsten und rundgesichtigen Techniker mit dem sich lichtenden blonden Haar. „Wenn Sie sich kurz fassen können, so fahren Sie nur fort, Jeamus."

„Wir wußten hier nichts von den entsprechenden technischen Prinzipien", sagte der Ingenieur, „denn die Exoten legten großen Wert darauf, sie geheimzuhalten. Außerdem war es ihnen ein Dorn im Auge, daß wir hier in der Enzyklopädie mehr über die verschiedenen Verwendungsmöglichkeiten der Phasenverschiebung wußten als sie. Darüberhinaus verfügen sie nicht über die notwendigen Geräte, um die permanenten Berechnungen durchzuführen, die dazu notwendig sind, um einen interstellaren Komkontakt stabil zu halten. Aus diesem Grund sind sie nicht in der Lage gewesen, mit Hilfe ihrer Technik eine Entfernung von mehreren Lichtjahren zu überbrücken. Schließlich ist es fast so, als wolle man versuchen, ein Raumschiff mit nur einer Phasenverschiebung von hier zu einer der Jüngeren Welten zu transferieren . . ."

„Jeamus", unterbrach ihn Ajela bestimmt. „Hal bat Sie darum, sich kurz zu fassen."

„Ja", sagte der Ingenieur rasch. „Nun, ich will auf folgendes hinaus: Wir benutzten die Entwicklungen der Exoten als Grundlage für weitergehende Forschungen. Und innerhalb von nur sieben Monaten gelang es uns, ein System zu entwickeln, das Gegenstationen auf den Jüngeren Welten benutzt und uns das mitteilt – über Ton und Bild –, was sich im Erfassungsbereich der entsprechenden Geräte ereignet. Und zwar ohne jeden Zeitverlust. Verstehen Sie, Hal? Natürlich gibt es noch immer einige Probleme. Aber die Übertragung ist möglich!"

„Gut" erwiderte Hal. „Diese Möglichkeit könnte sich als sehr hilfreich und nützlich für uns erweisen . . ."

„Nützlich?" Jeamus verzog das Gesicht und trat einen Schritt auf Hal zu. „Die ganze Sache grenzt an ein Wunder! Bei dieser Entwicklung handelt es sich um den größten wissenschaftlichen Durchbruch seit dem Tag, an dem es gelang, die Enzyklopädie in ein Schutzfeld zu hüllen. Wir haben Unmögliches möglich gemacht! Vielleicht begreifen Sie noch nicht im ganzen Ausmaß, was . . ."

„Doch, ich glaube schon", sagte Hal. „Und ich weiß auch zu schätzen, was Sie und Ihre Mitarbeiter damit geleistet haben. Derzeit jedoch müssen wir uns mit einer ernsten Krise auseinandersetzen, die absoluten Vorrang hat. Wir können uns später noch über das neue Kommunikationssystem unterhalten. Nun, welche Fortschritte haben Sie in Hinblick auf die Frage erzielt, ob es machbar ist, einen ganzen Planeten auf die Art und Weise wie die Enzyklopädie zu schützen?"

„Ach, das", sagte Jeamus. „Alles fertig. Man braucht dazu nur die Neujustierungen vorzunehmen, von denen ich Ihnen bereits berichtete. Aber was die Phasenverschiebungs-Kommunikation angeht . . ."

„Alles fertig?" wiederholte Hal. „Was meinen Sie damit?"

„Nun . . ." – als Jeamus antwortete, klang seine Stimme ein wenig eingeschnappt –, „. . . ich meine damit, die Sache ist klar. Es genügt praktisch ein Tastendruck, um die Erweiterung des Schutzfeldes auszulösen. Ich habe sogar die Transportschaluppen entsprechend ausgerüstet und die Besatzungen üben lassen. Nach meinen Berechnungen brauchen wir fünfzehn Schiffe für ein Abschirmungsfeld von der von Ihnen beschriebenen Größe. Und diese Kreuzer sind für den Einsatz bereit. Sie können praktisch jederzeit um einen von Ihnen noch zu bestimmenden Zielplaneten in den Orbit gehen. Sobald das Schutzfeld entstanden ist, fungieren sie als innere Kontrollstationen und können Strukturlücken schaffen, so wie auch im Fall der Enzyklopädie. Damit ist auch das Problem der Energieanzapfung vom Zentralgestirn des betreffenden Sonnensystems gelöst. Nun, die Schiffe befinden sich derzeit ganz in der Nähe in einem Parkorbit, und die Besatzungen warten nur auf den Einsatzbefehl. Sie wissen natürlich nicht, welchen Zielplaneten Sie im Sinn haben. Aber sie haben immer wieder geübt, und eigentlich gibt es nur eine Welt, auf die alle Ihre Angaben zutreffen . . ."

Es läutete, und unmittelbar darauf öffnete sich die Tür. Nonne trat ein. Sie trug eine dunkelbraune Robe, und die Exotin bewegte sich so schnell, daß der Stoff laut raschelte und knisterte. Jason Rowe und Rourke di Facino folgten ihr. Jason trug ein dünnes, blaues Hemd und jene Art von hellgrauer und recht weiter Arbeitshose, die angesichts des stabilen Klimas im Innern der Enzyklopädie allgemein bevorzugt wurde – Kleidung, die auf Harmonie oder Eintracht nie geschneidert worden war. Der Unterschied zu der Kampfkombination eines Kommandomitglieds war offensichtlich, und irgendwie wirkte er in seiner neuen Aufmachung kleiner und jünger, als Hal ihn in Erinnerung hatte. Im äußeren Erscheinungsbild Rourkes hingegen war es zu keinen Veränderungen gekommen. Er trug nach wie vor Dorsai-Kleidung, und sein dünnes Lächeln wirkte unerschütterlich.

„In Ordnung", sagte Hal und wandte sich von Jeamus ab. „Es tut mir leid, so lange fortgeblieben zu sein. Setzen Sie sich. Jeamus, wir unterhalten uns später noch."

Der Ingenieur nickte finster und ging.

Ajela hatte sich inzwischen in einem der altertümlichen Polstersessel niedergelassen. Nonne hielt auf den anderen noch freien zu und drehte ihn so herum, daß sie Hal ansehen konnte, der sich von hinten einen Ergstuhl heranzog. Nur Rourke blieb stehen, hinter und zwischen Nonne und Jason, der ebenfalls in einem Schwebsessel Platz nahm. Der Dorsai verschränkte die Arme und starrte Hal an.

„Es freut mich, Sie alle wiederzusehen", sagte Hal und musterte sie nacheinander. „Und ich entschuldige mich bei Ihnen dafür, daß ich so lange nichts von mir habe hören lassen. Ich hatte leider keine Möglichkeit, mit Ihnen Kontakt aufzunehmen. Ich schlage vor, Sie berichten mir nacheinander von den Dingen, die ich Ihrer Meinung nach wissen muß."

Stille schloß sich an.

„Tam?"

„Ajela kann Ihnen alles mitteilen", erwiderte Tam Olyn rauh.

„Ajela?"

„Das gesamte Potential der Letzten Enzyklopädie ist mobilisiert und läßt sich jederzeit einsetzen – so wie Sie es möchten", sagte Ajela. „Mit der Erde sieht das ein wenig anders aus. Rukh und ihre Leute haben Wunder bewirkt, die ich nie für möglich gehalten hätte. Es ist ihnen bereits gelungen, auf der ganzen Welt Empörung zu wecken und bei einem großen Teil der Bevölkerung eine Meinungsfront gegen die Anderen zu schaffen. Aber es gibt noch immer viele Menschen, die mit Absicht die Augen vor dem Offensichtlichen verschließen und alle möglichen Konsequenzen einfach ignorieren – Menschen, die schlichtweg davon ausgehen, die Erde werde die Krise schon irgendwie überstehen, so wie auch alle anderen vorher. Mit anderen Worten: Sie gehen davon aus, daß es zu keinen sie direkt betreffenden Veränderungen kommen wird."

„Was wird jetzt Ihrer Meinung nach geschehen, da Rukh zumindest verletzt, wenn nicht gar ums Leben gekommen ist?" fragte Hal.

„Nun . . .“ Ajela zögerte und holte tief Luft. „Bis wir nicht genau wissen, was mit ihr geschehen ist, und bis die Öffentlichkeit nichts von dem Anschlag von ihr erfährt . . . Eine Antwort auf Ihre Frage müßte notwendigerweise spekulativer Natur sein.“

Sie brach ab, und Hal wartete noch einige Sekunden lang.

„Sonst noch etwas?“

„Nein“, sagte Ajela. „Das ist alles. Wenn Sie noch mehr wissen möchten, sollten Sie konkrete Fragen stellen.“

Hal sah Nonne an. „Und Sie?“

„Sowohl Mara und Kultis sind vorbereitet“, entgegnete die Exotin ernst. Nachdenklich strich sie sich das Gewand über den Knien glatt. „Wir haben den Dorsai, der Enzyklopädie und den Quäkern, die gegen die Anderen kämpfen, all das gegeben, was sie brauchten. Die Bevölkerungen unserer beiden Welten erwarten nun die Konsequenzen – und sie werden alle Folgen auf sich nehmen. Es liegt jetzt an Ihnen, die nächste Phase einzuleiten. Darüberhinaus schließe ich mich den Worten Ajelas an. Wenn Sie Angaben über Einzelheiten wünschen, brauchen Sie nur entsprechende Fragen zu stellen.“

Hal nickte und wollte schon Jason ansprechen, als Nonne noch hinzufügte:

„Abgesehen davon aber gibt es viele Dinge, über die ich mit Ihnen sprechen müßte.“

„Ich weiß“, erwiderte Hal leise. „Darauf komme ich noch zurück. Jason?“

Jason Rowe zuckte mit den Schultern.

„Auf Harmonie und Eintracht beherrschen die Gefolgsleute der Anderen noch immer die Städte und einen großen Teil der ländlichen Gebiete“, sagte er. „Aber ich brauche dich wohl nicht extra darauf hinzuweisen, daß die Kinder Gottes unter keinen Umständen den Kampf einstellen werden. Und wir können dich nur mit diesem Widerstand unterstützen, Hal. Ich bin natürlich in der Lage, dir genau zu schildern, welche Positionen wir auf beiden Welten einnehmen und wie stark wir sind. Was darüber hinausgeht . . . nun, ich kann nur wiederholen, was auch schon Ajela und Nonne gesagt haben: Besser ist es, du stellst konkrete Fragen.“

Hal nickte erneut und richtete den Blick schließlich auch auf Rourke di Facino. Aber der schmächtige und gutgekleidete Mann antwortete, noch bevor Hal Gelegenheit hatte, seinen Namen auszusprechen.

„Wir sind zum Kampf bereit“, sagte er knapp.

Er hatte die Arme noch immer verschränkt. Und er stand völlig ruhig und gelassen, so als seien die wenigen Worte, die er gerade formuliert hatte, die Summe all dessen, was er zu der Besprechung beizusteuern vermochte.

„Vielen Dank“, entgegnete Hal.

Er sah erneut die anderen an.

„Ich danke Ihnen allen“, sagte er. „Ich will das, was ich Ihnen mitzuteilen habe, in sehr knapper Form zum Ausdruck bringen: Die Mobilisierung des Potentials der Anderen ist so weit fortgeschritten, daß sie jetzt in der Lage sind, einen direkten und massierten Angriff zu unternehmen und jederzeit auf einen beliebig großen Nachschub zurückzugreifen. Bleys hat mehr als genug Basen, mehr als genug Material und mehr als genug Soldaten. Es wird nur noch ein Standardjahr oder auch weniger dauern, bis die letzten Vorbereitungen abgeschlossen sind, und dann kann er jederzeit den Angriffsbefehl geben. Er wäre sogar schon jetzt dazu imstande, wenn er sich unter Druck gesetzt fühlte. Aber ich kenne Bleys, und ich vermute, er wird noch so lange warten, bis er glaubt, alle Risiken kalkulierbar gemacht zu haben.“

„Ich nehme also an“, sagte Nonne, „Sie wollen ihn zwingen, schon früher loszuschlagen, nicht wahr?“

Hal musterte sie ernst. „Es bleibt uns keine andere Wahl.“

„Dann möchte ich Ihnen noch eine Frage stellen“, fügte Nonne hinzu. „Ich sagte vorhin, es gäbe viele Dinge, über die ich mit Ihnen sprechen möchte. Eine Sache interessiert mich dabei besonders.“

„Heraus damit.“ Hal sah die Exotin nachdenklich an.

„Wir scheinen unausweichlich auf den Punkt zuzusteuern“, sagte Nonne, „an dem sich der ganze Konflikt auf eine persönliche Konfrontation zwischen Ihnen und Bleys reduziert. Um meines Volkes willen muß ich Sie fragen: Glauben Sie wirklich, Sie könnten ein derartiges Duell gewinnen? Und wenn ja: Was veranlaßt Sie zu einer solchen Überzeugung?“

„Eigentlich bin ich mir gar nicht so sicher, ob ich schließlich als Sieger aus dem Kampf hervorgehen werde“, erwiderte Hal. „In der menschlichen Geschichte gibt es keine zweifelsfreien Sicherheiten. Und gerade als Exotin sollten Sie das wissen . . .“

Er unterbrach sich. Ajela hatte sich eben geräuspert, als wolle sie einen Einwand machen und habe es sich dann noch einmal anders überlegt. Er wandte sich ihr zu, und sie schüttelte den Kopf.

„Schon gut“, sagte sie, und sie ließ Nonne dabei nicht aus den Augen.

„Wenn wir den Sieg erringen wollen“, sagte Hal, „müssen wir uns die Vorteile der Anderen zunutze machen. Haben Sie sich jemals mit dem Werk Cletus Graemes über Strategie und Taktik befaßt?“

„Cletus . . .?“ fragte Nonne. „Oh, Sie meinen den Vorfahr Donal Graemes. Nein. Ich habe mich mit der Struktur von Charakteren und den entsprechenden Handlungen und Beschäftigungen befaßt, wozu aber keine militärischen Manöver gehörten.“

„Das habe ich mir gedacht“, erwiderte Hal. „Lassen Sie mich Ihnen erklären, was ich meine. Bleys ist der fähigste aller Anderen – das wissen Sie ebensogut wie ich. Sonst wäre er nicht der Vorsitzende der Organisation und hätte seine Vorrangstellung schon an jemand anderen abtreten müssen. Es bleibt uns also nichts anderes übrig, als in erster Linie gegen ihn zu kämpfen. Und was meine Auseinandersetzung mit ihm angeht: Ich kann Ihnen nur sagen, daß ich die feste Absicht habe, der Gewinner zu sein. Und ich glaube, ich habe ihm gegenüber mindestens einen Vorteil: Die Sache, für die ich kämpfe, ist die bessere.“

„Und das ist alles?“ Nonnes Gesicht war völlig ausdruckslos.

„Mehr ist vielleicht gar nicht notwendig“, entgegente Hal sanft. „Eine bessere Sache stellt eine gute Grundlage für Beurteilungen dar. Und oftmals kommt es bei einer Auseinandersetzung gerade auf die Beurteilung an.“

„Bitte entschuldigen Sie“, sagte Nonne. „Aber ich glaube, das verstehe ich nicht ganz.“

„Stellen Sie sich zwei Schachspieler vor“, gab Hal zurück. „Keiner von beiden macht einen folgenschweren Fehler. Aber jeder könnte bei seinen Überlegungen zu einer falschen Einschätzung kommen und einen ansonsten zwar richtigen Zug zu früh oder zu spät machen. Meine Aufgabe besteht darin, solche falschen Beurteilungen zu vermeiden und gleichzeitig Bleys zu derartigen Einschätzungsfehlern zu verleiten. Um das zu bewerkstelligen, muß ich die Unterschiede zwischen mir und ihm ausnutzen. Bei der bevorstehenden Konfrontation sind alle offensichtlichen Vorteile auf der Seite Bleys’. Er nimmt also eine Position der Stärke ein. Und ich vermute, das war Ahrens schon von Anfang an klar. Bestimmt sichert gerade dieser Umstand seine Vorrangstellung gegenüber den restlichen Anderen ab. Und da er mit dieser Einstellung bisher so große Erfolge hatte, gehe ich davon aus, daß er sie auch in Zukunft nicht ändern und so lange warten wird, bis auch die letzten militärischen Vorbereitungen abgeschlossen sind."

Hal hielt kurz inne.

„Mache ich mich Ihnen verständlich genug?" fragte er.

„Oh, ja", bestätigte Nonne.

„Gut", sagte Hal. „Von seinem Standpunkt aus gesehen, wäre es also eine schlechte Strategie, ohne triftigen Grund eine Taktik zu modifizieren, die ihm bisher den Sieg in Aussicht stellte. Die unmittelbare Initiative liegt also bei uns – was Bleys zwar wissen dürfte, worüber er sich aber kaum Sorgen macht. Andererseits jedoch kann uns gerade die Möglichkeit der Initiative einen Vorteil verschaffen, von dem Bleys Ahrens nichts ahnt – indem wir ihn entweder dazu bringen, zu lange mit demAngriff zu warten, oder indem wir ihn dazu veranlassen, vorzeitig zuzuschlagen. Es kommt ganz darauf an, wie gut unsere Pläne sind."

„Ich nehme also an, Sie haben bereits einen guten Plan entwickelt?"

Hal lächelte die Exotin an.

„Ja", sagte er. „In der Tat." Er wandte sich Ajela zu. „Ich hätte Jeamus nicht fortschicken sollen. Würden Sie ihn bitte hierher rufen?"

Ajela nickte und streckte die Hand nach der in die eine Armlehne ihres Sessels integrierten Kontrolleinheit aus. Sie betätigte eine der Tasten und murmelte etwas in ein Sensormikrofon. Unterdessen richtete Hal seine Aufmerksamkeit wieder auf die anderen.

„Sie sagten eben, Sie seien zum Kampf bereit", wandte er sich an Rourke. „Wen meinen Sie damit? Nur die Erwachsenen mit militärischer Erfahrung? Alle Männer und Frauen Dorsais? Oder gar die gesamte Bevölkerung?"

„Ein Satz von hundert Prozent läßt sich in dieser Beziehung nie erreichen", antwortete Rourke, „und das trifft, wie Sie sicher wissen, insbesondere auf Dorsai zu. Ein nicht geringer Teil der Bevölkerung wird in der Heimat bleiben, Hal Mayne. Einige haben aufgrund von Krankheiten und anderen Leiden keine Wahl, und manche ziehen es einfach vor, an der Stätte ihrer Geburt auf das zu warten, was die Zukunft bringen wird. Aber fast alle Männer und Frauen im kampffähigen Alter sind zum Aufbruch bereit."

„Ja", sagte Hal und nickte. „Das entspricht meinen Erwartungen."

Die Stimme Jasons klang fast wie ein Echo seiner letzten Worte.

„Zum Aufbruch wohin?" fragte der Quäker.

„Das wissen Sie nicht?“ Nonne drehte den Kopf und sah Jason überrascht an.

„Nein“, erwiderte der junge Mann von Harmonie und musterte Hal. „Was sollte ich in dieser Beziehung denn wissen?“

„Gedulde dich nur noch einige Augenblicke, Jason“, sagte Hal. „Warte, bis Jeamus hier ist.“

Stille schloß sich an. Und während sie warteten, glitten Hals Gedanken davon und beschäftigten sich eine Zeitlang mit anderen Dingen.

Die vier Personen vor ihm stellten einzelne und in sich geschlossene Universen aus Überlegungen und bestimmten Neigungen dar, Kosmen, zu denen er sich einen Zugang verschaffen mußte, um ihnen das zu verdeutlichen, was die von ihnen repräsentierten Kulturen verstehen mußten. Als Donal hätte er sie einst nur als eher unwichtige Einheiten betrachtet, als einzelne Zahnräder in der komplexen Maschine, mit deren Hilfe er das Problem der menschlichen Evolution meistern wollte. Sein größtes Interesse an ihnen hätte darin bestanden sicherzustellen, daß sie seine Anweisungen genau ausführten. Ihre Einwände wären in diesem Zusammenhang nichts weiter als kleine Hindernisse gewesen, die von seiner klaren Logik beseite geräumt werden mußten, bis der Weg ganz frei war.

Nun, diese Denkweise konnte auf der Ebene Donals tatsächlich zu einer Lösung führen. Aber seitdem hatte Hal während zwei weiterer Leben neue Erfahrungen sammeln können und etwas dabei gefunden, was ihm größere Erfolgsaussichten versprach. Als Donal alle Welten zusammengeführt, über die Sterne der besiedelten Sonnensysteme hinausgeblickt und ganz deutlich die Zukunft vor sich gesehen hatte, war er sich bewußt geworden, daß die Zukunft nicht allein mit Gewalt herbeigezwungen werden konnte. Diese Erkenntnis war es, die Hal sich zu eigen gemacht hatte.

Es konnte nicht ausreichen, die anderen Menschen dazu zu bringen, sich ordentlich zu verhalten und nicht das Gesetz zu brechen. Nur dann, wenn jedes einzelne Selbst Wesensneuerungen akzeptierte und dadurch das Gesetz in dem Sinn gar nicht mehr erforderlich war, mochte sich eine evolutionäre Innovation als dauerhaft erweisen. Wenn es ihm nicht gelang, den in diesem Zimmer anwesenden Personen das klarzumachen, was geleistet und erreicht werden mußte – wie konnte er dann annehmen, von den vielen Milliarden Menschen verstanden zu werden, die die ganze Spezies bildeten?

Es war nicht etwa so, daß sie nicht dazu bereit gewesen wären, das Tor zu einer besseren Zukunft zu durchschreiten. Aber jedes einzelne Individuum all jener Milliarden mußte den Weg ganz allein und auf sich gestellt beschreiten, wenn die Zeit kam. Und dazu war es erforderlich, daß sie den Pfad deutlich vor sich sahen, daß sie das Ziel erreichen *wollten* und somit aus eigenem Antrieb handelten. Es war kein Ziel, an das man einzig und allein durch intellektuelle Entschlußkraft zu gelangen vermochte. Für jedes Individuum war dazu eine kombinierte Anstrengung der Ratio und des Unterbewußtseins notwendig, und während der vergangenen Jahrhunderte hatten sich immer nur einige wenige dazu als fähig erwiesen. Jetzt jedoch gab es die Möglichkeit, den Weg zu kennzeichnen. Und jene, die das Ziel wirklich erreichen wollten, konnten das auch – sie alle. Allerdings mußten sie dazu zunächst nach den Markierungen Ausschau halten und von ihren eigenen Fähigkeiten so sehr überzeugt sein, daß sie dem Verlauf des Pfades voller Zuversicht folgten.

Aber noch war nicht einmal Hal selbst dazu in der Lage, alle Einzelheiten des Weges in aller Deutlichkeit zu erkennen. Er mußte sich als erster vorwagen, wie ein Pionier, der ein neues Land erkundete, und während er unterwegs war, kam es darauf an, von diesem neuen Land eine Karte anzufertigen und eine Straße zu wählen, die von denjenigen, die nach ihm kommen würden, möglichst leicht beschritten werden konnte. Diese Straße begann hier, mit Rukh und den anderen, die bereit dazu gewesen waren, ihn anzuhören und ihm zu vertrauen . . .

Das Läuten des Melders unterbrach die Überlegungen Hals. Die Tür öffnete sich, und Jeamus trat ein.

„Kommen Sie, Jeamus", sagte Hal. „Nehmen Sie Platz. Ich möchte den anderen hier erklären, was es mit dem planetengroßen Phasen-Schutzfeld auf sich hat."

„Vergeuden wir damit nicht wertvolle Zeit?" warf Nonne ein. „Schließlich wissen wir alle, daß Jeamus an der technischen Entwicklung eines großen Schutzfelds arbeitete und wo es errichtet werden soll . . ."

„Ich nicht", sagte Jason und unterbrach die Exotin damit. Die Blicke aller Anwesenden richteten sich auf ihn, denn in der Stimme des jungen Quäkers kam plötzlich eine derartige Schärfe und Entschlossenheit zum Ausdruck, daß bis auf Hal, der diesen Wesensaspekt Jasons kannte, alle überrascht waren. „Hören wir uns die Erklärung an."

Jeamus hatte inzwischen den Halbkreis der Sitzenden erreicht. Sein Blick verweilte kurz auf dem nach wie vor stehenden Rourke, und er ignorierte den freien Schwebsessel.

„Vor einem guten Standardjahr", sagte der Ingenieur, „bat mich Hal darum, mich mit dem bis dahin noch theoretischen Problem zu befassen, ein Schutzfeld zu schaffen, das von seiner Struktur her dem ähnelt, in das die Enzyklopädie gehüllt ist, andererseits aber groß genug sein sollte, um einen Planeten von der Größe abzuschirmen, die ein wenig über die der Erde hinausgeht. Die entsprechenden Vorbereitungen sind jetzt abgeschlossen. Sobald die Schiffe mit den notwendigen Ausrüstungen sich im Parkorbit der betreffenden Welt befinden und sich synchronisiert haben, kann die Schutzblase sofort aufgebaut werden."

Er sah Hal an.

„Möchten Sie, daß ich die Details schildere?"

„Nein", antwortete Hal. „Erklären Sie ihnen bitte nur die Auswirkungen."

„Nun", fuhr der Ingenieur fort, „das Feld wird das Zielobjekt mit einer doppelten Barriere umgeben. Diese Barriere transferiert alles, was es an der einen oder anderen Seite berührt, in die kosmische Unbestimmtheit – so wie es auch bei der Phasen-Verschiebung eines Raumschiffs der Fall ist. Mit dem einen Unterschied allerdings, daß das Objekt keinen Kontratransit vollzieht. Ich nehme an, Sie wissen alle, daß die Verschiebungstheorie auf der Basis der Unschärferelation Heisenbergs entwickelt wurde . . ."

„Ja, ja", erwiderte Nonne. „Das ist uns klar. Wir wissen auch, daß es danach unmöglich ist, sowohl die Position als auch die Geschwindigkeit eines Partikels exakt zu bestimmen: je genauer der eine Wert, desto ungenauer der andere. Und für die Phasenverschiebung bedeutet das: Im Augenblick der Nicht-Zeit, in dem die Geschwindigkeit auf einen Wert von absolut Null fixiert wird, kann man den Positionsfaktor beliebig bestimmen. Durch diesen Effekt wird alles, was versucht, den Phasen-Schild der Enzyklopädie zu durchdringen, in der Unendlichkeit diffundiert. Wir wissen darüberhinaus, daß Hal Mayne die Absicht hat, eine Basiswelt mit einer solchen Barriere zu umgeben und sie mit den Dorsai zu verteidigen. Und diese Welt wird Mara sein . . ."

„Nein", sagte Hal.

Jeamus drehte ruckartig den Kopf. Ajela beugte sich vor und wirkte plötzlich angespannt. Nonne starrte ihn groß an.

„Nein?" wiederholte sie. „Was meinen Sie mit ‚Nein?'"

„Die Welt, die ich im Sinn habe, heißt nicht Mara", erwiderte Hal leise, „sondern Erde."

„Die Erde!" platzte es aus Jeamus heraus. „Aber Sie haben mir doch gesagt, der Planet sei etwas größer! Die Werte, die Sie mir nannten . . ."

Er unterbrach sich plötzlich.

„Natürlich!" fügte er ein wenig heiser hinzu. „Sie wollen auch die Enzyklopädie in das Feld einhüllen . . ."

„Die Erde?" fragte Nonne.

„Ja", bestätigte Hal.

Er betätigte einige Tasten der Kontrolleinheit in der einen Armlehne seines Sessels, und in einem Teil des Zimmers bildete sich eine holografische Projektion. Sie zeigte die Erde so, wie man sie von der Umlaufbahn der Letzten Enzyklopädie aus sehen konnte: als eine große, blauweiß marmorierte Kugel. Hal stand auf und trat darauf zu. Dicht neben der dreidimensionalen Projektion blieb er stehen, und er betrachtete den in der Schwärze schwebenden Planeten so, als handele es sich dabei um ein Juwel von unmeßbarem Wert.

„Aber das ergibt doch überhaupt keinen Sinn!" sagte Nonne mehr zu sich selbst. „Hal!"

Er drehte sich um, als er seinen Namen vernahm, und er blickte sie an.

„Hal", wiederholte die Exotin. „Warum ausgerechnet die Erde? Was hat es für einen Sinn, die Erde zu verteidigen? Was versprechen Sie sich von einer solchen planetaren Basis, obgleich es für die Hälfte der Bevölkerung keine Rolle spielt, ob die Anderen den Sieg erringen oder nicht? Sie haben noch nicht einmal die Erlaubnis der irdischen Behörden, die Welt in eine derartige Schutzblase zu hüllen!"

„Ich weiß", gab Hal zurück. „Aber es wäre nicht nur sehr töricht, sondern auch ein großer Fehler, erst um eine entsprechende Genehmigung zu bitten. Ich fürchte, ich muß die Bevölkerung damit überraschen."

„Man wird Sie dazu auffordern, die Barriere zu desaktivieren."

„Nein", erwiderte Hal. „Einige Leute werden bestimmt versuchen, mich dazu zu veranlassen. Aber ich habe nicht die Absicht, auf sie zu hören. Und mit der Zeit dürften sie die Notwendigkeit des Schutzfelds einsehen."

„Wunschdenken!" behauptete Nonne.

„Nein." Hal wandte den Blick nicht von ihr ab. „Zumindest nicht in diesem Sinn. Es tut mir leid, Nonne, aber wir sind jetzt an einem Punkt angelangt, an dem ich Sie einfach nur um Ihr Vertrauen bitten muß."

„Und warum sollte ich Ihnen vertrauen?" erwiderte die Exotin scharf.

Hal seufzte.

„Aus dem gleichen Grund", erwiderte er, „den ich Ihnen schon bei unserer ersten Begegnung genannt habe. Sie, Ihr Volk und alle anderen, die hoffen, daß den Anderen schließlich doch noch Einhalt geboten wird, haben gar keine Wahl."

„Aber das ist doch verrückt!" entfuhr es Nonne. „Mara ist dazu bereit, sich von einer Phasen-Barriere isolieren zu lassen. Die Bevölkerung Maras rechnet sogar fest damit und steht hinter Ihnen. Sie ist bereit dazu, Opfer zu bringen. Sie hat sich mit dieser Notwendigkeit abgefunden, um das Überleben der ganzen Menschheit zu gewährleisten. Und auf der Erde gibt es viele Personen, die nicht einmal daran denken, den Kampf gegen die Anderen aufzunehmen."

„Es geht um mehr als nur das, Nonne", warf Ajela ein. „Rukh hat bisher große Erfolge errungen. Sie und die anderen Quäker haben Tausende und Hunderttausende dazu gebracht, ihnen zuzuhören."

„Auf der Erde leben einige Milliarden Menschen!" erwiderte Nonne scharf.

„Geben Sie Rukh Zeit", sagte Ajela. „Der Meinungsbildungsprozeß zu ihren Gunsten beschleunigt sich."

„Wir haben keine Zeit mehr", erklärte Hal, und die allgemeine Aufmerksamkeit richtete sich wieder auf ihn. „Bleys' Vorbereitungen machen raschere Fortschritte, als Sie sich alle vorstellen. Ich konnte mich in den vergangenen Monaten selbst davon überzeugen. Wir müssen uns jetzt für einen Planeten entscheiden – und zwar für die Erde."

„Warum?" fragte Nonne.

„Weil auf der Erde das Herz der Menschheit schlägt", entgegnete Hal langsam. „Solange die Erde nicht von den Anderen erobert wurde, ist die Menschheit noch nicht besiegt. Im zwanzigsten Jahrhundert gab es einmal einen Mann, der sich um fünf Uhr morgens in einem Hotel mit folgenden Worten an einen Iren wandte: ‚Angenommen, alle Dichter, Schriftsteller und Komponisten Irlands würden von einem Augenblick zum anderen verschwinden. Wie viele Generationen wären notwendig, um sie zu ersetzen?‘ Und noch bevor der Mann seine eigene Frage beantworten konnte, hob der Ire einen Finger.“

Hal musterte seine Zuhörer nacheinander.

„Nur eine Generation. Und mit dieser Antwort hatte der Ire ganz gewiß recht. Denn nicht nur aus den noch kleinen Kindern würden einige Dichter, Schriftsteller und Komponisten hervorgehen. Auch die lebenden Erwachsenen, die sich bis dahin nie mit kreativen Aufgaben von dieser Art befaßt hatten, würden sich plötzlich damit beschäftigen – aufgrund der künstlerischen Stille um sie herum. Die Fähigkeit, Kunst zu schaffen, war nie eine Gabe, die nur einige wenige Menschen auszeichnet. Vielmehr stellt sie einen ureigenen Aspekt des Menschseins selbst dar. Und die Wahrheit, die damals der Ire zum Ausdruck brachte, trifft für die gesamte Bevölkerung auch heute noch zu.“

„Im Gegensatz zu den Menschen auf den anderen Welten?“ fragte Jason.

„Derzeit ja. Ihre Vorfahren verließen die Erde, weil sie die verschiedenen historischen Bestrebungen der Rassenentität repräsentierten, die es an anderen Orten zu erproben galt. Sie alle – außer Tam – stehen aus diesem Grund ein wenig abseits der Kunst, die auch in Ihnen selbst schlummert, abseits damit auch von der Zukunft. Bestimmt wird es Ihnen gelingen, diese Werte zurückzugewinnen, aber das dürfte Ihnen weitaus schwererfallen als den Millionen und Milliarden von Männern und Frauen dort unten . . .“

Er deutete auf den blauweißen Ball im Projektionsfeld.

Sie sahen Hal schweigend an, und selbst Nonne gab keinen Laut von sich.

„Ich habe es sowohl den Exoten als auch den Dorsai gesagt“, fuhr Hal fort. „Und ich hätte es deinem Volk ebenfalls erklärt, Jason, wenn ich dazu in der Lage gewesen wäre, zu allen Quäkern zu sprechen: Bei den Splitterkulturen handelt es sich letztendlich um Experimente der Spezies. Sie entstanden deshalb, um zu einer bestimmten Zeit genutzt zu werden. Diese Zeit ist nun gekommen. Sie alle wissen, daß für die Splitterkulturen die letzte Stunde geschlagen hat. Diese Erkenntnis haben Sie alle zumindest instinktiv verinnerlicht. Experimente von dieser Art gehören nunmehr der Vergangenheit an. Ihre Kulturen entwickelten sich und blühten auf, um schließlich dabei mitzuhelfen, eine Antwort auf die Frage zu finden, für welchen der beiden in die Zukunft führenden Wege sich die Menschheit zum Zweck ihres Überlebens entscheiden soll."

Hal brach ab, und wieder schloß sich Stille an.

„Deshalb", argumentierte er, und es klang ein wenig müde, „müssen wir gerade die Erde schützen – die Erde mitsamt ihrer über viele Jahrhunderte hinweg blutigen Geschichte aus Kriegen und Schlachten, aber gleichzeitig auch die Träume, die Gedichte und Symphonien und vielen anderen Kunstwerke. Auf der Erde wird sich schließlich der Kampf gegen die Anderen entscheiden."

Er hielt erneut inne. Er wünschte sich, jemand hätte ihm eine Antwort gegeben, um ihn sich nicht mehr so allein und einsam fühlen zu lassen. Aber es blieb alles still.

Hal blickte wieder auf die blauweiß marmorierte Kugel der Erde.

„Und dort müssen wir auch Antwort auf die Frage finden, welchen Weg in Richtung Zukunft wir einschlagen", fügte er leise hinzu. „Und wenn es nötig ist, müssen wir alle unser Leben opfern, um der gesamten Menschheit diesen Weg aufzuzeigen."

Damit schwieg er ebenfalls und betrachtete ein weiteres Mal das holografische Abbild der Erde. Nach einigen Sekunden spürte er, wie jemand an ihn herantrat, und er drehte sich um und sah Ajela.

Sie umarmte ihn und schmiegte sich kurz an ihn. Dann ließ sie ihn wieder los, kehrte zurück und nahm erneut neben Tam Platz.

„Ihre Gründe", kommentierte Nonne, „sind nicht militärischer Natur und vielleicht nicht einmal sehr praktisch. Ich bin nach wie vor der Ansicht, Mara wäre eine geeignetere planetare Basis als die Erde. Und was diesen Aspekt des Problems angeht, haben Sie noch keine befriedigende Erklärung gegeben."

„Wir haben es nicht mit einem Krieg zu tun", erwiderte Hal, „in dem es in erster Linie um pragmatische und praktische Probleme geht. Aber auch abgesehen davon irren Sie sich, Nonne. Nach dem Maßstab der Jüngeren Welten ist Mara reich. Doch selbst nach den zurückliegenden Jahrhunderten des Raubbaus und der Ausplünderung der eigenen Ressourcen ist die Erde nach wie vor die reichste aller Welten. Die irdische Ökonomie kennt keine Außenwelt-Abhängigkeiten, und die Bevölkerung ist selbst heute noch zwanzigmal größer als die jedes anderen besiedelten Planeten."

Hal unterbrach sich abrupt und beobachtete seine Zuhörer.

„Außerdem haben wir es noch mit einem psychologischen Unterschied zu tun. Würden wir irgendeine andere Welt mit einem Schutzfeld abschirmen, müßten die betreffenden Menschen nach und nach den emotionalen Eindruck gewinnen, als seien sie für immer von der großen Gemeinschaft der ganzen Menschheit getrennt, als könne der Niedergang nicht mehr lange auf sich warten lassen. Im Verlauf der Monate und vielleicht Jahre würde sich die Bevölkerung immer mehr über die Isolation vom Rest der Spezies klar. Die Erde aber sieht sich noch immer als Mittelpunkt des menschlichen Universums. Alle anderen Welten sind in dieser Hinsicht nur Ableger. Wenn der Mutterplanet plötzlich isoliert ist, wird die Bevölkerung nur das Gefühl haben, von Ablegern getrennt zu sein, die für das eigene Überleben überhaupt keine Rolle spielen. Und anschließend wird man zur Tagesordnung übergehen."

„Gerade die Größe der Bevölkerung stellt für Sie keinen Vorteil dar", sagte Nonne. „Denken Sie daran, daß viele Bewohner der Erde Ihr Verhalten eher mit Skepsis betrachten. Das sind keine Personen, die sofort herbeieilen werden, um ihre Heimat den Anderen gegenüber zu verteidigen. Ich nehme an, Sie haben vor, die Erde in erster Linie von den Dorsai schützen zu lassen."

„Zumindest zu Anfang", bestätigte Hal. „Wenn der Kampf länger andauert, werden uns sicher auch Männer und Frauen von der Erde helfen. Tatsächlich bleibt ihnen gar keine andere Wahl."

Hal wandte sich dem alten Direktor der Enzyklopädie zu.

„Tam?" fragte er. „Was halten Sie davon?"

„Ja, sie werden kommen", erwiderte Tam Olyn. Seine Stimme war ein heiseres und rauhes Keuchen, das den wenigen Worten eine größere Bedeutung zu verleihen schien. „Dies ist der Planet, von dem die Dorsai, Exoten, Quäker und auch alle anderen stammen. Wenn zur Verteidigung Hilfe von der Bevölkerung notwendig ist, wird sie eintreffen."

Einige Sekunden lang sprach niemand ein Wort.

„Und das", seufzte Hal, „ist ein weiterer Grund, warum wir uns gerade für die Erde entscheiden müssen und nicht etwa für Mara. Mit der Zeit würden auch einige Männer und Frauen Ihres Volkes zu Kämpfern, Nonne. Aber sie müssen dazu nach den Wurzeln ihres Wesens zurückkehren."

„Und dazu wären sie auch bereit", sagte Nonne. „Angesichts der Tatsache, daß um uns herum alles zusammenbricht, würden sogar die Philosophen Maras zu den Waffen greifen. Auch ich – wenn ich glaubte, wirklich kämpfen zu können."

Rourke di Facinos Lippen deuteten ein dünnes und nicht unfreundliches Lächeln an.

„Und genau darauf, liebe Nonne, kommt es an", sagte er.

Daraufhin richtete sich die Aufmerksamkeit der Exotin auf ihn.

„Sie!" entfuhr es Nonne. „Die ganze Zeit über stehen Sie hier und schweigen sich aus. Ist Ihr Volk denn etwa mit Freuden dazu bereit, die Erde zu verteidigen, deren Bevölkerung nie die Kultur der Jüngeren Welten verstanden hat – und erst recht nicht die Dorsais? Wollen Sie sich wirklich als Kanonenfutter hergeben, ohne zumindest gegen das zu protestieren, was Hal Mayne beabsichtigt? Sie sind der Militärexperte. Sagen Sie Hal, was Sie von der ganzen Sache halten!"

Rourke wurde wieder ernst, und in seinen Zügen kam dabei ein sonderbarer Hauch von Traurigkeit zum Ausdruck. Er trat langsam hinter dem Sessel hervor und auf Hal zu. Hal sah den etwas kleineren Mann an.

„Ich habe mit Simon über Sie gesprochen", sagte Rourke. „Und auch mit Amanda. Ihre tatsächliche Identität geht nur Sie etwas an und spielt in diesem Zusammenhang keine Rolle . . ."

„Ich verstehe nicht ganz", warf Nonne ein und sah von einem zum anderen. „Was meinen Sie mit ‚Ihre tatsächliche Identität'?"

Einen Augenblick lang hatte es den Anschein, als wolle sich Rourke umdrehen und der Exotin antworten. Dann aber fügte er an die Adresse Hals gerichtet hinzu:

„Die Graucaptains sind der Ansicht, wir sollten Ihren Einschätzungen vertrauen", sagte er.

„Vielen Dank", entgegnete Hal.

„Sie meinen also", vergewisserte sich Rourke, „wir sollten die Erde schützen?"

„Ich glaube, daran konnte von Anfang an kein Zweifel bestehen", erwiderte Hal. „Die Frage war nur immer, wann wir in dieser Hinsicht Stellung beziehen. Und so, wie die Dinge nun stehen, wird Bleys stärker mit jedem Tag, den wir ungenutzt verstreichen lassen."

„Ich wiederhole es noch einmal", sagte Nonne. „Sie können nicht damit rechnen, von der gesamten irdischen Bevölkerung unterstützt zu werden. Rukh mag durchaus einige Erfolge errungen haben, wie Sie eben bemerkten, Ajela. Aber jetzt ist sie von der Bildfläche verschwunden, ohne daß sie ihre Arbeit beenden konnte. Wenn Sie jetzt einen entsprechenden Vorstoß unternehmen, Hal, so gehen Sie ein großes Risiko ein – und die Chancen stehen gegen Sie."

Die Exotin richtete den Blick wieder auf Hal.

„Sie haben recht", bestätigte der. Einige Sekunden lang schwieg er. „Aber in jeder Situation kommt einmal der Zeitpunkt, an dem eine Entscheidung getroffen werden muß, ganz gleich, ob die entsprechenden Vorbereitungen abgeschlossen sind oder nicht. Ich halte es für gefährlicher, noch länger zu warten, als jetzt in die Offensive zu gehen. Wir machen die Erde zu unserer Basis und schirmen sie ab."

Rourke nickte nachdenklich.

„In dem Fall", sagte er, „muß ich mich sofort an die Arbeit machen."

Er sah Jeamus an.

„Dabei kann ich Ihr neues Kommunikationssystem gut gebrauchen, Chefingenieur", fügte er hinzu, drehte sich um und ging in Richtung Tür. Jeamus sah Hal an, und als der daraufhin nickte, folgte der Techniker dem Dorsai.

Aber noch bevor sie auf den Gang treten konnten, informierte sie ein gedämpftes Läuten von einer eingetroffenen Nachricht. Rourke und Jeamus blieben stehen, und Ajela betätigte die Bestätigungstaste der Kontrolleinheit. Aus dem integrierten Lautsprecher flüsterte eine Stimme, so leise, daß Hal und die anderen nichts verstehen konnten.

Kurz darauf hob Ajela den Kopf und sah Hal an.

„Man hat Rukh gefunden", sagte sie. „Sie befindet sich in Sidi Barrani an der Mittelmeerküste, westlich von Alexandria."

„Dann müssen wir unser Gespräch später fortsetzen", meinte Hal. „Die Lage auf der Erde hängt in einem gewissen Ausmaß davon ab, was Rukh zu bewirken imstande ist. Ich mache mich sofort auf den Weg nach Sidi Barrani. Ajela, würden Sie bitte dafür sorgen, daß mir beim Eintreffen am nächsten Shuttle-Port ein Fahrzeug zur Verfügung steht?"

Ajela nickte. Hal hielt auf die Tür zu und richtete seinen Blick noch einmal auf den jungen Quäker.

„Möchtest du mich begleiten, Jason?" fragte er.

„Ja", lautete die Antwort.

„Sehr schön." Rourke und Jeamus wichen beiseite, um Hal den Weg zur Tür freizugeben. „Mit etwas Glück sind wir in einigen Stunden zurück. Die Entscheidung ist jetzt getroffen. Sie können sich bereits an die Arbeit machen."

Damit trat er durch die Tür, dicht gefolgt von Jason Rowe.

14

Sidi Barrani war ein ganzes Stück von der Mittelmeerküste entfernt und lag in einer Region, die vor zweihundert Jahren vom Menschen als einer der ersten Landstriche von der nordafrikanischen Wüste zurückverlangt worden war. Man hatte hohe Destilliertürme errichtet und Meereswasser in sie hineingepumpt. Weit oben gaben es spezielle Ventile wieder frei, und der Vorhang aus Nässe reichte einige hundert Meter in die Tiefe, bis zu den großen Ventilatoren, die die angereicherte Luft zurückwehten, über die Türme hinweg, um auf diese Weise den Feuchtigkeitsgehalt der lokalen Atmosphäre zu erhöhen.

Infolge dieser Feuchtigkeit war aus dem trockenen und sterilen Untergrund fruchtbarer Boden geworden. Im Verlauf der Jahre hatte sich anschließend in dieser Region das Klima verändert und die Wüste, um die Rommel und Montgomery in den vierziger Jahren des zwanzigsten Jahrhunderts gekämpft hatten, weiter nach Süden zurückgedrängt. Immer größere Teile dieses einstmals so öden Gebiets waren wieder grün geworden, bis von der Wüste überhaupt nichts mehr übrigblieb und das wieder fruchtbare Land an die Wälder angrenzte, die an den Ufern des in jüngster Zeit entstandenen Qattara-Sees wuchsen – einer großen Wasserfläche, die vom Nil gespeist wurde, jenem großen Strom, der nach der Stauung durch den Assuan-Damm ein neues Bett nach Westen in die Qattara-Niederung gefunden hatte.

Am Ufer dieses Sees, in einem Hotel names Bahrain – einem niedrigen und weißen Gebäude, umgeben von einer tropischen Vegetationsfülle – endete schließlich die Suche Hals und Jasons nach Rukh.

Doch trotz der so friedlich und harmonisch wirkenden Umgebung hatten die beiden Männer beim Betreten des Hotels das Gefühl, als schickten sie sich gerade an, während eines heftigen Gewitters eine Wanderung durch offenes und ungeschütztes Gelände zu unternehmen. Hal warf Jason einen kurzen Blick zu, der aufgrund seiner als Kommandokämpfer auf Harmonie gesammelten Erfahrungen sensibel genug war, die emotionale Anspannung zu spüren, die ihnen entgegenschlug, vielleicht aber nicht umsichtig genug, mit der angemessenen Vorsicht darauf zu reagieren.

Jasons Gesicht war jedoch ganz ruhig – vielleicht nur etwas blasser als sonst, weiter nichts.

In der Aufenthaltshalle unter der hohen und gewölbten weißen Decke hielt sich niemand auf. Die bequemen Schwebsessel waren unbesetzt, und auch am kleinen und durch verzierten Marmor eingefaßten Pool sahen sie niemanden. Der einzige Mensch, der sich in dieser Räumlichkeit befand, war ein Bediensteter, dem sicher nur Präsentationspflichten zukamen, da seine Arbeit von einer entsprechenden Servoautomatik wesentlich effizienter hätte durchgeführt werden können. Mit gesenktem Kopf stand er hinter dem Tresen der Rezeption und gab vor, mit irgend etwas beschäftigt zu sein. Zwar war sonst alles leer, aber das Gefühl der Anspannung – der Eindruck, aufmerksam beobachtet zu werden – verstärkte sich weiter.

Der Bedienstete sah erst auf, als Hal und Jason ganz nahe an den Tresen herangetreten waren. Er war ein recht junger Mann mit glatter, brauner Haut und einem rundlichen Gesicht.

„Willkommen im Bahrain", sagte er. „Kann ich etwas für Sie tun?"

„Ja, danke", erwiderte Hal. „Würden Sie der Dame bitte ausrichten, Howard Immanuelson möchte sie gern sprechen?"

„Welche Dame meinen Sie, Sir?"

„Es befindet sich nur eine hier, für die diese Mitteilung bestimmt sein kann", sagte Hal. „Bitte leiten Sie sie an die Betreffende weiter."

Der Bedienstete stützte sich mit beiden Händen auf den Tresen und verlagerte sein Gewicht.

„Es tut mir leid, meine Herren", antwortete er. „Ich verstehe nicht ganz. Ich kann keine Mitteilung weiterleiten, wenn ich nicht weiß, für wen sie bestimmt ist."

Hal musterte ihn eine Sekunde lang eingehend.

„Ich verstehe Ihre Position", sagte er leise. „Aber Sie machen einen Fehler. Wir nehmen dort drüben am Pool Platz. Und Sie sorgen dafür, daß die Nachricht, die ich Ihnen gerade nannte, die Adressatin erreicht. Wenn nicht . . . nun, vielleicht sollten Sie jemanden um Rat fragen, der weiß, wer Howard Immanuelson ist."

„Es tut mir wirklich sehr leid, meine Herren", gab der Bedienstete zurück, „aber solange ich nicht weiß, mit wem Sie sprechen möchten, kann ich nicht feststellen, ob sich die betreffende Person als Gast in unserem Haus aufhält . . ."

Doch Jason und Hal hatten sich bereits von ihm abgewandt. Hal nahm in einem Schwebsessel Platz, den Rücken dem Tresen zugewandt. Und Jason ließ sich ihm gegenüber nieder. Auf diese Weise konnten sie die gesamte Aufenthaltshalle überblicken. Hal runzelte andeutungsweise die Stirn, und Jason zögerte einen Sekundenbruchteil und setzte sich dann in den Sessel neben seinem Begleiter.

Schweigend warteten sie. Am Tresen hinter ihnen blieb alles still. Hals Wahrnehmungsintensität hatte sich weiter verstärkt, und mit seinen sensibilisierten Sinnen erforschte er die Umgebung. Nach einigen Augenblicken roch er einen zwar sehr schwachen, aber angenehmen Duft, und hinter seiner Stirn schrillte eine Alarmsirene. Auf einer der Jüngeren Welten wäre so etwas höchst unwahrscheinlich gewesen; aber hier auf der Erde konnte man sich mit Geld Zugang selbst zu den ausgefallensten Waffen verschaffen. Hier war es durchaus denkbar, daß man den Versuch unternahm, sie mit einer Droge außer Gefecht zu setzen, als deren Übertragungsmedium die Luft in der Aufenthaltshalle dienen mochte.

Es mußte nicht unbedingt eine Droge sein, die sie bewußtlos werden ließ. Es reichte völlig aus, ihre Sinne ein wenig zu betäuben oder ihre Urteilsfähigkeit zu beeinträchtigen. Das mochte den verborgenen Beobachtern einen gefährlichen Vorteil geben.

Andererseits jedoch konnte es sich bei dem Duft nur um eine Parfümierung handeln und weiter nichts. Und für ein Hotel, das seinen Gästen den Aufenthalt so angenehm wie möglich machen wollte, wäre das nicht überraschend gewesen.

Es gab nur eine Möglichkeit, sich in dieser Hinsicht Gewißheit zu verschaffen. Gerade die meditative Kreativität reagierte besonders empfindlich auf Drogen jeder Art. Die empfindlichen Knospen der Phantasie, die im Unterbewußtsein keimten, und die noch zarteren Blüten aus Gefühlen und Empfindungen begannen sofort zu welken, wenn sie mit etwas in Kontakt gerieten, das sich in der physiologischen Maschinerie, die ihr Wachstum ermöglichte, als ein Fremdkörper und Störfaktor herausstellte.

Hal justierte die Betriebsamkeit dieser meditativen Maschinerie zeitweilig unter das Niveau der wachsamen Aufmerksamkeit, die nach wie vor von seinem bewußten Verstand kontrolliert wurde. Er erinnerte sich an die Jahre seiner Kindheit, an eine Zeit, während der alle Gefühle einfach und rein und sehr intensiv gewesen waren.

Damals, so entsann er sich, war die Aufregung eine Kraft gewesen, die ihn innerlich fast zerrissen hatte. Den Kummer hatte er kaum ertragen können, und das Glück war wie ein Blitz gewesen, der die ganze Welt um ihn herum in strahlende Helligkeit tauchte. Der Ärger hatte sich ihm als eine düstere Wolke dargeboten, eine Dunkelheit, die selbst den prächtigsten Glanz verblassen ließ.

Als er etwa fünf Jahre alt gewesen war, hatte ihm Malachi Nasuno einmal irgend etwas verweigert, aber Hal konnte sich nicht mehr genau daran erinnern, um was es damals gegangen war: um ein Werkzeug oder eine Waffe, die er gern hatte benutzen wollen – was der Dorsai mit einem Hinweis auf sein geringes Alter abgelehnt hatte. Damals war Hal wütend geworden und hatte einen Zorn empfunden, der sich auf die ganze Welt richtete: auf Malachi, auf Regeln und Prinzipien, auf ein Universum, in dem sich nur Erwachsene frei bewegen konnten und Kinder aufgrund ihrer Unerfahrenheit wie Gefangene waren. Er hatte Malachi angeschrien und war anschließend in den Wald gelaufen.

Er war so lange gelaufen, bis ihm die Luft wegblieb und seine Beine ihm den Gehorsam verweigerten. Am Ufer eines Baches ließ er sich zu Boden sinken und fühlte sich ganz elend, als er daran dachte, daß er niemals weder das sein konnte, was er sich wünschte, noch das, was Malachi und die anderen aus ihm machen wollten. Tief in seinem Innern warf er ihnen vor, ihn nicht zu verstehen oder ihm gegenüber gleichgültig zu sein – obgleich er doch so sehr an ihnen hing und mit seiner ganzen Kraft versuchte, ihren Vorstellungen von ihm zu genügen.

Und während er noch am Boden hockte und sich ganz dem Selbstmitleid hingab, schlossen sich zwei kräftige Arme um ihn und drückten ihn sanft an die breite Brust Malachis. Es war ein enormer Trost, auf diese Weise gehalten zu werden, und der fünfjährige Hal schluchzte – jetzt aber aus Erleichterung. Und die Tränen wuschen den Kummer aus ihm heraus und schufen erneut Platz für inneren Frieden. Der alte Mann sprach kein Wort und hielt ihn einfach nur fest. Durch den Stoff der Jacke konnte Hal das langsame und kraftvolle Pochen eines erwachsenen Herzens hören. Und er gewann fast den Eindruck, als reduziere sich sein eigener Pulsschlag, um sich dem fremden Rhythmus anzupassen. Kurz bevor er in die warme Geborgenheit eines Schlafes sank, aus dem er erst Stunden später wieder erwachen sollte, in seinem eigenen Bett, spürte er den Schmerz und den Kummer seines Mentors, so intensiv, als habe er in ihm selbst seinen Ursprung, zusammen mit einer liebevollen Zuneigung, die in ihrem Ausmaß mindestens der Hals gleichkam . . .

Von einem Augenblick zum anderen befand sich Hal wieder in der Aufenthaltshalle des Bahrain-Hotels, noch immer tief beeindruckt von dem Empfindungen, die er damals verspürt hatte. Er wußte, daß es ihm zu jenem Zeitpunkt gelungen war, die erste Sprosse auf der hohen Leiter menschlichen Verständnisses zu erklimmen, und diese Leistung veränderte sein ganzes Leben von jenem Zeitpunkt an. Und angesichts der erfolgreichen Herbeibeschwörung der Gefühle als Fünfjähriger kam er zu dem Schluß, daß der unbekannte Duftstoff in der Luft keinen schädlichen Einfluß auf Körper oder Geist haben konnte.

Kurz darauf vernahm er das Geräusch von sich nähernden Schritten. Jason und Hal drehten sich um und sahen den Bediensteten an.

„Wenn Sie bitte Zimmer vierhundertneununddreißig aufsuchen wollen, meine Herren", wandte sich der Mann an sie. „Es befindet sich im vierten Stock, rechts vom Lift."

„Vielen Dank", sagte Hal und stand auf. Jason erhob sich ebenfalls, und sie gingen in Richtung des Aufzugs.

Die weißen Wände des sich in der vierten Etage an den Lift anschließenden Korridors erstreckten sich nach rechts und links, doch Jason und Hal konnten nicht den ganzen Gang überblicken, da er nach einigen Metern eine Kurve beschrieb. Sie wandten sich nach rechts, und als sie an den einzelnen Türen der Zimmer vorbeikamen, läutete es leise, und Sensorfelder mit den entsprechenden Zahlen erhellten sich.

„Technischer Firlefanz!" murmelte Jason leise, und Hal warf ihm einen kurzen Blick zu und lächelte schief.

Nach ungefähr dreißig Metern fanden sie die Tür mit der Nummer 439. Sie blieben davor stehen.

„Hier spricht Howard Immanuelson", sagte Hal klar und deutlich. „Ein alter Freund befindet sich in meiner Begleitung. Dürfen wir eintreten?"

Einige Sekunden lang geschah überhaupt nichts. Dann schwang die Tür geräuschlos nach innen, und Hal und Jason betraten das Zimmer.

Der Raum war recht groß und quadratisch. Bei der Wand gegenüber der Tür handelte es sich um eine Fensterfront, an die sich ein Balkon anschloß. Die Kühle und die unbewegte Luft ließen darauf schließen, daß es eine unsichtbare Wetterbarriere zwischen dem Innern des Zimmers und der Terrasse gab. Die grünbraunen und aus einem dicken und schweren Stoff bestehenden Vorhänge waren ganz zur Seite gezogen worden. Durch die Fenster fielen die Blicke Hals und Jasons auf das Blau des Qattara-Sees, auf dem sich drei kleine weiße Flecke abzeichneten: Ausflugsboote, in denen jeweils nur eine Person Platz fand.

Außer ihnen hielt sich niemand in dem Zimmer auf, und sie richteten ihre Aufmerksamkeit auf eine Tür in der Wand links von ihnen. Der Eingang hinter ihnen schloß sich wieder, und Hal machte Anstalten, sich der Tür in der linken Wand zu nähern.

„Nein", hörten sie eine Stimme.

Eine hochgewachsene und schlanke Gestalt trat hinter einem der beiseite gezogenen Vorhänge hervor, in der rechten Hand eine langläufige Vakuumpistole. Solche Waffen wurden aufgrund ihrer leisen Funktion und tödlichen Wirkung insbesondere auf der Erde geschätzt, denn hier spielte die Zielgenauigkeit auf weite Entfernungen nicht die Rolle wie auf den Jüngeren Planeten. Der Mann hatte ein eingefallenes Gesicht, in dem die Jochbeine deutlich hervortraten, und die dunklen Augen lagen tief in den Höhlen und schienen von innen heraus zu glühen. Gekleidet war er in eine beigefarbene kurze Strandhose und ein mit farbenprächtigen Blumenmustern versehenes Hemd. In dieser Aufmachung wirkte Amyth Barbage fast lächerlich, aber die Waffe in seiner Hand, deren Lauf sowohl auf Hal als auch auf Jason zielte, stellte eine ganz konkrete Bedrohung dar.

Hal trat einen Schritt auf ihn zu.

„Bleiben Sie stehen", sagte Barbage. „Ich weiß, wozu Ihr fähig seid, Hal Mayne, und deshalb möchte ich nicht, daß Ihr zu nahe an mich herankommt."

„Hal!" sagte Jason rasch. „Es ist alles in Ordnung. Er steht jetzt auf der Seite Rukhs!"

„Ich bin nur ein Diener Gottes und war nie etwas anderes", erwiderte Barbage trocken. „Ganz im Gegenteil zu Euch. Aber es stimmt schon: Rukh Tamani ist nun ebenfalls eine Dienerin des Herrn und spricht mit Seiner Stimme. Und deshalb werde ich sie beschützen, solange ich lebe. Sie darf nicht gestört werden – von niemandem."

Hal musterte den ehemaligen Colonel der Miliz verwundert.

„Bist du ganz sicher?" wandte er sich an Jason, ohne dabei den Blick von dem schmächtigen und reglosen Mann abzuwenden, der nach wie vor die Waffe auf sie gerichtet hielt. „Wann hat er die Seite gewechselt?"

„Das habe ich gar nicht", hielt Barbage ihm entgegen. „Wie ich eben schon sagte. Wie könnte ich auch? Schließlich bin ich ein Auserwählter des Herrn und muß mich immer Seinem Willen fügen. Aber auf einem Platz hinter einem bestimmten Hauptquartier, das Ihr sicher kennt, war es Sein Wille, daß mir eine gewisse Blindheit genommen wurde. Und dadurch erkannte ich, daß Sein Wohlwollen in erster Linie Rukh galt, daß sie Seine Absicht besser verstand als ich oder viele andere und Er sie sehr liebte. Ich bin nur ein Mensch und damit schwach, und infolge dieser Schwäche kam ich vom rechten Weg ab. Aber durch Seine große Gnade fand ich wieder auf den richtigen Pfad zurück. Und jetzt sage ich Euch: Ich habe mich dazu verpflichtet, ihr Leben zu schützen, und deshalb werde ich niemanden zu ihr lassen. Nach der Auskunft ihres Arztes braucht sie absolute Ruhe. Und daran halte ich mich."

„Amyth Barbage", sagte Hal, „ich muß Rukh jetzt sofort sehen und mit ihr sprechen. Wenn Sie mich nicht zu ihr lassen, könnte all das, was sie hier auf der Erde geleistet hat, umsonst gewesen sein."

„Ich glaube Ihnen nicht", erwiderte Barbage.

„Aber ich", meinte Jason, „da ich die Lage besser kenne als Sie, Alter Prophet. Und meine Pflicht gegenüber dem Herrn ist ebenso groß wie die Ihre. Verlassen Sie sich ganz auf mich, Hal . . ."

„Warte!"

Hal sprach dieses eine Wort gerade noch rechtzeitig genug aus. Er hatte die plötzliche Anspannung in dem Mann an seiner Seite gespürt und begriffen, daß Jason dazu bereit gewesen war, sich auf Barbage zu stürzen und sein Leben zu opfern, um Hal damit die Möglichkeit zu geben, den ehemaligen Colonel zu erreichen und außer Gefecht zu setzen. Ganz langsam entspannte sich Jason nun. Hal starrte den Mann mit der Vakuumpistole an.

„Ich glaube", sagte er ruhig, „ein wenig von der Blindheit, von der Sie eben sprachen, ist noch in Ihnen verblieben, Amyth Barbage. Haben Sie mich denn nicht verstanden? Wenn ich nicht mit Rukh spreche, könnte ihre ganze Arbeit hier auf der Erde vergeblich gewesen sein."

Ihre Blicke begegneten sich, und sekundenlanges Schweigen schloß sich an. Und dann setzte sich Barbage ganz langsam in Bewegung, ohne die Waffe sinken zu lassen. Er trat auf die Tür in der linken Wand zu, öffnete sie vorsichtig und schob sich rückwärts in den sich daran anschließenden Raum. Einen Schritt weit in dem anderen

Zimmer murmelte er so leise, daß Hal und Jason ihn kaum verstehen konnten:

„Kommen Sie. Und seien Sie ganz leise."

Sie folgten der Aufforderung. Das zweite Zimmer war recht klein und wies überhaupt keine Einrichtung auf. An der gegenüberliegenden Wand zeigten sich Vorhänge von der gleichen Farbe wie in dem Raum, den sie gerade verlassen hatten. Und die Wand rechts von ihnen schien leicht zu schimmern, als sie ihren Blick darauf richteten.

Kaum hatte sich die Tür hinter ihnen automatisch geschlossen, hob Barbage den linken Arm.

„Warten Sie hier", sagte er.

Der ehemalige Colonel drehte sich um und trat durch die glänzende Wand, die sich dadurch als eine energetische Akustikbarriere herausstellte. Hal und Jason verharrten an Ort und Stelle und warteten einige Minuten lang. Dann plätzlich löste sich die Ergbarriere auf, und sie sahen in ein großes Hotelzimmer, in dem die Vorhänge zurückgezogen waren. Die Rückenlehne eines Schwebbettes richtete sich auf und stützte Rukh.

Barbage stand neben ihr und musterte Hal und Jason mit gerunzelter Stirn.

„Sie darf sich nicht anstrengen", sagte Amyth. „Ich lasse Sie nur zu ihr, weil sie selbst darauf bestanden hat. Berichten Sie ihr möglichst knapp, was Sie ihr zu sagen haben."

„Nein, Amyth", meldete sich Rukh zu Wort. „Sie können so lange sprechen, bis ich sie bitte, mich wieder allein zu lassen. Komm zu mir, Hal – und auch Sie, Jason."

Sie traten an die Ergliege heran. Hal konnte jetzt ganz deutlich sehen, daß sich Rukh eigentlich nie von der im Gefängnis der Miliz erlittenen Auszehrung erholt hatte: Sie war noch immer so dünn wie damals. An ihrer linken Seite und Schulter zeigten sich dicke Verbände unter dem dünnen weißen Nachthemd, das sie trug, und dadurch wirkte sie noch fragiler als zuvor. All das jedoch tat ihrer beeindrukkenden Schönheit keinen Abbruch. In dem durch die Fenster gefilterten grünblauen Licht vom See und der tropischen Vegetation schien ihrem Erscheinungsbild geradezu etwas Überirdisches anzuhaften.

Jason streckte die eine Hand aus und berührte ganz sanft den unverletzten Arm Rukhs.

„Rukh", sagte er leise, „wie geht es Euch? Habt Ihr große Schmerzen?"

„Es geht mir ganz gut, Jason", erwiderte sie und lächelte. „Ich bin nicht ernsthaft verletzt. Nach der Meinung des Arztes brauche ich nur etwas Ruhe . . ."

„Sie war seit Monaten so erschöpft, daß sie jederzeit einen Nervenzusammenbruch hätte erleiden können . . .", begann Barbage scharf, unterbrach sich aber, als ihm Ruhk einen raschen Blick zuwarf.

„Es ist schon in Ordnung", sagte sie. „Amyth, ich würde gern allein mit Hal sprechen. Jason, wenn Sie uns bitte entschuldigen würden . . ."

„Wenn das Euer Wunsch ist . . ." Barbage ließ die Vakuumpistole sinken, wandte sich der Ergwand zu und trat hindurch. Jason drehte sich um und machte Anstalten, ihm zu folgen.

„Jason – wir unterhalten uns später", fügte Rukh hastig hinzu. Jason Rowe lächelte sie an.

„Natürlich", entgegnete er. „Ich verstehe, Rukh. Ich bin hier, wenn Ihr mich braucht." Er verließ das Zimmer.

Als sie allein waren, hob Rukh mühsam den unverletzten rechten Arm und streckte ihn Hal entgegen. Er trat noch näher an die Liege heran und griff nach der Hand Rukhs. Ohne sie loszulassen, zog er sich einen Schwebsessel heran und nahm dicht neben der Liege Platz.

„Ich dachte mir schon, daß du irgendwann hierherkommen würdest", sagte Rukh und lächelte. Ihre Hand fühlte sich zwar recht warm an, war aber so schmal, daß Hal glaubte, sie sei so zerbrechlich wie eine Kristallblume.

„Ich wollte in dem Augenblick kommen, als ich von dem Anschlag erfuhr", erwiderte er. „Aber man erinnerte mich daran, daß ich noch andere Pflichten wahrzunehmen habe, daß es darum ging, wichtige Entscheidungen zu treffen. Und außerdem erfuhren wir erst vor kurzem, wo du dich befindest."

„Amyth und die anderen meinten, es sei besser, mich zu verstecken", sagte Rukh. „Und sie hatten vermutlich recht damit. An diesem Ort droht mir keine Gefahr, weil mich die Menschen hier mögen."

„Du meinst wohl, weil sie dich lieben und verehren", verbesserte Hal.

Rukh lächelte erneut. Aber trotz ihrer Schönheit war es ein eher trauriges und müdes Lächeln.

„Die Pflicht hielt dich also davon ab, sofort nach mir zu suchen", meinte sie. „Und es ist die Pflicht, die dich nun zu mir führt."

Hal nickte.

„Ich fürchte, das stimmt", sagte er. „Die Zeit wird allmählich knapp, Rukh. Ich mußte eine Entscheidung treffen, um die Dinge in Bewegung zu setzen. Inzwischen sind die Dorsai benachrichtigt und dazu aufgefordert worden, hierherzukommen. Und eine Phasenbarriere ähnlich der, die die Enzyklopädie schützt, wird die ganze Erde abschirmen – auch die im Orbit befindliche Enzyklopädie selbst. Von nun an ist dieser Planet eine belagerte Festung."

„Und die Exoten?" fragte Rukh. Nach wie vor hielt sie die Hand Hals fest, und sie sah ihm forschend in die Augen. „Wir alle nahmen an, es sei eine der Exotischen Welten, die du mit Hilfe der Dorsai verteidigen wolltest."

„Nein." Er schüttelte den Kopf. „Von Anfang an kam nur die Erde in Frage. Aber das mußte ich geheimhalten."

„Und was ist mit Mara und Kultis? Was geschieht jetzt mit den beiden Planeten?"

„Ihnen steht der Untergang bevor." Seine Stimme war schonungslos. „Wir haben den Exoten ihre Raumschiffe genommen, ihre Fachleute und Vermögenswerte, all das, was wir brauchen konnten. Die Anderen werden sich dafür an ihnen rächen."

Rukh sah ihn ernst an.

„Und die Exoten wissen, was ihnen bevorsteht?"

„Ja. So wie auch die Dorsai wissen, daß sie ihre Heimatwelt aufgeben müssen. Ebenso wie du und die anderen Quäker, die von Harmonie und Eintracht hierherkamen. Es war euch bestimmt von Anfang an klar, daß ihr keinen auf einige Monate oder Jahre begrenzten Aufenthalt vor euch habt, sondern vermutlich für immer auf der Erde bleiben werdet." Einige Sekunden lang beobachtete er die Frau auf der Liege schweigend. „Das wußtest du doch, nicht wahr?"

„Der Herr hat es mir gesagt", erwiderte Rukh. Behutsam zog sie die Hand aus der seinen und umschloß damit die Finger Hals. „Ja, es war uns natürlich klar."

„Von Anfang an steuerte alles auf diese Konsequenz zu", sagte Hal. In seiner Stimme klang die Art von Schärfe mit, die als ein Anflug von Zorn oder tiefempfundener Verbitterung interpretiert werden konnte. Er wußte, es war nicht notwendig, Rukh die Wahrheit mit so kalten Worten zu verdeutlichen, aber sein innerer Schmerz ließ ihm keine andere Wahl. „Nach der Entscheidung mußte das Ergebnis folgendermaßen aussehen: Den Dorsai kommt die Aufgabe zu, für die Zukunft zu kämpfen, und die Exoten müssen ihnen das ermöglichen, indem sie all das aufgeben, was sie in den letzten drei Jahrhunderten erreichten. Und diejenigen Quäker von Harmonie und Eintracht, die nach wie vor an ihrem Glauben festhalten, sollen all denjenigen, die sich auf unsere Seite gesellen, mit ihrer Überzeugungskraft klarmachen, worum es geht und wofür sie kämpfen."

Rukhs Fingerspitzen strichen sanft über den Handrücken Hals. „Und die Erde?" fragte sie.

„Die Erde?" Hal lächelte schief. „Die Aufgabe der Erde ist die, die ihr schon immer zukam: zu überleben. Zu überleben und die Menschen hervorzubringen, für die sich das Tor einer besseren Zukunft öffnet."

„Ja", sagte Rukh, und ihre Fingerspitzen setzten die Wanderung über den Handrücken Hals fort. „Wie wir alle hast auch du eine Pflicht zu erfüllen."

Er sah sie an und zwang sich zu einem Lächeln.

„Das ist richtig", bestätigte er. „Es spielt keine Rolle, wie ich mich dabei fühle. Es kommt nur darauf an, ob ich meine Aufgabe bewältige oder nicht."

„In der Tat", sagte Rukh sanft. „Und jetzt: Was wolltest du mit mir besprechen?"

„Ich brauche dich in der Enzyklopädie", sagte Hal offen. „Vorausgesetzt, du bist überhaupt reisefähig. Ich möchte, daß du von der Enzyklopädie aus zu allen Menschen der Erde sprichst – und die Bevölkerung soll dabei erfahren, wo du dich befindest. Ich brauche deine Hilfe, um der Erde zu erklären, warum die Dorsai hierherkommen und der ganze Planet in eine Phasenbarriere gehüllt werden muß, ohne daß ich dazu zuvor die Genehmigung von den irdischen Behörden einholte. Ich kann zusammen mit dir zur irdischen Bevölkerung sprechen und all die Verantwortlichkeiten übernehmen, die mir deiner Ansicht nach zukommen. Aber nur du bist dazu in der Lage, ihr begreiflich zu machen, warum uns in dieser Hinsicht keine andere Wahl blieb. Die Frage ist: Bist du transportfähig?"

„Selbstverständlich, Hal", erwiderte Rukh.

„Nein", erwiderte Hal scharf, „ich meine diese Frage wortwörtlich: Bist du körperlich dazu in der Lage, eine solche Reise zu unternehmen? Wir dürfen auf keinen Fall riskieren, allein für eine Ansprache dein Leben aufs Spiel zu setzen, ganz gleich, wie wichtig sie auch sein mag."

Sie lächelte ihn an.

„Und wenn ich die Rede nicht halte, was wird dann geschehen, wenn die Dorsai eintreffen und die Menschen der Erde feststellen, infolge der Phasenbarriere plötzlich isoliert zu sein?"

„Ich weiß es nicht", sagte Hal. Er sah Rukh ruhig an.

„Also bleibt uns nichts anderes übrig." Rukh nickte. „Ich muß gehen – so wie wir alle die Aufgaben wahrnehmen müssen, die uns zukommen. Aber mach dir keine Sorgen, Hal. Mit mir ist wirklich alles in Ordnung. Die Verletzung behindert mich nicht allzusehr – und sonst habe ich keine Wunden, die nicht mit einer mehrwöchigen Ruhezeit geheilt werden könnten – sobald die Dorsai hier sind und die Barriere errichtet wurde. Anschließend kann ich mich doch ausruhen, oder?"

„Natürlich."

„Nun, dann dürfte alles klar sein . . ."

Rukh unterbrach sich, als plötzlich ein Mann durch die akustische Schutzwand trat. Er war mittelgroß, hatte dünnes und lichtes braunes Haar, einen grauen Oberlippenbart und ein Gesicht, das erstaunlich jung wirkte. Er trug eine sandfarbene Kombination, die so zerknittert aussah, als hätte er darin geschlafen. Zorn und Empörung glitzerten in seinen Augen, und Amyth Barbage folgte ihm dichtauf.

„Sie!" wandte er sich an Hal. „Verschwinden Sie sofort!"

Er sah Rukh an.

„Bin ich Ihr Arzt oder nicht?" Seine scharfe Stimme hallte laut von den weißen Wänden des Zimmers wider. „Wenn Sie der Meinung sind, Sie könnten auf meine Dienste verzichten, so sagen Sie es mir jetzt. Dann sollten Sie sich jemand anderen suchen, der sich um Sie kümmert!"

„Natürlich sind Sie mein Doktor, Roget", antwortete Rukh.

15

Der neue Tag kündigte sich mit einem hellen Lichtschein am östlichen Horizont an, und der Glanz spiegelte sich auf dem Wasser des Qattara-Sees wider. Eine leichte Brise kam auf. Ein gut fünfzigjähriger

Mann mit feinknochigem Gesicht und hellen, türkisfarbenen Augen, der seine zivile Kleidung wie eine Uniform trug und Jarir al-Hariri hieß, trat auf das Gebäude zu. Für den Distrikt des Qattara-Sees nahm er einen Rang ein, der sich mit dem eines Polizeikommissars vergleichen ließ.

Mit seiner Ankunft entfaltete sich im Hotel rege Betriebsamkeit. Der emotionale Eindruck, der sich Hal und Jason zuvor dargeboten hatte, war keine Sinnestäuschung gewesen. Bei der großen Mehrheit der Hotelgäste handeltes es sich um Männer und Frauen von der Erde, die keinen Streitkräften angehörten; aber die schützende Einstellung, die sie gegenüber Rukh einnahmen, erinnerte mehr an das Gebaren der Angehörigen ihres früheren Kommandos auf Harmonie und nicht so sehr an die Verhaltensweise von Leuten, die nur von den verschiedenen Ansprachen der Quäkerin überzeugt worden waren.

Hal war schon vor Morgengrauen auf den Beinen. Er hatte Rukh Gesellschaft geleistet und sie in den Armen gehalten, bis sie eingeschlafen war. Anschließend erhob er sich vorsichtig, streckte seine müden Glieder und verließ ihre Unterkunft.

In seinem eigenen Zimmer ließ er sich aufs Bett sinken und schlief neun Stunden lang. Als er erwachte, war sein Verstand völlig klar, doch auf seinem Körper schien noch immer ein schweres Gewicht zu lasten, und das machte ihm deutlich, daß er noch immer nicht ganz ausgeruht war. Er stand auf, duschte, gab die Kleidung in die Reinigungseinheit und verspeiste das Frühstück, das er sich zuvor bestellt hatte.

Dann machte er sich auf die Suche nach Jason und Amyth. Er fand sie beim Arzt Roget, und sie besprachen mit ihm das Problem, Rukh in die Enzyklopädie zu bringen. Der Doktor zeigte sich nach wie vor wenig begeistert. Um neun Uhr morgens jedoch waren alle Fragen geklärt. Sie hatten vor, Rukh mit einem Bodenfahrzeug vom Hotel aus nach dem außerhalb von Alexandria gelegenen und rund zweihundertsiebzig Kilometer entfernten Raumhafen zu transportieren. In medizinischer Hinsicht hatte Roget nach wie vor Bedenken. Andererseits aber gab es gute Gründe, keinen Gleiter oder Schweber für die Reise zu benutzen. Ein Flugzeug konnte leicht mit einer Kampfdrone zerstört werden – einer Rakete mit Suchsensoren und einem Sprengkopf, der von einigen Fanatikern problemlos innerhalb von einer Stunde montiert werden konnte, wenn sie über die entsprechenden Grundmaterialien verfügten.

Sobald sie den Raumhafen erreicht hatten, brauchten sie sich in dieser Hinsicht keine Sorgen mehr zu machen, denn die dortigen Sicherheitseinrichtungen würden eine solche Drone sofort außer Gefecht setzen. Und wenn sie sich an Bord einer Fähre befanden und damit den Schutzbereich verließen, waren sie entweder zu hoch oder flogen bereits viel zu schnell, als daß von einer Rakete noch irgendeine Gefahr ausgehen konnte.

Und in der Enzyklopädie war Rukh völlig sicher.

„Ich nehme an", wandte sich Hal zu Beginn der Diskussion an Jarir al-Hariri, „es wird allgemein geheimgehalten, daß wir Rukh heute von hier fortbringen."

Die hellen und ruhigen Augen des arabischen Polizeikommissars sahen ihn fast gleichgültig an, und der Mann griff nach seiner Tasse und nahm einen Schluck von dem Kaffee – echter Kaffee war es, den Hal zwar genoß, an dessen Geschmack er sich aber angesichts seiner Erfahrungen mit entsprechenden Ersatzgetränken auf den anderen Welten erst noch gewöhnen mußte.

„Meine Leute haben nichts durchsickern lassen", erwiderte Jarir.

Der Kommissar formulierte diese Antwort in Basic mit einem starken und unüberhörbaren Akzent. Angesichts der Tatsache, daß es sich bei Basic um die Hauptsprache nicht nur der Erde, sondern auch der Jüngeren Welten handelte, fand Hal diesen Umstand überraschend. Immerhin gab es seit drei Jahrhunderten Unterweisungsmethoden, die es fast jedem Menschen ermöglichten, eine neue Sprache problemlos und innerhalb kurzer Zeit zu erlernen.

Jarir gehörte offenbar zu den wenigen Personen, die Schwierigkeiten mit jedem Idiom hatten, das nicht Teil ihrer Muttersprache war. Der Kommissar wandte sich an Roget und unterhielt sich auf arabisch mit ihm. Diese Sprache beherrschte Hal zwar nicht, aber er verstand den Ausdruck „*Es-sha'b*", den er mit den von Walter erlernten exotischen Einfühlungstechniken mit dem Begriff „Leute" gleichsetzte.

Roget antwortete mit der gleichen zungenbrecherischen Geschwindigkeit auf arabisch und fügte dann auf basic an die Adresse Hals gewandt hinzu:

„Ich weiß genau, was hier geschieht", sagte er. „Niemand von denen, die zur Begleitung Rukhs gehören, haben das Hotel seit Ihrer Ankunft verlassen. Und die hiesigen Angestellten sind zuverlässig."

Beide Männer schienen dem Problem der Geheimhaltung von

Rukhs gegenwärtigem Aufenthaltsort gegenüber recht gleichgültig zu sein, und das machte Hal Sorgen. Er zweifelte nicht an dem Wahrheitsgehalt ihrer Behauptungen. Trotzdem war es ihm nicht entgangen, daß sich noch vor Sonnenaufgang Männer und Frauen vor den niedrigen weißen Steinwänden des Hotels versammelt hatten.

Später dann, als die Fahrzeugkolonne durch das große Tor fuhr, befanden sich dort einige hundert Personen, und dichtgedrängt hatten sie auf beiden Straßenseiten Aufstellung bezogen. Sie winkten, als die Wagen herankamen, und still grüßten sie insbesondere die Ambulanz in der Mitte des Konvois. Zwar machten sie einen recht freundlichen Eindruck, aber es war andererseits unmöglich, daß sich so viele Personen versammelt haben konnten, ohne schon zuvor von dem geplanten Transport Rukhs gehört zu haben. Wenn die von Jarir ergriffenen Sicherheitsmaßnahmen zur Geheimhaltung der Verlegung Rukhs sich in dieser Hinsicht als so wenig ausreichend erwiesen, welche Gefahren mochten ihnen dann drohen, wenn sie auf dem Weg zum Raumhafen von Alexandria durch die abgelegeneren Regionen fuhren?

Ganz offensichtlich hatten die Versammelten die Absicht, mit ihrem Winken Rukh noch einen letzten Gruß zukommen zu lassen. Tatsächlich aber befand sie sich gar nicht in der Ambulanz. Vielmehr saß sie in einem gepolsterten Kontursessel im hinteren Abteil eines der folgenden Polizeifahrzeuge. Hal und Roget hockten rechts und links neben ihr, und Jason hatte in dem Sessel ihnen gegenüber Platz genommen. Die transparenten Sicherheitsfenster zwischen den Passagier- und Fahrerabteilen waren geschlossen, um auf diese Weise zu verhindern, daß aus Energiepistolen oder anderen Handfeuerwaffen auf Rukh geschossen werden konnte. Zwar verfügten in der Regel nur die militärischen und paramilitärischen Gefechtseinheiten der Erde über solche Ausrüstungen, aber Hal vertrat die Ansicht, daß sie in dieser Hinsicht gar nicht vorsichtig genug sein konnten.

Als der Konvoi vom Hotel losfuhr, sah Hal durch eines der Fenster zwischen den Köpfen des Fahrers und Jarirs die sich vor ihnen erstreckende Landschaft. Sie passierten das Tor, und der Polizeikommissar drehte sich kurz um und musterte Rukh. Der zuvor kalte und unbewegte Blick seiner Augen wurde dabei sehr sanft. Nach etwa einem halben Kilometer hatten sie die Menschenansammlung vor den

Mauern hinter sich gelassen, und die Wagen beschleunigten. Die Straße voraus bot sich ihnen als ein breiter Streifen aus üppig wachsendem Gras dar, so grün wie die Knospen an den dünnen Zweigen zwischen den weißen Brüstungen, die Fußgänger von der Fahrbahn fernhielten. Hal beobachtete, wie das kurze und dicke Gras von den Luftkissen der Fahrzeuge voraus niedergepreßt wurde.

Die grüne Straße führte geradeaus in Richtung Horizont, und rechts und links schlossen sich weite Felder an. Dann und wann sahen sie die Kuppeln hydroponischer Farmen. Ab und zu machten sie einige Passanten aus, die ihre Blicke auf die Kolonne richteten und ebenfalls winkten.

„So viel zur Geheimhaltung von Rukhs Aufenthalt im Bahrain-Hotel", sagte Hal spöttisch.

„Ich habe Verständnis mit den Leuten, die ihren Freunden davon erzählt haben", erwiderte Jason. „Insbesondere nach den Nachrichten von gestern abend."

„Was für Nachrichten?" fragte Hal.

„Du weißt also gar nicht, was . . . Ach, natürlich nicht, du bist ja recht früh zu Bett gegangen." Das Gesicht Jasons hellte sich auf. „Du kannst also gar nichts davon wissen!"

„In der Tat", bestätigte Hal. „Um was geht es denn?"

„Nun", sagte Jason, „offenbar dauerte es rund zehn Stunden, bis die Meldung vom Anschlag auf Rukh auf der ganzen Erde die Runde machte. Und einige Gruppen in verschiedenen großen Städten . . . Weißt du, es ist hier eigentlich wie bei uns zu Hause. Die Menschen auf dem Land stehen alle auf unserer Seite. Nur die Bewohner der großen Städte sind uns gegenüber recht skeptisch eingestellt. Nun, wie ich eben schon erklären wollte: Einige der Gruppen, die Rukhs Ansprachen verurteilt und eine Gegenpropaganda begonnen haben, kamen auf die Idee, das Attentat auf Rukh zu feiern. Und das empörte die Menschen der ländlichen Regionen."

„Und was folgte daraus?" fragte Hal.

„All die Leute, die Rukh gehört und sie verstanden und Vertrauen zu ihr gefaßt hatten, wurden dadurch mobilisiert!" Jason strahlte jetzt übers ganze Gesicht. „Mehr Menschen, als wir uns erträumt hätten. Nachrichtendienste traten mit ausführlichen Berichten über sie an die Öffentlichkeit. Regierungskörperschaften begannen damit, Resolutionen zu diskutieren, mit denen Männer und Frauen wie Rukh vor weiteren Anschlägen geschützt werden sollen. Hal – hast du denn wirklich noch nichts davon gehört? Ist das nicht unglaublich?"

„Ja", erwiderte Hal wie betäubt.

Er kam sich wie jemand vor, der sich darauf vorbereitet hatte, einen großen Berg allein mit Muskelkraft beiseite zu schieben – und nun die Entdeckung machte, daß das Hindernis bereits aus dem Weg geräumt war. Er hatte alles auf eine Karte gesetzt und entschieden, die Dorsai herbeizurufen und die Phasenbarriere zu errichten, nur in der Hoffnung, ein ausreichend großer Teil der irdischen Bevölkerung sei dazu bereit, einer Ansprache Rukhs von der Enzyklopädie aus zuzuhören – nur zuzuhören –, so daß er zumindest eine Chance hatte, die Erde davon zu überzeugen, daß seine Entscheidung richtig war.

Jetzt gab es ganz offensichtlich kein Problem mehr dabei, eine solche Zuhörerschaft zu gewinnen. Hal lehnte sich in dem Sessel zurück, und seine Verwunderung verwandelte sich in Verstehen. Es erstaunte ihn nun nicht mehr, daß sowohl Jarir als auch Roget in Hinsicht auf die Geheimhaltung des Transports Rukhs so etwas wie zufriedene Gleichgültigkeit offenbart hatten. Angesichts der Sympathie, die nun auf der ganzen Welt für die Quäkerin entstanden war, wäre es vermessen gewesen anzunehmen, alle Beteiligten könnten dazu gebracht werden, ihren Freunden und Bekannten gegenüber zu schweigen. Darüberhinaus bildeten die Passanten und Zuschauer an den Straßenseiten einen zusätzlichen und nicht zu unterschätzenden Schutz.

Als sie sich der Küste näherten, warteten immer mehr Menschen hinter den weißen Barrieren zu beiden Seiten der Straße – bis sie schließlich eine mehrfach gestaffelte Kette bildeten, die sich bis zum Horizont hin erstreckte. Nach einiger Zeit erreichten sie die ersten Gebäude an der Peripherie des Raumhafens, und die dichte Bebauung in diesem Bereich ließ zwischen den Straßen und den Häusern und Lagerhallen nur vergleichsweise wenig Platz. Was aber nichts daran änderte, daß sich gerade hier besonders viele Menschen zusammendrängten, so dicht, daß sie sich kaum mehr bewegen konnten. Und Tausende von Männern und Frauen winkten.

Die eigentliche Überraschung erwartete den Konvoi aber, als die Kolonne schließlich die Gebäude an der Peripherie hinter sich zurückließ und auf den breiten Streifen vor dem hohen Zaun am Rand des eigentlichen Raumhafens fuhr. Bisher hatten sie sich im Schatten der hohen Gebäude um sie herum bewegt, und von einem Augenblick zum anderen glitzerte auf allen Seiten helles Sonnenlicht. Hal stockte fast der Atem, als er aus dem Fenster sah und seinen Blick über die gewaltige Menschenmenge schweifen ließ, die hier auf sie wartete.

Dann aber weckte etwas anderes seine Aufmerksamkeit: Der wolkenlose Himmel über der Menge trübte sich kurz, und unmittelbar darauf machte er ein graues Funkeln aus.

„Jason“, sagte er. „Sieh dir den Himmel an.“

Widerstrebend wandte Jason den Blick von den vielen Menschen ab und sah in die Höhe.

„Was hast du denn?“ fragte er. „Es ist ein herrlicher und wolkenloser Tag – und ich kann nichts erkennen, was eine Gefahr für uns darstellen könnte. Außerdem befinden wir uns jetzt praktisch schon im Schutzbereich des Raumhafens.“

Rukh hatte den größten Teil der Fahrt über geschlafen. Wie bei Morelly und anderen Angehörigen des Harmonie-Kommandos, an die sich Hal erinnerte, lehnte sie Medikamente ab, wenn sie sie nicht unbedingt brauchte. Aus diesem Grund hatte sie auch das von Roget angebotene leichte Sedativ abgelehnt. Der Arzt akzeptierte das und meinte, aufgrund ihrer allgemeinen Erschöpfung habe sie ohnehin keine nennenswerten Schwierigkeiten, Schlaf zu finden.

Der aufgeregte Klang der Stimme Jasons und das durch das Fenster hereinfallende helle Sonnenlicht ließen Rukh jetzt jedoch erwachen, und sie öffnete die Augen, blinzelte und setzte sich auf, um die Menge zu beobachten.

„Oh!“ machte sie.

„Sie sind alle gekommen, um Sie zu verabschieden, Rukh!“ platzte es begeistert aus Jason herus.

Während die Fahrzeugkolonne den Weg fortsetzte, blickte Rukh aus dem Fenster, nahm das in sich auf, was sich ihren Augen darbot, und wurde gleichzeitig ganz wach. Nach einigen Sekunden antwortete sie:

„Sie glauben, ich befände mich in der Ambulanz“, stellte sie fest. „Wir müssen anhalten. Ich sollte aussteigen und ihnen zeigen, daß mit mir alles in Ordnung ist.“

„Nein!“ erwiderten Hal und Roget gleichzeitig.

Der Arzt warf Hal einen raschen Blick zu.

„Sie haben versprochen, sich zu schonen“, wandte er sich dann an

Rukh. „Und Sie wissen genau, daß Sie den Wagen nur dann verlassen können, wenn Sie alle Ihre Kräfte zusammennehmen. Das werde ich nicht zulassen!“

„Außerdem“, fügte Hal hinzu, „könnte da draußen ein Fanatiker auf dich warten, jemand, der bereit dazu ist, deinen Tod mit dem eigenen Leben zu bezahlen, irgendein Irrer, der nur daran denkt, dich umzubringen, wenn sich ihm eine Chance dazu bietet. Und auch die Tatsache, daß die anderen dort draußen dem Attentäter nachher den Garaus machen werden, wird dich nicht wieder ins Leben zurückholen.“

„Das ist doch Unsinn, Hal“, entgegnete Rukh, und ihre Stimme klang nun schon kräftiger. „Woher sollte ein potentieller Attentäter denn wissen, daß wir gerade hier anhalten, wenn wir es bis zu diesem Zeitpunkt überhaupt nicht planten? Und Roget: Ich bin den Menschen dort draußen gegenüber verpflichtet, und deshalb bleibt mir eigentlich gar keine andere Wahl, als mich ihnen zu zeigen. Es wird mich gar nicht anstrengen: Ich stütze mich auf Hal, steige kurz aus und komme sofort wieder zurück.“

Sie beugte sich bereits vor, um eine Taste der Kontrolleinheit zu betätigen und den Fahrer damit aufzufordern, den Wagen anzuhalten. Jarir drehte sich um, und das Schildfenster zwischen den beiden Abteilen glitt nach unten.

„Jarir“, sagte Rukh, „halten Sie den Konvoi bitte an. Ich möchte kurz aussteigen und mich den Leuten zeigen.“

„Das halte ich nicht für sehr klug . . .“, setzte der Kommissar an.

„Ob es klug ist oder nicht: Erfüllen Sie mir bitte diesen Wunsch.“ Rukh sah den Mann an. „Jarir?“

Der Kommissar zuckte mit den Schultern, und erneut wurde der kühle und harte Blick des Arabers sanft.

„*Es-sha'b*“, sagte er an die Adresse des Fahrers gerichtet, der ihn fragend anblickte. Der Mann wandte sich dem Instrumentenpult zu, führte eine Schaltung aus und formulierte einige Worte auf arabisch.

„Wenn du mir jetzt bitte helfen würdest, Hal . . .“, sagte Rukh. „Öffnen Sie die Tür, Jason.“

Widerstrebend entriegelte Jason das Schloß und schwang die rückwärtige Luke des Wagens auf Hals Seite auf. Hal kletterte nach draußen, drehte sich um und half Rukh beim Aussteigen. Sie hielt sich an seinem Arm fest und atmete schwer.

„Wir treten einige Schritte vor, so daß uns alle sehen können", sagte sie.

Hal führte sie in die entsprechende Richtung. Zuerst stützte sich Rukh mit ihrem ganzen Gewicht auf ihn. Aber als sie den Wagen hinter sich zurückließen, in dem sie unterwegs gewesen waren, und in den rund dreißig Meter weiten freien Bereich zwischen ihrem Fahrzeug und dem hinter ihnen gelangten, straffte Rukh die Gestalt und schritt rascher aus. Nach einigen weiteren Metern ließ sie Hal ganz los, blieb vor ihm stehen und wandte sich der Menschenmenge zu.

Unterwegs hatten die Personen an den Straßenrändern ihnen immer nur schweigend zugewinkt. Zunächst war Hal das seltsam vorgekommen, obgleich er sich klarmachte, daß die entsprechenden Männer und Frauen annehmen mußten, die ihrer Ansicht nach in der Ambulanz befindliche Rukh könne sie ohnehin nicht hören. Vielleicht wollten sie sie auch nicht stören. Später dann hatte sich Hal an diese Art von Stille gewöhnt und nahm sie als etwas Selbstverständliches hin – bis zu diesem Augenblick. Als er nun neben und ein wenig hinter Rukh stand und den Blick über die vielen tausend Menschen schweifen ließ, kam ihm das völlig lautlose Winken nahezu gespenstisch vor.

Einige Sekunden lang reagierten die Wartenden nicht auf sie. Ihre Blicke hafteten alle auf der Ambulanz, und nur einige wenige bemerkten die beiden Personen, die eins der Begleitfahrzeuge verlassen hatten.

Dann verharrten nach und nach die winkenden Hände, die Rukh und Hal am nächsten waren. Immer mehr Gesichter wandten sich ihnen zu, und eine Welle des Erkennens wogte über den Ozean aus Menschen.

Die Männer und Frauen hatten inzwischen die Arme sinken lassen. Eine uniforme Masse aus Gesichtern war Hal und Rukh zugewandt, und als die Wartenden die Quäkerin erkannten, fand die Stille ein Ende.

Diejenigen, die ihnen am nächsten standen, gaben die ersten Laute von sich. Für Hal hörte es sich wie ein tiefes Seufzen an, und aus diesem Seufzen wurde rasch ein Stöhnen, das immer lauter wurde und in einem donnernden Jubel kumulierte.

Rukh sah sie alle an. Angesichts des vielstimmigen Tosens mußte jeder Versuch scheitern, zu den Menschen zu sprechen. Sie hätte nicht einmal dann eine Ansprache halten können, wenn sie wieder still gewesen wären. Die nächsten Personen waren rund zwanzig Meter entfernt, und bestimmt waren nur sehr wenige mit tragbaren Amplifikatoren ausgerüstet, die die Worte Rukhs auch für die weiter hinten Stehenden hätten verständlich machen können. Langsam hob Rukh beide Arme bis auf Schulterhöhe, und dann breitete sie sie so aus, als wolle sie alle vor ihr Wartenden umarmen und segnen.

Als sie die Arme hob, wurde es wieder leiser, und als sie sie ganz ausgebreitet hatte, war es erneut völlig still geworden. Rukh drehte sich daraufhin um und wiederholte die Geste für die Menschen auf der anderen Straßenseite.

In dieser Stille kehrten sie in den Wagen zurück, und Hal trat rasch an ihre Seite, als Rukh taumelte. Sie lehnte sich an ihn, und er hielt sie fest und half ihr ins Fahrzeug.

Als er die Luke schloß und die Fahrer der Wagen erneut die Motoren starteten, ertönte zum zweitenmal der donnernde Jubel der vielen tausend Menschen. Dieser vielstimmige Triumph folgte ihnen, als sie dem Verlauf der Straße folgten und an denjenigen vorbeikamen, die Rukh zuvor nicht direkt hatten sehen können. Sie passierten das breite Tor in dem hohen Zaun und die Raumhafenwächter, die in blaue Uniformen gekleidet und mit schweren Energiegewehren bewaffnet waren. Sie fuhren durch die relative Leere des Raumhafens und hielten dabei nicht auf den Terminal, sondern die Fähre zu, die in einer Entfernung von gut vier Kilometern auf sie wartete.

Hal beugte sich vor und wandte sich an Jarir. Das Fenster zwischen den beiden Abteilen hatte sich nicht wieder geschlossen.

„Die ganze Erde ist gerade in eine von uns geplante Phasenbarriere gehüllt worden", erklärte er. „Das habe ich eben aufgrund der Färbung des Himmels festgestellt. In einigen Stunden werden wir der Erde von der Enzyklopädie aus alles erklären, glauben Sie mir das bitte. Derzeit jedoch . . . Wenn wir Rukh nicht möglichst rasch an Bord der Fähre bringen und sofort starten, könnte sich entweder die Luft- oder die Raumüberwachung melden und den Start verbieten."

Jarir drehte den Kopf und sah ihn an. Erneut war sein Blick kühl und abschätzend und berechnend.

„Wir bringen sie an Bord", erwiderte der Kommissar knapp. „Und die Fähre wird starten."

16

Rogets Prophezeiung während der frühmorgendlichen Diskussion erwies sich als richtig: Als die Fähre in einen Hangarzapfen der Letzten Enzyklopädie glitt, war Rukh völlig erschöpft und fest eingeschlafen. Hal trug sie durch den in der weiten Halle herrschenden Arbeitslärm und übergab sie der Obhut zweier Ärzte aus der Klinik der Enzyklopädie, die mit einer Bahre herbeigeeilt waren. Nicht weit entfernt führte der Erste Pilot der Fähre unterdessen eine wortreiche Auseinandersetzung mit dem Hangarkommandanten.

„Ich sage es Ihnen noch einmal: Ich habe von der Bodenstation die Anweisung bekommen, sofort zurückzukehren!“ polterte er. „Aber ich hielt mich nicht daran! Ich antwortete den Jungs dort unten, ich könnte hier vielleicht Antworten auf einige Fragen bekommen. Während des Fluges hierher vermochten wir das Schutzfeld ganz deutlich zu sehen, als eine graue Wand, die sich über uns erstreckte, bis hin zu den Horizonten. Ich möchte wetten, es handelt sich dabei um die gleiche Art von Barriere, die bisher auch die Letzte Enzyklopädie schützte, und bestimmt hüllt sie die ganze Erde ein . . .“

„Pilot, derzeit herrscht hier Notalarm“, erwiderte der Hangarkommandant, ein kleiner, schwarzhaariger und gut dreißigjähriger Mann mit asiatischen Gesichtszügen. „Wenn Sie warten wollen, versuche ich, ein Gespräch zwischen Ihnen und einem Repräsentanten des Direktoriums zu vermitteln. Aber da wir hier derzeit alle Hände voll zu tun haben, kann ich Ihnen nichts versprechen . . .“

„Das reicht mir nicht!“ Die Stimme des Piloten wurde noch lauter. Er war breit und hochgewachsen und ragte ein ganzes Stück über den Kommandanten hinaus. „Im Namen der Luft- und Raumüberwachung verlange ich eine Erklärung von Ihnen . . .“

Hal tippte dem Mann auf die Schulter, und der Pilot drehte sich rasch um – und erstarrte dann, als er feststellte, Hal nur bis zum Kragen zu reichen.

„Wir planen in Kürze eine Sendung, mit der wir der Bevölkerung der Erde alles erläutern wollen“, sagte Hal. „Sie und Ihre Vorgesetzten sollten sich also noch einige Stunden gedulden.“

Der Pilot fand seine Stimme wieder.

„Wer sind Sie? Einer der Passagiere, nicht wahr? Ihre Auskunft genügt mir nicht. Ich will mit jemandem sprechen, der weiß, was hier vor sich geht, und zwar sofort!“ Er wandte sich erneut an den Hangarkommandanten. „Wenn es sein muß, befehle ich Ihnen, jemanden hierher zu rufen, der weiß, was gespielt wird . . .“

„Seien Sie doch vernünftig“, erwiderte der Kommandant und seufzte. „Sie haben nicht die Autorität, irgend jemandem in der Enzyklopädie etwas zu befehlen. Ebensowenig wie die Raumüberwachung oder sonst eine irdische Behörde.“

Hal drehte sich um, und der Pilot schenkte ihm keine Beachtung. Jason folgte ihm dichtauf, als er sich auf den Weg nach dem Quartier Tams machte und sich eine Gasse durch das Durcheinander bahnte, auf das sie in den Gängen und Korridoren stießen.

Als er durch die Tür trat, stellte er fest, daß die Enzyklopädie bereits auf Sendung gegangen war. In dem Zimmer herrschte ziemliches Gedränge. Nicht nur Amid und Nonne waren anwesend, sondern auch die Leiter der einzelnen Abteilungen der Enzyklopädie – abgesehen von Jeamus – und sechs oder sieben Techniker, deren Aufgabe es offenbar war, die Stabilität der Übertragung zu gewährleisten.

Tam hielt eine Ansprache. Vor dem Polstersessel, den er bevorzugte, schwebte nun ein Erg-Schreibtisch. Ernst blickte der Direktor der Enzyklopädie in die Aufnahmekamera. Ajela stand seitlich hinter ihm, gerade außerhalb des Erfassungsbereichs der Linsen. Sie sah in Richtung Tür, als Hal und Jason eintraten, und sie lächelte, als sie sie erkannte. Hal gewann den Eindruck, daß es sich um ein Lächeln großer Erleichterung handelte.

An der einen Wand des Zimmers entlang schritt Hal rasch auf sie zu, und er brauchte eine ganze Weile, um die wenigen Meter zurückzulegen. All die Personen, die sich in dem Zimmer aufhielten, schienen ganz auf das konzentriert zu sein, was Tam mit seiner tiefen und altersheiseren Stimme sagte. Hal kam einen oder zwei Schritte weit und flüsterte dann demjenigen, der ihm den Weg versperrte, etwas ins Ohr. Woraufhin sich der Betreffende umdrehte, ihn erstaunt musterte, ein wenig sonderbar anlächelte und dann mit einer gewisperten Entschuldigung Platz machte.

„. . . Krisensituationen erfordern rasches und entschlossenes Handeln“, sagte Tam gerade, und die Mikrofone und Aufnahmekameras übertrugen Bild und Ton an Abermillionen von Empfängern auf der Erde.

„Und da wir hier in der Enzyklopädie über technische Ausrüstungen verfügen, die es meines Wissens woanders nicht gibt, sah ich mich dazu gezwungen, eine der Krise angemessene Entscheidung zu treffen – auf der Grundlage der Informationen, über die Sie in Kürze unterrichtet werden. Ich möchte noch einmal betonen, daß es darauf ankam, die Entscheidung möglichst schnell zu treffen.

Nach den eben erwähnten Informationen besteht für die Erde die Gefahr, ohne Vorwarnung angegriffen zu werden und die historische Freiheit als eine unabhängige und autonome Welt zu verlieren. Ich entschied mich, den Ursprungsplaneten der Menschheit ohne zeitliche Verzögerung in eine undurchdringbare Barriere zu hüllen, um die Erde auf diese Weise vor einem derartigen Angriff zu schützen.

Ich erteilte eine entsprechende Anweisung, die inzwischen vom Mitarbeiterstab der Enzyklopädie ausgeführt wurde. Daraufhin wurde die Erde in ein Phasenfeld gehüllt, das dem ähnelt, das über achtzig Jahre lang die Unabhängigkeit dieser Institution schützte und das jeden Angreifer von unserer Heimat fernhalten wird.

Diese Phasenbarriere verfügt über alle notwendigen Strukturlücken – Öffnungen nach außen –, die gebraucht werden, um Raumschiffe passieren zu lassen, die entweder die Erde anfliegen oder sie verlassen wollen. Bei Bedarf lassen sich diese Lücken sofort schließen. Und sie werden geschlossen, von einem Augenblick zum anderen, wenn der Gegner seine Streitmacht schicken sollte. Sobald sie geschlossen sind, kann ohne unsere Erlaubnis nichts zu uns durchdringen.

Aber selbst im völlig geschlossenen Zustand wird die Phasenbarriere, bei der es sich um eine verbesserte Konzeption des bisherigen Schutzfelds der Enzyklopädie handelt, sowohl das Sonnenlicht als auch alle anderen Strahlungen passieren lassen, die für ein normales Leben auf der Erde notwendig sind. Die physikalischen Strukturen des Raumbereichs, den die Barriere einnimmt, und des Alls, von dem sie uns trennt, haben sich durch die Existenz des Schutzfeldes nicht verändert.

Darüberhinaus ist es unseren Technikern möglich, nach Belieben an anderen Stellen der Barriere Lücken und Schleusensysteme zu schaffen, sollte sich das irgendwann als notwendig erweisen. In dieser Hinsicht sind wir dazu bereit, allen entsprechenden Wünschen der irdischen Bevölkerung nachzukommen.

Noch einmal zusammengefaßt: Das Leben auf der Erde wird in

keiner Weise von dem inzwischen aktivierten Schutzfeld beeinträchtigt. Wie Sie alle wissen, handelt es sich sowohl bei der irdischen Ökonomie als auch der Ökologie um geschlossene Systeme, und letzteres braucht insbesondere Sonnenlicht, das auch weiterhin wie gewohnt durch die Atmosphäre gefiltert wird.

Zusätzliche Einzelheiten in bezug sowohl auf die Phasenbarriere als auch die Gefahr, die mich dazu veranlaßte, die Aktivierung des Schutzfeldes anzuordnen, werden Ihnen bald genannt. Weder ich noch sonst jemand in der Enzyklopädie hat die Absicht, irgendeine Form von Druck auf die Regierungskörperschaften und die Menschen der Erde auszuüben. Übrigens wären wir dazu aufgrund unserer begrenzten Mittel auch gar nicht in der Lage. Wir sahen uns nur durch die besonderen Umstände dazu gezwungen, eine lebenswichtige Entscheidung zu treffen und unmittelbar in die Tat umzusetzen, ohne daß wir die Zeit dazu hatten, Sie vorher zu informieren.

Für die Errichtung des Schutzfelds übernehme ich die alleinige Verantwortung. Dafür, daß ich mich vorher nicht mit den irdischen Behörden in Verbindung setzte, möchte ich mich ausdrücklich entschuldigen und noch einmal darauf hinweisen, wie wichtig sofortiges Handeln war. Bitte gedulden Sie sich, bis die uns zur Verfügung stehenden Informationen Sie alle erreicht haben und Sie auf dieser Grundlage in der Lage sind, sich selbst ein Bild zu machen und den Grund meiner Entscheidung zu verstehen.

Im Anschluß an diese Worte möchte ich Ihnen nur noch eins sagen. Diese Ansprache ist meine letzte offizielle Tätigkeit als Direktor der Enzyklopädie. Vermutlich wissen die meisten von Ihnen, daß ich diese Stellung schon länger innehabe, als ich selbst beabsichtigte. Die ganze Zeit über waren wir auf der Suche nach einem qualifizierten Nachfolger. Es freut mich, Ihnen nunmehr mitteilen zu können, daß wir endlich eine solche Person gefunden hatten. Besser ausgedrückt: Die Enzyklopädie selbst hat sie gefunden, denn der Mann, von dem ich spreche, hat sich einem Test dieser Institution unterzogen, den während der ganzen Existenz der Enzyklopädie nur zwei weitere Männer bestanden: ich selbst und Mark Torre, der Gründer dieses großartigen Instruments und Archivs des menschlichen Wissens.

Die Person, die ich meine, ist ein Bürger von Alterde namens Hal Mayne. Einige von Ihnen dürften schon von ihm gehört haben. Die anderen werden bald Gelegenheit haben, ihn kennenzulernen, wenn er in ein oder zwei Tagen zu Ihnen spricht."

Tam Olyn unterbrach sich kurz. Seine Stimme war ständig leiser geworden, und jetzt versagte sie ganz. Er räusperte sich krächzend, und nach einigen Sekunden fuhr er fort:

„Ich danke Ihnen allen. Ich glaube, die meisten von Ihnen kennen meinen Ruf. Ich lobe und gebe nur dann Komplimente, wenn sie wirklich verdient sind. Aber als jemand, der die Bevölkerung der Erde nun schon seit mehr als hundertzwanzig Jahren beobachtet, möchte ich Ihnen folgendes sagen: Solange Sie alle das bleiben, was Sie waren und was Sie sind, kann weder ein Feind Sie besiegen noch eine Bedrohung Sie einschüchtern. Mir kam das Privileg zu, ein Leben lang dieses kostbare Werk zu schützen, die Letzte Enzyklopädie. Hal Mayne, der nun meine Nachfolge antritt, wird sich noch besser um sie kümmern, als ich es jemals vermochte . . ."

Erneut machte Tam Olyn eine kurze Pause und atmete schwer. Dann fügte er heiser und rauh hinzu:

„Ich wünsche Ihnen allen alles Gute."

Er sank in seinen Sessel zurück und schloß die Augen, als das Licht der Kontrolldioden an der Stirnseite der Aufnahmekamera erlosch. Plötzlich sprachen alle Männer und Frauen, die sich in dem Zimmer befanden, durcheinander, und einige Sekunden lang achtete niemand auf Tam Olyn, der in dem großen Polstersessel in sich zusammengesunken war.

Hal befand sich inzwischen an der Seite Ajelas, hinter dem Sessel Tams. Als er von Olyn als Nachfolger benannt worden war, hatte er in das Gesicht Ajelas hinabgesehen und darin einen Ausdruck erkannt, den man bestenfalls als ein schiefes Grinsen bezeichnen konnte.

„Ihr habt also einfach über meinen Kopf hinweg entschieden und mich nicht einmal um meine Meinung gefragt", sagte er, als um sie herum überall Stimmen laut wurden.

„Du hast selbst notwendige Entscheidungen getroffen, ohne jemanden zu fragen – damals, als du nicht die Zeit hattest, irgend jemanden um Rat zu bitten", erwiderte Ajela. „Tam und ich hielten uns also nur an dein Beispiel. Und du weißt sicher, daß Tam die Enzyklopädie nicht mehr länger leiten kann . . ."

Ihr Blick verdüsterte sich kurz, und in ihren Pupillen sah Hal das Glitzern seelischer Pein.

„Du bist bestimmt worden", sagte Ajela. „Das ist alles. Weil niemand außer dir für diese Arbeit in Frage kommt."

Hal nickte langsam. Ajela hatte recht. Darüberhinaus hatte er eine derartige Entscheidung Ajelas und Tams bereits erwartet. Ihnen war es ebenso klar wie ihm selbst, daß er irgendwann Direktor der Letzten Enzyklopädie werden würde – und er diese Position auch einnehmen mußte, um dadurch besser mit den Bewohnern der Erde verhandeln zu können, in Hinblick auf eine Zukunft, die nun gerade begann. Aus einem Instinkt heraus hatte es Hal Ajela und Tam überlassen, den richtigen Zeitpunkt zu wählen. Und er war darauf vorbereitet, das Amt zu übernehmen.

Dennoch aber schauderte Hal innerlich angesichts der Verantwortung, die ihm nun gerade übergeben worden war. Er versuchte, das dumpfe Unbehagen in sich zu verdrängen. Er hatte immer ein Teil der Enzyklopädie werden wollen, und außerdem wartete hier auch noch viel Arbeit auf ihn. Doch trotzdem schien sich im Anschluß an die Worte Ajelas ein Schatten über Hals Seele zu senken, und er sah an den Wänden des Zimmers empor. Er fühlte irgendeine dunkle Ahnung, und er spürte, daß dieses Empfinden irgendwie in Verbindung mit Amanda stand.

„Ich habe nicht die Zeit, mich um die Verwaltung zu kümmern", erwiderte Hal und gab damit die Antwort, die er sich für diesen Augenblick bereitgelegt hatte.

„Ich weiß", sagte Ajela, und auch diese Worte entsprachen seinen Erwartungen. „Diese Pflichten übernehme ich. Daran bin ich schon gewöhnt."

Die Tür öffnete sich, und Rourke di Facino trat rasch ein, gefolgt von Jeamus. Aufgrund seiner Größe konnte Hal über alle anderen Anwesenden hinwegsehen, und er erkannte sie sofort. Ajela bemerkte, wie er den Kopf drehte, und sie sah ebenfalls in die entsprechende Richtung.

„Hal . . ." Rourke hatte ihn entdeckt. „Jeamus' System funktioniert, und wir haben gerade die Meldung erhalten, daß die ersten Transporter von Dorsai aus unterwegs sind . . ."

Er mußte fast schreien, um sich verständlich zu machen, und somit verstanden ihn alle, die sich im Zimmer aufhielten. Seine Stimme verlor sich in einem jähen Jubel. Als es wieder ruhiger wurde, hörte Hal, wie Rourke schloß:

„. . . wollen Sie sich die Sache selbst ansehen?"

„Leiten Sie die Übertragung hierher!" rief eine weibliche Stimme, und die anderen Anwesenden stimmten dem zu.

„Nein!“ widersprach Ajela scharf. „Bitte gehen Sie nun alle hinaus. Sehen Sie sich die entsprechenden Darstellungen auf den Schirmen im Speisesaal an. Lassen Sie uns jetzt allein.“

„Hal . . .“, ertönte plötzlich das heisere Krächzen Tams. „Bleiben Sie.“

Daraufhin blieb Hal wieder stehen und trat auf den Sessel Tams zu. Ajela hatte sich ihm bereits von der anderen Seite her genähert. Hinter ihnen leerte sich das Zimmer rasch. Tam hob die Arme, und Hal spürte, wie die pergamentene Haut der alten Hände über seine Finger strich.

„Hal!“ sagte Tam. Mühsam versuchte er einige Sekunden lang, andere Worte zu formulieren, gab dann aber auf. „Hal . . .“

„Vielen Dank“, erwiderte Hal leise. „Machen Sie sich keine Sorgen. Ich werde gut auf die Enzyklopädie achtgeben.“

„Das weiß ich“, entgegnete Tam. „Ja, das weiß ich . . .“

Er ließ die Hand Hals los, und die Arme des Greises sanken herunter. Er seufzte tief, lehnte sich erschöpft zurück und schloß die Augen. Hal runzelte die Stirn und sah Ajela an. Sie deutete ein Nicken an. Leise wandte sich Hal um und schritt auf die Tür zu, während Ajela neben dem Sessel Tams in die Hocke ging.

Als er hinausging, sah er noch einmal zurück. Tam rührte sich nicht. Ajela war auf die Knie gesunken, hatte den einen Arm um die Taille Tams geschlungen und ihm den Kopf auf die Brust gelegt.

Hal schloß die Tür und wanderte durch den Korridor. In dem zweiten Speisesaal, in den er einen Blick warf, hielten sich sowohl all die Leute auf, die sich zuvor im Zimmer Tam Olyns befunden hatten, als auch viele andere Männer und Frauen, die in der Enzyklopädie arbeiteten und derzeit keine Pflichten wahrnehmen mußten. Ihre Aufmerksamkeit galt der einen Seite des Raumes. Dort hatte Jeamus die Übertragungsgeräte seines neuen Kommunikationssystems installiert.

Jason stand ganz in der Nähe des Eingangs und wartete ganz offensichtlich auf Hal.

„Es gibt eine Menge zu tun“, sagte er, als Hal auf ihn zutrat.

„Ich weiß“, erwiderte er. Er legte dem Quäker kurz die Hand auf die Schulter. „Ich bleibe nur einen Augenblick hier.“

Er trat an Jason Rowe vorbei, wich zur Seite und blieb an der Wand stehen, um über die Köpfe der Zuschauer hinweg die Projektion zu beobachten. Man konnte die Darstellung nicht gerade als perfekt bezeichnen. In einem Halo aus regenbogenfarbenem Schillern leuchtete ein dreidimensionales Bild, das offenbar aus einiger Entfernung aufgenommen wurde. Mal war die Szene scharf, mal verschwommen; es hing von der exakten Berechnung der Distanz zwischen der Enzyklopädie und dem Lichtjahre entfernten Sender ab, der seine Position immer wieder mit kurzfristigen Phasenverschiebungen korrigieren mußte. Mit dem Ton verhielt es sich ähnlich: Einmal war alles deutlich zu verstehen, und dann wieder klang nur ein diffuses Rauschen aus den Lautsprechern.

Die Darstellung zeigte den großen Raumhafen von Omalu, von dem Hal nach dem letzten Abschied von Amanda gestartet war. Jetzt stand dort ein Raumschiff neben dem anderen. Die meisten stammten ganz offensichtlich aus der Produktion Dorsais, doch einige von ihnen waren ebenso deutlich erkennbar auf Mara und Kultis montiert worden. Der Kreuzer im Fokus nahm derzeit viele Menschen auf, größtenteils junge Erwachsene und Kinder. Hier und dort aber war auch ein älteres Gesicht zu sehen. Die Konturen des Bildes verschwammen und schärften sich wieder, und in den Lautsprechern knackte und knarrte es. Hal beobachtete die Übertragung mit einer Faszination, die ihn selbst verblüffte.

„Sie singen ein Lied, aber ich kann den Text nicht verstehen", murmelte der Mann vor Hal der Frau an seiner Seite zu. „Was ist mit dir, Clea?"

Die Frau schüttelte den Kopf.

Hal horchte. Auch er vermochte die Worte nicht zu verstehen, aber in seinem Fall war das auch gar nicht notwendig. Das Donal-Ich in ihm erinnerte sich allein aufgrund der Melodie an das Lied. Es handelte sich um die inoffizielle Dorsai-Hymne – inoffiziell deshalb, weil es keine offizielle gab. Die Dorsai, von denen sie sangen, waren nicht diejenigen, die nun an Bord gingen, sondern vielmehr die, die jeder von ihnen in seinem Herzen mit sich trug. Hal drehte sich um und kehrte zur Tür zurück. Jason wartete dort nach wie vor auf ihn.

„In Ordnung", wandte er sich an den Quäker, als sie in den Korridor traten. „Um was müssen wir uns jetzt in erster Linie kümmern?"

17

„Die Dinge, um die es mir ging, können noch etwas warten", erwiderte Jason. „Ich habe gerade einen Anruf von Jeamus bekommen. Er hat versucht, dich ausfindig zu machen."

„Jeamus?" Hal blickte in den Speisesaal, in dem die Leute noch immer die Übertragung beobachteten.

„Dort hält sich Jeamus nicht auf", erklärte Jason. „Offenbar wurde er sofort nach dem Verlassen des Zimmers Tams in die Kommunikationsabteilung zurückgerufen. Er hatte einige Mitarbeiter bei sich, um die Empfangsgeräte zu installieren – er hoffte, das sei ihm im Büro des Direktors möglich –, und er gab ihnen die Anweisung, die Instrumente im Speisesaal aufzubauen. Daraufhin kehrte er in die Komabteilung zurück und setzte sich von dort aus eben mit mir in Verbindung."

„Um was geht es denn?"

„Er sagte mir nur, ich solle dich bitten, so schnell wie möglich zu ihm zu kommen – ohne jemand anderem davon zu berichten."

Hal nickte und durchmaß den Gang mit langen Schritten.

Jeamus erblickte ihn sofort, als Hal die Tür der Kommunikationsabteilung passierte, und er eilte herbei und geleitete den Besucher rasch in sein kleines Büro.

„Was ist denn los?" fragte Hal.

„Eine Nachricht von Bleys", sagte Jeamus. „Sie traf gerade ein und richtete sich über die orbitalen Verbindungsstationen direkt an mich. Eine schriftliche Kopie kann ich Ihnen nicht zur Verfügung stellen, denn er bat mich, keine anzufertigen. Der Anruf erreichte mich ohne Identifikationshinweis und war an meinen Namen adressiert. Ich wußte bisher nicht einmal, daß Bleys mich kennt. Er meinte, Sie würden wissen, daß seine Nachricht echt ist, wenn ich Ihnen sagte, er sei einer von zwei Besuchern gewesen, die sich einst in Ihrer Bibliothek aufhielten. Und er gab mir eine Botschaft für Sie."

Jeamus zögerte.

„Sie sind jetzt der Direktor", fügte er hinzu. „Es ist daher nur fair, wenn ich Ihnen sage, daß ich vor einer Viertelstunde Rücksprache mit Tam hielt, bevor ich mich dazu entschied, die Nachricht an Sie weiterzuleiten."

„Vollkommen in Ordnung", bestätigte Hal. „Vermutlich gingen Sie davon aus, diese Kontaktaufnahme könne in irgendeiner Weise die Sicherheit der Enzyklopädie gefährden. Na schön. Ich würde mich freuen, wenn Sie auch mir gegenüber als dem neuen Direktor diese Art von Verantwortungsbewußtsein beweisen würden. Wie lautet die Nachricht?"

Jeamus zögerte und warf Hals Begleiter einen kurzen Blick zu.

„Sprechen Sie nur", sagte Hal. „Jason ist mein Vertrauter."

„Entschuldigen Sie", erwiderte der Ingenieur. „Sind Sie ganz sicher . . . Ich meine, bei dieser Sache könnte es um mehr gehen als nur die Enzyklopädie. Vielleicht um alles."

„Ich kenne Bleys", sagte Hal. „Besser vermutlich, als sonst irgend jemand." Er wandte den Blick nicht von Jeamus ab. „Wenn er auf Geheimhaltung besteht, so betrifft das nur diejenigen, die noch keine Stellung bezogen haben, weder für noch gegen ihn. Jason kann hierbleiben. Und jetzt berichten Sie mir, was er Ihnen für mich auftrug."

„Wenn Sie meinen . . ." Jeamus holte tief Luft. „Er möchte mit Ihnen zusammentreffen, ohne daß jemand davon erfährt. Hier."

„Hier in der Enzyklopädie?"

„Nein", verbesserte Jeamus. „In der Nähe."

„Ich verstehe." Hal sah sich in dem kleinen Büro um. „Antworten Sie ihm, ich sei einverstanden. Er soll sich mit Ihnen persönlich in Verbindung setzen, sobald er eingetroffen ist. Und Sie selbst kümmern sich darum, daß in der Phasenbarriere eine Strukturlücke entsteht, die gerade groß genug ist, um ihn passieren zu lassen. Ich unterhalte mich mit ihm diesseits des Schutzfeldes."

„In Ordnung", bestätigte Jeamus.

„Und natürlich schweigen Sie über diese Angelegenheit", fügte Hal hinzu. „Auch Ajela und Tam gegenüber."

„Ich . . .", setzte Jeamus an und zögerte.

„Ich weiß", sagte Hal. „Die Angewohnheiten einiger Jahre kann man innerhalb eines Augenblicks nicht so einfach beiseite schieben. Aber jetzt bin ich der Direktor der Enzyklopädie, und Sie sind der Leiter meiner Kommunikationsabteilung. Sie haben von mir erwartet, daß ich unmittelbar nach Erhalt der Nachricht Tam oder Ajela aufsuche, nicht wahr?"

„Ja", gestand Jeamus ein wenig kleinlaut ein.

„Tam hat mir die Verantwortung übergeben", erklärte Hal. „Und Ajela werde ich zu einem geeigneten Zeitpunkt informieren. Wenn Sie nach wie vor versucht sind, trotz meiner Anweisungen entweder Tam oder Ajela Bericht zu erstatten, so rate ich Ihnen, zuvor darüber nachzudenken, wer außer mir als Nachfolger Olyns in Frage käme. Ajela kann sich um die Verwaltung kümmern. Aber ich glaube, Sie selbst haben von Tam oft genug gehört, daß die Bedeutung der Enzyklopädie weit über die eines Archivs hinausgeht."

„Ja." Jeamus seufzte. „In Ordnung. Ich werde weder Tam noch Ajela etwas sagen. Aber . . ." Er hob ruckartig den Kopf und sah zu Hal auf. „Geben Sie mir Bescheid, wenn Sie mit Ajela gesprochen haben?"

„Einverstanden", erwiderte Hal. Er wandte sich an Jason. „Komm. Du hast doch eine ganze Liste von Dingen zusammengestellt, um die ich mich kümmern muß, nicht wahr?"

Jason nickte.

„Vielen Dank, Jeamus", sagte Hal, und zusammen mit Jason Rowe verließ er das Büro.

Als sie durch den Korridor schritten, sah Jason Hal groß an.

„Darf ich dir eine Frage stellen?" Er sah ihn an. „Was hat es zu bedeuten, daß Bleys jetzt unter vier Augen mit dir sprechen will?"

„Ich glaube, er ist zu dem Schluß gelangt, einen Fehler gemacht zu haben", erklärte Hal. „Aber vergessen wir diese Sache zunächst. Du hast mich doch mehrmals darauf hingewiesen, wie viel es für mich zu tun gäbe, oder?"

Es wartete wirklich viel Arbeit auf sie. Und es dauerte fast vier Tage lokaler Enzyklopädiezeit, bis sich Rukh soweit erholt hatte, um zu der ganzen Welt zu sprechen. Hal entschied, seine eigene Ansprache so lange aufzuschieben, damit seine Rede eine Einleitung zu der Rede Rukhs bilden konnte. Die Tage waren angefüllt mit geradezu hektischer Betriebsamkeit, und in der Enzyklopädie herrschte eine Stimmung wie in einer belagerten Festung. Mehr als ein Drittel der Mitarbeiter, die nicht auf ein besonderes Fachgebiet spezialisisiert waren, arbeiteten rund um die Uhr und beantworteten Anfragen von den irdischen Regierungskörperschaften oder Behörden wie der Luft- und Raumüberwachung.

Das Hauptproblem für die vielen Männer und Frauen bestand dabei darin, sich in Geduld zu fassen und ruhig zu bleiben. Die verschiedenen Regierungsausschüsse und Behörden der Erde verwendeten bei ihren Anfragen aus reiner Angewohnheit einen fordernden und autoritären Tonfall. Erst nach und nach begriffen sie, daß sie die Enzyklopädie, von der aus die Phasenbarriere kontrolliert wurde und die in ihrer Versorgung unabhängig war, nicht unter Druck zu setzen vermochten und ihr auch während der vergangenen achtzig Jahre nicht ein einziges Mal ihren Willen hatten aufzwingen können. Aus diesem Grund nahmen die irdischen Beamten bald Abstand von Drohungen und erinnerten sich an die diplomatischen Kanäle. Der Schaden in Hinblick auf die geduldige Toleranz der Mitarbeiter der Enzyklopädie war zu diesem Zeitpunkt bereits irreparabel.

„Wer hätte zuvor gedacht, es liefe auf so etwas hinaus?" wandte sich Ajela am Morgen des vierten Tages müde an Hal. Wie auch alle anderen hatte sie in der letzten Zeit nur wenig geschlafen und selten Gelegenheit gehabt, etwas zu essen. „Neunzig Prozent unseres arbeitsmäßigen Potentials werden durch derartige Nichtigkeiten beansprucht. Wenn sich nur einige der Verantwortlichen auf der Erde endlich dazu entschließen könnten, sich mit den Tatsachen abzufinden. Aber ich vermute, das ist nur Wunschdenken."

„Sie können die Augen nicht länger vor der Realität verschließen", erwiderte Hal. „Und sie versuchen auch, sich ihr anzupassen."

Sie befanden sich in der Unterkunft Ajelas, und die junge Frau hatte gerade mit dem Direktor des Nordwestlichen Landwirtschaftssektors der Erde gesprochen und ihm versichern müssen, daß die Phasenbarriere in keiner Weise das Wachstum des Korns in den Bereichen beeinflußte, für die er verantwortlich war.

Hal spürte, wie erschöpft Ajela war. Rasch fügte er hinzu:

„Der Mann, mit dem Sie eben gerade gesprochen haben, bemüht sich nur, sich an das neue Konzept der Enzyklopädie zu gewöhnen und zu begreifen, daß diese Institution nicht mehr nur ein politisch einflußreicher Faktor ist, sondern eine überlegene Macht. Eine solche Vorstellung wäre noch vor einer Woche für viele Leute schlichtweg unfaßbar gewesen. Jetzt aber sind wir zum bedeutendsten Machtfaktor geworden. Deshalb halten es all diejenigen, die unten auf der Erde irgendeine Art von Verantwortung tragen, für erforderlich, sich mit uns in Verbindung zu setzen und uns klarzumachen, daß auch sie auf der Landkarte der Politik verzeichnet sind."

„Aber wir haben hier nicht genug Leute für solche Trivialitäten!" platzte es aus Ajela heraus. „Derartige Dinge sind einfach nicht wichtig. Derzeit müssen wir uns in erster Linie um vier Millionen Dorsai kümmern, die nach und nach hier eintreffen und von uns Hinweise auf ihre Stationierung erwarten. Und selbst, wenn nur das uns beschäftigte, hätten wir kaum Zeit, die vielen Anfragen von der Erde zu beantworten – obgleich wir über alle Mittel der Exoten verfügen und die Enzyklopädie als ein Verwaltungsintrument einsetzen!"

„Na schön", erwiderte Hal. „Dann schalten wir eben einfach ab."

Ajela starrte ihn groß an.

„Ich meine, wir beantworten nicht mehr die Anrufe, die uns von der Erde erreichen", erklärte er.

Ajela sah ihn noch immer an. Sie war, so stellte Hal nun fest, noch müder, als er bisher angenommen hatte.

„Wir simulieren eine Überlastung der Kommunikationsverbindungen oder einen Energieausfall – Jeamus kennt sich in dieser Hinsicht bestimmt aus", sagte Hal. „Entweder wir reagieren auf die Anrufe von der Erde so, als seien bei uns alle Leitungen besetzt, oder wir antworten nur mit statischem Rauschen. Dieses ‚Problem' lösen wir dann, wenn ich meine Ansprache gehalten habe und Rukh ihre Rede beginnt. Und das dürfte Ihnen Zeit genug geben, sich auszuruhen. Sie sollten dadurch in der Lage sein, zumindest vier Stunden zu schlafen."

„Vier Stunden", wiederholte Ajela, als hätten diese Worte einen sonderbaren und ihr völlig fremden Klang. Dann zwinkerte die junge Frau und sah ihn erneut forschend an.

„Und Sie gönnen sich ebenfalls eine Ruhepause?"

„Nein", sagte Hal. „Ich bin nicht müde. Sie haben sich um alle Dinge gekümmert, nicht ich. Tatsächlich könnte ich mich während der Komstille um die Vorbereitung meiner Ansprache kümmern, die mir sehr wichtig ist."

Ajela schwankte ein wenig, als sie sich an ihrem Schreibtisch niederließ und über das nachdachte, was Hal ihr gerade gesagt hatte. Instinktiv spürte sie, daß es sich dabei nicht um die ganze Wahrheit handelte, aber sie war zu erschöpft, um die wahre Absicht Hals zu erkennen.

„Meinen Sie wirklich ...?" setzte sie an und unterbrach sich wieder.

„In der Tat", bestätigte Hal. Er stand auf, trat zu ihr und hob sie hoch. Anschließend dirigierte er sie ins nahe Schlafzimmer und ließ sie aufs Bett sinken. In einem Ergsessel nahm er neben ihr Platz.

„Was soll das bedeuten?“ fragte Ajela, und vor Erschöpfung konnte sie kaum noch die Augen offenhalten.

„Ich warte so lange, bis Sie eingeschlafen sind.“

„Das ist doch lächerlich“, entgegnete Ajela. „Ich bin völlig aufgedreht. Ich kann jetzt nicht so einfach Schlaf finden . . .“

Ungefähr zwanzig Sekunden lang starrte sie ihn fast empört an. Dann fielen ihr die Augen zu, und sie schlief ein. Hal justierte die Temperaturkontrolle über ihrem Bett auf einen neuen Wert und ging.

Er begab sich direkt in seine eigene Unterkunft, die nun vergrößert worden war, so daß er genug Platz für die Konferenzen hatte, die als Direktor der Enzyklopädie zu seinen neuen Pflichten gehörten. Er nahm Platz und setzte sich mit Rukh, Nonne, Rourke, Amid und Jason in Verbindung.

„Besprechung in zwei Stunden“, sagte er ihnen. „Hier bei mir.“

Nachdem er ihnen diese Nachricht hatte zukommen lassen, suchte er den Hangar auf, in dem er mit Jason und Rukh vor einer knappen Woche angekommen war.

„Chui“, wandte er sich an den Kommandanten, der sich hier bei Hals Ankunft mit dem Piloten der Fähre gestritten hatte. „Ich brauche einen Schweber, um die Dorsai-Transporter im Orbit zu erreichen.“

Es wurde gerade ein Shuttle entladen. Und ein Mann in der Uniform eines Piloten trat inmitten der Passagiere aus der Luftschleuse. Der Hangarkommandant wandte sich von Hal ab und rief:

„He, Sie da! Bleiben Sie drin! Zugangserlaubnis haben nur die Fluggäste. Besatzungsmitglieder müssen an Bord bleiben!“

Die Stimme des kleinen Mannes war erstaunlich volltönend. Er drehte sich wieder um und sah Hal an.

„Ich schätze, die Belastungen der letzten Tage haben sich auf uns alle ausgewirkt“, sagte er ein wenig verlegen. „Wenn Sie bitte den Passagierbereich dieses Hangars verlassen würden . . . Ich sorge dafür, daß man Ihnen sofort einen Schweber zur Verfügung stellt.“

Fünf Minuten später glitt Hal an Bord des kleinen Gefährts, das nur einer Person Platz bot, aus dem Hangar heraus und flog in Richtung der im Parkorbit befindlichen Raumschiffe von Dorsai. Die graue Kugel der Enzyklopädie wurde rasch hinter ihm kleiner, und die Brenner der Triebwerkseinheit feuerten gleichmäßig. Als ihn die

Instrumente darauf hinwiesen. daß er die Hälfte der Strecke bis zu den Transportern zurückgelegt hatte, schaltete Hal den Antrieb auf Gegenschub, und auf den Schirmen beobachtete er, wie er sich einem der Schiffe näherte, die gerade eine Distanz von dreiundzwanzig Lichtjahren zurückgelegt hatten.

Zwischen den einzelnen Kreuzern gab es einen ausreichenden Sicherheitsabstand, und es handelte sich bei ihnen um einige der größten Truppentransporter Dorsais. Andere Schiffe waren weitaus luxuriöser ausgestattet und hatten in Diensten der Exotischen Welten gestanden. Die vielen hundert kleineren Schiffe, mit deren Eintreffen später gerechnet wurde, standen derzeit noch auf den Raumhäfen solcher Gemeinden wie Foralie bereit, manche auch auf privaten Start- und Landeplätzen wie etwa dem Graemeheims. Solche Familien hatten sich wiederholt als recht unabhängig erwiesen und in der Vergangenheit immer wieder eigene Soldaten für Außenweltkontrakte rekrutiert. Zuerst aber waren die großen Schiffe gekommen, die riesenhaften Transporter von den großen Städten und Ballungszentren.

Auf den Schirmen vor Hal waren sie nun ganz deutlich zu erkennen, und aufgrund des Teleskopeffekts der Erfassung hatte es den Anschein, als schwebten sie ganz dicht nebeneinander im Parkorbit. Sie waren wie die einzelnen Glieder einer langen und gebogenen Kette, wie glitzernde Juwelen im All. Das durch die rechts neben Hal scheinbar vertikal in die Höhe ragende Wand der Phasenbarriere gefilterte Sonnenlicht spiegelte sich hell auf ihren Außenhüllen wider.

Links von ihm, ebenfalls in glänzenden Sonnenschein getaucht, drehte sich die weißblau marmorierte Kugel der Erde, und infolge der Projektion vor ihm hatte es den Anschein, als brauche er nur die Hand auszustrecken, um sie zu berühren. Der winzige Schweber, in dem Hal hockte, war nichts weiter als ein Staubkorn, das langsam einem der großen Transporter entgegenschwebte. Weit vor und hinter ihm, dort, wo sich das Grau des Schutzfeldes zu verflüchtigen schien, funkelten Sterne im Schwarz des Weltraums.

Hal verspürte einen sonderbaren Frieden in sich, die Allgegenwart des Universums, die nicht nur alle Menschen zu Zwergen machte, sondern auch die größten Raumschiffe und Planeten und Sonnen – selbst Galaxien, die angesichts der Unendlichkeit selbst nichts weiter waren als dunstige Staubansammlungen. Das Universum war eine indifferente Entität, ein gestaltloses Wesen, das sich nicht für das

Schicksal der Menschheit interessierte, die nun einen Kampf ums Überleben führte. Auf allen Seiten umgab es Hal, und die unendliche Weite und Stille machte ihm einmal mehr seine eigene Einsamkeit klar. Er stand abseits aller anderen Menschen, und das mit dieser Erkenntnis einhergehende Gefühl ließ Kälte in ihm entstehen. Aber er erinnerte sich auch daran, was er – was Donal – gesehen hatte, damals, als er dazu fähig gewesen war, über die bekannten Sterne hinauszublicken und Padma nicht die Chance genutzt hatte, seine tatsächliche Identität zu erkennen. Dieses Versagen Padmas hatte alle Hoffnungen Hals/Donals zerstört, jemals auf so etwas wie menschliches Verständnis zu stoßen, Gefühle wie Liebe kennenzulernen. Und während zweier Leben hatte er Abstand davon genommen – bis jetzt. Bis jetzt . . .

Inzwischen hatte er sich dem ersten Transporter im Parkorbit weit genug genähert, um mit einem gebündelten Lichtstrahl eine Komverbindung zu ermöglichen.

„*Sommersee*!" sagte er in das Mikrofon des Geräts, das seine Worte in einzelne Lichtimpulse transkribierte. „*Sommersee*, hier spricht Hal Mayne von der Letzten Enzyklopädie, an Bord eines Schwebers unterwegs zur *Olofs Eigen*. Als Identifikation übermittle ich Ihnen mein Bild. Ich wiederhole: Hier spricht Hal Mayne. Können Sie mich zur *Olof Eigen* weiterleiten? Ich bitte Sie noch einmal . . ."

Auf dem Schirm vor ihm erschien das Abbild eines schmalgesichtigen jungen Mannes, der eine Offiziersjacke trug und ihn musterte.

„Hal Mayne?" fragte er. Er drehte kurz den Kopf und richtete seinen Blick dann wieder auf die Linse der Übertragungskamera. „Ich bin der diensthabende Dritte Offizier Mike Moyne. Bitte identifizieren Sie sich, indem Sie mir sagen, wo Sie sich während Ihres letzten Besuchs auf Dorsai aufhielten."

„In Foraliestadt, Mike Moyne", sagte Hal. „Freut mich, Sie kennenzulernen."

„Ist mir eine Ehre." Der junge Mann lächelte. „Hal Mayne, die *Olof Eigen* müßte vor kurzer Zeit eingetroffen sein. Wir nehmen gerade mit Hilfe des Flottenlokalisierers eine Überprüfung vor . . . Ah, ja. Das Schiff nimmt die Position 103 ein, ist also nicht allzu weit von hier entfernt."

„Vielen Dank, Mike Moyne."

„Nichts zu danken, Hal Mayne."

Hal schaltete ab und setzte den Flug fort. Er fand die *Olofs Eigen* nach weiteren eintausendvierhundert Kilometern, identifizierte sich erneut und wurde anschließend aufgefordert, an Bord zu kommen."

„Soweit ich weiß, gehört eine gewisse Miriam Songhai zu Ihren Passagieren", sagte Hal, nachdem er den Schweber verlassen hatte. „Wenn sie nichts dagegen hat, würde ich sie gern sprechen."

„Wir fragen sie", erwiderte der Captain der *Olofs Eigen*. „Möchten Sie so lange in der Offiziersmesse warten? Es wird sicher nicht länger als einige wenige Minuten dauern, um sie ausfindig zu machen."

Er führte Hal in den Aufenthaltsraum. Nach knapp zehn Minuten traf Miriam Songhai ein, und Hal und der Captain erhoben sich aus ihren Ergsesseln.

„Entschuldigen Sie mich bitte", sagte der Kommandant des Schiffes. „Ich muß mich jetzt wieder um meine Aufgaben kümmern."

Er ließ sie in der Messe allein.

„Es freut mich, daß Sie Zeit für mich erübrigen konnten", sagte Hal.

„Ach, Unsinn", erwiderte Miriam Songhai. „Ich wußte ohnehin nicht, was ich anstellen sollte, und es ist mir eine Ehre, mit Ihnen zusammenzutreffen. Was haben Sie auf dem Herzen?"

Sie setzte sich, und auch Hal nahm wieder Platz.

„Ich würde gern wissen, wann Amanda Morgan eintrifft", erklärte Hal. „Bisher habe ich mit niemandem sprechen können, der weiß, wann sie kommt. Ich fragte einige Leute von Foralie, aber sie sagten mir nur, Amanda sei während der letzten Wochen in Omalu beschäftigt gewesen – was ich durchaus verstehen kann. Sie erwähnte mir gegenüber einmal, auch Sie hätten in Omalu zu tun. Also können Sie mir vielleicht Auskunft geben."

Miriam schüttelte den Kopf.

„Ich habe sie seit mindestens zwei Wochen nicht mehr gesehen", erwiderte sie. „Und als wir uns das letztemal begegneten, erörterten wir nur kurz Fragen des Transports offizieller Dokumente und anderer Unterlagen. Ich kann Ihnen nicht sagen, wann Amanda aufbricht oder ob sie bereits hier eingetroffen ist. Aber inzwischen gibt es in Omalu eigentlich nichts mehr zu tun, denn die meisten Schiffe sind gestartet. Sie müßte also bald hier sein."

„Das hoffe ich", sagte Hal und lächelte.

Er stand auf, und auch Miriam erhob sich.

„Vielen Dank“, wandte er sich an sie. „Sie konnten mir zwar nicht die erhoffte Auskunft geben, aber es hat mich trotzdem gefreut, mit Ihnen gesprochen zu haben.“

„Sie brauchen mir nicht zu danken“, erwiderte Miriam Songhai. „Es tut mir nur leid, daß ich Ihre Frage nicht zu beantworten vermochte. Doch wie ich schon sagte: Sie müßte bald eintreffen.“

Seite an Seite traten sie auf die Tür der Offiziersmesse zu, und sie glitt automatisch zur Seite. Auf dem Korridor blieb Miriam stehen und umfaßte kurz den Arm Hals. Diese unerwartete Berührung kam fast einem Schock gleich, und die schmale, aber recht kräftige Hand der Dorsai hielt ihn fest.

„Machen Sie sich keine Sorgen“, sagte Miriam und sah ihn offen an. „Es ist bestimmt alles in Ordnung mit ihr.“

„Danke“, erwiderte er.

Daraufhin ließ Miriam ihn wieder los, und Hal sah ihr nach, als sie durch den Gang in Richtung des heckwärtigen Sektors des Schiffes ging. Er kehrte in die Komandozentrale zurück, und dort wandte sich der Captain an ihn.

„Können wir sonst noch etwas für Sie tun, Hal Mayne?“ fragte er.

„Nein“, sagte Hal. „Vielen Dank. Ich sollte mich jetzt besser auf den Rückweg zur Enzyklopädie machen.“

Als er sich wieder im Schweber befand, verstärkte er die Beschleunigung, um durch den Rückflug nicht zuviel Zeit zu verlieren. Doch als er seine Unterkunft in der Enzyklopädie betrat, stand der Beginn der von ihm anberaumten Konferenz unmittelbar bevor – und Ajela wartete auf ihn, in einem der aus fester Materie bestehenden Sessel, die sie, wie Tam, den Sitzgelegenheiten aus stabilisierter Energie vorzog.

„Das ist ja interessant“, sagte Hal und schloß die Tür hinter sich. „Können Sie sich auch dann Zugang in fremde Unterkünfte verschaffen, wenn sich dort niemand aufhält?“

„In Ihre schon“, erwiderte die junge Frau. „Schließlich sind Sie der Direktor. Was bedeutet, daß ich dazu in der Lage bin, im Notfall all die Orte aufzusuchen, zu denen auch der Leiter der Enzyklopädie Zugang hat.“

Sie wandte den Blick nicht von ihm ab.

„Aber was Ihre eigentliche Frage angeht . . .“, fügte sie hinzu. „Ja: Mir stehen alle Zimmer in dieser Institution offen. Aber das bedeutet nicht, daß ich von dieser Möglichkeit Gebrauch mache.“

„Nur in Hinsicht auf das Quartier des Direktors?“

„Genau.“

Hal nahm ihr gegenüber Platz und musterte sie skeptisch.

„Wie lange haben Sie geschlafen?“

„Eine Stunde“, sagte Ajela. „Vielleicht auch anderthalb. Was hat es mit der Konferenz auf sich, zu der Sie mich nicht einluden?“

Hal schüttelte den Kopf.

„Der wichtigste Diskussionspunkt“, entgegnete er, „wird zweifellos meine Erklärung sein, mit der ich auf meiner Unabhängigkeit bestehe, so daß ich meine Arbeit hier in der Enzyklopädie möglichst ungestört durchführen kann. Die anderen Leute sollen sich um die allgemeinen Angelegenheiten kümmern, ohne daß ich ihnen dauernd über die Schulter sehe. Sie dürfte das kaum überraschen, aber für einige Leute könnte das doch ein gelinder Schock sein.“

„Und um was geht es noch?“

„Um einiges anderes. Am wichtigsten davon dürfte sein, daß Bleys mir einen geheimen Besuch abstatten und unter vier Augen mit mir sprechen will.“

Ajela richtete sich ruckartig auf.

„Worüber?“

„Das finde ich heraus, wenn er hier eingetroffen ist.“

Der Türmelder summte, und aus dem kleinen Lautsprecher ertönte die Stimme Rourke di Facinos.

„Ich bin’s, Hal.“

„Entriegelung“, befahl Hal der Automatik der Tür, und Rourke trat ein und setzte sich zu ihnen.

„Nonne und Jason sind auf dem Weg hierher“, sagte der Dorsai. „Amid habe ich nirgends gesehen.“

Er warf Ajela einen durchdringenden Blick zu.

„Sie brauchen eine längere Ruhepause“, stellte er fest.

„Später“, sagte die junge Frau.

„Schließen Sie die Augen, lehnen Sie sich zurück und entspannen Sie sich, bis die anderen kommen“, fügte Rourke hinzu. „Auch wenn Sie vielleicht gegenteiliger Meinung sind, es hilft.“

Ajela setzte zu einer Erwiderung an, lächelte dann aber nur und folgte dem Rat Rourkes. Fast augenblicklich atmete sie tiefer und ruhiger.

Hal und Rourke sahen sich an, trafen eine wortlose Übereinkunft und schwiegen. Hal stand auf, trat auf die Tür zu und öffnete sie weit.

Als die anderen, die er für die Besprechung herbeigebeten hatte, nacheinander eintrafen, bedeutete er ihnen, möglichst leise zu sein, und winkte sie herein. Schließlich jedoch waren sie alle anwesend, auch Amid. Und damit war es nicht mehr möglich, den Beginn der Konferenz länger hinauszuschieben.

„Uns bleibt gerade noch genug Zeit", sagte Hal, „einige Dinge zu erörtern, bevor ich mich mit einer Sendung an die Bevölkerung der Erde wende, bekanntgebe, daß ich Tams Nachfolge angetreten habe, und anschließend Rukh vorstelle."

Er ließ seinen Blick über die Gesichter der Anwesenden schweifen und musterte Rukh. Während der letzten Tage in der Enzyklopädie hatte sie sich einigermaßen erholen können, denn sie war durch nichts gestört worden: Hal hatte der Kommunikationsabteilung die Anweisung gegeben, keine Nachrichten an sie weiterzuleiten. Roget war sehr zufrieden mit dem Genesungsprozeß seiner Patientin. Rukh war noch immer sehr dünn und wirkte ebenso ausgezehrt wie vor rund einer Woche, als Hal sie in einem Zimmer des Bahrain-Hotels wiedergesehen hatte. Aber ihre Haut hatte inzwischen eine gesündere Tönung angenommen. Sie war wieder zu Kräften gekommen und strahlte die für sie typische Art von Entschlossenheit aus.

Hal beobachtete auch Ajela. Die junge Frau war durch den Klang seiner Stimme nicht aufgeweckt worden. Sie schlief nach wie vor und hatte die Beine angezogen. Der Kopf ruhte dort, wo die eine Armstütze auf die Rückenlehne des Sessels traf.

„Ich möchte ganz sicher sein, daß Sie verstehen, was meine Ernennung zum Direktor der Enzyklopädie nicht nur für mich bedeutet, sondern auch für alle anderen", fuhr Hal fort. „Zunächst einmal: Ich glaube, es liegt auf der Hand, warum ich dieses Amt nicht ablehne. Es gibt niemanden sonst, der die Nachfolge Tams antreten könnte, und Tam selbst kann diese Aufgabe aus offensichtlichen Gründen nicht länger wahrnehmen. Wäre Ajela wach, würde sie Ihnen bestätigen, daß Tam mir schon vor einigen Jahren das Angebot machte, an seine Stelle zu treten. Schon damals wußten wir beide, daß nur ich als neuer Direktor der Enzyklopädie in Frage komme."

Er sah sich um und wartete auf mögliche Einwände. Niemand sprach ein Wort. Das Gesicht Nonnes war nur eine ausdruckslose Maske.

„Warum gerade du, Hal?" fragte Rukh schließlich.

„Entschuldige", erwiderte Hal. „Ich bin in der letzten Zeit so beschäftigt gewesen, daß ich einfach davon ausging, irgend jemand habe dir diese Frage bereits beantwortet. Du weißt also wirklich nicht Bescheid? Aber du hast doch sicher den Transitpunkt passiert, als du zum erstenmal die Enzyklopädie aufsuchtest?"

Nicht nur Rukh schüttelte verwundert den Kopf, sondern auch die anderen Anwesenden – bis auf Ajela, die noch immer fest schlief.

„Oh", machte Hal nur. „Nun, der Transitpunkt ist eine spezielle Vorrichtung im Zentrum der Enzyklopädie. Ich möchte Sie bitten, sich einmal dorthin führen zu lassen. Wenn Sie am Transitpunkt Stimmen hören, so setzen Sie sich sofort mit mir in Verbindung. Es würde nämlich bedeuten, daß Sie ebenfalls über die Qualifikationen verfügen, die nötig sind, um die Enzyklopädie zu leiten. Seit der Fertigstellung werden alle Besucher am Transitpunkt vorbeigeführt, und ich entschuldige mich ausdrücklich dafür, daß diese Tradition durch die derzeitige allgemeine Hektik vernachlässigt wurde. Man hätte sie alle diesem routinemäßigem Test unterziehen sollen. Nun, auf was ich eigentlich hinauswollte: In fast hundert Jahren haben nur Mark Torre, Tam Olyn und ich selbst an jenem Ort Stimmen gehört."

„Und wann haben Sie sie gehört, wenn ich fragen darf?" warf Nonne ein.

„Als ich das erstemal hierher kam, als Sechzehnjähriger", erwiderte Hal.

„Und seitdem nicht mehr?"

„Doch." Hal lächelte die Exotin an. „Nachdem Tam mich als seinen Nachfolger bestimmte, nahm ich mir die Zeit, zum Transitpunkt zurückzukehren und dort zu lauschen."

„Und Sie hörten die Stimmen erneut?"

„Ja", bestätigte Hal.

Das ausdruckslose Gesicht Nonnes veränderte sich nicht.

„Und das bedeutet . . . was?"

„Daß die Enzyklopädie weitaus mehr ist als nur ein höchst leistungsfähiges Archiv, mit dem sich Forschungen betreiben lassen", antwortete er. „Mark Torre, der sie plante und baute, hatte eine über dieses Konzept hinausgehende Vorstellung. Er erträumte sich ein Instrument für die wesensmäßige Verbesserung der Menschheit. Deswegen konstruierte er die Enzyklopädie – einzig und allein aus diesem Grund. Und er wurde in seiner Überzeugung bestätigt, als auch Tam Olyn die Stimmen vernahm. Bis dahin hatte Mark Torre nichts darüber verlauten lassen, warum er alle Besucher am Transitpunkt vorbeidirigierte. Nachher hielt er seine Beweggründe nicht länger geheim. Daß auch Tam Olyn die Stimmen hörte, erachtete er als einen Beweis dafür, daß die Bestimmung der Enzyklopädie über das hinausgeht, was viele andere in dieser Hinsicht für möglich hielten. Es ist eine Bestimmung, die wir selbst jetzt noch nicht in aller Deutlichkeit erkennen können, aber sie wirft bereits ihren Schatten voraus."

„Und Sie möchten gern derjenige sein, der die Enzyklopädie dieser größeren Bestimmung zuführt?" fragte Nonne.

„Nonne", warf Rukh ein. „Ich glaube, Ajela würde Ihnen an diesem Punkt gern eine Frage stellen. Da sie aber schläft, möchte ich sie formulieren. Amid . . ."

Sie warf dem älteren Exoten einen kurzen Blick zu.

„Sie haben mir gesagt, Nonne gehöre zu den Exoten, die sich ursprünglich dagegen aussprachen, Hal zu vertrauen und das Schicksal von Mara und Kultis in seine Hände zu legen. Aus dem, was ich in diesem Zusammenhang bisher von Ajela hörte und in der kurzen Zeit meines Aufenthalts hier selbst erleben konnte, schließe ich, daß Sie, Nonne, nicht mehr nur den Dingen skeptisch gegenüberstehen, die Hal verkörpert, sondern Ihre diesbezüglichen Zweifel inzwischen zu einer direkten und persönlichen Gegnerschaft kumuliert sind. Vielleicht sollten Sie diese Gelegenheit wahrnehmen, uns den Grund dafür zu erklären."

Nonnes Mundwinkel zuckten, und die glatte Haut ihrer Wangen rötete sich ein wenig.

„Ich halte nichts davon, daß Hal von meinem Volk in gewisser Weise eine Blankovollmacht erhalten hat", antwortete sie. „Wie Sie eben sagten, gehörte Amid zu denjenigen, die ihn unterstützten. Wir anderen, die wir uns ausführlich mit der Situation befaßten, gelangten zu dem Schluß, es sei am besten, Amid gegenüber, der als ausgesprochener Befürworter Hals gilt, eine Art Gegengewicht zu schaffen – durch jemanden, der eine andere Auffassung vertritt. Man könnte Amid als den Verteidiger bezeichnen und mich als die Anklägerin . . ."

„Was ganz der Wesensart der Exoten entspricht", warf Rourke trocken ein.

Nonne sah ihn kurz an.

„Tatsächlich habe ich die Erfahrung gemacht, daß Menschen, die nicht von Mara oder Kultis stammen, mich oftmals für eine recht untypische Exotin halten", fuhr sie fort. „Das ist allerdings ein Irrtum. Meine Betrachtungsweise ist bei uns stärker verbreitet, als Sie vielleicht glauben. Nicht-Exoten neigen dazu, gerade diesen Punkt zu übersehen."

„Sie haben Ihre Gegnerschaft Hal gegenüber damit nicht erklärt", sagte Rukh. „Nur bestätigt."

„Nun . . ." Nonne wandte sich Hal zu. „Ich hätte eigentlich erwartet, daß Hal mich selbst danach fragt, und nicht jemand von Ihnen. Aber das spielt eigentlich keine Rolle. Ich bin nicht davon überzeugt, daß Sie genau wissen, was Sie tun, Hal. Bei einer unserer letzten Aussprachen meinten Sie, Bleys und Sie seien wie zwei Schachspieler, zu geschickt, um falsche Züge zu machen, und nur der Gefahr ausgesetzt, einen richtigen Zug entweder zu früh oder zu spät durchzuführen."

„Dieses Beispiel habe ich benutzt, ja", bestätigte Hal.

„Dem muß ich entgegenhalten, daß ich, was Sie betrifft, bisher keine Beweise für eine derartige Kompetenz gesehen habe, Hal. Wir alle sind nur Zeugen, wie die Dorsai *en masse* hierhergebracht werden, um für eine Welt zu kämpfen, die nicht einmal etwas von ihrem Kommen weiß. Und was mein eigenes Volk angeht . . ."

Für einen Sekundenbruchteil vibrierte ihre Stimme.

„. . . Mara und Kultis wurde all das genommen, was sie in dreihundert Jahren erreichten. Hilflos blieb mein Volk in der Heimat zurück. Und die Erde verwandelte man gleichzeitig in eine Festung, ohne sie vorher um Erlaubnis zu fragen. Von der irdischen Bevölkerung erwartet man, einen möglicherweise viele Jahre andauernden Kampf gegen einen Feind zu führen, der ihr in jeder Hinsicht weit überlegen ist. Und gleichzeitig zeigt nur eine Minderheit der Menschen der Erde die Bereitschaft, die allgemeine Situation zu verstehen und in den Krieg gegen die Anderen ziehen zu wollen . . ."

„Sie vergessen dabei", warf Jason ein, „wie sehr sich die öffentliche Meinung geändert hat, seit Rukh und die anderen Gläubigen von Harmonie und Eintracht damit begonnen haben, der Bevölkerung der Erde von den persönlichen Erfahrungen des Kampfes gegen die Anderen zu erzählen. Sie vergessen die Reaktion auf die Nachricht, daß man ein Attentat auf Rukh verübte. Ich höre tagtäglich von den anderen Quäkern. Es kommen immer mehr Menschen zu ihnen, die ihnen zuhören wollen. Es ist keine Minderheit mehr, die Hals Pläne unterstützt, sondern eine Mehrheit!"

„Von einer Unterstützung der Pläne Hals kann man wohl kaum

sprechen", sagte Nonne. „Von seinen Plänen weiß die irdische Bevölkerung nämlich nichts. In emotionaler Hinsicht stehen tatsächlich viele Menschen auf der Seite Rukhs und der anderen Quäker – aber das ist ein Feuer, das ganz schnell wieder ersticken könnte, in dem Augenblick, in dem die Betreffenden feststellen, daß man auch ihr Leben aufs Spiel gesetzt hat. Unterdessen kann Bleys auf das ökonomische Potential von neun Welten zurückgreifen und wird mit jedem Tag stärker. Und ich werde in dieses Zimmer hier bestellt, nur um zu hören, daß Hal allen Ernstes vorhat, seine Kräfte noch weiter aufzusplittern und auch noch die Enzyklopädie seinen Verantwortlichkeiten hinzuzufügen."

Die Exotin sah Hal an.

„Außerdem", sagte sie, „erwarte ich Antworten in erster Linie von Hal selbst. Jetzt haben Sie das Wort, Hal: Nennen Sie mir bitte einen Grund dafür, warum Sie sich jetzt auch noch mit der Enzyklopädie belasten wollen!"

„Diese Frage", entgegnete Hal, „kommt genau zum richtigen Zeitpunkt. Ich hatte Ihnen nämlich ohnehin erklären wollen, daß meine Arbeit hier in der Enzyklopädie während der nächsten Zeit absoluten Vorrang haben wird. Mit anderen Worten: Die Verteidigung der Erde ist gesichert. Und damit lege ich alle damit zusammenhängenden Dinge in Ihre Hände."

Nonne starrte ihn ungläubig an.

„Das ist doch Wahnsinn!" brachte sie nach einer Weile hervor.

„Nein", widersprach Hal. Er wurde sich plötzlich seiner eigenen Müdigkeit bewußt. „Es handelt sich um eine Notwendigkeit. Der Kampf gegen die Anderen wird nicht mit Waffengewalt entschieden, nicht durch eine Zerstörung der Phasenbarriere und einen Krieg auf der Oberfläche eines Planeten. Das wahre Schlachtfeld ist die Seele der ganzen Menschheit, das Denken und Empfinden aller Männer und Frauen auf den vierzehn Welten. Und die einzige Möglichkeit, diesen psychischen Krieg zu gewinnen, bietet sich uns hier, mit dem Potential der Letzten Enzyklopädie. Hier muß die Entscheidung herbeigeführt werden. Und hier wartet meine eigentliche Aufgabe auf mich."

Nonne blickte ihn noch immer groß an.

„Denken Sie nach", bat er die Exotin. „Was könnte uns denn sonst auch nur eine geringe Chance geben, den Anderen trotz ihrer immer weiter zunehmenden Macht zu widerstehen und nicht ihrer Philosophie der Stasis zum Opfer zu fallen? Die einzige Hoffnung, einen erfolgreichen Kampf gegen sie zu führen, bestand von Anfang an darin, die Potentiale der von ihnen noch nicht kontrollierten Welten zusammenzufassen und damit eine starke Basis zu bilden. Denn im Gegensatz zu uns besteht für die Anderen folgende Lage: Sie können nur dann siegen, wenn sie uns alle beherrschen. Ich glaube, ich habe Ihnen in diesem Zusammenhang schon einmal erklärt, daß als unsere Festung nur die Erde in Frage kommt: aufgrund der Größe und Art der Bevölkerung und der Ressourcen dieses Planeten. Sind Sie denn tatsächlich der Ansicht, ich hätte die Erde dazu erst um Erlaubnis bitten sollen? Wäre es nicht fatal gewesen, über Monate und vielleicht Jahre hinweg eine derartige öffentliche Diskussion zu führen und Bleys damit ganz offen auf unsere Pläne hinzuweisen? Damit hätten wir ihm doch nur die Möglichkeit gegeben, rechtzeitig genug zuzuschlagen und jeden weiteren Widerstand unsererseits zu verhindern. Nun, Bleys hat diese Aktion natürlich vorausgesehen, aber er reagierte zu spät darauf, um uns zu bedrohen. Das ist der Fehler, von dem ich vorhin sprach, Nonne. Wir sind ihm jetzt einen Zug voraus."

Dic Exotin setzte zu einem Einwand an, überlegte es sich dann aber anders und schwieg.

„Welche Alternativen hatten wir denn unter diesen Umständen?" fragte Hal. „Von Anfang an war es nötig, daß wir alles das einsetzten, was wir haben. Die Dorsai ihre militärische Stärke. Die Exoten ihren Reichtum und ihre Informationen. Die Erde ihre Ressourcen an Menschen und Material. Und die Quäker ihren unerschütterlichen Glauben an einen letztendlichen Sieg, eine Entschlossenheit, die uns alle zusammenschweißt.

Wenn Sie sich das vergegenwärtigen, Nonne: Welche Wahl blieb uns dann? Bitte, ich höre."

Hal hielt erneut inne, aber auch diesmal schwieg die Exotin.

„Sie haben nichts gegen mich, Nonne", fuhr Hal nach einigen Sekunden etwas sanfter fort, „sondern gegen die historischen Kräfte – die Aktionen von Menschen, die Reaktionen hervorrufen, was zu einer Ereigniskette führte, die in der gegenwärtigen Situation eine Krise entstehen ließ, für die es nur eine einzige Lösung gibt. Wenn es jemals Alternativen gab, so wurden sie in der Vergangenheit nicht wahrgenommen. Wir haben es mit einer wahrhaft entscheidenden Auseinandersetzung zu tun, und der Ausgang der Schlacht wird die Frage beantworten, ob die Menschheit überlebt oder innerhalb weniger Generationen dem Untergang anheimfällt. Die Menschen folgen mir nicht etwa aufgrund meiner Worte oder meiner Persönlichkeit, sondern weil ich ihnen den einzigen Weg aufzeige, der in die Zukunft führt.

Einen anderen Pfad gibt es nicht. Oder können Sie einen sehen? Wenn ja, beschreiben Sie ihn mir bitte."

Damit schloß er seinen Vortrag.

Nonne blieb noch einige Augenblicke lang ruhig sitzen. Als deutlich wurde, daß Hal nichts mehr hinzuzufügen hatte, schloß sie die Augen und dachte eine Weile konzentriert nach. Anschließend sah sie Hal an.

„Sie haben recht", erwiderte sie, und ihre Stimme klang brüchig. „Ich kann Ihnen keine Alternativen anbieten. Machen Sie weiter – mehr vermag ich Ihnen jetzt nicht zu sagen."

„Vielen Dank", antwortete Hal und richtete seine Aufmerksamkeit wieder auf die anderen Anwesenden. „Nun, mir bleibt nicht mehr viel Zeit bis zu meiner Ansprache und der Vorstellung Rukhs. Ich nehme an, Sie wissen alle, wie die Dorsai hier mit Hilfe der finanziellen Mittel der Enzyklopädie und der entsprechenden Unterstützung der Exoten stationiert werden sollen. Falls Sie in dieser Hinsicht noch Fragen haben, so wenden Sie sich bitte an Rourke."

Hal sah Rourke an, der daraufhin zustimmend nickte.

„Wir haben nicht die Absicht, allgemein zu verkünden, als eine Verteidigungsstreitmacht der Erde gekommen zu sein", sagte der Dorsai. „Unsere diesbezüglichen Aktivitäten gehen nur auf die Verpflichtungen infolge eines zwischen uns und der Letzten Enzyklopädie geschlossenen Vertrages zurück. Wir kämpfen nur dann für die Erde, wenn uns die Bevölkerung darum bittet – und wir die Erlaubnis der Enzyklopädie haben, die wir voraussetzen. Wir warten also, bis sich die Erde mit einem Hilfegesuch an uns wendet. Rukh kommt die Aufgabe zu, unsere Anwesenheit in ihrer Rede zu erklären, und sie wird darlegen, daß wir unsere Heimatwelt infolge der fortgesetzten Expansionen der Anderen verlassen mußten und die Exoten all ihre Vermögenswerte opferten, um sicherzustellen, daß wir unseren Lebensunterhalt im Exil selbst bezahlen können und nicht etwa der Erde zur Last fallen . . ."

Rourke brach ab. Der Türmelder summte.

„Entschuldigen Sie, Hal", erklang die Stimme Jeamus'. „Ich habe eine dringende Nachricht für Sie."

„Bringen Sie sie mir“, erwiderte Hal. „Fahren Sie bitte fort, Rourke.“

„Das war eigentlich schon alles“, sagte der Dorsai.

Hal wandte sich den anderen zu.

„Ich glaube, ich erwähnte bereits, daß ich meine Ansprache möglichst kurz halten werde“, informierte er sie. Jeamus war inzwischen eingetreten und näherte sich ihm leise. „Ich bestätige nur einfach den Umstand, daß mich Tam Olyn als Nachfolger bestimmt hat und ich das Amt des Direktors der Enzyklopädie übernehme . . . vielen Dank, Jeamus . . .“

Der Ingenieur hatte ihm einen versiegelten Umschlag und ein zusammengefaltetes Blatt aus jenem Ein-Molekül-Material gereicht, das dafür in der Enzyklopädie verwendet wurde.

„Der Umschlag ist für Sie persönlich bestimmt und wurde mir von einem Dorsai-Kurier überbracht“, flüsterte Jeamus dem neuen Direktor ins Ohr. „Er stammt von Amanda Morgan. Bei der anderen Nachricht handelt es sich um die Bildkopie eines von Bleys verfaßten Briefes, der vor knapp einem Tag auf Neuerde veröffentlicht wurde. Er hat ihn sogar selbst unterzeichnet. Er erreichte die exotische Botschaft von Neuerde, die ihn mit Hilfe des neuen Kommunikationssystems an uns weiterleitete. Sie teilte uns darüberhinaus mit, der gleiche Brief sei vermutlich auch auf den restlichen von den Anderen kontrollierten Welten publiziert worden.“

„Danke“, sagte Hal.

Er schob den Umschlag mit der Mitteilung Amandas in die Innentasche seiner Jacke, öffnete das zusammengefaltete Blatt und las den Brief.

„Es tut mir leid, Sie gestört zu haben“, sagte Jeamus und verließ das Zimmer wieder.

18

Als sich die Tür hinter Jeamus schloß, hob Hal den Kopf.

„Ich lese Ihnen die Nachricht laut vor", sagte er. „Es handelt sich dabei um eine Mitteilung von der exotischen Botschaft in Cathay auf Neuerde, die noch nicht geschlossen wurde: die Kopie eines Briefs, den Bleys an die Bevölkerung des Planeten richtete und nach Auskunft des Botschafters wahrscheinlich auch auf den anderen von ihm kontrollierten Welten veröffentlichte.

‚*An alle, die an unsere Zukunft und die unserer Kinder glauben:*

Ich habe gezögert, mich an Sie alle zu wenden, denn es ist meine feste Überzeugung, daß Leute wie ich sich nur zu Wort melden sollten, um Fragen zu beantworten – wenn man sich mit der Bitte um Rat an sie wendet.

Allerdings habe ich gerade höchst beunruhigende Informationen von Menschen bekommen, die von Alterde fliehen. Ich glaube, diese Nachrichten verdeutlichen eine Gefahr, die all denen droht, die guten Willens sind – und insbesondere uns, die wir auf den Jüngeren Welten leben. In den vergangenen Jahrhunderten ist immer wieder versucht worden, die friedliebenden Bevölkerungen der vierzehn Welten zu unterjochen, und fast immer gingen diese Bestrebungen von drei besonderen Kulturen aus: den Dorsai und ihrer Bereitschaft, sich in immer neue militärische Abenteuer zu stürzen, den Exoten und ihrer Habsucht und philosophischen Arroganz, und denjenigen Quäkern, die sich selbst treffenderweise die Vergessenen Gottes nennen.

Seit einigen hundert Jahren wissen wir, daß es innerhalb dieser drei Gruppen eine bedrohliche Verschwörung gibt, die die Bezeichnung Splitterkulturen praktisch für sich allein beansprucht – obwohl wir doch alle wissen, daß Hunderte von anderen nützlichen und produktiven und friedlichen Gemeinschaften der Menschheit sie ebenfalls verdienen. Wir, die wir uns in aller Stille bemüht haben, unsere Talente in den Dienst aller Menschen zu stellen, wir, die wir von einigen die Anderen genannt werden, uns selbst aber in erster Linie als einen Zusammenschluß Gleichgesinnter sehen, denen es darauf ankommt, ihre besonderen Talente für die Sache des Guten einzuset-

zen, sind uns seit vielen Jahren der Bedrohung bewußt, die von der eben genannten Verschwörung ausgeht. Bisher allerdings haben wir darin keine Gefahr für die ganze Menschheit gesehen.

Jetzt jedoch erfuhren wir von einer unheiligen Allianz, die jeden einzelnen von uns bedroht, die bestrebt ist, den unheilvollen Schatten neuer Sklaverei über alle Menschheitswelten zu senken. Die neue Gefahr geht in erster Linie von einer Institution aus, die sich im Orbit der Erde befindet und allgemein Letzte Enzyklopädie genannt wird. Meine Freunde und ich wissen schon seit geraumer Weile, daß die Letzte Enzyklopädie nur für einen Zweck konstruiert wurde und dieses Ziel seit dem Bau verfolgte. Der Zweck besteht in der Entwicklung neuer und für uns geradezu unvorstellbarer und gräßlicher Methoden, das Denken und Empfinden von gewöhnlichen Menschen zu kontrollieren. Tatsächlich wurde die Konstruktion zu Anfang von den Exoten für diese Bestimmung finanziert. Und diejenigen, die sich die Mühe machen, sich mit den schriftlichen Aufzeichnugen Mark Torres zu beschäftigen, des ersten Direktors der Enzyklopädie, können das bestätigen.

Zur geheimen Verfolgung dieses Zieles war es notwendig, die Enzyklopädie zu isolieren und sie in einen irdischen Orbit zu steuern. Erleichtert wurden die entsprechenden Bestrebungen durch die Tatsache, daß man eine Tradition daraus machte, die fähigsten und begabtesten Personen jeder Generation zu rekrutieren. Man lud sie einfach dazu ein, der Enzyklopädie als Wissenschaftler zeitweilige Besuche abzustatten und mit den archivierten Informationen zu arbeiten.

Außerdem wurde sie auch weiterhin von den Exoten finanziell unterstützt, die, wie die Aufzeichnungen beweisen, auch den Dorsai Geld zukommen ließen, die von Anfang an zu einer militärischen Macht werden sollten, um eines Tages damit alle anderen Welten zu beherrschen.

Diese unheilvollen Tätigkeiten während der vergangenen dreihundert Jahre drohen nun zu einem Erfolg der Verschwörung zu werden. Die Enzyklopädie und diejenigen, die sie unterstützen – wozu auch die Bewohner von Alterde selbst gehören, jene Menschen, die schon einmal mit Gewalt versuchten, die andern Planeten ihrer Kontrolle zu unterwerfen –, verbargen ihre wahren Absichten nur deshalb, weil die Bevölkerungen der Jüngeren Welten ihnen über hundert Jahre lang entschlossenen Widerstand leisteten und sie nicht stark genug waren, um ihre tatsächlichen Absichten offen zu zeigen. Aber das wissen Sie ja aus den Geschichtsbüchern, mit denen Sie sich während Ihrer Schulzeit beschäftigt haben.

Jetzt haben die Menschen von Alterde unter der Führung der Letzten Enzyklopädie den Schleier endgültig fallenlassen. Sie holten sich den ungeheuren Reichtum, den die Exotischen Welten durch die Ausbeutung unserer Heimat anhäuften, und sie brachten die Schätze zur Erde. Darüberhinaus haben sie alle Dorsai evakuiert und zu sich kommen lassen: um mit ihrer Hilfe die Armee zu schaffen, die unsere Welten nacheinander erobern und uns für alle Zeiten in die Knechtschaft einer Militärjunta zwingen soll. Und sie haben auch damit begonnen, jene schrecklichen Waffen einsatzbereit zu machen, die in der Enzyklopädie während der letzten drei Jahrhunderte entwickelt wurden.

Der Feind ist nunmehr dazu bereit, uns anzugreifen – uns, die wir nichts ahnten und von seinen bösartigen Bestrebungen überrascht wurden. Praktisch hilflos stehen wir jetzt einem zu allem entschlossenen Gegner gegenüber, der uns alle zu Sklaven machen will. Und bestimmt hören wir nun wieder das vom Feind selbst stammende Gerücht, das schon seit vielen Jahren auf den Jüngeren Welten zirkuliert, um unseren Widerstandswillen zu lähmen – jenes Gerücht, das behauptet, die Dorsai könnten nicht einmal von der vereinten Streitmacht aller Planeten geschlagen werden, wenn sie sich dazu entscheiden, gemeinsam gegen den Rest der Menschheit zu kämpfen.

Lassen Sie sich nicht täuschen . . .‘“

Rourke gab einen abfälligen Laut von sich.

„Ich wünschte, er würde das hier so lange wiederholen, bis selbst die stursten Gemüter der Erde begreifen,daß er in diesem Punkt recht hat.“ Seine Stimme war ein wenig zu laut, um Hal nicht beim Lesen zu unterbrechen.

Als sich der Blick Hals auf ihn richtete, fügte er hinzu:

„Entschuldigung. Es ist nur so, daß wir alle darauf vorbereitet sind, viele Menschen dort unten sagen zu hören: ‚*Aber warum sollten wir denn selbst zu den Waffen greifen? Wir haben doch die Dorsai. Und die sind unbesiegbar.*‘“

Er holte tief Luft.

„Tut mir leid, Hal. Fahren Sie fort.“

„‚. . . *Lassen Sie sich nicht täuschen. Dieses Gerücht entsprach nie der Wahrheit. Es wurde von den Exoten und Dorsai nur zu ihrem eigenen Vorteil in Umlauf gebracht. Nun, was große Streitkräfte angeht: Sie alle wissen, daß wir praktisch wehrlos sind . . .*‘“

„Lüge“, warf Amid ein. „Oh, jetzt muß ich mich ebenfalls bei Ihnen entschuldigen, Hal.“

„‚. . . *praktisch wehrlos sind. Aber auch wir können Armeen zusammenstellen. Armeen, die weitaus größer und stärker sind, als es sich die Bevölkerung von Alterde vorzustellen vermag. Wir sind nicht mehr die armen und hilflosen Leute, die Alterde während des ersten Jahrhunderts der Emigration mit Dow de Castries vergeblich zu unterwerfen versuchte. Auf unseren neun Welten leben inzwischen fast fünf Milliarden Menschen. Und was läßt sich schon gegen den Mut und die feste Entschlossenheit einer so großen Bevölkerung ausrichten, selbst dann, wenn vier Millionen speziell ausgebildete und kampferfahrene Söldner in die Schlacht ziehen, die Alterde gerade von Dorsai herbeischaffte . . .*‘“

Bei der Erwähnung der Anzahl schnaubte Rourke erneut, beherrschte sich diesmal aber und schwieg.

„‚*Vereint sind unsere neun Welten unbesiegbar. Wir werden uns bewaffnen und dem Feind einen würdigen Empfang bereiten. Und mit der Hilfe Gottes werden wir diesmal jenen dekadenten und arroganten Planeten vernichten, der uns jetzt erneut bedroht. Sollte es erforderlich sein, sind wir dazu bereit, alle notwendigen Maßnahmen zu ergreifen, um sicherzustellen, daß uns von der Bevölkerung Alterdes nie wieder Gefahr drohen kann – daß wir, unsere Kinder und die Kinder unserer Kinder fortan in Frieden leben können.*

Meine Freunde und ich sind bereit, Sie in jeder nur denkbaren Hinsicht zu unterstützen. Es entsprach immer unserem Wesen, uns nicht in den Mittelpunkt zu stellen. Aber angesichts der Gefahr, mit der wir uns nun konfrontiert sehen, habe ich mich an all diejenigen gewandt, die Sie Andere nennen, und sie sind einverstanden, vor Sie zu treten und all die Pflichten wahrzunehmen, die nötig sind, um mit der Krise fertig zu werden.

Die aggressionslustigen Bewohner von Alterde wollen gegen uns in den Kampf ziehen. Gut: Sollen sie kommen, wenn sie so dumm sind. Lassen Sie uns diese Gelegenheit nutzen, um dem Drachen ein für allemal den Kopf abzuschlagen. Der Feind weiß es zwar noch nicht, aber die bevorstehende Schlacht wird nicht uns vernichten, sondern ihn selbst!

. . . Gezeichnet: Bleys Ahrens.' Weder Titel noch Rang. Nur die Unterschrift."

Hal reichte die Kopie des Briefes an Rukh weiter, die direkt neben ihm saß. Sie betrachtete sie kurz und gab sie dann den anderen.

„Vier Millionen kampferfahrene Veteranen!" platzte es aus Rourke heraus. „Ich bin sicher, diese Behauptung führt auf der Erde zu Schwierigkeiten. Wir haben uns alle Mühe gegeben, der irdischen Bevölkerung klarzumachen, daß wir ganze Familien hierherbrachten – Familien! Und wir können von Glück sagen, wenn sich unter den Emigranten von Dorsai sechshunderttausend ausgebildete Erwachsene im richtigen Alter befinden. Mindestens zwei Drittel müssen bei einem Kampf entweder als Reserve zurückgehalten werden oder sind aufgrund von Krankheiten oder Verletzungen gar nicht einsatzfähig. Ganz zu schweigen von dem Problem, woher wir Verstärkungen nehmen sollen, wenn es zu den ersten Verlusten kommt. Unter diesen Voraussetzungen sollen wir einen Bereich schützen, der größer ist als die Erde selbst? Die Menschen der Erde werden sich rasch darüber klarwerden müssen, daß wir selbst mit dem Einsatz der ganzen Bevölkerung Dorsais nicht dazu in der Lage sind, den Feind aufzuhalten und es deshalb notwendig ist, daß auch sie selbst in den Kampf eingreifen . . ."

„Noch stellt dieser Umstand kein unmittelbares Problem dar", erwiderte Hal. „Sobald die Bevölkerung der Erde begreift, was für das Überleben notwendig ist, werden uns die ersten Freiwilligen zu Hilfe eilen. Meine Hoffnung jedoch besteht darin, hier in der Enzyklopädie eine andere Möglichkeit zu finden, den Sieg zu erringen. Ich möchte es vermeiden, daß es Ihre Kämpfer, Rourke, und die Helfer von der Erde mit den vielen Millionen von Soldaten aufnehmen müssen, die Bleys in die Schlacht schicken wird. Aber lassen wir das ebenfalls fürs erste beiseite. Wenn Sie sich die Kopie alle angesehen haben . . ."

Das war der Fall. Selbst Nonne hatte den Brief überflogen.

„Das ist ein weiteres Beispiel für das, was du damit meintest, als du sagtest, Bleys müsse dazu veranlaßt werden, einen zwar richtigen Zug zu früh oder zu spät zu machen!" platzte es aus Jason heraus. „Er wartete zu lange mit der Veröffentlichung des Briefes, nicht wahr? Wenn er ihn vor einem Monat auf der Erde publiziert und auf die vermeintliche Verschwörung und die ‚Unselige Allianz der Dorsai, Exoten und Alterde' hingewiesen hätte, wäre es ihm nicht nur gelungen, eine Menge Zweifel zu säen; vielleicht hätte er es sogar geschafft, eine starke Opposition uns gegenüber zu schaffen und den Transport der Dorsai hierher zu verhindern . . ."

Er unterbrach sich und sah Hal an.

„Aus diesem Grund hast du alle Welt im Glauben gelassen, du wolltest eine der Exotischen Welten zu unserer Basis machen und die Dorsai dort stationieren!"

„Eins steht fest", sagte Rukh. „Mit diesem Brief hier können wir die letzten Zweifler auf Alterde von unserem Standpunkt überzeugen. Wenn *wir* ihn jetzt veröffentlichen, dürften alle begreifen, auf was die Anderen aus sind. Vermutlich hätten wir es auch ohne ihn geschafft. Aber da er sich nun in unserem Besitz befindet, sollten wir die günstige Gelegenheit nutzen. Hal, ich glaube, ich werde ihn als Teil meiner Rede verlesen."

„Einverstanden."

„Bleys muß ziemlich überrascht gewesen sein, als er hörte, daß wir hierherkamen . . ." Rourke hielt nachdenklich inne. „Nein, er kann nicht die Zeit gehabt haben, das festzustellen und gleichzeitig noch den Brief zu veröffentlichen, so daß man uns eine Kopie zukommen lassen konnte."

„Doch", widersprach Amid. „Vor der Entwicklung des neuen Kommunikationssystems haben wir Exoten von Mara und Kultis Gebrauch von mehreren Möglichkeiten des raschen Nachrichtenaustausches gemacht, und eine davon war folgende: Wir stationierten mehrere Raumschiffe zwischen zwei Planeten, jeweils in einer Entfernung von einer einfachen Phasenverschiebung. Wenn es eine Botschaft weiterzuleiten galt, schickten wir einen Kreuzer damit auf die Reise, der die Nachricht an das erste Schiff der Verbindungskette weitergab. Das ging daraufhin in den Transfer und übermittelte sie an das nächste – und so weiter. Im Raumsektor des Kontratransits war dadurch kein Orientierungsmanöver nötig, um eine Kontaktaufnahme mit dem wartenden Kreuzer zu ermöglichen, und die notwendigen Berechnungen für jeden Sprung waren bereits erledigt. Da jeder Pilot nur eine Verschiebung durchzuführen hatte, gab es darüberhinaus keine Probleme mit den psychischen Belastungen, die damals noch mit vielen aufeinanderfolgenden Transfers einhergingen. Für diese Art von Übermittlungssystem mußte man es sich nur leisten können, recht viele Schiffe in Warteposition zu lassen. Wir waren dazu in der Lage. Und auf Bleys trifft das inzwischen sicher ebenfalls zu."

„Hmmm“, machte Rourke.

„Ja“, sagte Amid und sah den Dorsai an. „Soweit ich weiß, entwickelte auch Donal Graeme ein derartiges Kommunikationssystem – nachdem er die dafür nötigen Schiffe hatte. Wie dem auch sei: Wenn Bleys alle Welten kontrollieren ließ, die nicht von ihm beherrscht wurden und ihm möglicherweise feindlich gegenüberstanden, so hätte er vom Start der ersten Dorsai-Transporter innerhalb von vierundzwanzig Standardstunden erfahren können. Und nach einem weiteren Normtag wäre er darüber informiert worden, daß die ersten Schiffe Dorsais die Erde erreichten und nicht in einen Orbit um Mara oder Kultis gingen.“

„Und deshalb geriet er in Panik und ließ sich zu einer übereilten Aktion hinreißen“, fügte Jason hinzu. „Ich hatte gleich das Gefühl: Die Wortwahl des Briefes ist gar nicht typisch für ihn.“

„Bei jemandem wie Bleys kann man nicht von Panik sprechen“, stellte Hal richtig. „Seine Absicht war es sicher, der allgemeinen Nachricht von der Ankunft der Dorsai in der Umlaufbahn der Erde mit einem eigenen Kommentar zuvorzukommen. Zwar muß er nun seinen ursprünglichen Plan revidieren, aber zumindest in diesem Punkt war er erfolgreich. Nun, wenn er zu dem Schluß gelangte, in Hinsicht auf die Bevölkerung von Alterde ohnehin nichts mehr ausrichten zu können, so brauchte er sich bei der Formulierung des Briefes keine Beschränkungen aufzuerlegen. Obgleich er sicher nicht damit rechnete, daß wir eine Kopie davon so rasch in die Hände bekämen.“

Hal hielt kurz inne.

„Was seine Ausdrucksweise angeht“, fügte er hinzu, „gibt es außerdem Aspekte seines Wesens, die die meisten Menschen bisher noch nicht kennen.“

Die Aufmerksamkeit aller Anwesenden richtete sich auf Hal, und daraufhin fuhr er fort:

„Ich möchte Ihnen noch etwas anderes sagen: Bleys hat mir eine Nachricht zukommen lassen, mit der er mich um eine Unterredung unter vier Augen bittet. Ich antwortete ihm, ich sei einverstanden, und ich werde ihn im abgeschirmten Sektor treffen. Ich war neugierig zu erfahren, warum er gerade jetzt mit mir sprechen will. Dieser Brief dort . . .“

Er deutete auf den Molekül-Bogen, der nun auf dem Tisch neben Rourke lag.

„Dieser Brief dort gibt mir einen Hinweis auf seine Beweggründe. Bestimmt ist er daran interessiert zu erfahren, welche Einstellung ich nach dem erfolgreichen Transfer der Dorsai hierher ihm gegenüber einnehme. Sobald mir Jeamus sein Eintreffen meldet, mache ich mich auf den Weg. Und das könnte jeden Augenblick geschehen."

„Aber wenn ihn erst die Meldungen vom Eintreffen der Transporter erreichen und er anschließend von Neuerde starten mußte . . ." Rourke unterbrach sich selbst und dachte nach.

„Vielleicht befand er sich gar nicht auf Neuerde", sagte Amid. „Und selbst wenn er sich dort aufhielt: Sirius ist nur neun Lichtjahre von hier entfernt, und diese Strecke könnte er innerhalb recht kurzer Zeit mit dicht aufeinanderfolgenden Phasenverschiebungen zurücklegen, möglicherweise mit Hilfe der Medikamente, die die psychischen Auswirkungen einer derartigen Belastung mildern."

„Aber woher soll er wissen, daß uns sein Brief vorliegt?" fragte Rukh.

„Ich glaube, er dürfte inzwischen erfahren haben, daß wir über ein neues Kommunikationssystem verfügen", entgegnete Amid. „Er ist sich nur noch nicht darüber klar, wie es funktioniert."

„Wir müssen gleich unsere Ansprachen halten", erinnerte Rukh. „Hast du deine Rede vorbereitet, Hal?"

„Ich habe sie nicht schriftlich fixiert, aber ich weiß, was ich sagen werde", antwortete Hal. Die anderen Anwesenden rückten ihre Ergsessel aus dem Erfassungsbereich der Übertragungskamera. Er betätigte eine Taste der Kontrolleinheit vor ihm.

„Jeamus", sagte Hal. „Wenn Ihre Leute alles vorbereitet haben, können wir mit der Sendung beginnen."

„Wir haben im Korridor gewartet", erklang die Stimme des Ingenieurs aus dem Lautsprecher des Türmelders. „Sollen wir jetzt zu Ihnen kommen?"

„Ja", bestätigte Hal.

Die Techniker traten ein.

„Willst du Ajela aufwecken?" wandte sich Rukh an Hal. „Wenn sie dich gleich vorstellen soll, müßte sie zumindest Gelegenheit haben, wieder richtig zu sich zu kommen."

„Damit hast du vermutlich recht", erwiderte Hal zögernd.

Er stand auf, trat an den Sessel Ajelas heran und berührte sie sanft an der Stirn. Sie schlief weiter. Vorsichtig umfaßte er daraufhin ihre Schulter. Einige Augenblicke lang hatte es den Anschein, als wolle sie nicht einmal darauf reagieren. Dann aber schlug sie ganz plötzlich die Augen auf.

„Ich habe nicht geschlafen“, sagte sie.

Unmittelbar im Anschluß an diese Worte schlossen sich ihre Lider wieder, und sie atmete erneut ruhig und gleichmäßig.

„Soll Jeamus mich vorstellen“, sagte Hal. Er hob Ajela an, trug sie in eins der beiden Schlafzimmer seiner Unterkunft und legte sie dort aufs Bett. Sie erwachte, als er sie aufs Polster sinken ließ.

„Bestimmt, ich habe nicht geschlafen!“ sagte sie scharf.

„Natürlich nicht“, erwiderte Hal. „Bleiben Sie nur wach.“

„Das werde ich auch!“ Einmal mehr fielen ihr die Augen zu, und wieder schlief sie ein.

Hal kehrte ins Büro zurück und schloß die Tür des Schlafzimmers hinter sich. Er nahm in seinem Sessel Platz und sah die Techniker an. „Sie zuerst, Jeamus“, sagte einer der Komspezialisten und hob die eine Hand. „Und . . . los!“

An der Stirnseite glänzten die Bestätigungsdioden auf, und die Erfassungslinse richtete sich auf den neben dem Sessel Hals stehenden Ingenieur.

„Meine Name ist Jeamus Walters“, sagte er. „Ich leite die Kommunikationsabteilung der Letzten Enzyklopädie. Und es ist mir heute eine Ehre, Ihnen den neuen Direktor der Enzyklopädie vorzustellen, über den Sie ausführlich in den gerade herausgegebenen Nachrichtenbulletins informiert werden.

Hier ist er nun, der neue Direktor der Letzten Enzyklopädie: Hal Mayne!“

Das Licht der Dioden verblaßte, und Jeamus trat rasch zurück. Kurz darauf funkelten die Übertragungsanzeigen wieder, und Hal sah direkt in die Linse der Übertragungskamera.

„Ich werde mich so kurz wie möglich fassen“, begann er, „denn wir haben hier in der Letzten Enzyklopädie derzeit alle Hände voll zu tun. In den Bulletins, die Jeamus Walters eben erwähnte, können Sie Einzelheiten darüber nachlesen, was uns hier bisher beschäftigte. Und ich nehme an, Rukh Tamani, die nach mir das Wort ergreifen wird, hat die Absicht, in dieser Hinsicht weitere Erklärungen abzugeben.

Es ist mir eine große Ehre, als Nachfolger Tam Olyns bestimmt worden zu sein, der die Letzte Enzyklopädie über achtzig Jahre lang leitete. Wie Sie alle wissen, war der einzige Vorgänger Olyns Mark

Torre, jener Mann, der die Enzyklopädie plante und ihren Bau in der Stadt St. Louis überwachte.

Bestimmt wissen Sie darüber hinaus, daß es das Ziel Mark Torres war, ein Werkzeug für die Erforschung der Grenzbereiche des menschlichen Bewußtseins zu schaffen, indem er ein Archiv für all die Erkenntnisse schuf, die der Mensch errang, seit er sich das erstemal seiner eigenen Existenz bewußt wurde. Er hoffte, daß dieses Archiv des Wissens und der menschlichen Kreativität eines Tages die Grundlage für die Entwicklung eines Instruments bilden würde, mit dem sich all das untersuchen läßt, was bisher noch unbekannt ist.

Dieser Bestimmung widmete nicht nur Mark Torre sein Leben, sondern nach ihm auch Tam Olyn. Er vertrat die gleiche Überzeugung wie Mark Torre, und während all der Jahrzehnte seiner Arbeit als Direktor hielt er daran fest.

Ich möchte Ihnen heute versichern, daß auch ich diesen Glauben teile und mit meiner ganzen Kraft versuchen werde, die Enzyklopädie ihrer endgültigen Bestimmung zuzuführen. Gleichzeitig jedoch habe ich meinen beiden Vorgängern gegenüber einen Vorteil. Ich glaube, es gibt allen Grund zu der Hoffnung, daß uns die vielen Jahre angestrengter Arbeit dem Ziel nahe gebracht haben. Ja, ich bin davon überzeugt, wir stehen nun dicht vor der Schwelle der Tür, die in das Universum des Unbekannten führt, vor jenem Tor, von dem Mark Torre träumte, die Menschheit könne es eines Tages durchschreiten und den neuen Kosmos erforschen. Es ist dies eine Entdeckungsreise durch das innere All der Menschheit selbst. Von Anfang an gab es Personen, die sich nach einer solchen Möglichkeit sehnten, und in den späteren Jahrhunderten unserer Geschichte wurde daraus ein zielgerichetes Bestreben.

Wenn es schließlich gelingt, jenes Tor zu passieren, so wird sich unser aller Leben völlig verändern. Sehr wahrscheinlich stehen wir vor der größten Umwälzung unserer gesamten Geschichte. Und ich habe nicht den geringsten Zweifel daran, daß wir das finden werden, was wir seit Jahrtausenden suchten – nicht etwa in einigen weiteren Jahrhunderten, sondern noch zu unseren Lebzeiten. Tatsächlich steht dieser enorm wichtige Augenblick nun unmittelbar bevor.

Als neuer Direktor der Letzten Enzyklopädie möchte ich Ihnen darüberhinaus versichern, daß ich auf keinen Fall irgendeine Behinderung der Arbeit für die Zukunft zulassen werde. Dies ist das wichtigste Gelöbnis, das ich hiermit Ihnen gegenüber ablege, mit all meiner Entschlossenheit.

Im Anschluß an diese meine Vorstellung als neuer Direktor möchte ich einer Frau das Wort erteilen, die Sie alle kennen und die Ihnen vermutlich mehr bedeutet, als Ihnen noch vor einem Jahr vorstellbar gewesen wäre.

Es ist mir eine Freude und eine Ehre, Ihnen Rukh Tamani anzukündigen."

Die Kontrollichter an der Stirnseite der Kamera erloschen kurz, und die Übertragungslinse richtete sich auf Rukh. Hal stand auf und trat rasch an die Tür seiner Unterkunft heran, so daß er während der Rede Rukhs vom Korridor aus jederzeit leicht erreichbar war. Er lehnte sich mit dem Rücken an die Wand, und schon nach einigen wenigen Sekunden war er von der Ansprache der Quäkerin fasziniert. Wenn Rukh auf diese Weise sprach, konnte sich kaum jemand ihrem Charisma entziehen, und Hal bildete da keine Ausnahme.

„Ich bedauere es sehr, Ihnen Kummer bereitet zu haben." Mit diesen Worten begann Rukh ihre Rede.

„Ich hörte, viele von Ihnen hielten mich nach dem Anschlag auf mich für tot oder zumindest schwer verletzt. Und infolge dieser Vermutung litten Sie. Aber Sie sollten nicht für mich leiden, weder jetzt noch irgendwann.

Weinen Sie statt dessen um diejenigen, mit denen Sie gelebt haben und die nun krank oder tot sind. Weinen Sie aufgrund Ihres Zorns, der verletzt, Ihrer Gleichgültigkeit, die peinigt oder gar tötet, die schneller Leben zerstört als unmittelbare Gewalt.

Weinen Sie deswegen, weil Sie für sich selbst leben, sich von allen Ihren Mitmenschen isolieren und distanzieren. Weinen Sie, weil es Ihnen an Mut mangelt, an Zuversicht, an festem Glauben.

Aber während Sie weinen, sollten Sie wissen, daß das nicht notwendig ist, denn Sie alle können Ihr Leben neu bestimmen und die Fehler der Vergangenheit vermeiden.

Denn Sie selbst haben den Schlüssel, um Ihr Leben in neue Bahnen zu lenken, und diesen Schlüssel kann Ihnen niemand nehmen . . ."

Hal verspürte eine Berührung an der Schulter und drehte sich um.

Jeamus war an seine Seite getreten und flüsterte ihm etwas zu. Er folgte dem Leiter der Komabteilung in den Korridor und einige Schritte weit von der Tür fort.

„Er ist da", sagte Jeamus. „Er wartet in einem Raumschiff gerade außerhalb der Phasenbarriere. Ich habe nicht mit ihm selbst gesprochen. Jemand von der Besatzung setzte sich mit mir in Verbindung und meinte, Bleys würde sofort mit Ihnen zusammentreffen, wenn Sie dazu bereit seien, ihn zu empfangen."

Hal nickte. Er war sich schon zuvor sicher gewesen, daß diese Begegnung unmittelbar bevorstand. Die Instinkte seines Wesens, die Prozesse der intuitiven Logik – all das hatte ihn zu dem Schluß kommen lassen, nicht das Ende der Rede Rukhs hören zu können.

Jeamus fuhr fort:

„Wer auch immer mein Gesprächspartner gewesen sein mag: Ich erwiderte, Sie würden sich sofort nach Erhalt der Nachricht auf den Weg machen. Ich habe ihm auch gesagt, wo sich die Strukturlücke in der Barriere befindet und wie Bleys sie passieren und sich anschließend verhalten soll. Insbesondere habe ich ihn vor einer Berührung der Innenwände gewarnt. Die Lücke ist inzwischen stabil, und der Tunnel ebenfalls. Brauchen Sie einen Piloten, der Sie zum Treffpunkt fliegt?"

„Ich würde mich gern von Simon Graeme begleiten lassen. Bitte geben Sie ihm Bescheid."

„Ja", bestätigte Jeamus. „Ihr Raumschiff ist schon vorbereitet, und es befinden sich Schutzanzüge und andere notwendige Ausrüstungen an Bord. Es wurde in Hangar drei startklar gemacht. Am besten, Sie machen sich bereits dorthin auf den Weg. Ich schicke Simon zu Ihnen. Ich habe meinem Gesprächspartner erläutert, daß der Schweber oder das Beiboot, das Bleys benutzt, eine Sicherheitsentfernung zur Strukturlücke wahren soll und wie man sich im Innern des Tunnels verhalten muß . . ."

„Gut", sagte Hal. „Das hört sich ganz so an, als sei alles klar. Bitte informieren Sie Simon. Ich warte im Hangar auf ihn."

Das von Jeamus vorbereitete Schiff erwies sich als ein für zehn Personen ausgelegter Orbitalbus. Hal hatte ihn gerade betreten und im Kopilotensessel Platz genommen, als auch schon Jeamus und Simon eintrafen.

Der Dorsai ließ sich wortlos in den Sessel vor den Kontrollen sinken.

„Hat Jeamus Ihnen alles gesagt?" fragte Hal ihn.

„Ja, auf dem Weg hierher." Simon nickte. Er schaltete die Systeme ein und sah sich um. Jeamus hatte den Orbitalbus noch nicht wieder verlassen.

„Sind Sie ganz sicher, alles verstanden zu haben?“ wandte sich der Ingenieur an Hal.

„Von mir aus weisen Sie mich noch einmal ein“, erwiderte Hal geduldig.

„Gern.“ Jeamus wirkte erleichtert. „Die Phasenbarriere besteht eigentlich aus zwei Feldern: zwei Verschiebungsstrukturen, die unterschiedlich weit voneinander entfernt sind, so daß Platz genug bleibt für Schutzpersonal – für den Fall, daß wir unter Kampfbedingungen Raumschiffe durch Lücken schleusen müssen. Wenn wir eine derartige Lücke schaffen, so bilden wir praktisch einen Tunnel, dessen Größe wir beliebig bestimmen können, von einer Länge von fünfzig Metern bis hin zu einigen Kilometern. Es kommt ganz darauf an, wie weit die beiden Verschiebungszonen voneinander entfernt sein sollen . . .“

„Fassen Sie sich bitte so kurz wie möglich, Jeamus“, warf Hal ein.

„Wie Sie wünschen. Ich möchte nur ganz sicher sein, daß Sie verstehen, welche besonderen Bedingungen an der Lücke selbst und im Innern des Tunnels herrschen. Die Öffnungen verfügen in diesem Fall über energetische Luftdruck-Schilde. Die kennen Sie sicher bereits aus der Testphase. Wie bei jeder solchen Abschirmung aus komprimierter Luft müssen Sie sich hindurchdrücken. Im Innern des Tunnels haben wir eine atembare Atmosphäre geschaffen – nicht in erster Linie deshalb, um Ihnen und Bleys den Aufenthalt dort so angenehm wie möglich zu machen, sondern um mittels einer hohen Luftfeuchtigkeit statische Entladungen zwischen den Wänden des Tunnels zu verhindern. Eine statische Verbindung zwischen Ihnen und der Tunnelwand könnte sich als ebenso fatal herausstellen wie eine direkte Berührung der Wände. Ich rate Ihnen, die ganze Zeit über in der Mitte des Tunnels zu verweilen. Nun, die Luftfeuchtigkeit dürfte dichten Dunst zur Folge haben. Wenn Sie sich dort aufhalten, wo der Nebel besonders dünn ist, können Sie ganz sicher sein, sich im Zentrum des Tunnels zu befinden. Wir haben auch Bleys entsprechend informiert. Darüberhinaus hielten wir es für angebracht, einen Ergboden zu schaffen, auf dem Sie stehen können. Er verfügt über eine ausreichende Eigengravitation.“

„In Ordnung“, sagte Hal. „Vielen Dank. Simon, wir brechen sofort auf, nachdem Jeamus ausgestiegen ist . . .“

„Bitte, Sie *müssen* meinen Rat berücksichtigen!“ bekräftigte der Ingenieur noch einmal, als er nach draußen trat. „Jeder Kontakt mit der Tunnelwand wird die gleichen Folgen haben, als hätten Sie die Phasenbarriere selbst berührt. In einem solchen Fall werden Sie augenblicklich in die diffuse Unendlichkeit transferiert, ohne auf einen Kontratransit hoffen zu können."

„Ich verstehe. Nochmals vielen Dank, Jeamus. Machen Sie jetzt bitte die Luke zu."

Jeamus schloß die Tür, und Simon schaltete das Triebwerk ein, ließ den Orbitalbus ein wenig in die Höhe steigen und lenkte ihn anschließend aus dem Hangar ins All.

19

Als sie den Lufdruck-Schild des Hangars passierten, streifte sich Hal rasch einen der Schutzanzüge über. Es stellte sich heraus, daß er für Simon bestimmt und damit zu klein für ihn war. Hal zog ihn wieder aus und nahm den anderen zur Hand. Nachdem er sich angekleidet und alle Siegel geschlossen hatte, spürte er nicht die geringste Belastung: Der Schutzanzug bestand aus einem sehr dünnen, transparenten Material, und wäre nicht der schwere und dunkle Instrumentengürtel gewesen, hätte er kaum Aufsehen erregt. Hal klappte den ebenfalls durchsichtigen, aber steifen Helm nicht zu.

„Dort ist die Lücke", sagte Simon, als Hal wieder ans Kontrollpult zurückkehrte.

Hal blickte auf den großen Bildschirm und erkannte etwas, das aussah wie eine funkelnde und kreisförmige und etwa zehn Meter durchmessende Öffnung im Grau der Phasenbarriere. Eine dicke und dunkle Linie erstreckte sich im Innern des Tunnels – der Ergboden, von dem Jeamus gesprochen hatte.

„Strahlend hell erleuchtet", stellte Hal fest. Tatsächlich reflektierten die Myriaden winziger Tropfen der teilweise kondensierenden Luftfeuchtigkeit das Glühen der Tunnelwände und des Bodens aus stabilisierter Energie.

„Jeamus gab mir die Anweisung, mit dem Orbitalbus nicht näher als bis auf fünfzig Meter heranzufliegen", sagte Simon. „Ich kann eine Landerampe bis ganz dicht an die Lücke heranbringen. Oder möchten Sie lieber den Instrumentengürtel benutzen und hinüberspringen?"

„Ich springe", entschied Hal. „Wenn Jeamus solchen Wert auf einen Sicherheitsabstand von fünfzig Metern legt, ist die Sache mit der Rampe vielleicht nicht sehr ratsam."

„Ich könnte den Bus problemlos in Position halten", sagte Simon.

„Daran zweifle ich nicht", erwiderte Hal. „Aber wir sollten trotzdem kein Risiko eingehen. Wenn ich springe, brauche ich mich nur um mich selbst zu kümmern."

Simon bremste das kleine Raumschiff fünfzig Meter vor der Tunnelöffnung ab. Hal schloß den Helm, passierte die Luftschleuse des Orbitalbusses und schaltete die kleine Triebwerkseinheit des Instrumentengürtels ein. Als er in Richtung der Strukturlücke schwebte, korrigierte er seinen Kurs mit einigen Schüben aus dem miniaturisierten Brenner.

Am Zugang selbst verspürte Hal einen kurzen Widerstand, so als gelte es, eine zwar dünne, aber recht feste Membran zu durchstoßen, die in diesem Fall aus komprimierter Luft bestand. Anschließend betrat er den in den dunstigen Schwaden verborgenen Ergboden. Einige Sekunden lang gab er sich der Illusion hin, als spüre er trotz der isolierenden Abschirmung durch den Raumanzug die Kühle des Nebels. Die überall umherschwebenden winzigen Tropfen bildeten Schwaden unterschiedlicher Dichte, und nur dann und wann konnte Hal einen Blick auf die Tunnelwände und den Boden zu seinen Füßen werfen.

Er klappte den Helm wieder zurück und atmete die feuchte Luft. Er hatte dabei fast das Gefühl, als sauge er sich Wasser in die Lungen, und er wußte, daß es sich bei diesem Eindruck nur teilweise um eine Illusion handelte: Unter diesen ungewöhnlichen Bedingungen war die Luftfeuchtigkeit in der ihn umgebenden Atmosphäre weitaus größer, als es angesichts des normalen Druckes in Meereshöhe auf der Erde möglich gewesen wäre.

Er wanderte tiefer in den Tunnel hinein.

Nach rund hundert Schritten machte er im Dunst weiter voraus dunkle Konturen aus. Kurz darauf erkannte er die Gestalt eines hochgewachsenen Mannes, der sich ihm näherte. Er trug ebenfalls einen Raumanzug, und auch sein Helm war zurückgeklappt.

Nach drei weiteren Schritten standen sie sich direkt gegenüber und verharrten. Durch das transparente Material des Schutzanzugs konnte Hal sehen, daß Bleys wie üblich eine engsitzende Hose und darüber eine Jacke trug. Aber trotz dieses vertrauten Erscheinungsbilds schien sich der Andere irgendwie verändert zu haben.

Nach einer Weile gelang es Hal, den Faktor zu identifizieren, der den Unterschied ausmachte. Der große Mann war noch immer recht schlank, aber in dem Schutzanzug wirkte er untersetzter und kräftiger gebaut. Seine Schultern waren fast so breit wie die Hals, aber jetzt sahen sie fleischiger aus. Das Gesicht Bleys' allerdings war so ruhig und gelassen wie immer.

Die Veränderung im Erscheinungsbild des Anderen, so wußte Hal, war nur subjektiver Natur, doch an diesem Ort kam ihr eine ganz besondere Bedeutung zu. Sicher hatte Bleys nicht etwa zugenommen. Man hätte eher meinen können, die beiden Männer seien einander noch ähnlicher geworden. Ihre Blicke begegneten sich stumm, und als Bleys sprach, klang seine Stimme dumpf und schien sich in dem Dunst zu verlieren.

„Nun", sagte der Andere, „jetzt haben Sie die Dorsai hier in ihrem Schutzkäfig untergebracht, zusammen mit all den Vermögenswerten der Exoten. Ich nehme deshalb an, Sie sind entschlossen, mir weiterhin die Stirn zu bieten."

„Ich habe es Ihnen ja bereits gesagt", erwiderte Hal. „Es gibt keine andere Möglichkeit für mich."

Bleys nickte, und diese Geste wirkte ein wenig müde.

„Damit steht nunmehr die entscheidende Konfrontation bevor", fügte er hinzu.

„Ja", bestätigte Hal. „Früher oder später mußte es so kommen. Ich kann nicht aus meiner Haut. Ebensowenig wie Sie aus der Ihren."

„Wem gehört Ihre Haut denn?" fragte Bleys und lächelte.

„Natürlich, das können Sie ja auch nicht wissen."

„Nein", sagte Bleys. „Mir ist seit einiger Zeit klar, daß Sie mehr sind als nur ein gewöhnlicher Junge, der von drei Mentoren großgezogen wurde, deren Tod ich miterleben mußte. Aber nach wie vor weiß ich nicht genau, was Sie darstellen. Es wäre töricht zu behaupten, nicht davon beeindruckt worden zu sein, mit welchem Erfolg Sie mir Widerstand leisteten. Sie sind viel zu intelligent, als ganze Welten nur deshalb zu mobilisieren, um sich an mir wegen des Todes Ihrer Lehrer zu rächen. Was Sie geleistet haben und noch planen, geht über rein persönliche Motive hinaus. Sagen Sie mir bitte: Was veranlaßt Sie dazu, sich mir auf diese Weise entgegenzustellen?"

„Was mich dazu veranlaßt?" Hal deutete ein trauriges Lächen an – ein Lächeln, das große Ähnlichkeit mit dem Bleys' hatte. „Mein Motiv ist die eine Million Jahre andauernde menschliche Geschichte, und diese historische Kraft lenkt auch Ihre Schritte. Um genauer zu sein: Mir geht es insbesondere um die letzten tausend Jahre. Wir beide haben gar keine andere Möglichkeit, als Gegner zu sein. Aber wenn es Ihnen ein Trost ist: Ich bin ebenfalls von Ihrer Art des Widerstands mir gegenüber überrascht gewesen."

„Tatsächlich?" Es gelang Bleys nicht, glaubhaften Zweifel zum Ausdruck zu bringen. „Warum sollte Sie das überraschen?"

„Weil ich weitaus mehr bin, als Sie sich vorstellen können", entgegnete Hal. „Und auch Sie haben sich als mehr erwiesen, als ich in dieser Hinsicht annahm. Nun, als ich mir vor langer Zeit die Epoche vorstellte, in der wir nun leben, wußte ich nicht so recht den Wert festen Glaubens zu schätzen. Es handelt sich dabei um etwas, das weit mehr ist als nur blinde Verehrung. Es ist eine Art von Verständnis in denjenigen, die ihn sich zunutze machen wollen. Wie Sie genau wissen."

Bleys musterte ihn eingehend.

„Wie ich genau weiß?"

„Ja", sagte Hal. „Und auch die restlichen Anderen."

Bleys schüttelte den Kopf.

„Ich hätte mich mit Ihnen befassen sollen, als Sie noch viel jünger waren", sagte er fast zu sich selbst.

„Sie versuchten, die von mir für Sie ausgehende Gefahr zu beseitigen", stellte Hal fest. „Aber es gelang Ihnen nicht."

„Ich habe es versucht?" fragte Bleys. „Hm, ich verstehe. Verwenden Sie die Kraft des Glaubens, um zu dieser Schlußfolgerung zu gelangen?"

„Nein, nur gute Beobachtung und Fakten." Hal ließ Bleys nicht einen Sekundenbruchteil aus den Augen. „Besonders wichtig in diesem Zusammenhang ist die Tatsache, daß ich weiß, wer ich bin und was ich zu leisten vermag."

„Sie irren, wenn Sie glauben, ich hätte einen sechzehnjährigen Jungen nicht erledigen lassen können."

„Nein, Sie sind es, der irrt", sagte Hal. „Wie ich schon sagte: Sie haben es versucht. Aber ich war damals kein Junge, obwohl ich das selbst glaubte. Ich war ein erfahrener Mann, der gute Gründe dafür hatte, überleben zu wollen. Wie ich eben erwähnte, habe ich gelernt, die Kraft des Glaubens zu nutzen – obgleich ich drei Leben dazu brauchte. Und das ist der Grund, warum ich weiß, daß ich diese Auseinandersetzung gewinnen werde. Und ich weiß auch, daß mein Sieg Ihren Untergang bedeuten wird, weil Sie der sind, der Sie sind."

„Sie scheinen davon überzeugt zu sein, eine ganze Menge über mich zu wissen." Bleys lächelte jetzt wieder. Es war ein Lächeln, das nichts von dem verriet, was in ihm vor sich ging.

„Das stimmt auch. Ich habe Sie immer besser kennengelernt, als ich mich darauf konzentrierte, mich selbst zu verstehen – obgleich letzterer Prozeß schon viele Jahre vor Ihrer Geburt begann." Hal zögerte einen Sekundenbruchteil, so wie ein Chirurg vor dem ersten Schnitt. „Wenn Sie nur das wären, was ich in dieser Hinsicht vermutete, als ich Sie das erstemal sah, wäre der Kampf zwischen uns beiden längst entschieden. Noch mehr als das: In einem solchen Fall wäre es mir zweifellos gelungen, Sie auf die Seite derjenigen zu ziehen, die das Überleben der Menschheit sicherstellen und ihr eine Zukunft ermöglichen wollen."

Bleys' Lächeln wuchs in die Breite, aber Hal ignorierte es und fuhr fort:

„Seit dem Tod meiner drei Mentoren habe ich mich selbst besser verstehen gelernt und dadurch auch mehr über Sie erfahren. Ich weiß jetzt, daß es mir nicht möglich ist, Ihnen das vor Augen zu führen, was ich sehe; Sie können es nur dann erkennen, wenn Sie es selbst wollen. Und ohne diese Bereitschaft Ihrerseits sind wir Repräsentanten unterschiedlicher historischer Kräfte, die uns zu Gegnern machen."

„Ich bin mir nicht ganz sicher, ob ich Ihnen folgen kann", erwiderte Bleys. „Und das allein ist schon so ungewöhnlich, daß Sie mein Interesse geweckt haben."

„Sie verstehen mich deshalb nicht, weil ich von Dingen spreche, die sich außerhalb Ihrer Erfahrungswelt befinden", sagte Hal. „Da ich immer dazu bereit bin, mit Ihnen zu sprechen, kam ich auch diesmal Ihrer Bitte nach einer Unterredung nach – weil ich nach wie vor hoffe, Sie könnten dazu gebracht werden, über Ihren gegenwärtigen Horizont hinauszublicken und aufgrund der Dinge, die Sie dann erkennen, ihre Meinung zu ändern."

„Ihre Worte klingen so", kommentierte Bleys, dessen Heiterkeit nun offensichtlich war, „als ermahne ein Großvater seinen Enkel."

„Entschuldigen Sie", sagte Hal. „Aber es ist nun einmal Tatsache, daß Sie nur während eines Lebens Erfahrungen sammeln konnten. Mir hingegen standen drei zur Verfügung. Ich brauchte viel Zeit, um zu einem echten Menschen zu werden. Und jetzt, da mir das endlich gelungen ist, weiß ich, daß Sie nicht all das in sich vereinen, was jenen Menschentypus ausmacht, den die Rassenentität entwickeln muß, um mit zukünftigen und derzeit noch unbekannten Gefahren fertig zu werden. Ob Ihnen das nun gefällt oder nicht, bei diesem Erfahrungswert handelt es sich um ein Faktum – und er macht den eigentlichen Unterschied zwischen uns aus."

„Ich sagte Ihnen ja schon, Sie seien wie ich ein Anderer", hielt ihm Bleys entgegen.

„Das stimmt nicht ganz", widersprach Hal. „Wenn Sie sich recht erinnern, legten Sie mir diese Schlußfolgerung nahe. Aber darauf kommt es eigentlich nicht an. In gewisser Weise bin ich tatsächlich ein Anderer, denn in mir vereinen sich nicht nur die alten Eigenschaften der Menschheit, sondern auch alle neuen. Aber ich bin auch anders als die Anderen. Wenn Ihre Art überlebt, Bleys, stellt sie nur einen kurzlebigen Menschentypus dar, der bald wieder von der historischen Bühne verschwinden wird. Meine hingegen erwartet die Unsterblichkeit."

„Es tut mir leid", erwiderte Bleys, „aber ich muß Ihnen in einem Punkt widersprechen: Ich bin nicht der Vertreter irgendeines neuen Menschentypus. Ich stelle eine einzigartige Mischung der beiden Kulturen der Dorsai und der Exoten dar."

„Nein", sagte Hal. „Die Eltern Ihres Vaters stammten tatsächlich von Dorsai und den Exotischen Welten. Aber die Familie Ihrer Mutter, bei der Sie auf Harmonie aufwuchsen, bestand nur aus Quäkern."

Bleys sah ihn erstaunt an.

„Wer hat Ihnen denn dieses Märchen erzählt?"

„Niemand", sagte Hal. „Und in den offiziellen Aufzeichnungen lassen sich nur die Angaben finden, die Ihnen genehm sind."

„Was veranlaßt Sie dann zu einer derartigen Behauptung?"

„Die Wahrheit", erwiderte Hal. „Die absolute Wahrheit, die sich ergibt, wenn man die einzelnen Hinweise wie Mosaiksteine zu einem einheitlichen Bild zusammenfügt, jene für sich genommenen unwichtigen Anhaltspunkte, die nicht gefälscht sind, weil eine Fälschung gar nicht notwendig war. Ich fand sie in der Letzten Enzyklopädie. Vor einem Jahr befaßte ich mich ausgiebig mit ihnen, und auf dieser Grundlage kam ich zu entsprechenden Schlußfolgerungen, mit Hilfe einer Erkenntnismethode, die ich während meines ersten Lebens entwickelte: der intuitiven Logik."

Bleys runzelte andeutungsweise die Stirn.

„Aha“, machte er, schwieg einige Sekunden lang und blickte nachdenklich an Hal vorbei. Als er erneut sprach, schien seine Stimme aus großer Entfernung zu kommen und klang seltsam dumpf. „Ich glaube, die Methode, die Sie meinen, könnte der entsprechen, die ich ‚Intervalldenken‘ genannt habe.“

„Die Bezeichnung ist unwichtig“, sagte Hal.

„Da haben Sie natürlich recht.“ Bleys’ Blick begegnete erneut dem Hals. „Nun, offenbar gibt es noch Aspekte Ihres Wesens, mit denen ich mich näher befassen sollte. Aber sagen Sie mir bitte eins: Warum halten Sie es für so bedeutsam, daß ein Teil meines genetischen und charakterlichen Erbes von Harmonie stammt?“

„Weil dieser Umstand das besondere Charisma erklärt, das nicht nur Sie besitzen, sondern in einem gewissen Ausmaß auch die restlichen Anderen“, antworte Hal. „Aber ich würde Sie in diesem Zusamenhang nicht unbedingt als einen Quäker bezeichnen, sondern vielmehr als jemanden, der an einem ganz persönlichen Glauben festhält. Im Gegensatz zu vielen anderen Menschen bin ich davon überzeugt, daß es dieser Faktor Ihres Selbst ist, der Ihnen die Kraft gibt, das Ziel zu verfolgen, das Sie anstreben. Sie waren nie ein gelangweilter Hybride, dem es nur darauf ankommt, für die Zeit, die ihm bleibt, ein möglichst angenehmes Leben zu führen. Diese Motivation stellte nur eine Fassade dar, eine Tarnung, mit der Sie sich in erster Linie vor Ihrem älteren Halbbruder Danno schützen wollten – der großes Mißtrauen Ihnen gegenüber entwickelt hätte, wäre ihm Ihre wahre Natur bekannt gewesen.“

„Das stimmt“, gestand Bleys ein. „Womit ich allerdings nicht Ihre anderen Schlußfolgerungen bestätigen will, die mir ziemlich weit hergeholt erscheinen.“

„Das brauchen Sie auch gar nicht“, sagte Hal. „Nun, wie ich schon sagte: Sie benutzten diese Fassade zunächst, um sich vor Danno zu schützen, und anschließend dazu, die restlichen Anderen davon zu überzeugen, sie nicht nur einfach zu benutzen, um persönliche Ziele zu verfolgen. Darüberhinaus verwenden Sie sie nach wie vor, um die Bevölkerungen der von Ihnen kontrollierten Welten daran zu hindern, das zu erkennen, was Sie heute stärker bewegt als jemals zuvor. Mit Ihrem besonderen Glauben verehren Sie einen Götzen – jenen falschen Gott, den auch Walter Blunt im einundzwanzigsten Jahrhundert anbetete, dem er damals nur einen anderen Namen gab. In Wirklichkeit heißt dieser Gott Stasis. Sie möchten die ganze Menschheit in einen Schrein einschließen, sie auf dem gegenwärtigen Entwicklungsstand verharren lassen. Dieses Ziel versuchen Sie zu erreichen, seit Sie alt genug waren, um sich über Ihre Wünsche und Neigungen klarzuwerden."

„Und selbst wenn Sie mit all dem recht haben . . ." Bleys lächelte erneut. „Das Ende kann kein neuer Anfang sein. Und es ist unvermeidlich. Denken Sie über mich, was Sie wollen – damit ändern Sie nichts an dieser ultimaten Konsequenz."

„Und gerade Sie müßten wissen, wie sehr Sie sich in diesem Punkt irren", antwortete Hal. „Gerade die Tatsache, daß ich Ihre persönlichen Hintergründe verstehe, macht den Unterschied zwischen uns aus. Sie führten die Anderen und ließen sie in dem Glauben, sie hätten die Macht, die ihnen nun zukommt, aus eigener Kraft errungen. Aber Sie können nun nicht länger die Augen vor der Tatsache verschließen, daß ich inzwischen *weiß*, wie Sie das zuwege gebracht haben: größtenteils allein mit der Hilfe von Leuten, die keine Anderen sind, sondern von Harmonie und Eintracht stammen und aufgrund ihrer Kultur über eigene charismatische Fähigkeiten verfügen, die sie in Ihre Dienste stellten. Und während Sie vorgaben, für die allgemeinen Ziele der Anderen zu arbeiten, begannen Sie damit, aus Ihrem persönlichen Glauben an die notwendige Reinigung der menschlichen Rasse einen Plan zu machen und die Vorbereitungen dafür zu treffen, der ganzen Menschheit evolutionäre Starre und Unveränderlichkeit aufzuzwingen." Hal hielt kurz inne, um Bleys die Möglchkeit zu einer Erwiderung zu geben. Aber der Andere schwieg. „Im Gegensatz zu Ihren Mitläufern und den restlichen Anderen, die für Sie nur Werkzeuge sind", fuhr Hal fort, „sind Sie in der Lage zu erkennen, daß eine Entwicklungsstasis schließlich zum Tod der ganzen Spezies führen könnte. Aber unter dem Einfluß des dunklen Aspekts des Unterbewußten der Rassenentität – jener diffusen Bestrebungen, die aus Ihrer Existenz eine Art Laboratoriumsexperiment machen, eine Schachfigur, die in mir ihren Gegenpart findet –, erachten Sie die Weiterentwicklung der Menschheit als den Ursprung allen Übels. Und Sie sind dazu bereit, den Patienten zu töten, um den Krebs zu eliminieren."

Hal brach ab. Diesmal kam dem Schweigen, das sich an seine Worte anschloß, eine neue Qualität zu.

„Ihnen ist doch klar", gab Bleys nach einer Weile dumpf zurück, „daß mir nun gar keine andere Wahl bleibt, als Sie zu erledigen?"

„Selbst wenn Sie dazu in der Lage wären, mich aus dem Weg zu räumen . . .", erwiderte Hal, „Sie können sich meinen Tod gar nicht leisten. Der Kampf wird nun um die Seelen aller Menschen geführt. Wenn ich den Weg aufzeigen will, den die Menschheit beschreiten muß, um eine Zukunft zu haben, so muß ich beweisen, daß Ihr Standpunkt irrig ist. Dazu aber brauche ich Sie lebend. Und andererseits: Wenn Sie gewinnen wollen, bleibt Ihnen nichts anderes übrig, als meine Argumente zu widerlegen, und das können Sie nur, wenn ich lebe. Wir brauchen uns gegenseitig. Gewalt vermag das Problem nicht zu lösen, jedenfalls nicht auf lange Sicht. Das wissen Sie ebensogut wie ich."

„Aber Ihr Tod könnte mir dennoch helfen." Bleys lächelte. „Und ja: Sie haben recht. Ich muß gewinnen. Ich werde gewinnen. Dem Wahn, den Sie Weiterentwicklung nennen und der doch nichts anderes darstellt als nur eine unkontrollierte Wucherung – um auf Ihr Beispiel des Krebsgeschwürs zurückzukommen –, muß ein Ende gemacht werden. Nur wenn wir uns von diesem unseligen Erbe der Vergangenheit abwenden, können wir die innere Evolution beginnen, die sowohl notwendig als auch sicher ist."

„Sie irren sich", widersprach Hal. „Das würde den Tod der Rassenentität bedeuten. Sie wollen die Menschheit in eine Sackgasse führen und gehen dabei von der falschen Annahme aus, eine innere Entwicklung könne nur dann herbeigeführt werden, wenn wir auf das verzichten, was uns über eine Million Jahre hinweg zu dem machte, was wir heute sind. Aber Organismen, deren Wachstum gehemmt wird, verkümmern. Ohne solche Beschränkungen mag es dann und wann durchaus zu unkontrollierten Wucherungen kommen, aber mindestens ebensooft führt das Wachstum in die richtige Richtung. Das Leben erfordert beständiges Wachsen und die Erforschung des Unbekannten. Ohne diese Möglichkeit ruhen die physischen und psychischen Prozesse in sich selbst und drehen sich nur immer im Kreis – bis die Antriebskräfte schließlich erlahmen und das Siechtum beginnt, das im Tod enden muß."

„Nein", sagte Bleys, und einen Augenblick lang schien er zu erzittern, so als wolle er dadurch die Bedeutung der Worte Hals leugnen. „Dieser Weg macht das Überleben der Menschheit möglich – nur dieser. Es muß endlich Schluß gemacht werden mit dem Wachstum ins physische Universum hinein. Es gilt, eine Umkehrung herbeizuführen und die innere Evolution zu beginnen. Nur die kann uns retten. Nur wenn wir jetzt innehalten und uns selbst zuwenden, nur wenn wir alle Versuche einstellen, immer größer zu werden und uns noch weiter im All auszubreiten, können wir eine Möglichkeit finden, uns vor dem zu schützen, was der Kosmos an Gefahren für uns bereithalten mag.

Sie täuschen sich, Hal", fügte Bleys fest hinzu, und die Züge seines Gesichts verhärteten sich und drückten eine Kraft aus, die Hal an dem Anderen noch nie zuvor beobachtet hatte. „Sie machen sich selbst etwas vor. In Ihrer romantischen Verklärung träumen Sie nur von Abenteuern und weiteren Entdeckungsreisen. Dort draußen im unendlichen Weltraum . . ."

Bleys streckte den einen Arm aus und deutete in den grauen Dunst im Innern des Tunnels hinein, in Richtung der Sterne jenseits der Phasenbarriere.

„. . . Dort hat alles Denkbare eine konkrete Entsprechung. Ein unendliches Universum hat ein unendliches Möglichkeitspotential. Und wenn alle Dinge möglich sind, so gibt es auch vieles, das uns überfordern würde, Probleme, die sich nicht von uns bewältigen lassen. All diejenigen, die nach dem Schwert greifen, werden durch das Schwert umkommen – und es ist ein Schwert, nach dem Sie immer wieder greifen, diese Lust auf Abenteuer und immer neue Entdeckungen, diese unmittelbare Neugier auf das Unbekannte. Stellt die Menschheit denn nicht mehr dar als nur eine Art Hund, der immer wieder hinter neuen Hasen herrennen muß? Wie viele andere intelligente Völker mag es in jener Unendlichkeit geben, die bereits diesen so verlockend erscheinenden Weg beschritten haben? Und wie viele von ihnen sind bei dem Versuch umgekommen, alle Rätsel des Universums zu lösen?"

Bleys' durchdringender Blick bohrte sich geradezu in Hal hinein.

„Die Zukunft . . .", fügte der Andere hinzu, „ . . . die Zukunft, die ich herbeiführen werde, soll schließlich zu einer Umkehrung dieses Prozesses führen. Und Ihre Versuche, mich daran zu hindern, müssen vergeblich bleiben. Sie haben Alterde in eine Festung verwandelt. Aber das spielt keine Rolle. Für alles, was Menschen mit Hilfe von Wissenschaft und Technik zu bewerkstelligen vermögen, gibt es konträre Entsprechungen. Irgendwann finden wir eine Möglichkeit, die von Ihnen geschaffene Phasenbarriere zu durchdringen. Dann dehnen wir unsere Macht auch auf die Erde selbst aus und befreien sie von all denjenigen, die weiterhin an dem Wahn des nach außen gerichteten Wachstums festhalten wollen. Und wir ersetzen die Betreffenden durch solche Leute, die die Zukunft so sehen, wie sie sein muß."

„Und die Jüngeren Welten?" fragte Hal. „Was ist mit all den anderen von Menschen besiedelten Planeten? Haben Sie die vergessen?"

„Nein", sagte Bleys. „Sie werden sterben. Niemand von uns hat die Absicht, sie zu zerstören. Doch wenn der Wucherungs-Irrsinn ausgemerzt ist und die Aufmerksamkeit der Erde wieder allein auf sich selbst konzentriert ist, wie es der Fall sein sollte, werden die Blüten der anderen Kulturen nach und nach verwelken. Auf lange Sicht wird niemand auf den anderen Planeten überleben, und dann sind jene Welten wieder so leer wie zuvor. Damit ist die Menschheit an den Ort ihres Ursprungs zurückgekehrt und wird in ihrer Wiege verweilen. Und das Schicksal verlangt von ihr, daß sie auf der Erde lernt, sich selbst zu lieben und zu schützen – oder zu sterben."

Der Andere unterbrach sich kurz, und es schien, als habe er den Großteil der Kraft verausgabt, die seine Worte so eindrucksvoll hatte klingen lassen. Hal sah ihn schweigend an, und nach einigen langen Sekunden fuhr Bleys fort:

„Worte haben für die Auseinandersetzung zwischen uns beiden wohl keinen Sinn mehr?" fragte er. „Es tut mir leid, Hal. Glauben Sie, was Sie wollen. Aber ich versichere Ihnen eins: Diejenigen, die so denken wie Sie, können nicht siegen. Betrachten Sie nur die bisherige Entwicklung: Nie hat sich uns nennenswerter Widerstand entgegengestellt."

„Sie irren sich", sagte Hal. „Bisher ist es noch zu keiner unmittelbaren Konfrontation gekommen. Und jetzt, da die Schlacht bevorsteht, werden wir gewinnen."

Bleys streckte die Hand aus, und Hal ergriff sie. Es war kein Gruß im eigentlichen Sinn, eher ein trauriger Abschied. Die Haut des Anderen fühlte sich für Hal seltsam an, als sich seine Finger um die Bleys' schlossen, und die Hand des Anderen war kraftlos wie die eines Verurteilten. Anschließend wandten sich beide Männer um und schritten in entgegengesetzte Richtungen durch den grauen Dunst davon.

20

In Gedanken beschäftigte sich Hal so sehr mit dem gerade zu Ende gegangenen Gespräch mit Bleys, daß er sich nur vage bewußt war, das Ende des Tunnels zu erreichen, in den wartenden Orbitalbus zurückzukehren und anschließend zur Enzyklopädie zu fliegen. Als das kleine Raumschiff sich wieder im Hangar befand, bedankte sich Hal geistesabwesend bei Simon und machte sich auf den Weg zu seiner Unterkunft. Den Leuten, die sich in den Korridoren an ihn wandten, um wichtige Angelegenheiten mit ihm zu besprechen, schenkte er keine Beachtung.

Kurz darauf erreichte er sein Quartier, trat ein und stellte erleichtert fest, daß niemand auf ihn wartete. Er blickte in das zweite Schlafzimmer, in dem Ajela nach wie vor fest schlief, und anschließend durchquerte er seinen eigenen Ruheraum und begab sich in die sich daran anschließende Nische – das kleine Zimmer, in dem er seine ganz persönlichen Arbeiten in der Enzyklopädie durchführte.

Er trat ein, schloß die Tür und nahm Platz. Die vier Wände stellten geschlossene Projektionsflächen dar, und Hal betätigte eine Taste der Kontrolleinheit vor ihm. Von einem Augenblick zum anderen schien er im All zu schweben – jenseits der Erde, fern von der Enzyklopädie und der Phasenbarriere.

Gleichmäßig und beständig leuchteten die Sterne.

Jetzt hatte Hal endlich Zeit, sich an den Brief Amandas zu erinnern, und damit verdrängte er alle Gedanken an Bleys und die mit den Anderen zusammenhängenden Dinge aus seinem Bewußtsein. Er griff in die Innentasche seiner Jacke und holte den Umschlag hervor.

Einige Augenblicke lang beobachtete er weiterhin die Sterne und hielt den Umschlag ungeöffnet in der Hand. Der Brief Amandas ließ plötzlich erneut ein Gefühl der Einsamkeit in Hal entstehen, und damit einher ging so etwas wie kummervolle Melancholie. Das auf Dorsai hergestellte dicke und graue Papier des Umschlags erinnerte ihn an den Dunst im Tunnel.

Dann schob Hal den Daumen unter das Siegel, brach es und holte die Blätter hervor. Das Datum auf der ersten Seite lag inzwischen fünf Tage zurück.

Er begann zu lesen.

36. Mai, 342 Dorsai/2366 Absolut

Mein Liebster,

ich habe Dir deshalb nicht mitgeteilt, wann ich zur Erde komme, weil ich eine Entscheidung treffen mußte. Verzeih mir bitte. Aber jetzt habe ich einen Entschluß gefaßt, und ich bin bereit, alle sich daraus ergebenden Konsequenzen zu akzeptieren.

Zumindest für eine gewisse Zeit werden wir beide nach wie vor von unseren Pflichten beansprucht. Du mußt Dich um die Enzyklopädie kümmern. Und meine Verantwortung liegt nicht bei Dir – obgleich ich mir sehnlichst wünschte, nun bei Dir zu sein.

Doch auf der Erde oder in der Enzyklopädie könnte ich nicht mithelfen, die Dinge zu erledigen, die jetzt erledigt werden müssen. Ich wäre nur ein Verteidiger mehr, weiter nichts. Andernorts jedoch werde ich dringender gebraucht. Wir erleben nun den Beginn einer Zeit, in der es praktisch nur zwei wichtige Faktoren gibt: Der eine ist die Festung und der andere das Territorium des Feindes. Und in letzterem Bereich wartet meine Aufgabe auf mich.

In den kommenden Jahren ist es nicht nur wichtig, die Festung gegenüber dem Ansturm des Feindes zu halten, sondern mindestens ebenso bedeutsam, all diejenigen Menschen, die von den Anderen beherrscht werden, daran zu erinnern, was Freiheit ist. Der menschliche Geist wird nie lange Ketten dulden; das beweist die Geschichte. Ganz sicher wird es zu spontanen Aufständen gegen Bleys und die restlichen Anderen kommen. Darüberhinaus werden sich diejenigen Dorsai, die in der Heimat zurückblieben, und die Quäker der Widerstandsgruppen auf Harmonie und Eintracht in unwegsamen Gebieten verbergen, in denen sie nicht leicht zu finden sind. Von dort aus setzen sie den Kampf so lange fort, wie es nötig ist.

Die Erde muß diese Kampfeinheiten auf den Jüngeren Welten mit Nachschublieferungen und Ausrüstungen unterstützen. Du brauchst Leute in den entsprechenden Einsatzgebieten, die wissen, wie man die verschiedenen Kommandos organisiert und gegen den Feind vorgeht. Außerdem müssen diese Personen Deine Denkweise nachvollziehen können, um zu wissen, wie sie sich auf den Tag vorbereiten sollen, an dem Du die Festung verläßt, um das zurückzuerobern, was der Feind unter seine Kontrolle brachte.

Bestimmt hast Du Dir bereits Gedanken über die entsprechenden Erfordernisse gemacht. Sicher weißt du längst, daß Du Leute als Ratgeber für solche Widerstandsgruppen brauchst – und Du dürftest Dir darüber klargeworden sein, daß sich gerade Dorsai für diese Aufgabe eignen. Wir selbst sind ebenfalls zu diesem Schluß gelangt, als wir noch die Evakuierung planten. Und einige von uns haben sich bereit erklärt, solche Pflichten zu übernehmen. Zu ihnen gehöre auch ich selbst.

Wenn Du diesen Brief liest, befinde ich mich bereits im Raum, ohne das Ziel meiner Reise zu kennen. Und ich habe schon mit meiner Arbeit begonnen; ich nutze dabei Kontakte, die mir durch Quäker, Exoten und andere Leute ermöglicht werden, die wissen, was getan werden muß, um denjenigen zu helfen, die außerhalb von Alterde den Kampf gegen die anderen fortsetzen wollen. Aber wo auch immer ich mich aufhalte: Wenn Du diese Zeilen liest, weißt Du, daß ich die Liebe für Dich wie ein warmes Feuer in mir trage. Du bist immer bei mir, ganz gleich, wohin ich auch gehe.

Wenn Du Verbindung mit unseren Mittelsleuten aufnimmst, so kannst Du ihnen eine Nachricht für mich mitgeben. Schreib mir bitte und bestätige mir, daß Du meine Entscheidung und den Grund dafür verstehst – obgleich Du jetzt sicher sehr traurig bist und wir beide auf das Glück verzichten müssen, an dem wir uns gemeinsam hätten erfreuen können. Ich weiß zwar auch so, daß Du mich verstehst, aber es würde mir dennoch sehr guttun, es von Dir selbst zu hören.

Zum Schluß möchte ich Dir noch einmal sagen, wie sehr ich Dich liebe . . .

Die Zeilen verschwammen vor den Augen Hals. Er zwinkerte einige Male und las dann weiter, Seite um Seite. Es war, als ginge von den Worten eine ganz besondere Macht aus, die ihn völlig in ihren Bann schlug. Schließlich kam er ans Ende des Briefes, und er starrte auf die Buchstaben und fühlte die gelassenen Blicke der Sterne auf sich ruhen.

Die letzten Zeilen brannten sich regelrecht in Hals Seele hinein:

Du weißt, daß ich Dich liebe, daß wir uns länger liebten, als es sich andere Menschen vorstellen könnten. Und Du weißt ebensogut wie ich: Nichts kann uns jemals trennen. Wir bleiben immer zusammen, ganz gleich, wo sich unsere Körper auch befinden mögen. Denk an mich und komm zu mir, wann immer Du willst. Und wenn ich mich an Dich erinnere, bin ich ebenfalls bei Dir.

In Liebe
Amanda

Und Hal dachte an sie.

Amanda . . .?

Es war, als spräche eine Welle zu einer anderen, als flüsterte die Gischt an der Ostküste eines Kontinents derjenigen an den westlichen Gestaden eines anderen etwas zu. Eine halbe Welt lag zwischen den beiden Wellen, und doch wurden sie vereint von dem Ozean, zu dem sie beide gehörten.

Hal . . .

Ihre Antwort erreichte ihn, und sie berührten einander über die große Kluft hinweg, die ihre Körper voneinander trennte, berührten und umarmten einander. Sie kommunizierten nicht mit Worten, sondern mit Wissen und Empfindungen.

Nach einiger Zeit trennten sie sich wieder voneinander, und Hal spürte, wie Amanda von ihm fortwich. Aber die Wärme des emotionalen Feuers in ihr, das sie in ihrem Brief erwähnt hatte, verblieb bei ihm und gab ihm neue Kraft.

Hal betrachtete die Sterne und richtete seinen Blick anschließend auf die Kontrolleinheit. Seine Fingerspitzen bewegten sich, und in der Schwärze des Alls vor ihm leuchteten Worte auf.

In der Ruine der Kapelle erwachte der brave Ritter
In dem Sarg seiner letzten Nachtruhe . . .

Der Beginn dieses Gedichts erinnerte ihn wieder an seine Arbeit, und die Arbeit ließ Hal innerlich wachsen und nahm ihn völlig in Anspruch. Er wurde ein Teil von ihr, und sie integrierte sich in sein Wesen. Nach und nach, während er allein inmitten der Sterne schwebte, ließ er alles hinter sich zurück – bis auf die Wärme der Verbindung zu Amanda. Und er konzentrierte sich ganz auf das, was ihn die Einsamkeit vergessen und auf das besinnen ließ, worauf es jetzt ankam.